2019年北京高等教育本科教学改革创新重点项目"基于国际认证范式的新商科人才培养模式优化及
2020年北京高等教育本科教学改革创新重点项目"新商科数据思维和量化分析能力培养体系创新研
北京联合大学2019年教育教学研究与改革重点项目"数字经济时代新商科人才培养体系构建与实践
北京联合大学2020年教育教学研究与改革重点项目"AACSB认证视角新商科人才实践能力培养的目

A COLLECTION OF NETWORK TEACHING CASES
FROM THE PERSPECTIVE OF NEW BUSINESS

新商科视阈下网络教学案例

主　编　陈建斌

副主编　郑　丽

新 时 代 商 科 教 育 教 学 方 法

经济管理出版社

ECONOMY & MANAGEMENT PUBLISHING HOUSE

案例集锦
CASE COLLECTION

图书在版编目（CIP）数据

新商科视阈下网络教学案例/陈建斌主编. —北京：经济管理出版社，2020.11
ISBN 978 - 7 - 5096 - 7585 - 4

Ⅰ.①新… Ⅱ.①陈… Ⅲ.①高等学校—网络教学—教学研究—案例 Ⅳ.①G642

中国版本图书馆 CIP 数据核字（2020）第 169718 号

组稿编辑：任爱清
责任编辑：任爱清
责任印制：黄章平
责任校对：张晓燕

出版发行：经济管理出版社
（北京市海淀区北蜂窝 8 号中雅大厦 A 座 11 层　100038）
网　　　址：www. E - mp. com. cn
电　　　话：（010）51915602
印　　　刷：北京玺诚印务有限公司
经　　　销：新华书店
开　　　本：787mm × 1092mm/16
印　　　张：26. 75
字　　　数：651 千字
版　　　次：2020 年 12 月第 1 版　　2020 年 12 月第 1 次印刷
书　　　号：ISBN 978 - 7 - 5096 - 7585 - 4
定　　　价：118. 00 元

前　言

随着新一轮科技革命和产业革命的快速发展，互联网、云计算、大数据、区块链等新型技术与模式正深刻改变着人们的思维、生产和学习方式。新商科人才培养不仅需要面对教学内容和实践层面新思维、新规则、新理论、新工具的影响，也需要应对教与学的模式层面的改革与创新。传统的授课方式已不能完全满足被称为"数字原住民"的青年大学生的学习需求，新商科教育教学改革势在必行。

近几年，在我国高等教育教学中高度关注基于学习成果（Outcomes - based Education，OBE）理念的践行。在这种模式下，学校和教师从关注教师的"教"到关注学生的"学"，从关注教学内容到关注授课形式与内容匹配，从关注教学过程到关注过程与结果并重。每一位教师都将自己的教学置于支撑人才培养目标达成的总体框架之下，学生学到了什么以及其预期的能力是否达标，是学校、专业及教师们格外关注的重点。有许多先行者在教学模式的变革方面做出了多方面尝试，包括引进大学 MOOC、尝试使用 SPOC、开展线上学习与线下教学相结合的混合式教学等，在提高学习兴趣、拓展学习视野、提升学习能力和学习效果等方面积极探索，取得了良好的效果。

2020 年春季，由于受新冠肺炎疫情的影响，各高校普遍采用在线教学方式保证正常教学计划实施。笔者所在的北京联合大学也不例外。为了保障在线教学的顺利进行，校院教学管理部门、校园网技术部门等积极为师生搭建线上学习平台，发布网络学习指南，既提供了技术支持，又提供了充分的教学保障。同时，学校教务处为了指导教师积极有效应对"全在线教学模式"的挑战，还开展了"助学战'疫'，分享智慧——网络教学优秀案例征集活动"，加强教学设计、师生互动、效果评测等方面的经验交流和分享，群策群力地推动特殊时期教学质量的不断提升。

以此为契机，商务学院教务处积极响应号召，在学院范围内大力推动和组织网络教学优秀案例的征集。学院教师面对新形势、新要求都倾注了极大的热情参与其中，结合自己的授课内容特点和学情分析，对课程的教学目标、教学内容、课前准备、课中活动、课后任务进行了深入、细致的设计，并在课后进行了认真反思和改进设计，较为充分地体现了广大教师对学习成果（OBE）理念的理解以及在行动中的落实。

本案例是从商务学院提交的 2020 年春季学期网络教学案例中精选出来汇编而成的，包括 52 篇教学案例。这些案例实录了疫情期间老师们开展在线教学时对所授课程的设计、组织、实施及反思。案例鲜活生动，围绕"学生中心，成果导向"教育教学理念逐步展开，充分利用了现代教育技术支持课堂教学的有效实施，彰显了在新时代商科教育教学方法的革新。

新冠肺炎疫情的暴发对人们的工作、生活和学习都带来了非常大的影响。为了积极应对，教育界不仅采取了多种措施促进在线教学的深入开展，也为数字经济时代探索深度数字化教育提供了范式，奠定了基础。本案例正是对如何进行高效的网络教学所进行的积极尝试，每一篇案例都折射出教师的教学投入和热情，也是在线教学智慧的结晶，希望其中的做法以及教师的所思所想对其他教师能提供一定的参考作用。由于时间紧张，不足之处，还请广大读者批评指正。

陈建斌

2020 年 8 月 1 日

目 录

第一篇　通识教育类课程网络教学案例

第一章　大学英语Ⅱ课程网络教学案例报告之一 ……………………………… 计　晗（3）
第二章　大学英语Ⅱ课程网络教学案例报告之二 ……………………………… 张秀清（10）
第三章　大学英语Ⅱ课程网络教学案例报告之三 ……………………………… 陈爱明（22）
第四章　大学英语Ⅲ课程网络教学案例报告 …………………………………… 宗艳红（29）
第五章　微积分Ⅱ课程网络教学案例报告之一 ………………………………… 刘志刚（34）
第六章　微积分Ⅱ（双语）课程网络教学案例报告之二 ……………………… 丁钊鹏（42）
第七章　Python 程序设计课程网络教学案例报告之一 ………………………… 沈桂兰（45）
第八章　Python 程序设计课程网络教学案例报告之二 ………………………… 黄金燕（54）
第九章　Python 程序设计课程网络教学案例报告之三 ………………………… 薛　云（61）
第十章　批判性思维课程网络教学案例报告 …………………………………… 郭彦丽（66）
第十一章　大学生学习导论课程网络教学案例报告之一 ……………………… 鹿　然（74）
第十二章　大学生学习导论课程网络教学案例报告之二 ……………………… 丘　莉（84）
第十三章　大学生学习导论课程网络教学案例报告之三 ……………………… 秦二娟（88）
第十四章　西方音乐鉴赏课程网络教学案例报告 ……………………………… 崔佳宁（99）

第二篇　学科大类课程网络教学案例

第十五章　微观经济学课程网络教学案例报告之一 …………………………… 李丽君（115）
第十六章　微观经济学课程网络教学案例报告之二 …………………………… 史丽媛（123）
第十七章　微观经济学课程网络教学案例报告之三 …………………………… 江晶晶（129）
第十八章　基础会计（全英）课程网络教学案例报告 ………………………… 张艳秋（132）
第十九章　基础会计课程网络教学案例报告 …………………………………… 陈　华（142）
第二十章　统计学课程网络教学案例报告 ……………………………………… 高书丽（152）

第三篇　商科专业课程网络教学案例

第二十一章　财务管理双语课程网络教学案例报告 …………………………… 王彤彤（161）
第二十二章　审计学课程网络教学案例报告 …………………………………… 李春玲（175）
第二十三章　人身风险保障与管理课程网络教学案例报告 …………………… 赵　婧（186）
第二十四章　金融营销学课程网络教学案例报告 ……………………………… 刘　微（201）
第二十五章　高级财务会计课程网络教学案例报告 …………………………… 刘新颖（217）
第二十六章　财务报表分析课程网络教学案例报告 …………………………… 索玲玲（226）

第二十七章　保险学课程网络教学案例报告 …………………………………… 王　玲（239）

第二十八章　税法课程网络教学案例报告 ………………………………………… 白庆辉（245）

第二十九章　商业银行业务管理课程网络教学案例报告 ………………………… 刘　微（252）

第 三 十 章　成本会计课程网络教学案例报告 …………………………………… 季　皓（259）

第三十一章　金融学课程网络教学案例报告 ……………………………………… 谢博婕（264）

第三十二章　战略管理网络教学案例报告 ………………………………… 潘月杰　刘　洁（271）

第三十三章　国际商务课程网络教学案例报告 …………………………………… 钱春丽（279）

第三十四章　服务管理课程网络教学案例报告 …………………………………… 刘　洁（286）

第三十五章　商业模式创新课程网络教学案例报告 ……………………………… 李剑玲（290）

第三十六章　国际市场营销课程网络教学案例报告 ……………………………… 赵　进（300）

第三十七章　国际商务沟通课程网络教学案例报告 ……………………………… 田　园（306）

第三十八章　国际贸易英文契约课程网络教学案例报告 ………………………… 任　靓（316）

第三十九章　国际贸易学课程网络教学案例报告 ………………………………… 邓晓虹（326）

第 四 十 章　国际贸易实务（全英）课程网络教学案例报告 …………………… 张宇馨（332）

第四十一章　跨境电商课程网络教学案例报告 …………………………………… 郑春芳（338）

第四十二章　国际贸易实务课程网络教学案例报告 ……………………………… 崔　玮（343）

第四十三章　国际结算课程网络教学案例报告 …………………………………… 梁　瑞（348）

第四十四章　国际服务贸易（全英）课程网络教学案例报告 …………………… 修媛媛（357）

第四十五章　品牌营销课程网络教学案例报告 …………………………………… 汪　蓉（366）

第四十六章　网络营销课程网络教学案例报告 …………………………………… 刘宇涵（375）

第四十七章　市场调查与预测课程网络教学案例报告 …………………………… 于　苗（384）

第四十八章　市场营销学课程网络教学案例报告 ………………………………… 陈小宇（389）

第四十九章　网站运营与管理课程网络教学案例报告 …………………………… 石　彤（392）

第 五 十 章　运筹学课程网络教学案例报告 ……………………………………… 刘　静（401）

第五十一章　信息资源管理课程网络教学案例报告 ……………………………… 王宝花（405）

第五十二章　专业综合课程设计课程网络教学案例报告 ………………………… 李玉霞（417）

第一篇

通识教育类课程网络教学案例

第一章　大学英语Ⅱ课程网络教学案例报告之一

一、任课教师基本信息

任课教师：计晗
所在教学单位：商务学院

二、课程基本信息

课程名称：大学英语
课程类型：通识教育必修课
学时学分：64学时/4学分
面向学生：2019级所有专业
网络教学方式：iSmart平台、U校园平台、企业微信群

三、教学目标与教学内容

时间：第一周第二次课（2020年3月6日，周五第1、第2节）
教材：《大学体验英语综合教程2》第一单元A篇课文Oxford University
教学进度：教学日历上安排每两周上完一个单元，其中，A篇课文及课后练习需上两次课，此为第二次课，上次课已通读过A篇课文

1. 教学目标

（1）说出英汉两种语言在句法上的显著差别，并准确画出A篇课文中的长难句的"句法树"。

（2）改变之前只注重单词不注重句子的情况，只求逐字翻译不求整体语言结构的错误语言学习方法，对英语句子有全局观（Holistic View），为今后仿写训练打基础。

2. 教学内容

通过"竹子"和"树"的对比，介绍英汉两种语言在句法上的显著差异，指引学生将A篇课文中的长难句分解成"句法树"中的各部分，化繁为简，去枝留干。

四、课前准备

1. 学情分析

大英课程实行分级教学，该班为2019级普通班（一级班），开学英语统测平均分71分（满分120分），学生英语基础较弱。虽然修学过《大学英语Ⅰ》，且整体学习态度较为认真，但从学习动机问卷结果以及与个别学生交谈记录来看，学生在学习动机和英语水平上存在差异，且普遍表现语言学习方法有待点拨和改进。另外，寒假中老师与学生一直未断联系，每日推送语言视频学习材料，督促学生学英语，所以对学生的学习需求和如何开展教学有一定的把握。

2. 课前技术保障

（1）鉴于第一次课上视频会议导致通信略有不畅，且学生不大愿意露脸，再结合开学前做的问卷调查，与学生达成一致意见：采取课上轻直播＋全天候在线答疑。课上，在电脑端，用企业微信发起语音会议、共享教师屏幕进行授课，手机企业微信群和 iSmart 平台实时互动；课后，利用平台布置测试、展示等，在线反馈、答疑。

（2）上次课教师在共享屏幕讲解 PPT 时，各种动作之间的切换导致学生屏幕出现延迟、卡顿。这次调整了这种不友好的界面，利用分屏技术，动静相结合，有助于学生集中注意力。

3. 课前教学内容准备

（1）根据上节课课后平台上留的课文理解反思作业和"每周一读"活动，如图 1 - 1 所示，及时捕捉学生共有的学习需求和困惑，将下次课前 10 分钟设为反馈环节（Feedback）。基于学生在 iSmart 平台上对 A 篇课文的理解难点，设计了此次课的教学重点和难点。

（2）上传课件至 iSmart 平台供学生下载预习，企业微信群发通知（见图 1 - 2）。

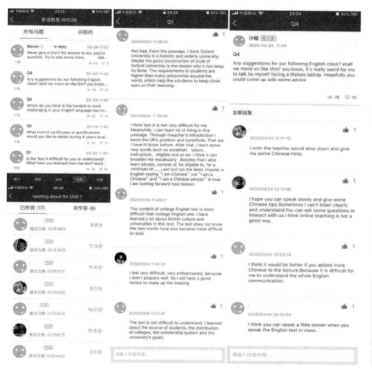

图 1 - 1　上节课后平台上布置的反思作业和"每周一读"

图 1 - 2　课前企业微信群通知预习任务

五、课中活动

7：55 企业微信发起语音会议，8：01 截屏显示 3 人迟到，8：03 均到齐。（用截屏的方式能节省时间。）

8：05～8：20 反馈作业

（1）"每周一读"反馈：突出问题——双元音发不圆满和重读错置。

（2）"iSmart 回答"反馈：①纠正学生对语言学习的态度。因为太多的学生回复"My English is poor"，在实际交流过程中应转换为"Well, my English is not very good/ fluent, but I am still working on it, and..."。②回答学生普遍的困惑：单词该怎么记？我通过介绍语言学一些浅显理论，再结合艾宾浩斯遗忘曲线，告诉学生应适时调整自己的语言学习策略，强调激活核心词汇库以及语料复现的重要性，具体给出三点建议：一是认真学习我录制的每单元核心词汇的解析视频，做到"会读、会拼、会用"；二是永远不要孤立地背单词，应在自己感兴趣的内容（句子）中去记忆；三是保证每天有真实语料的输入和 30～60 分钟的有效学习。

8：20～8：30 导入

（1）提出启发性问题。学生总是纠结词汇记忆的枯燥和低效率，总是狭隘地认为学英语就是背单词，那词汇量小真的会妨碍你对文本的理解吗？我随即抛出一段文字，并配有 5 道问答题。学生在企业微信里迅速做出回应，且回答全部正确。我想他们在回答的过程中就已经知道答案了。帮助学生理解文本意思的是句法和词法，即语法，是对语言最核心、最基本规律的认知（见图 1 - 3）。

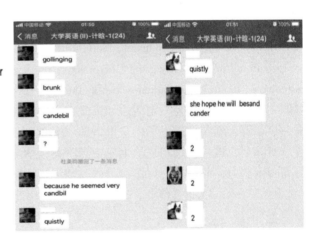

图 1 - 3　学生在企业微信群里回答问题

（2）引出句法概念，再次回应之前建议学生背单词要放到句子中去记忆。那英语的句法有什么特点，跟汉语有什么区别呢？

8：30～9：00 讲解英汉句法的显著差异

（1）给出"竹子"与"树"的图形，让学生比较它们在结构上的差异。

（2）以朱自清《背影》中的一句话及张培基的译文为例，比较英汉句法的差异。（例如，我们过了江，进了车站，我买票，他忙着照看行李。译文：We entered the railway station after crossing the River. While I was at the booking office buying a ticket, father saw to my luggage.）学生们迅速归纳出：汉语句子像竹子，常动词连用，结构较松散，为一种意合语言；而英语句子更像大树，主谓结构是树干，其他内容（从句、非谓语等）将转换成枝杈，是一种形合语言，讲究句子整体结构的完整性和内部的逻辑性。

（3）小练：讨论下面几个句子的译文，引出"句法树"概念。①我爱你，你爱我；②他读得太快，我们听不清楚；③我叫你，再进来。（参考译文：①I love you and you love me；②He read so fast that we couldn't hear clearly；③Don't come in until I call you.）

9：00~9：25 选取课文 A 中四个具有代表性的句子，让学生画句法树，并说出来。最后一个句子需在 iSmart "活动"板块提交。

（1）The university provides some libraries, laboratories, and other facilities, but the colleges take primary responsibility for the teaching and well‐being of their students.（并列句）

（2）Students should check carefully that they are eligible to apply for a particular scholarship before making an application, as most of the schemes are restricted to certain nationalities and／or programs.（状语从句）

（3）The students and staff at Oxford are actively involved in over 55 initiatives（2001），including visits to more than 3700 schools and colleges, to encourage the brightest and best students to apply to Oxford, whatever their background.（非谓语）

（4）In support of this aim the university will provide the facilities and support for its staff to pursue innovative research by responding to developments in the intellectual environment and society at large; and promote challenging and rigorous teaching which benefits from a fruitful interaction with the research environment, facilitating the exchange of ideas through tutorials and small‐group learning and exploiting the University's resources in its libraries, museums, and scientific collections, to equip its graduates to play their part at a national and international level.（这是 A 篇课文最后一段，且为一句话。如果没有老师的有效指导，学生这一段的学习基本上就囫囵吞枣、腾云驾雾般过去了。这里借助"句法树"，结构一目了然，学习困难自然迎刃而解。实际上，这种长难句是学生在中高阶英语学习中必须学会处理的。处理好它，不仅能提高阅读能力，而且能为写作、口语、翻译打下坚实基础。）

9：25~9：35 布置作业，交流授课过程中出现的短暂小故障，结束语音授课。

六、课后任务

iSmart 上布置了 2 个测试，1 个活动展示，2 个问题讨论，继续完成"每周一写""每周一读"任务（见图 1-4）。

（1）测试。内容为针对 A 篇课文的核心词汇选择题和篇章理解填空题。

（2）活动展示。请展示 A 篇课文最后一段（一句）的"句法树"。

（3）问题讨论。Q1：What have you learned from this lesson? Q2: How do you usually learn English? And what improvements can you make after listening to this lesson?

图 1 - 4　iSmart 平台上布置作业

（4）"每周一读"为 A 篇课文中的一个重要段落，"每周一写"是与单元主题相关的写作（至少 100 字）。本周写作题：What would you do to improve the education system if you were the Minister for Education？

七、教学反思

1. 本次课教学反思

从学生提交的测试结果来看，基本掌握 A 篇课文中的核心词汇的辨析和运用；从提交的"句法树"展示和回答问题、对教学的反馈来看，学生对英语长难句有了更明确清晰的解决之道，并开始尝试改变自己之前错误的语言学习方法。"每周一读"这一跟读训练借助 iSmart 平台能做到智能批阅，教师再手动批改和给出建议，学习效果比较明显。

值得注意的是，从学生提交的"每周一写"和第二周仿写作业来看，学生目前的写作能力差异较大，语言和内容上均存在较大问题，仅靠 iSmart 平台批阅无法做到细致的一对一辅导。因此，教师应利用微信加大辅导，并指导学生提交修改版本，鼓励学生打磨自己的语言（见图 1 - 5）。

2. 对网络教学的反思

每次开学前我都要读一读刘润清先生谈语言课堂教学的五个境界，主要是为了提醒自己每次课的教学设计是否追求了其中的某些境界，课堂教学结束后，反思我的课堂是否达到了这几个境界。这五个境界从低到高是：第一，起码要充满信息；第二，尽量让信息都是事实；第三，最好把事实放在一个系统中成为知识；第四，更理想的层次是让知识充满智慧；第五，最理想的境界是把智慧上升到哲学。而今，这特殊时期，网络在线课是推动还是阻碍这五个境界的达成，一直是我思索的问题。目前，我的体会是如果利用好在线资源进行一定程度的翻转，督促好学生平时自学课文，而教师利用有限的在线课堂时间去升华课文的语言知识点，为学生搭建语言学习框架，揭示语言的文化内涵，将有助于提高他们对语言的认知，促进他们跨文化视角和批判性思维的形成。

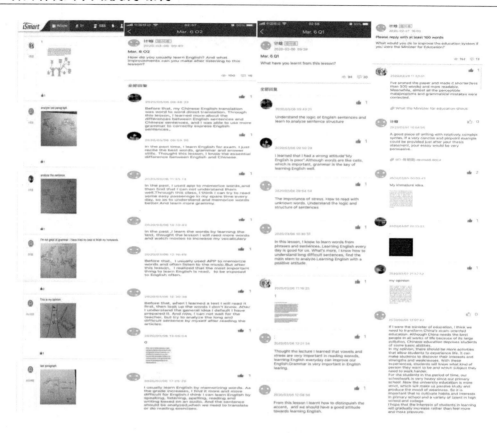

图 1 - 5　学生在 iSmart 平台上提交的作业及教师的反馈

网络教学初期，对教师最大的挑战是现代信息技术使用过程中的不确定性，因此我要求自己利用开学前两周尽快熟悉在线教学平台，与平台开发方交流，提出疑问和建议，但我深知任何平台不可能尽善尽美，满足个性化教学需求，而网络教学的核心依然是教育而非技术，所以教师要做的是及时调整教学节奏和方式，不恐慌，不过分依赖，灵活应对在线教学突发的技术故障，将每一步教学环节稳扎稳打地进行下去。经过一周的教学，我有以下几点感触。

（1）充分利用在线教学平台，发挥传统课堂教学无法比拟的优势。

在传统课堂教学中，老师收齐作业之后才能发现共性问题，反馈也会延迟。如今，借助 iSmart 平台对学生测试结果的后台统计和分析，我能尽快发现学生的共性错误，并及时反馈、纠正。加之目前在线教学实现了一定的翻转，学生自学力度加大，我能保证每堂课前都有集中反馈，使我的教学闭环更趋紧密。

之前，上课结束前 2 分钟，我设计过"exit note"环节，即学生用英文简短写下这堂课印象最深的知识点或最大的感触，收集起来就正好下课。现在，有了 iSmart 平台的"回答"板块，这个活动变得高效，学生愿意写、愿意花时间回顾，而我看到学生真诚的回复，倍感欣慰，也能时刻对照那"五个境界"来鞭策自己在教学上永不止步。

（2）课件的呈现方式应有所考虑。

上传到平台，供学生提前下载预习的资料，一定要分类打包并清楚命名，切忌各种资料胡乱一通传上去，否则，网络另一端的学生定是一头雾水。上传平台的课件分为两类：一种是学生能够靠自学理解的课件，特别是核心词汇的使用，我专门以录屏的方式上传平台供学生下载进行深度学习，不占用课上时间；另一种是启发性、探究性的课件，多为下节课重点关注的话题或语言点。

第一次课后，有学生反馈：老师共享屏幕，来回切换各种课件，会造成学生那头画面卡顿、延时。于是，我及时调整，用分屏的方式来呈现多样课件，效果很好。

（3）连线课上小技巧，节约课堂管理时间。

考勤可以利用截屏来记录，便捷高效。例如，提前5分钟发起语音会议，上课后，我会边讲边截屏还未进入会议的学生名单，几次下来，关注总是晚上线的学生，私下沟通，问清原因。我班的学生8：02分左右都能全部进入会议室。

课中，若采取"数字回答"的方式，教师能迅速了解学生有没有注意听讲，有没有听懂，而学生也乐于参与，积极踊跃地回应。具体做法就是在讲解知识点的时候不时地抛出一个几选一的问题，他们只需在企业微信群里迅速回复数字，你就可以快速掌握学生的学习状况。诚然，语言课其实应该需要口语互动，但让学生语音回答问题受很多因素制约，易造成"失联"和"慌乱"，耽误时间。因此，一节课语音提问不宜过多。

（4）不过分依赖平台，把关注点放到学生的学习效果上。

语言学习本身是需要每天扎实跟进的，而iSmart平台无法实现细致的反馈和指导功能，所以平时对学生的语言浸润不应受限于单一平台。早在开学前三周，我每天在微信群里推送一到两个与国内外时事或学生生活相关的英文视频，进行简短学习交流和指导，不占用学生太多时间，主要是保证每天有新鲜、纯正语料的输入。

我一直让学生打卡我设计的地道英语学习栏目——"你以为你以为会是你以为的吗？"开学后，企业微信"投票"工具，使这一学习打卡方式更为简便，相信每日点滴学习能丰富学生们的日常口语的地道表达。

（5）网络教学阶段更应关注学生的情感需求。

无法户外活动、课程太密集、在线平台有局限，网络不通畅，课上没有眼神交流，这些都不可避免地给学生带来焦虑。我们作为一线教师，在这个特殊时期，更应关照到学生的情感需求和变化。哪怕是教师稍稍改变一下自己的教学习惯，都会让学生少一点焦虑。例如，课件再明了清晰一些，作业再精练一些，答复学生的疑问再耐心细致一些，提供的解决思路和方法再明确直接一些。

（6）特殊时期教研更不能停，凝聚教学团队的智慧。

开学前两周，我们商务学院的大英团队微信群里就开始忙碌起来。大家分工合作完成教学课件，分享一些技术小贴士和教学小妙招。遇到困难不抱怨、不放弃，相互鼓励。第一周的教学顺利开展之后，我们在微信群里尽情分享着兴奋和喜悦。"大家可能会爱上了网络教学""possibly""真的有点爱上它了"。其实，我们对网络教学的接纳和认可一定源自我们对学生的关爱和对教学的热爱。今后我要和我的团队一起，精心设计教学各环节，关注学生的学习效果，及时改进教学方式，同时，关注学生心理需求和变化，助力他们成长、成才。

第二章　大学英语 II 课程网络教学案例报告之二

一、任课教师基本信息

任课教师：张秀清

所在教学单位：商务学院

二、课程基本信息

课程名称：大学英语 II

课程类型：通识教育必修课

学时学分：64 学时/4 学分

面向学生：2019 级所有专业

网络教学方式：iSmart 平台、U 校园平台、企业微信群

三、教学目标与教学内容

时间：第六周第一次课（2020 年 4 月 8 日，周三第 4、第 5 节）

教材：《大学体验英语综合教程2》第三单元 A 篇课文 The Ad Council at a Glance（美国广告委员会剪影）

1. 教学目标

（1）了解公益广告的相关知识及其社会作用。

（2）公益广告起源于美国，了解美国广告委员会产生的背景及承担的社会角色。

（3）掌握"主语＋be＋to do sth"结构，动词不定式作表语，表示按照意愿、计划、打算、安排等要做的事情。

2. 教学内容

（1）解释公益广告：是服务于社会大众利益的广告宣传活动，不以盈利为目的，源于生活，有强烈的号召性，对传播价值观、引导公众态度、规范公众社会行为、推动全社会精神文明建设具有不可忽视的重要作用。

（2）了解课文中 The Ad Council 的相关信息和课文脉络。

（3）利用课文中的重点句型，掌握"主语＋be＋to do sth"结构作表语的用法，学会翻译句子并模仿造句。

（4）输出。当前，在全国人民的共同努力下，我国的抗"疫"防控形势持续向好、生产生活秩序加快恢复，但海外疫情日益严重，请同学们根据我国的防控措施，为国外的朋友们制作一则公益广告，宣传疫情防控的有效举措。

四、课前准备

1. 在线教学平台的熟练使用

经过六周网络平台在线教学的实践和摸索，我从战战兢兢到游刃有余地使用《大学英语》课程各类教学平台开展教学，包括 iSmart、U 校园学习软件以及企业微信平台的语音和视频会议功能（如图 2−1、图 2−2、图 2−3 所示）。

图 2−1　iSmart　　　　　图 2−2　U 校园学习软件　　　　　图 2−3　企业微信平台

2. 教学资料的准备和及时上传

（1）提前制作完成第三单元的课件和相关的学习资料（见图 2−4），上传在 iSmart 教学平台，并及时发布公告通知学生提前下载，打印学习资料（如图 2−5 所示）。

图 2−4　学习资料　　　　　　　　图 2−5　公告通知

（2）为提高在线学习效率，从众多的学习软件中理清头绪，为学生推荐居家学习最佳方法（如图2-6所示）。

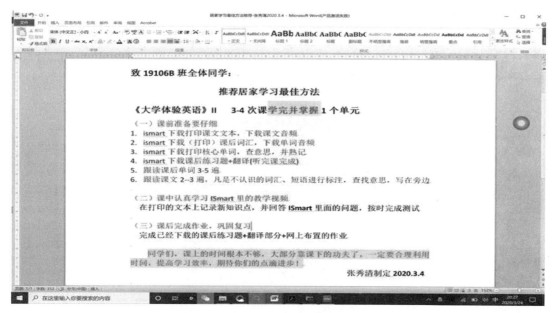

图2-6　推荐居家学习最佳方法

3. 学生的课前准备工作

（1）英语学习贵在坚持。为了让学生们养成自觉学习的好习惯，做到英语学习不间断，我规定学生们利用可可英语学习软件，每天背诵四级高频词汇、训练一篇四级听力，定于周一、周三、周五在微信群里坚持打卡，在企业微信群上传截屏记录（见图2-7）。我认真记录学生们的可可英语打卡学习进度（见图2-8），计入过程性评估的一部分，从而督促自觉性较差的学生，一步一个脚印，天天坚持，看到自己的点滴进步，树立学习英语的自信心，每位同学的学习进度不同，劲头不同，鼓励积极主动的学生发挥榜样的作用，带领全班同学共同进步。

图2-7　学生在企业微信群上传截屏记录

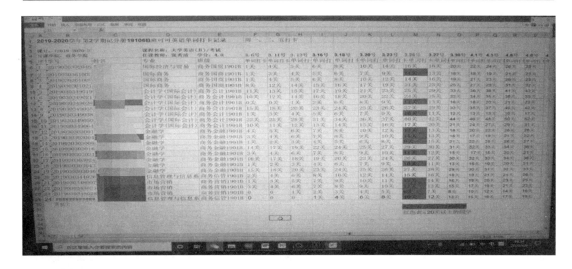

图 2 - 8　学生的可可英语打卡学习进度

（2）问题互动，课前热身。本文主要讲述公益广告的相关知识及其社会作用。公益广告在我们的日常生活中随处可见，只要是关乎公众利益的问题都可以成为公益广告的主题。

社会文明类，如保护环境、节约用水、节能减排、诚信、创建文明城市、关心残疾人、公民义务献血、保护文化遗产、保护公共财物、交通安全、社会公德等；健康类，如全民健身、爱眼、禁烟、禁毒、食品安全等；社会焦点类，如下岗、打假、希望工程等。

Please give one or two examples of advertising slogans of public service that impress you most. And explain them to the whole class in English.

请联系生活，讲述哪些深入人心的公益广告词让你记忆犹新（提前准备）？将你感兴趣的1~2个公益类广告词做成一张PPT（图文并茂）发到企业微信群里，并找2~3名同学课上分享（如图2-9所示）。

图 2 - 9　24 位同学课前准备的公益广告词

五、课中活动

1. 企业微信点名

利用企业微信 10：42 发起消息回执"Good morning, everyone. Are you ready？"检查学生是否已经到位，10：45 截屏显示，24 人已读，开启语音会议（如图 2－10 所示）。

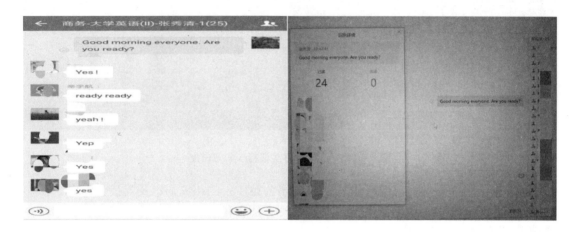

图 2－10　企业微信点名截图

2. 学生参与课前活动

2 位同学用企业微信文档演示向全班同学讲述印象深刻的公益广告。

图 2－11 是 A 同学讲解的内容，Nature is speaking. 图 2－12 是 B 同学讲解的内容，You can be someone's hero 以及 Not only the rainforest dies. 学生准备充分，材料翔实，语言流畅，学生的积极参与丰富了课堂内容，从学生的视角体现了他们对公益广告的认识。

3. 讲解课文脉络

我开启语音模式，讲解公益广告的作用和社会价值，然后讲解课文的结构脉络（如图 2－13、图 2－14 所示）。

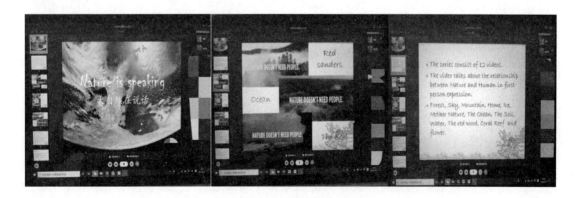

图 2－11　A 同学讲解的内容

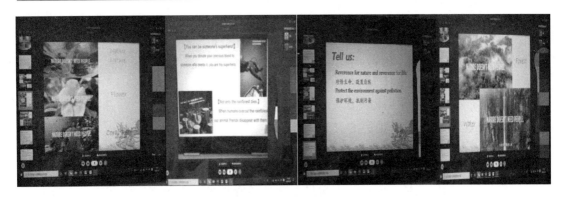

图 2 – 12　B 同学讲解的内容

图 2 – 13　公益广告的作用和社会价值

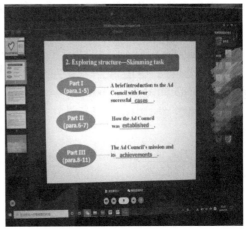

图 2 – 14　课文的结构脉络

4. 讲解后进行翻译练习活动

掌握"主语 + be + to do sth"结构，动词不定式表示按照意愿、计划、打算、安排等要做的事情（如图 2 – 15、图 2 – 16 所示）。

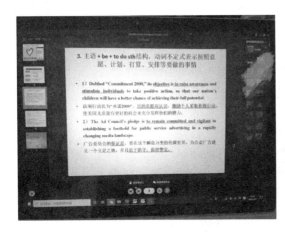

图 2 – 15　"主语 + be + to do sth"结构讲解

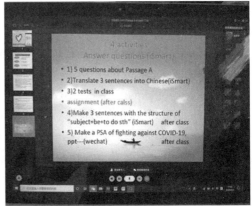

图 2 – 16　学生活动

具体内容如下:

(1) Dubbed "Commitment 2000", its objective is to raise awareness and stimulate individuals to take positive action, so that our nation's children will have a better chance of achieving their full potential.

该项行动名为"承诺2000",目的是提高认识,激励个人采取积极行动,使美国儿童能有更好的机会来充分发挥他们的潜力。

(2) The Ad Council's pledge is to remain committed and vigilant in establishing a foothold for public service advertising in a rapidly changing media landscape.

广告委员会的保证是,要在这个瞬息万变的传媒世界,为公益广告建立一个立足之地,并且忠于职守,保持警觉。

(3) The Ad Council's mission is to identify significant social issues and stimulate action.

广告委员会的使命是识别出重大社会问题,激励人们采取行动。

Practice makes perfect. Translate the following sentences into Chinese.

让学生翻译相似结构的句子,在 iSmart 平台提交。

(1) China's aim is to become a "moderately prosperous society" by the end of this year and eliminate all extreme poverty next year.

(参考答案:中国的目标是在今年年底前建成"小康社会",并在明年消除所有极端贫困。)

(2) The theme of the Congress is to remain true to our original aspiration and keep our mission firmly in mind.

(参考答案:大会的主题是不忘初心,牢记使命。)

(3) Our education policy is to foster virtue through education, enhance our students' well-rounded development and promote fairness in education.

(参考答案:我国的教育方针是立德树人,发展素质教育,推进教育公平。)

iSmart 平台显示,24 名同学全部完成课堂作业。第二句翻译错误最多,"不忘初心,牢记使命",有1/3 的同学翻译不准确。

5. 登录 iSmart 在线学习,布置学习任务

(1) 问答板块。布置了五个问题,问题与课文相关,以检验学生是否真正理解了原文的核心内容。

具体问题如下:

1) What kind of institution is the Ad Council according to the passage?

2) What effects do the PSA slogans usually produce on people?

3) What is the purpose of UNCF?

4) What do dummies Vine and Larry remind people of?

5) What role do public service advertisements play in society?

图 2 - 17 显示全部学生在规定的时间内完成了 5 个问题的回复,前 4 个问题都能在文中找到对应的答案,第 5 个问题需要根据全文内容加入自己的理解,大部分同学的答复都能谈到公益广告对社会起到的积极作用,但是语言表达错误较多,需要进一步夯实语法知识、句法功能。

图 2－17　学生作业

（2）布置了 2 个课堂测试，要求下课前完成。测试内容为针对 A 篇课文的核心词汇选择题和篇章理解填空题，有一位同学忘记了时间节点，错过了一个词汇测试，其他同学全部完成。

图 2－18 显示 4 月 8 日完成了 2 个测试任务，图片 2 是 Bank cloze，针对课文篇章理解设置的填空题，要求学生课后熟读甚至背诵经典段落，根据统计，全班同学全部是满分。图片 3 是核心词汇选择题，1 位同学忘记了时间节点，没有完成，最低分为 0 分，本部分测试平均分为 7.7 分，整体来看，词汇部分需要继续加强练习。

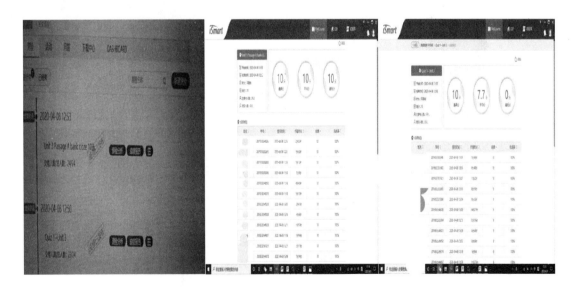

图 2－18　测试反馈

六、课后任务

（1）输出。当前，在全国人民的共同努力下，我国的抗"疫"防控形势持续向好、生产生活秩序加快恢复，但是海外疫情日益严重，请同学们根据我国的防控措施，为国外的朋友们制作一则公益广告，宣传疫情防控的有效举措（海报或者 PPT 形式均可，发在企业微信群）。以下是学生的作业展示，如图 2-19 所示。

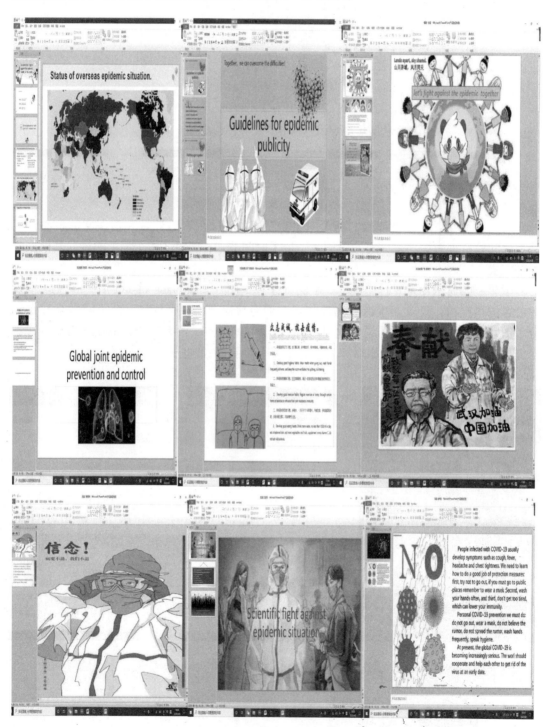

图 2-19　展示学生作业

图 2 – 19　展示学生作业（续）

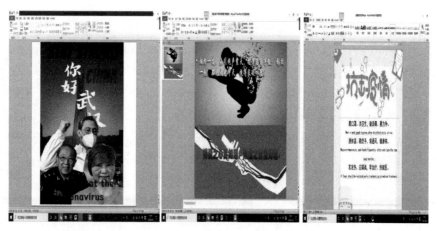

图2-19 展示学生作业（续）

24位同学的抗"疫"公益广告各有特点，各不相同。大多数同学的英语翻译比较准确，极个别同学的英语广告词错误较多，需要在官方网站上搜索准确的表达。例如，一名同学把讲卫生翻译成speak hygiene，显然是望文生义，应该是maintain personal hygiene。推荐学生们在课余时间能够阅读CHINA DAILY，阅读自己感兴趣的新闻和专题报道，提高英语阅读和表达能力。

https：//www.chinadaily.com.cn/china/special_ coverage/2020novelcoronavirus 相关专题报道

https：//covid－19.chinadaily.com.cn/a/202003/13/WS5e6ada82a31012821727eb7c.html 个人防护视频

（2）仿写句子。熟练掌握"主语+be+to do sth"结构，表示按照打算、计划、安排想要做什么事情的用法。自己写三个句子，在iSmart平台完成（如图2-20所示）。

图2-20 仿写句子

这部分作业共有15名学生在规定的时间内完成，由于设置截止日期是今天下午15：00，9名学生没有完成，其中，有一部分同学忘记截止时间，另一部分同学有其他课程，没来得及抽时间切换学习软件完成限时作业。

（3）可可英语四级核心词汇坚持打卡。

（4）iSmart学习情况统计，督促学生及时完成课堂及课后的学习任务。

七、教学反思

1. 布置作业的反思

（1）课前布置准备活动至关重要。本单元主要讲解公益广告的相关知识及其社会作用，了解美国广告委员会产生的背景及承担的社会角色，为了让学生能够对这一主题感兴趣，布置学生搜集自己印象深刻的 1~2 个公益广告词做成 PPT，从提交的作业来看，24名同学的公益广告各不相同、各有特色，画面栩栩如生。老师挑选了 2 名同学的作业，让其通过企业微信的会议功能，给全班同学讲述广告的内涵和意义，学生的讲解详细，语言准确，广告的启迪效果良好。学生合理安排时间，提前准备，融入课堂，产生共鸣，至关重要。

（2）课后的限时作业应该合理安排提交时间。从课后的限时作业提交的数量来看，本次课的仿句练习有 9 名同学没有准时完成，一部分原因是学生忘记作业的截止时间，另一部分同学有其他课程，没来得及抽时间切换学习软件完成限时作业。

经验教训：积极鼓励并及时督促部分学生，养成按时提交作业的习惯，能够合理规划时间，协调好各科的作业。另外一个原因是我设置的时间不够长，今天的作业留给学生的准备时间不足，以后应该注意时间长度的合理安排，留给学生较多的思考时间和准备时间。

（3）学生的潜力无限。课后的抗"疫"公益广告，让我眼前一亮，看到了学生思路的独特、角度的独特、内容的独特，全部同学准时提交了 PPT 图片，内容及画面全部是独一无二的，全部作品体现了众志成城、抗击疫情的强大决心和科学防治的重要性。

不足之处：大部分学生的英语表达比较顺畅准确，极个别同学的英语广告词错误较多，望文生义，需要鼓励学生在课余时间能够阅读电子版英文报纸及杂志，了解时事，与时俱进，常见的学习网站如 CHINA DAILY 官方网站、21 世纪报官网、VOA 或 BBC 网站，学习地道准确的表达法，切实提高英语阅读和表达能力。

2. 教师的课堂设计反思

在这个特殊时期，教学活动从课堂教学转变为网络教学，教师面临着教学方式的转变，《大学英语》是一门需要互动较多的课程，在线下的课堂教学中，针对听、说、读、写、译五大技能，教师会设计不同的课堂活动，灵活管控课堂氛围，督促学生积极发言，参与课堂，锻炼能力，逐渐提高英语应用水平，而在网络教学中，无法在短暂的线上授课中，把控学生的学习及听课状态，而利用课堂的时间抽查提问，加上网络的稍稍滞后及偶尔不稳定的状况，会在不同程度上浪费宝贵的课堂时间，需要教师关注细节，根据每个单元的特点，精心设计课堂教学内容和问答环节，将英语的五大技能的重点考查穿插在学生课上及课后的学习中，提高学生的综合能力。

3. 师生的沟通反思

尽管网络课堂的教学也有声音的互动，但无法传递心灵的互动和眼神的互动，而且互动的次数极为有限，因此，需要教师课后加强与学生的沟通，尤其关注平时学习比较被动的学生的学习状况和心态，鼓励这部分学生尽量能够在规定的时间内完成相应的学习任务，跟上整体的教学进度，对基础特别弱的学生应该给予额外的关注、鼓励和帮助，不让他们掉队。

希望本学期学生们都学会合理规划时间和精力，提高学习效率。

第三章 大学英语Ⅱ课程网络教学案例报告之三

一、任课教师基本信息

任课教师：陈爱明

所在教学单位：商务学院

二、课程基本信息

课程名称：大学英语Ⅱ

课程类型：通识教育必修课

学时学分：64 学时/4 学分

面向学生：2019 级所有专业

网络教学方式：iSmart 平台、U 校园平台、企业微信群

三、教学目标与教学内容

时间：第一周第二次课（2020 年 3 月 6 日，周五第 1、第 2 节）

教材：《大学体验英语综合教程 2》Unit 1 passage A：Oxford University

教学目标：

（1）理解 Passage A 课文的重难点句子，学会分析句子结构，划分句子成分。

（2）检验学生对于 Passage A 中的 key points 的认知、理解和记忆。

（3）通过口语朗读录音，纠正学生的语音语调和单词的发音，使学生能够熟练流畅朗读，提高口语表达。

四、课前准备

1. 提前在 iSmart 上和企业微信上发布课程公告，告知学生本次课的上课内容，以便学生能提前准备

课程公告如下：

3 月 6 日周五，大英Ⅱ，8：00～9：35 线上活动（请按时交作业，迟交无成绩）。

Task1（iSmart 测验）。完成 iSmart 关于单词词义词性的测验，课上 10 分钟。

Task2。老师语音会议讲解 Passage A 课文的重难点句子，带领学生分析句子结构，划分句子成分。

Task3（iSmart 活动）。下载"在线上课材料 key points of PA"（下载中心），英译汉，

在 iSmart "活动"板块，以手写拍照的形式进行提交。可以参考 useful expressions unit 1（下载中心），截止时间为 3 月 7 日晚 8 点。

Task4（iSmart 测验）。口语跟读，在 iSmart "测验"进行提交，截止时间为 3 月 10 日晚 8 点。

Task5（课后作业）。下载"体验英语Ⅱ – Unit 1 课后练习"（下载中心），完成 unit 1 课后练习。下周三讲解。

Task6（iSmart 测验，持续 2 周）。在 iSmart "测验"板块，完成"四级翻译测验一"。截止时间为 3 月 18 日晚 8 点。翻译作答时间为 20 ~ 30 分钟。

2. 学生基本情况

授课班级为英语商务 19108B 班（一级班），2019 – 2020 学期教授过该班大英Ⅰ。本班大部分学生学习态度比较端正，在英语学习过程中自觉性较高，按时完成老师布置的作业，能较快掌握课堂学习内容。但还有一小部分学生学习积极性不高，不愿动脑筋进行独立思考，缺乏学习动力，没有进取心，学习习惯也不好。尤其个别男生基础特别薄弱，听课费劲，作业也不能按时完成，需要持续关注和帮扶。另外，寒假给他们布置了寒假作业，所以假期中我与他们一直保持联系，督促他们学英语，完成寒假作业。绝大部分的学生完成了可可英语上的单词、听力等寒假作业。平时也会给学生推送一些好的英文视频、学习材料给学生，让学生接触原汁原味的英语，如图 3 – 1 所示。

图 3 – 1　寒假作业 + 英语材料推送

3. 上课准备工作

（1）3月4日周三上了第一次课之后，发现用企业微信的视频会议上课不太好用，屏幕切换画面容易卡顿，而且中途点学生回答，有的学生怕开摄像头，所以麦也关了，老师听不到学生的回答。有的学生能通过视频会议语音回答，但耽误时间，而且学生回答不积极。所以当周三下午和同事们微信群里研讨时，谈到这个问题，大家反馈语音会议效果好，然后课下我也和学生进行了语音会议的测试，声音传输效果很好，不卡顿，很流畅，学生也不用露脸，所以周五决定采用语音会议的模式上课。在上课时间，在电脑端，用企业微信发起语音会议、共享教师屏幕进行授课，手机企业微信群和 iSmart 平台实时互动。课后，利用平台布置测试、展示、问答等，通过微信或企业微信答疑。

（2）查看学生 iSmart 平台上节课布置的作业完成情况如图 3-2 所示，逐一听取学生企业微信提交的课文朗读录音，做好反馈记录。上传课件、课文 Word 版、音频、key points of PA、useful expressions 至 iSmart 平台的"下载中心"供学生下载预习，企业微信群和 iSmart 通知栏发通知。

图 3-2　iSmart 作业完成情况

五、课中活动

7：53 企业微信发起消息回执"Are you ready for the class?"，8：00 截屏显示，23 人

已读，1人未读（见图3-3），语音会议的时候再次查看人数，未读消息的同学也进入课堂上课了。所以24人全部到齐。（用企业微信消息回执的方式可以迅速地签到点名。）

图3-3 企业微信签到点名

1. 8：05~8：15

学生登录iSmart，完成iSmart"测验"板块关于单词词义词性的测验，10分钟可以完成，我立刻查看学生测验结果，发现单词听写题做得不错、英语词义匹配做得一般、词性判断题做得不好，判断词性是以后授课中要注意加强的一个方面。

2. 8：15~8：30 反馈作业

（1）第一次课后，给学生布置了提交朗读课文的音频的作业，针对学生在企业微信版提交的音频，在逐一听取后总结了几个共性的问题，给学生提出来。

1）首先是录音时长过长，教材原文native speaker朗读时间是5分多钟，大部分同学朗读时间为8~12分钟，暴露学生对文章还不熟悉，读得不流畅，朗读难词生词耽误时间，所以课下需要掌握难词生词的发音，理解意思，熟悉课文，提高语速。

2）有的同学只是重视单个单词的读音，一个一个单词蹦出来，而忽视了整句话的意思，提示学生应该根据句子的意群来读，这样才能更好地让听众理解。

3）有些单词中的某个字母发音不准确，例如，课文中university、over、various、overseas、cover中的"v"的发音要上齿咬住下嘴唇；explore、establish中"x""s"后的清辅音"p""t"要浊化成"b""d"。

4）有些单词发音不标准，例如，London、located、quarter、represent、private、consist of 等，有的单词中式发音，有的单词重音不对，有的单词读音不准。

5）有些同学为了片面地追求语速快，有些单词没有读清楚，吞音，一带而过，也容易造成误解。这些都是在朗读过程中需要注意的。所以要求学生课下改正上述问题，多多练习。

（2）再次在iSmart上提交"口语跟读"的作业。

3. 8：30~8：45，8：50~9：20 讲解重难点句子，分析长句结构

我挑出 Unit 1 Passage A 课文中的重难点句子、长句子，利用企业微信语音会议帮助

学生划分句子结构，理解长难句意思。

（1）At Oxford, <u>each college is a corporate body</u> distinct from the university/<u>and is governed by its own head and fellows.</u>

这是一个并列句，从 and 断开，下划线部分是句子的主干。

（2）<u>Each student at Oxford is assigned to a tutor</u>（who supervises the student's program of study, primarily through tutorials）.

下划线部分是句子的主干，括号里面是 who 引导非限定性定语从句，和主句用逗号隔开，对前面所修饰的成分 tutor 进一步说明。

（3）<u>The Rhodes scholarship program enables students</u>（from the United States, Canada, and many other nations）<u>to study</u> at Oxford for a minimum of two years.

下划线部分是句子的主干，套用 Sth enable sb to do 这样的句型结构，括号里面是定语，修饰前面的 students。

（4）<u>The students and staff at Oxford are actively involved in over 55 initiatives</u>（2001）, *including visits to more than 3700 schools and colleges*, *to encourage the brightest and best students to apply to Oxford*, *whatever their background*.

下划线部分是句子的主干，斜体部分是两个非谓语结构，一个是现在分词短语作伴随状语，另一个是不定式结构 to do 表示目的。

（5）<u>The university has been named the UK's most innovative university</u> in the Launchit 2001 competition, **which** aimed to discover ***which** British university has demonstrated the greatest achievements in innovation and enterprise across the broadest range of activity.*

下划线部分是句子的主干。后面句子里有两个 which，第一个 which 引导非限定性定语从句，和主句用逗号隔开，对前面所修饰的成分 competition 进一步说明。第二个 which 引导宾语从句（斜体部分），作 discover 的宾语。

整句话的结构是主干带定语从句，定语从句里面包含宾语从句。

（6）<u>Oxford, Stanford and Yale Universities have recently become partners</u> in a joint "distance learning" venture, the Alliance for Lifelong Learning, ***which** will provide online courses in the arts and sciences.*

下划线部分是句子的主干，which 引导非限定性定语从句，和主句用逗号隔开，对前面所修饰的成分 "venture" 进一步说明，the Alliance for Lifelong Learning 是插入语，作 "venture" 的同位语。

非限定性定语从句在英语篇章中非常常见，和主句用逗号隔开，所以大家需要牢固掌握。

（7）<u>The mission of Oxford is to aim at achieving and maintaining</u> excellence in every area of its teaching and research, <u>maintaining and developing</u> its historical position as a world - class university, <u>and enriching</u> the international, national, and regional communities through the fruits of its research and the skills of its graduates.

这一段是一句话，下划线部分是句子的主干。

大家可以模仿类似的结构如下：

$$\text{The mission of... is to aim at}\begin{cases} \text{A：achieving and maintaining...} \\ \text{B：maintaining and developing...} \\ \text{and C：enriching...} \end{cases}$$

这种长难句的句子成分划分非常重要，尤其是找准长难句的主干部分：主语＋谓语或者主语＋谓语＋宾语，对我们理解句子意思非常关键，学生需要加强这方面的练习，这对于听、读、写、译能力的培养都非常重要。

4.9：20～9：35

布置作业，回答学生的问题，结束语音授课。

六、课后任务

在 iSmart 上布置课后作业，如图 3－4 所示，作业包括口语跟读、key points of PA 手写拍照上传、课后练习（下周三上课前完成）及四级翻译（持续 2 周）。

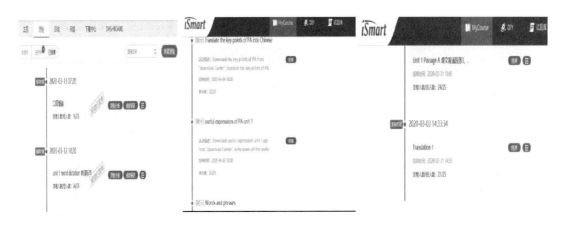

图 3－4　课后作业

七、教学反思

（1）从学生提交的单词测试结果来看，A 篇课文中的核心词汇已基本掌握，但单词的词性有些同学不够清楚，提示我们以前对词性的重视不够，词性在英语四级 matching 题型中非常重要，所以以后要加强重视。单词的英文解释匹配，有些同学也做得不好，以后还要加强学生用英语解释英语的能力。

（2）从学生提交的 key points of PA 的作业来看，大部分学生对课文中的细节知识点能够掌握，这些细节知识点是学生理解整篇文章的基础，可以看出大部分学生基本理解了课文的内容。但还有 3 个同学在截止日期没有交作业，对这些学生要加以催促和关注。

（3）在学生口语跟读之后，我逐一进行了语音点评。从学生跟读的情况来看，整体比第一遍读得好，流利顺畅了很多，长难单词基本发音准确，语音语调有意识地模仿 native speaker，很有进步，而且朗读时间明显地缩短了，大部分同学都在 6～8 分钟，语速提高了，对文章也更熟悉了，这证明学生课后听取了老师的建议，进行了认真多次反复的练习。

八、对网络教学的反思

（1）总的感觉是：学生进度不一，自学能力和自律有天壤之别。好的学生呢，学得很认真，提前看了视频，完成了作业，老师发布的活动，立刻就有同学开始做了。也有个别学生连怎么看视频都不知道，作业非得要督促才行。甚至有一男生表示对于网络教学还需要一段时间调整和适应。所以网络教学不仅需要老师更加认真负责，深入了解学生，也需要学生自律和自觉，个人认为，疫情过后，学生两极分化会比较严重，优秀自律的学生会更优秀，不自律适应性差的学生会落后很多。

（2）企业微信群的工作台——会议还挺好用的，可以让学生看到老师的共享屏幕，和教室里的投影一样，提前安排好教学的步骤，一步一步来，学生也还挺配合的。随时提问就可以查到考勤，讲课感觉会议跟上课区别不大。老师用耳机讲课特别清楚，而且不容易把屋里其他声音收进去，学生也带了耳机，可以听得很清楚。老师和学生都戴耳机并不影响音频视频的播放。企业微信就是学生之间的互动少了，和老师一对一互动没有影响。手机、电脑同时开着企业微信，当某个同学回答问题时，其他同学也可以发信息回答，老师能同时看到，这样感觉挺好的，学生参与度高。老师上课时要眼观六路、耳听八方，课后也要花很多时间看学生作业，及时反馈，确实很忙碌。及时反馈很重要，学生看到后知道自己的问题在哪儿，也会更有学习动力。

（3）大学英语教学用到的一个平台是 iSmart，iSmart 有很多优势，例如，测试和作业能收集学生共同的错误，然后上课花点时间反馈，效率比平时交作业来得快，而且在平台上给学生点评也比较方便，课上再讲讲普遍存在的问题。针对课文的重点测试题，可以退回去给学生重做。每个人都要去 iSmart 完成任务，展示、提问、提交作业，读英语，写英语，这在平时是兼顾不到每个学生的，而 iSmart 每个人都能兼顾到，每个人都能得到老师的语音和文字点评，对于学生来说收获更大。学生反馈说只要自觉性强，这个方式还是很好的。相比平时的教室授课，在线课堂有它的优势，学生有更大的自主性和灵活性，平时比较胆怯的学生也可以大胆地朗读和回答问题。所以老师可以充分利用网络教学的优势，使学生的学习效果最大化。

（4）特殊时期，学生在家通过网络上课学习，可能会遇到各种问题和各种不适应，作为老师，应该理解学生。疫情可能会带来心理压力，又不能出去进行户外活动，课程负担也很重，有各种平台要熟悉操作，有很多作业要做，有同学网络不通畅，有同学没带电脑回家，只能用手机，而且有同学用手机流量上课，确实很贵，学生还会有一些课程方面的压力，因此难免会产生焦虑。所以老师尽量考虑学生的感受，作业布置要适量，讲解清楚明了，请求专业技术人士帮学生解决平台方面的问题，耐心细致地解答学生的疑问，多多鼓励学生，会给学生带来积极的影响。我班有个同学之前说他状态很差，需要调整一周，我也没有给他太大压力，尽量理解他、鼓励他、肯定他，很高兴的是在我写这篇案例时，学生主动地和我联系，问我英语学习的问题，认真完成我布置的作业，凌晨还在提交课文朗读的音频，令我很感动，也很高兴学生有了积极的变化。我深切地感受到老师的爱心、耐心和责任心会像春风化雨一般滋润着学生，赢得学生的信任，让学生能够更加健康、积极地成长。

第四章　大学英语Ⅲ课程网络教学案例报告

一、任课教师基本信息

任课教师：宗艳红

所在教学单位：商务学院

二、课程基本信息

课程名称：大学英语Ⅲ

课程类型：通识教育必修课

学时学分：48 学时/3 学分

面向学生：国贸 19201 班（校级实验班）

网络教学方式：iSmart 平台、U 校园平台、企业微信群

三、教学目标与教学内容

（一）教学目标

（1）语言知识目标：掌握课文中的重点词汇、句型，把握篇章结构和大意。

（2）语言技能目标：掌握"Concessive – Adversative – Progressive"三步法的写作模式；能够灵活应用常用词汇和句型描述品牌和企业。

（3）情感态度目标：通过深入思考和讨论，理解中国企业精神在当代社会发展的价值，学习中国企业家们的创新、执着和敬业的精神，勇于承担社会责任。

（二）授课时间与教学内容

授课时间：开学第七周（2020 年 4 月 15 日，周三第 4、第 5 节课）

学习教材：《大学体验英语综合教程 3》

教学内容：第三单元 B 篇课文《海尔在美国打造"酷"形象》

（Unit 3 Passage B—Haier Seeks Cool US Image）

教学重点：文章段落和大意分析；主题剖析

教学难点：学生在阅读篇章时缺乏对整体结构的把握，不善于发现文章的结构脉络。因此在授课中特别设计了结构分析环节，并根据课文结构特点归纳出"Concessive – Adversative – Progressive"的三步法，引导学生在写作中应用模仿。

四、教学过程

1. 课前准备

（1）借助调查问卷，了解学生学习情况与需求。本学期的第四周对学生学习情况做出调查，对一段时间以来的授课、软件使用等情况做深入了解（如图4-1所示）。

图4-1 学生调查问卷

通过调查问卷发现，学生对开学以来的教学方式的效果比较满意。网络上课的平台（企业微信）和学习平台（iSmart）存在个别技术问题，但整体来看运行良好。学生们对听力和写作技巧的提升有比较迫切的需求。另外，学生们对课堂互动的态度是比较支持的，愿意配合老师进行在线的教学互动。

（2）积极参加线上讲座和教研室研讨，学习相关技能。教研室每周都会组织教学在线研讨，集体的讨论和智慧带给我很多启发。我利用课余时间参加学习了优学院的"2020春季学期教师教学能力提升"和"北京联合大学课程思政"系列讲座以及U讲堂的"高校外语课程思政教学理念与实践"系列讲座，多位老师和专家的教学理论和实践经验分享使我受益匪浅。

（3）课下小组辅导和答疑。使用微信视频会议平台，利用课下时间与六组学生进行了小组辅导答疑，对他们各组的大作业（PPT展示）进行反馈点评，针对问题指导他们进行修改。通过小组连线答疑，老师能根据每组的不同情况做出有针对性的指导，可以关注到每个学生的状态，增加对学生的了解和辅导的有效性，进一步拉近了师生关系。同时，与课代表和各组成员提前确定学生做PPT展示的组别、内容及展示节点等。

（4）发布线上课程资源。上传第三单元的学习材料包、课外学习视频和音频资源及优秀作业展示（见图4-2）。录制小视频，作为课程思政教育材料。外语部录制的课程配套的视频精讲、课件展示、朗读跟读等课程资源起到了很好的辅助作用。

（5）课前技术保障。通过问卷调查学生意见，决定采取课上视频直播或视频会议的方法，课上在电脑端用企业微信发起直播或视频会议，共享教师屏幕进行授课，学生在手机企业微信群和iSmart平台进行实时互动。课后，利用iSmart平台和U校园进行话题讨论、作业发布、测试、展示等。此外，针对每组上交的展示作业，与小组成员进行视频连线反馈答疑。

序号	文件名称	文件大小	上传时间	操作
1	Unit 3 Passage B 阅读练习.pptx	122.39K	4天前	👁 ⬇ ✕
2	Unit 3 PassageA 练习答案.pptx	200.61K	4天前	👁 ⬇ ✕
3	4月10日作业：翻译.docx	11.91K	5天前	👁 ⬇ ✕
4	TED演讲： 8 secrets of success (中英) .docx	20.16K	2020-03-31 18:12	👁 ⬇ ✕
5	第三单元课外自学资源.docx	13.23K	2020-03-31 18:11	👁 ⬇ ✕
6	体验3 Unit 3 各种资料.rar	40.20K	2020-03-31 18:11	👁 ⬇ ✕
7	SF-wangwei.mp4	61.59M	2020-03-31 17:38	👁 ⬇ ✕
8	跟外交部学英语2.pptx	2.33M	2020-03-26 18:22	👁 ⬇ ✕
9	跟外交部学英语1.pptx	6.14M	2020-03-26 18:22	👁 ⬇ ✕
10	Unit 2 passage A+B .ppt	3.81M	2020-03-26 18:22	👁 ⬇ ✕

图 4 - 2　学习材料包

2. 课中活动

10：45 企业微信发起视频会议，通过联系时事英语（"抄作业"的英文表达）进行投票打卡，在增加签到乐趣的同时学习时事翻译技巧（外交部发言人赵立坚的发布会上的发言）。10：49 显示 36 名同学按时到课，一人缺勤。

（1）引入（Lead - in）。引入主题并讨论海尔品牌和海尔集团的背景知识（产品，发展历史，企业文化，CEO 张瑞敏等）。课前组织学生在微信小群语音或文字讨论，组长总结，形成文字发在 iSmart 平台讨论区，课上连麦个别组长分享。（在增加学生互动的同时有效利用课堂时间。）

（2）篇章分析（Text exploration）。

1）通过提问，检测学生课前预习状况，明确文章段落和大意，并应用 skimming 阅读技巧回答具体问题。（利用作业中出现的问题，聚焦重点，让学生在 iSmart 平台迅速作答。）

2）引导学生理清结构脉络，掌握"Concessive - Adversative - Progressive"三步法的写作框架。与中文的起承转合的逻辑关系类似，英语的行文也有自己的结构特征。首先，以课文前三自然段为例，让学生思考总结出这三步的结构特征，总结相关连接词；其次，通过互动练习让学生对学到的"三步法"进行应用，寻找连接词并排序。（加入自己动手做的环节，学生在微信群迅速作答。）

3）总结课文中描述品牌和企业的常用词汇和句型，由各小组派代表连麦讲解单词，并使用党的十九大报告中出现的例句进行解析（如图 4 -3 所示）。（引导学生发挥主动性学习党政文件的相关例句，增加词汇学习的厚度。）

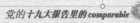

图 4 - 3　党的十九大报告中的词汇

（3）主题剖析（Theme Analysis）。

1）探讨文章主题。谁是你心目中最敬佩的中国企业家？中国企业家通常拥有哪些不寻常的品质？引发学生对企业家精神进行深入的思考。（提前搭建支架，提供高质量的语料供学生借鉴使用。）

2）小组任务展示——中国品牌和中国企业家精神介绍。因为时间关系，每次课程安排1~2组同学进行展示。本次课按定好的顺序，由两组同学进行了中国民族品牌企业精神的 PPT 展示。学生和教师进行评价，发现其中的闪光元素。（设计与思政内容相关的课外任务，形成课内加课外的思政教育格局。同时利用小组任务，帮助学生建立学习共同体。）

3）主题升华。首先，教师发布讨论：In your opinion, what makes an entrepreneur successful? What valuable qualities can you see in Chinese entrepreneurs? 学生分组在微信小组群进行讨论，协同在微文件分享讨论结果（使用在线文档同步编辑工具，提升协作效率）。接着，教师分享屏幕，使用亮色笔对各组的答案进行点评，总结各组的亮点（见图 4 - 4）。最后，引导学生深层思考企业家精神在现代社会中的精神内涵：财富是目的还是工具？在当今的历史时期，我们需要构建什么样的企业家信仰体系与价值观体系？补充相关英文表达和中国传统文化中的相关名言名句。

In your opinion, what makes an entrepreneure successful?
What are some valuable qualities you can see in Chinese
entrepreneurs?
李梅组：Innovation, perseverance, broad horizon,
honest, Leadership, Perseverance
杨淼组：1.prospective 2.Innovation consciousness
3.Landscape view
苏锦涛组：1. willingness to fail 2.innovation 2.Correct business
strategy 3. Obey the law
刘佳怡组：1.honesty 2.innovation 3.perspective 4.leadership
5.persistence 6.kindness and justice
张凌辉组：1.confidence,determination,never give up
2.Responsible
冯雨晴组：1.Never say die 2.innovation;international view;
strategy; Inheriting Chinese culture

图 4 - 4　点评各组答案

（4）总结和作业（Wrap - up）。对本次课的要点进行梳理总结。缕清脉络，强化记忆，并在批改网布置与主题相关的翻译任务。

五、教学反思

1. 课内 + 课外结合，增加课程思政的维度

本次课的教学中，利用了"由表及里"的思路设计思政内容，以课文内容为表作为处理素材，通过评论、阐释、提问等方式，对企业家精神进行辨析，鼓励学生进行思辨性思考，引领价值认同。学习词汇语言点时，除了单词释义，学生最依赖的就是例句，教学用书或字典都有助于学生掌握词汇和短语的用法，但每一课都有重点词汇出现在党政文件

的英文版中，如果把文件中的这些句子摘取出来补充到这些例句中，就增加了这些词的学习厚度，而这些词的思政价值就挖掘出来了，从而达到思政赋能词汇学习的效果。

课堂外，组织学生建立学习小组，根据思政目标设计了小组任务。学生通过小组内部讨论、分工搜索材料、整合梳理归纳、与老师课下答疑的四个环节，对企业家精神的内涵进行不断挖掘，收获比较深刻的感触和透彻的理解。课后，借助网络教学平台补充与思政内容相关的任务，通过听、说、读、写、译等语言技能训练形式，把思政元素融入课后作业内容，实现课内课外相结合的课程思政混合教学。

2. 增加课堂互动，为课程思政注入活力

好的教学本质上是一种人与人之间的互动。通过借鉴学习优秀教师案例和专家讲座，我开始了课程多样化设计的探索。首先，根据学生们在碎片化信息时代形成的浅阅读浅思考的学习特点，对课堂教学内容进行切分，更加明确每个知识点。其次，注意在讲解中穿插多种交互活动，增加生生和师生的互动。例如：上课时利用时事热词进行打卡；课上使用 iSmart 平台发布答题卡，让学生迅速作答；在讲解课文时，随机连麦某一名同学，让他完成朗读、分析句子结构、猜测词义等小任务；使用微文档共时页面，组织学生进行在线分享展示。此外，利用多种方法增加网上教学的"现场感"和"参与感"。例如，在直播讲解中保持经常"出镜"，也鼓励学生"出镜"。在讲解知识点时，尽量使用触屏手写，不依赖 PPT。

3. 建设网络共同体，拓展课程思政空间

由于课堂互动的次数有限，我开始探索如何建立网络学习共同体，给学生们更多的互动机会。在第五周时，我尝试让学生们自行组建以 4~6 人为一组的学习小组，布置了与课文主题相关的 PPT 展示任务。同时，利用微信与小组保持沟通，使用企业微信的视频会议平台进行了小组连线答疑。有些在课堂上不愿意"露脸"的同学也开启了摄像头进行面对面交流。针对很多小组存在的思维深度不够的问题，我从不同角度对他们进行引导和点拨，给他们进一步讨论思考的空间。在与各小组的互动研讨中，我也学习到了很多知识，对企业家精神这个概念增加了不少的思考和感悟，可谓教学相长。

此次疫情暴发迫使我们不得不做出改变，也经历了曲折起伏的心路历程。从最初的忐忑不安、无所适从，到发现自己的不足和困难，与教研室的同仁们一起摸索探讨、大胆实践，到逐渐找到感觉和节奏，建立起信心和动力。这一切背后的动力，是学生们对我极大的信任和支持。也许这次变革也有积极的一面，它将我们强行脱离舒适区，迫使我们打破原来固化的模式，在未知的教学探索中找到新的活力。在未来的教学中，我会努力保持求知若渴、不停探索的心态，不断优化创新教学模式，把这次挑战转化为成长的契机，用自己的行动做好学生的指导者和引路人。

第五章　微积分Ⅱ课程网络教学案例报告之一

一、任课教师基本信息

任课教师：刘志刚

所在教学单位：商务学院基础部

二、课程基本信息

课程名称：微积分Ⅱ

课程类型：通识教育必修课/经管类专业必修课

学时学分：64学时/4学分

面向学生：2019级商务会计专业

网络教学方式：BB网络学堂+企业微信

三、教学目标与教学内容

理解《微积分Ⅱ》课程中定积分、微分方程、多元函数微分以及无穷级数的概念与性质，掌握各章节的基本定理与相应的计算与应用。

四、教学过程

1. 课前准备

（1）首先进一步熟悉课堂教学内容、重点和难点，做好网络教学的软硬件准备工作，并认真做好有效开展网络授课的构思，设计出便于学生学习的具体教学实施方法。

（2）在以往的基础上进一步熟悉网络学堂使用、熟悉如何通过网络学堂中"学生学习管理中心"对学生的学习状态加以管理，例如，除了了解上网时间、登录学习时长、是否在上课时准时到课（考勤）等课堂管理之外，还要熟悉企业微信使用方法，并与其他教师沟通交流网络教学相关问题。

（3）制订网络教学计划（见图5–1）。根据《微积分Ⅱ》课程的特点制定以上传教学录像为主、其他教学手段为辅的网络教学方案，即除了完成本课程的全程授课录像之外，还要给学生提供教学课件、相关练习题、练习试卷、网上问题讨论、课上测验与作业以及课下学生通过微信随时随地的辅导答疑。

図 5-1　教学计划

（4）关于学生作业。规定学生每周四提交作业，学生通过照片形式传输作业到企业微信中，教师下载照片评判，通过 Excel 表格形式详细记录完成作业情况，学生作业中的问题要每周反馈，要求学生改正错误，并对问题较多的作业题制作讲解视频录像集中讲解等。

（5）购买摄像头和软件注册码，为完成课程录像准备软硬件条件。

（6）提前设置网络学堂中各个栏目的内容提纲，对上课做出整体设计，上传相关的教学文件，如教学日历、教学大纲等。

（7）开课前认真录制授课录像，提前上传网络，并下载试看，确保正常播放。

（8）认真核对学生名册，确保所有学生都在网络学堂和企业微信群里，包括跟班重修学生，不能遗漏任何学生。

2. 要求学生准备工作

（1）掌握网络学堂使用，登录课程栏目，保证能够正常登录系统学习。

（2）熟悉企业微信使用，在微信中联系学生确保学生在线。

（3）对学生提出课堂要求。包括按课表上课时间准时登录网络学堂，线上观看录像并且教师在线辅导答疑（微信、企业微信或讨论版等），如果网络出现卡顿、掉网请学生事先做好下载视频文件工作，或同学之间交流文件。

（4）要求学生在每周四下午准时来答疑，教师采取各种方式在线辅导。

五、课中活动

在上课前要认真整理授课教案与资料，完成每周课程授课录像的录制工作，并及时上传到网络学堂中；本学期共完成 64 学时的授课录像以及期末总复习练习卷的讲解视频，见图 5 - 2。

刘志刚老师的课程录像（商务会计1901B班）

已启用：复查,统计跟踪

《微积分II》课程练习卷讲解视频

已启用：统计跟踪

图 5 - 2　课程录像及练习卷讲解视频

在每次上课之前都会通过企业微信联系学生，明确授课内容、课程进度，提出课堂要求，强调课程重点与难点，提示学生按时登录网络学堂，指导学生正确登录系统，并布置好当天的课程作业。

在上课过程中老师全程在线随时解答学生问题，对教学内容中的重点、难点加以解释与强调，使学生感觉和平时教室面对面一样，上课效果很好，有的同学感觉这样上课甚至好于真正的课堂教学，因为这样可以随时暂停做笔记或反复听讲解内容，对于难理解的概念与例题反复几遍下来更容易接受。

在上课过程中教师除了随时答疑之外，还通过网络学堂中"学生学习情况管理中心"来实时监测学生登录网络学习的情况，并以此作为学生上课考勤，同时也通过企业微信中"回执消息"来监测学生在线情况，发现没有登录网络学堂学习的同学及时微信或电话联系，对于学生登录时网络与电脑问题也及时给予帮助，保证学生正常有效地学习。由于本课程的特点，需要随时给学生进行演算，因此，通过视频来给学生一步一步地推导，同时讲解这样做的道理，使学生感觉就像在教室一样面对面答疑，只要学生参与网络教学，同样可以达到很好的教学效果。

对于数学课程，每次课都有作业，在课程中详细给学生讲解如何提交作业和作业书写要求以及作业上传格式与名称要求，同时让成功提交作业的学生讲解自己如何成功提交的，力争使所有学生了解正确提交作业的方法。

六、课后任务

教师在课后还要积极研究课程进行过程中如何提高学生学习效果，怎样能够了解学生对网络学堂学习的积极性以及访问各个栏目的情况，了解学生登录时间与时长，因此每次课后都要通过系统中"评估"内容了解学生学习情况，做到心中有数（表 5-1 是学生开课一周后访问课程栏目的情况）。

表 5-1　学生开课一周后访问课程栏目的情况

课程名称	内容区	点击数
微积分（Ⅱ）（2019~2020 第二学期）	习题解答	42
微积分（Ⅱ）（2019~2020 第二学期）	作业	719
微积分（Ⅱ）（2019~2020 第二学期）	学生考勤	47
微积分（Ⅱ）（2019~2020 第二学期）	平时成绩	30
微积分（Ⅱ）（2019~2020 第二学期）	教学大纲	51
微积分（Ⅱ）（2019~2020 第二学期）	教学日历	107
微积分（Ⅱ）（2019~2020 第二学期）	测验	36
微积分（Ⅱ）（2019~2020 第二学期）	电子教材	206
微积分（Ⅱ）（2019~2020 第二学期）	电子教案	290
微积分（Ⅱ）（2019~2020 第二学期）	考研衔接	1
微积分（Ⅱ）（2019~2020 第二学期）	补充习题	32
微积分（Ⅱ）（2019~2020 第二学期）	课件	151
微积分（Ⅱ）（2019~2020 第二学期）	课程录像	2135
微积分（Ⅱ）（2019~2020 第二学期）	调查问卷	2

从第一周学生访问栏目情况上来看，课程录像是学生反复观看的重点，仅一周时间就有 2135 人访问，无论学生下载还是在线观看，绝大多数学生都能按时完成课堂要求。此外，我们上课时的考勤每次都是 100% 学生到课，个别没能及时上网的同学老师也做到逐一询问，使所有学生都能及时登录网络学堂学习，保证学习效果。

在每次课上，老师布置的作业绝大多数同学都能按时完成，还没到交作业时间学生就将作业提交到网上，并对作业中遇到的问题积极找老师答疑，见表 5-2。

表 5-2　学生网络学堂提交作业情况（部分）

作业	关于《微积分Ⅱ》课程作业	商务学院学生	2020 年 3 月 9 日 13：00：17
作业	关于《微积分Ⅱ》课程作业	商务学院学生	2020 年 3 月 9 日 12：56：03
作业	关于《微积分Ⅱ》课程作业	商务学院牛召天（尝试 2，共 2 个）	2020 年 3 月 9 日 12：11：53
作业	关于《微积分Ⅱ》课程作业	商务学院学生	2020 年 3 月 9 日 12：00：57

续表

作业	关于《微积分Ⅱ》课程作业	商务学院学生（尝试6，共6个）	2020 年 3 月 9 日 11：52：26
作业	关于《微积分Ⅱ》课程作业	商务学院学生	2020 年 3 月 9 日 11：46：01
作业	关于《微积分Ⅱ》课程作业	商务学院学生	2020 年 3 月 9 日 11：36：42
作业	关于《微积分Ⅱ》课程作业	商务学院学生	2020 年 3 月 9 日 11：32：04
作业	关于《微积分Ⅱ》课程作业	商务学院学生	2020 年 3 月 9 日 11：23：36
作业	关于《微积分Ⅱ》课程作业	商务学院学生（尝试2，共2个）	2020 年 3 月 9 日 11：10：34
作业	关于《微积分Ⅱ》课程作业	商务学院学生	2020 年 3 月 9 日 11：00：04
作业	关于《微积分Ⅱ》课程作业	商务学院学生	2020 年 3 月 9 日 10：45：04
作业	关于《微积分Ⅱ》课程作业	商务学院学生（尝试2，共2个）	2020 年 3 月 9 日 10：37：40
作业	关于《微积分Ⅱ》课程作业	商务学院学生	2020 年 3 月 9 日 10：36：31

七、关于课堂测验与作业

由于数学课程特点，老师每次上课都要留当天的作业，这是检验学生在课程进行中学习效果的必要手段，因此，对学生的作业要求也是很严格的，作为教师力争做到严谨认真，主要采取 Excel 表格的形式仔细记录每位学生作业完成的情况，指出每位学生作业中存在的错误，并在企业微信中公布本周作业情况，让学生及时改正错误。对平时课堂测验与期中考试也是一样的详细记录，本学期下来学生作业与测验的详细记录达到 264 页，以下是部分记录：

1. 学生提交的作业（见图 5 - 3）

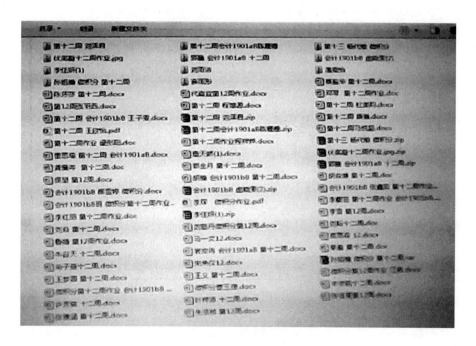

图 5 - 3　学生提交的作业

2. 每周公布作业情况（见图5－4）

图5－4　每周公布作业情况

3. 教师作业批改与期中考试情况（见图5－5）

图5－5　教师作业批改与期中考试情况

4. 课下辅导情况

在课后还要随时给学生辅导，一般通过微信或企业微信与学生沟通，往往是 24 小时在岗辅导，见图 5-6。

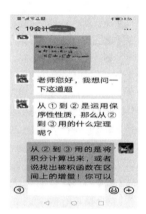

图 5-6　课下辅导情况

5. 期末考试情况

由于受疫情影响，期末考试需要采取线上视频监考方式完成，学校基础部通过充分征求教师意见和以往线上教学实践的经验，数学课程考试决定采用统一 Zoom 软件来实现线上视频监考的方式完成。作为《微积分Ⅱ》课程的考试也是按学校要求完成线上视频监考考试，我针对这次线上视频监考写了学生考试注意事项以及监考教师注意事项，并在监考班级上做了多次视频监考实验，力争做到学生清楚考试要求，考试尽量做到公平公正，使考试结果能够真实反映学生的学习状况，见图 5-7。

图 5-7　期末考试方案及学生注意事项

6.《微积分Ⅱ》课程期末考试视频监考（见图5－8）

图5－8　期末考试视频监考

八、教学反思

　　由于网络教学与正常室内教学不同，一方面，虽然在网络上可以提供大量的教学资料和参考文献，这些对主动学习能力较强的学生来说没有问题，但对自我约束能力较差、自主学习能力不好的学生来说则存在很多问题，没有老师当面的监督学习效果会较差，可能会影响其学习成绩；另一方面，不同的课程特点不同，网络教学可能更适用于语言类的或文科类课程，可以把声音、图像、语言等结合使用使课程组织丰富多彩，但动手能力较强的课程或实验类课程则不适于网络教学，虽然现在有大量的仿真实验，但与真实实验室操作还是有差距的。对数学课来说，既有理论讲授，同时还必须有对问题的分析与实际问题的推演与演算过程，在学生入门阶段还需要教师引领着一步步完成，最后通过作业训练使学生将理论应用于实际计算中，从而逐渐理解数学的真正意义。因此，数学课程的网络教学存在一定的局限性，网络教学作为一种辅助教学手段还是相当不错的，目前网络教学是特殊时期最有效的教学手段。从将来的发展来看，如果将线上的网络教学与线下的课堂教学相结合，两者互相取长补短，可能是个不错的教学方式，必将提高课程的教学效果。

第六章 微积分Ⅱ（双语）课程网络教学案例报告之二

一、任课教师基本信息

任课教师：丁钊鹏
所在教学单位：商务学院基础部

二、课程基本信息

课程名称：微积分Ⅱ双语
课程类型：通识教育必修课/经管
类专业必修课
学时学分：64学时/4学分
面向学生：国贸1902B
网络教学方式：BB网络学堂＋企业微信

三、教学目标与教学内容

巩固对定积分基本思想的掌握，理解定积分应用的计算。

四、教学过程

1. 课前准备

（1）熟悉课堂教学内容、重点和难点，做好网络教学方法的构思。

（2）熟悉网络学堂使用、熟悉企业微信使用，并与其他教师沟通网络教学相关问题。

（3）制订网络教学计划。根据课程特点制定了以上传教学录像为主，以提供教学课件、相关练习题和练习试卷、提供网上问题讨论、课上测验与作业为辅，学生通过照片形式传输作业，教师下载照片评判，课下随时答疑讲解，每周四下课时间之前提交作业等。

（4）购买电容笔和耳麦，下载录播软件，为完成课程录像准备软硬件条件。

（5）提前设置网络学堂中各个栏目的内容提纲，对上课做出整体设计。

（6）以 iPad 手写录屏的方式，课前认真按章节和进度分段录制授课录像。

（7）将教学大纲、教学日历、电子教材、将用到的软件、电子课件、录像事先上传到网络学堂，确保学生能够在内容区看到并下载。

2. 要求学生准备工作

（1）掌握网络学堂使用，登录课程栏目，保证能够正常登录系统学习。

（2）熟悉企业微信使用，在微信中联系学生确保学生在线。

（3）对学生提出课堂要求：包括按课程表上课时间准时登录网络学堂，尽量线上观看录像并且教师在线辅导答疑（微信、企业微信），对于教学视频，请学生事先下载文件，或同学之间交流文件，并在每堂课之前提前预习。

五、课中活动

在每次开课之前通过企业微信联系学生，明确提出课堂要求，提示学生按时登录网络学堂，指导学生正确登录系统，并布置当天课程进度与要求，见图6-1。

图6-1 学生情况

按照课表的进度，每次正课时间通过企业微信中"回执消息"来监测学生在线登录情况，从而监督学生正常有效地学习。

在上课过程中老师全程在线随时解答学生问题，对教学内容中的重点、难点加以解释与强调，作为特殊时期的教学手段，学生可以随时观看教学视频暂停回放做笔记反复理解，对于不太容易明白的概念与例题在多次重复琢磨之下更易豁然开朗。在课堂期间，我会提出一些问题让学生回答，为了调动学生的积极性，有时会以小额红包的形式激励最先答完的学生。

上面的提问方式并不能激发所有学生的学习热情，有时为了让所有的学生参与，也是为了知道学生是否在学习状态，会提出一些选择题并以问卷调查的形式放在群里让每个学生参与解答。

六、课后任务

教师在课后还要积极研究在课程进行过程中如何提高学生的学习效果。每次课上我们布置的作业绝大多数同学能按时完成，还没到交作业时间就将作业提交到网上，并对作业中遇到的问题积极找老师答疑，也有学生因提交作业困难会通过微信把作业转发给老师，见图6-2。

图6-2 学生完成作业

对于数学课程，为了让学生能够自己动手计算从而理解概念和定理，每周都会布置作业，并反复提醒学生自己动手做不要抄袭，按时提交，并在下一周将上一次作业重点、难点题目解析之后发给学生，并解答学生提问。

在课后还要随时给学生辅导和答疑，一般通过微信或企业微信与学生沟通，基本不分昼夜随时在岗。

七、教学反思

非常时期实行非常形式教学，网络课堂与传统教学模式大不相同，就如同网上观剧与莅临现场的区别，教师与学生都处在两种截然不同的状态。讲台上的教学总能激发出一种清醒亢奋的状态，对于教与学的效率来说，讲台才是最适宜的方式，即使讲课过程中可能存在口误，但在兴奋状态下的教授效果是不可替代的。对于数学这样一类需要逻辑推理和书写演示的学科来说，网络教学应该以录像为主，不宜直播，网络教学也有好处，教师可以通过反复录制达到视频毫无口误，网络上可以提供大量的教学资料和参考文献，学生为了理解概念定理计算可以反复观看，这是讲台教学做不到的，但这样的内容会显得死板，在孤立自学的环境下，对于学生形成长期记忆的效果远不如现场面对面教学。对于习惯主动学习的学生来说，哪一种教学形式都是可以接受的，但对于很多自我约束能力较差的学生，在缺乏老师当面监督的情况下，学习效果会更差。数学离不开对问题的分析与实际推演，需要教师引领，通过作业训练使学生真正掌握。目前非常时期的网络教学，还需要慢慢摸索和熟悉，相信会越来越好。

第七章 Python 程序设计课程网络教学案例报告之一

一、任课教师基本信息

任课教师：沈桂兰
所在教学单位：商务学院

二、课程基本信息

课程名称：Python 程序设计
课程类型：通识教育必修课程
学时学分：48 学时/3 学分
面向学生：2019 级全院各专业
网络教学方式：中国大学 MOOC + Python123 实践平台 + 企业微信群

三、教学目标与教学内容

1. 教学目标
（1）学生能够明确本学期学习任务和学习目标。
（2）理解计算机程序设计的方法。
（3）安装和熟悉 Python 语言开发环境。
（4）能够运行 Hello World 程序。

2. 教学内容
（1）课程导论。
（2）程序设计基本方法。
（3）Python 开发环境配置。
（4）Python 操作示例。

四、教学过程

课前准备

（1）遴选资源不懈怠。本学期商务学院的 Python 类课程包括通识教育必修课《Python 程序设计》和学科大类必修课《Python 数据分析与实践》两门，这两门课程均利用中国大学 MOOC 上北京理工大学嵩天老师的慕课作为 SPOC 课程，因课程实践性、应用性强的特点，课程还利用 Python123 网络实践平台便于学生在家也能完成实践操作练习，如图 7 - 1 所示。

图7-1 SPOC课程和网络实践平台准备

（2）指导准备不忙乱。为了便于学生能够顺利地关注上述课程资源及实验平台，我在个人公众号中写了《Python类课程开课前准备》和《Python类课程网络教学软硬件准备》两篇文章分别于2月24日和26日发布给学生，指导学生提前做好相关准备工作，如图7-2所示。

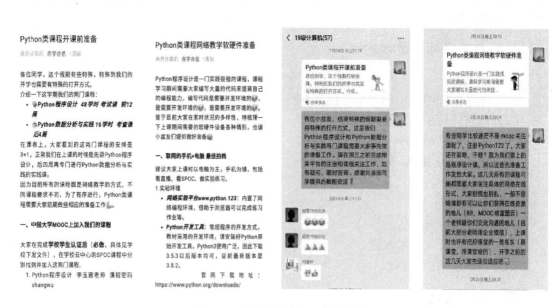

图7-2 指导学生进行开课前准备

（3）敦促后利用班委。在课前准备阶段，发现总有一些学生不能及时关注课程资源、注册平台，我就利用班干部的模范示范和带动作用，帮助老师提醒和辅导后进学生进行课程资源的注册和关注，如图7-3所示。在班干部的热心帮助下，在开课前，所有的同学都顺利地完成了课程注册。

图 7 - 3 沟通班委定向关注

（4）课前调研明状态。为了解学生在家是否具备学习条件，我通过企业微信群向全班同学做了两个课前小调查，了解他们在家上课硬件和软件的状况，如图 7 - 4 所示。

图 7 - 4 学生学习条件调研

为明确网络授课方式，找学生询问他们希望的授课方式，如图 7 - 5 所示，并向已经开课的同行吸取经验。

在明确采取课上直播的方式以后，为了做好相应的直播准备工作，除了向同行吸取经验之外，还在课前向学生咨询，从他们的角度来看，在直播过程中教师应该注意的问题，做到心中有数，如图 7 - 6 所示。

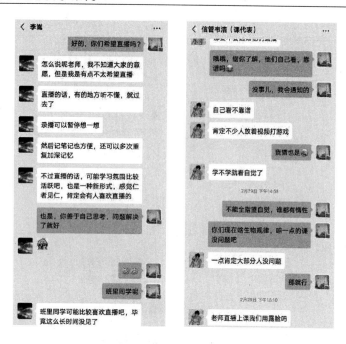

图 7-5　了解学生希望的授课方式

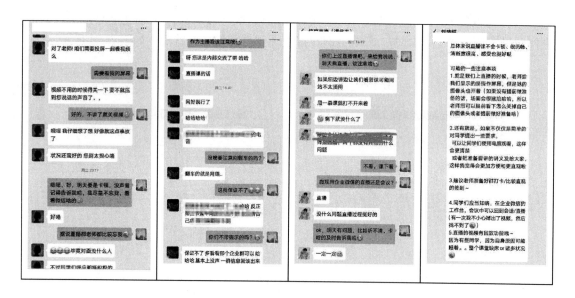

图 7-6　直播注意事项咨询

（5）下发任务明目标。根据我在 2019～2020 秋季学期在《高级语言程序设计》进行翻转课堂教学的体会，学生在课下进行线上课程学习时没有明确的任务目标，自学效果往往不明显。为了达成学生学习目标，我设计了包括学习任务和学习指南在内的课前学习任务单，在课前下发给学生帮助学生明确自学目标，如图 7-7 所示。

《Python 程序设计》第一周课前学习任务

班级：_____　学号：_____　姓名：_____

一、学习指南：

1.学习内容：第1章程序设计基本方法。

2.达成目标：
- 能够理解程序设计在计算机系统中的不同作用。
- 能够列举程序设计语言的三大类，并阐明其各自特征。
- 能够辨析高级语言在计算机中的两种执行方式的执行过程。
- 能够理解IPO程序编写方法，拿到一个计算问题，能进行IPO分析。

3.学习方法建议：
- 带着问题，进行探究式学习。
- 观看SPOC视频，必要时停顿思考并记录笔记。

4.在线课堂形式预告：

第一环节（讲授）　课程内容及考核方式介绍。

第二环节（检测）　小测验+回答问题，检测大家自学效果。

第三环节（讲授）　Python开发环境安装。

第四环节（练习）　自行熟悉开发环境。

第五环节（讲授）　Python程序示例。

第六环节（练习）　上机实践练习完成作业。

二、学习任务：

1.通过观看SPOC课程中第一周1.1程序设计基本方法及教材对应内容，请思考并回答以下问题：

(1)计算机有哪两个显著特点？

(2)对于计算机CPU可以直接理解什么类型的程序设计语言？

(3)小泉找乙一道程序设计题：求1到500的连加和是多少？小利用Java语言编程实现。小狼用Python语言编程实现。虽然两人最后运行结果都正确，但是从计算机执行程序的方式上来看，你觉得谁选的语言更好，为什么？

(4)《三国演义》是中国四大名著之一，书中描述了100多个典型人物。统计出书中典型人物名字出现的次数，以便从侧面反映人物的重要性，请给出这个计算问题的IPO描述。

2.观看SPOC上第1周其他视频内容，便于初步了解掌握相关知识。

图7-7　课前学习任务

（6）准备试题验效果。为了能在课上检验学生课下SPOC的学习效果，在慕课堂上设计测验题目，便于在课上进行随堂测验，如图7-8所示。

总分：10分

程序设计基础知识

练习说明（选填）

1. 多选题　（2分）计算机程序设计语言可以分为哪三大类。
   - A. 机器语言
   - B. 自然语言
   - C. 高级语言
   - D. 汇编语言

2. 填空题　（2分）高级语言翻译为机器语言的方式有两种：一种是编译方式，一种是

3. 多选题　（2分）IPO程序编写方法包括三大核心要素：
   - A. 输入
   - B. 信息
   - C. 输出
   - D. 处理

图7-8　慕课堂练习准备

五、课中活动

我在课中实行全程直播进行教学，按照课程任务安排，本次课中活动包括讲授、测验、交流回答、实践练习、答疑等环节。其中有一些细节如下：

1. 点名这么做

考虑到远程不可控的特点，通过以下三种方式来确认学生到课情况，如图7-9所示。

（1）企业微信群以回执消息确认。上课前通过回执消息通知大家进直播课堂，以确认到课人数。

（2）直播课堂人数关注，在直播过程中关注直播群中的学生在线人数情况，以确定学生听课状态。

（3）慕课堂随机签到，保证学生时刻在线。

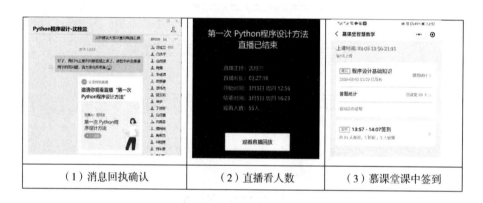

（1）消息回执确认	（2）直播看人数	（3）慕课堂课中签到

图7-9　点名签到

2. 课中测验看效果

在进行完课程导学后，利用慕课堂进行在线测验，所有同学参加了测验，结果表明绝大部分同学做了充分的课前预习工作，小测验的平均得分为8.99分，如图7-10所示。

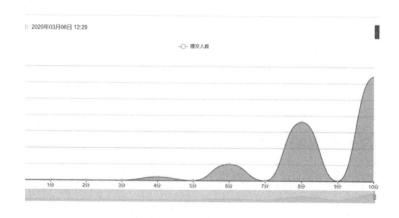

图7-10　慕课堂测验情况

3. 邀请发言有气氛

为了深层次地检验学生利用 SPOC 预期的效果，在测验完成后，利用直播邀请发言功能邀请同学回答课前任务单中提出的问题，在本次课程中共邀请 5 名同学，其中，4 名同学接受邀请，回答得都正确；另外，还有同学在讨论区发文字和大家做交互。未接受发言的同学也在讨论区做了原因说明。事实证明，通过视频进行邀请发言可以调节和活跃课堂气氛。

4. 答疑讨论很热烈

在实践环节，借助于直播语音、微信、企业微信群，我在课上针对学生疑惑的问题进行解答。另外，在微信群里，大家还会互相帮助回答问题，如图 7 - 11、图 7 - 12 所示。

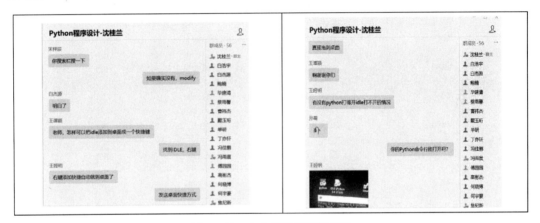

图 7 - 11　企业微信群答疑情况

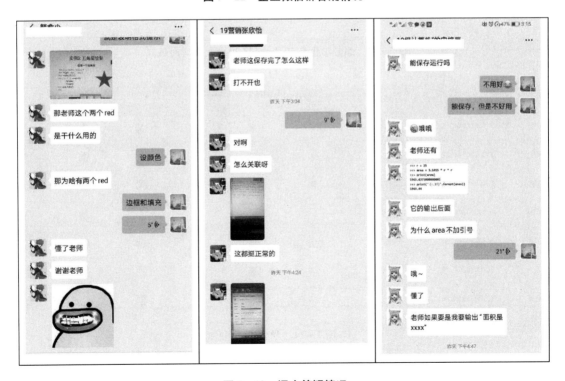

图 7 - 12　课中答疑情况

六、课后任务

本次课后任务在 Pyhton123 平台上让学生完成对应的练习任务，作业完成截止时间到本周日，从数据来看，当天结束课程后，有 51.9% 的同学立即在该平台上进行操作练习，如图 7 – 13 所示。完成作业的同学掌握情况良好，如图 7 – 14 所示。

韦浩	2019030344004	46 分钟	下午
刘奥龙	2019030344027	57 分钟	下午
徐钟标	2019030348007	58 分钟	下午
单研	2019030344022	1 小时 26 M	下午
刘楚妍	2019030344020	1 小时 29 M	上午
戴玉珩	2019030344010	1 小时 33 M	下午
何晓博	2019030344025	2 小时	下午
沈桂兰	🖼	2 小时 1 M	晚上
冯雨晨	2019030348027	2 小时 20 M	下午
毕建清	2019030344011	2 小时 32 M	下午
刘馨	2019030344001	3 小时 1 M	下午

图 7 – 13　部分学生在 Python123 平台上学习时长

↓姓名	↓学号	操作	↓总分	↓单项选择题 #59558	↓单项选择题 #59564	↓单项选择题 #59573	↓世界，你好！	↓说句心...
朱姿璇	2019030344019	允许重考	60	10	10	10	10	10
单研	2019030344022	允许重考	60	10	10	10	10	10
刘馨	2019030344001	允许重考	50	10	10	10	10	10
宋梓辰	2019030344002	允许重考	50	10	10	10	10	10
戴玉珩	2019030344010	允许重考	50	10	10	10	10	10
毕建清	2019030344011	允许重考	50	10	0	10	10	10
刘怡萍	2019030344018	允许重考	50	10	0	10	10	10

图 7 – 14　学生成绩

七、教学反思

首次通过网络进行教学，在很多细节的地方还考虑得不是很周到，在直播过程中的时间把握并不能保证做到十分合理，为了解本次直播教学效果和今后需要注意的事项，我在课后向全班同学进行调研，调研内容包括学生们消化知识的情况、讲课速度、讲课方式、建议等，如图 7 – 15 所示。

图 7 – 15　教学后调查

根据调查回收情况和自己授课的状态，我将坚持向学生发放课前任务单的做法帮助学生做好课下预习工作，同时在课程直播中将解决学生预习中的难点和重点，精讲细讲，并在课上给学生留出充分的时间让他们消化知识，把直播课堂打造成学生解决问题的平台，引导学生乐学、好学、会学，以促进学习目标的达成。

第八章 Python 程序设计课程网络教学案例报告之二

一、任课教师基本信息

任课教师：黄金燕
所在教学单位：商务学院

二、课程基本信息

课程名称：Python 程序设计
课程类型：通识教育必修课程
学时学分：48 学时/3 学分
面向学生：2019 级全院各专业
网络教学方式：中国大学 MOOC + Python123 实践平台 + 企业微信群

三、教学目标与教学内容

1. 教学目标
能说明字符串类型的表示及处理方法，并进行字符串类型格式化。

2. 教学内容
（1）字符串类型及其操作。字符串类型的表示、字符串处理函数、字符串处理方法、字符串类型格式化。
（2）三种文本进度条案例。

四、教学过程

课前准备

（1）准备教学 PPT。本学期的《Python 程序设计》利用中国大学 MOOC 北京理工大学嵩天老师的慕课作为 SPOC 课程，同时配套使用 Python123 网络实践平台布置练习与作业。在备课过程中，结合教材和 SPOC 课程中的视频资料设计教学 PPT，针对视频和教材中讲述不够具体的基础知识点进行再次梳理，针对每个知识点配套一个练习进行巩固，通过每一个实际例子及时解除学生们的疑惑，避免他们产生畏难情绪。另外，在 PPT 中使用绿、蓝、橙三种不同背景颜色分别标识知识点、练习、案例三部分内容，三色 PPT（如图 8-1 所示）使学生更加清晰地获取所需要内容。学生通过线上 SPOC 视频学习，线上面授和案例教学、课后依据教学 PPT、教材、其他课外资料进行练习和实验验证，不断巩固所学内容，进一步增强动手实践能力。

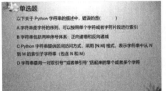

图 8 – 1　三色 PPT

（2）撰写任务书。为了让学生养成课前和课后利用各种线上线下资源自主学习的习惯和意识，具有自主学习的正确认识，我在直播课程结束后向学生们发放"Python 第 5 周任务书"，该任务书主要包括三部分内容，即"课后作业""复习任务""预习任务"，根据课程内容和学生的掌握情况，详细列出了需要巩固的知识、需要复习的知识以及需要提前预习的知识，学生可以清晰地知道要学习哪些内容。本周任务书内容如图 8 –2、图 8 –3 所示。

图 8 – 2　《Python 程序设计》第 5 周任务书

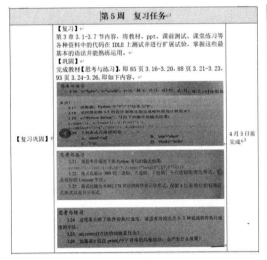

图 8 – 3　《Python 程序设计》第 5 周任务书

（3）编制课前复习测试题。为了督促学生们课上认真听讲和课下自主学习，针对已经学过的内容编制一套测试题（10道题），目的是检测学生上一周的学习效果。该测试题在课程开始后让全体学生作答并提交，测试成绩作为平时成绩的一部分，根据学生的答题情况进行选择性的讲解，并在课下多关注答题正确率较低的学生。

（4）编制课堂练习题。为了有效提高网络另一端学生听课的注意力，课程中间会针对本次课程当中的知识点编制2套课堂练习题，如图8-4所示，也就是PPT中蓝色背景的内容，学生在规定时间内（15~20分钟）作答并提交至腾讯文档中，从而可以及时掌握学生们对当前知识的掌握情况并针对共性问题进行补充讲解，同时起到一定的督学作用。

【第5周课堂练习1-字符串及其操作】　【第5周课堂练习2-字符串格式化】

```
print("a"+"b")
print("ab"*3)
print("你\t 好\n 呀")

name = "Python 语言程序设计"
name[0]
name[7]
name[-1]
name[2:-4]
name[:8]
name[8:]
name[:]
name[::-1]
name[::3]
name[-2::-1]
```

```
"{}{}{}".format("圆周率是",3.14,"...")
"圆周率{1}{2}{0}".format("是无理数",3.14,"...")

"{0:-^20}".format(1234567890)

s = "PYTHON"
"{0:30}".format(s)
"{0:-^30}".format(s)
"{0:,}".format(123456)
"{0:10.2f}".format(12345.67890)

a="Beijing"
b="I love U"
print("{:->10}{:-<19}".format(a,b))
```

图8-4　课堂练习题部分内容

（5）课堂练习题提交文档。学生的课堂练习结果需要一个载体进行呈现，同时也是通过提交课堂练习内容来督促学生完成课堂练习任务，跟随自己的讲课节奏。因此，使用腾讯文档创建学生课堂练习题的提交文档模板，学生提交各自练习结果的截图至相应的单元格中，如图8-5所示。

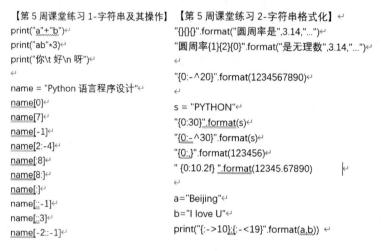

第5周课堂练习提交处

各位同学：
1. 首先，找到自己名字，可以记住序号，下次可以快速定位。
2. 然后，将自己的【IDLE代码截图】粘贴（Ctrl+V）到名字所在行对应单元格中，并将图片缩小至单元格大小，避免序号在后面的同学爬楼太多。
3. 不要破坏别人已提交的练习，所有操作后台有记录。

序号	姓名	第5周课堂练习1-字符串及其操作	第5周课堂练习2-字符串格式化
1	郝思阳		
2	邓智丽		
3	陈建余		

图8-5　课堂练习题提交模板

（6）编制课后练习与作业。Python123 平台自带了题库，但有些习题是固定在某些章节内的，无法单独添加重组。另外，已带的题库量不大，不能满足实际教学的需要，有时还需要自己创建习题。实际操作时，每次课前都需要针对下周要讲授的知识点，选择或创建合适教学内容和难度的习题重组为每周的练习和作业，如图 8-6 所示。

序号	总100分	名称(版本号)	习题类型	难度
1	20	A 字符串逆序输出 v1.11	程序设计题	2.7
2	20	A 子字符串输出 v1.06	程序设计题	3.4
3	20	A 字符串长度 v1.06	程序设计题	3.4
4	20	A 格式化输出 v1.08	程序设计题	3.4
5	20	A 基本数据类型 v1.01	程序设计题	3.0

图 8-6　第 5 周课后练习与作业内容

（7）检查学生作业完成情况。学生的课下学习任务主要有两个检查指标，一个是中国大学 MOOC 上的视频学习时长，另一个是在 Python123 平台中完成的"练习与作业"。每周会在上课的前一天在企业微信群内提醒，发布尚未完成视频学习、练习与作业的学生名单，如图 8-7 所示。从同学们完成作业的时间来看，大部分同学都会拖延到作业截止时间才去完成作业。另外，学生反映系统记录的视频观看时长不符合自己的实际观看情况。

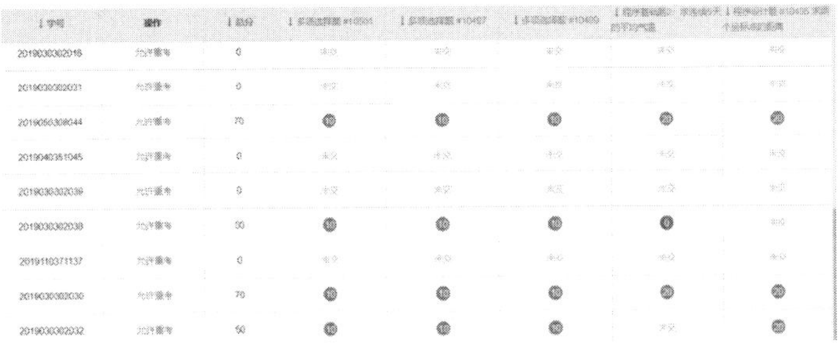

图 8-7　课前检查学生作业提交情况

（8）整理 Turtle 创意画作业。为了进一步提高学生们学习 Python 的兴趣以及对程序设计知识的巩固，本周继续深化 Turtle 部分的教学内容，鼓励学生们在课余时间根据个人兴趣继续完善自己的 Turtle 创意画作品，并在班内开展 Turtle 创意画评比活动，由每位同学投票选出班级最受欢迎的 1~5 幅作品，我将学生提交的作品汇总到一页并通过问卷的方式收集投票结果，并向学生下发投票结果，如图 8-8 所示。

（9）编制课前提示。为了学生能提前做好上课准备，在课程开始时进入上课状态，每次课前我会向学生发布课前提示信息，让他们提前做好思想准备和资料准备工作。本周的课前提示内容如图 8-9 所示。

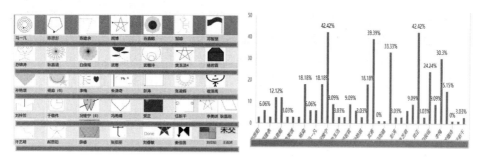

图 8 - 8　Turtle 创意绘画班级投票结果

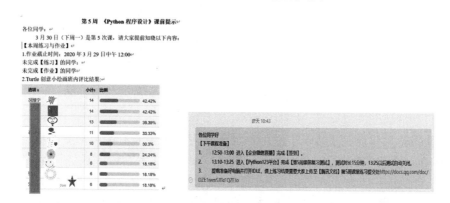

图 8 - 9　第 5 周课前提示信息

（10）编制调查问卷。在网络直播教学的过程当中，有很多内容，包括教学效果、教学进度、讲课速度、讲课方式等意见、建议需要了解，因此，每次课后我都会通过问卷星向同学们征集信息，以便于我及时进行相应的调整。

五、反思

1. 课中活动

本周教学内容全程企业微信直播，按照教学计划，本次课中活动包括课前签到、作业讲解、测验、授课、实践、讨论、答疑等环节，部分环节记录如下：

（1）四法督促学生出勤。首先，良好的出勤是保障学习效果的前提之一，因此，采用课前 10 分钟扫码签到、课中随机抽查学生答题、课中全体学生提交练习截图、课后核对参加直播学生姓名四种方式检查、约束学生的出勤情况。通过四种方式的组合，能在一定程度上约束学生按时来到课堂。其次，能够让签到的学生继续留在课堂里。最后，尽量让学生人在课堂中心也在课堂中，能在一定程度上让学生尽量认真听课。针对出勤记录有疑问的情况再做单独沟通和处理。

（2）线下学习反馈。正式开始讲授新内容之前，会对上周学生作业完成情况进行反馈，主要包括第 4 周线上学习反馈、作业完成反馈、课堂教学反馈。将学生们的练习和作业完成情况进行总结，尤其是针对多次未完成任务的同学进行重点提醒，在企业微信群里发布这些数据，方便学生查看和核对。

（3）课前复习。开始讲解新课之前，需要对上一周的知识点进行简单回顾，然后把在 Python123 平台上编好的复习测试题发放给学生，测试学生对之前上课内容的掌握情况，这种测试同时也是对学生们在课后开展自主学习的一种督促方式。同时，可以利用企业微信群的投票功能了解学生们当时的完成情况，如图 8-10 所示。

图 8-10　第 5 周课前测试

（4）课程教学与互动。每周的课程（6~9 节），我都会利用企业微信通过面授、实践、讨论相结合的模式开展视频直播教学，我个人倾向于选择直播是因为在直播时能够与学生进行即时性的学习交流和指导，尤其对于商科学生学习程序设计课程可能难度更大，直播教学便于及时解决学生们的疑惑和困扰。同时在直播时开启了回放功能，这样便于学生课后进行复习回看。与实体课程相比，线上课程中讲授的占比更多，针对每一个知识点会与学生进行互动讨论、解除学生的疑惑，虽然学生们在评论区能够比较积极地参与讨论互动，但参加讨论的人数不够广泛，如图 8-11 所示。

图 8-11　企业微信直播互动与回放

2. 实践操作

关于实践操作，本周课程安排了两个集中时段供学生练习，更多的实践操作留在课后由学生自主完成。在讲授完每一部分知识点之后，向学生展示"第 5 周课堂练习 1——字符串及其操作""第 5 周课堂练习 2——字符串格式化"文件的内容，让学生在自己的 I-DLE 下书写代码开展验证性实验，增强对代码的深入理解和感悟。为了督促每位同学练习，让学生将各自提交练习的结果提交到之前编辑好的腾讯文档共享文件中，在文档中可以随时观察到学生的完成进度以及对未跟随教学进度的个别同学进行及时提醒和帮助解决问题，也作为课后进行重点辅导的对象。

六、课后任务

1. 布置课后任务

在课程内容结束后，通过企业微信的回执功能和百度网盘两种方式向全体学生下发

"Python 第 5 周任务书"及本周课程的所有材料"第 5 周 . rar"压缩包文件，便于学生课后复习。

2. 课程教学意见调查

在课程直播结束后，通过问卷和微信私信的方式征集学生对教学内容的意见和建议，如图 8 – 12 所示。密切关注学生们的学习状态和宝贵建议。同时，针对问卷收集上来的问题进行单独辅导，解除学生的疑惑。

图 8 – 12　问卷调查学生的意见、建议

七、教学反思

1. 学生能够自主学习是根本

真正的教育是自我教育，由于疫情期间课程的教学模式发生了变化，因此，自我约束力强、能够主动学习的学生无论学习的方式是通过线上网课还是线下面授，都能克服一切困难制订学习计划并主动完成自己的学习任务。然而，对于自主性不高的学生来讲，由于网络教学时空分离缺乏老师的管束而会放松对自己的要求，就课程的出勤来讲，如果没有课程的成绩约束，不知道会有多少学生能主动参与到课堂中来。老师总是一遍遍地提醒按时到达课堂，还有谁的软件没有装好，还有谁没完成作业，还有谁没交练习……老师总是在学生的后面推着他们向前走，何时老师能跟在学生后面跑就太好了。因此，要想提高课程（包括线上网课和线下课程）的教学效果，唯有激发学生们对本门课程的学习兴趣并唤起学生自主学习的意识，培养他们自主学习的能力，我在有意识的引导和培养方面还需要做更多、更深入的细致工作。

2. 线上互动是核心

互动和反馈是课堂教学的核心点，在线上教学时，由于网络两端的师生缺乏面对面的直接交流，线上教学师生互动受到限制，老师无法及时掌控学生的学习行为和学习状态。因此，线上课程与实体课堂的教学效果相比要相对弱化一些。如何能更好地解决线上与学生间的互动问题，有效监督学生的在线学习状态，还需要我更多的思考和探索。

3. 宽以待人是美德

每周的练习与作业都有截止时间，到达截止时间以后不能再提交作业。然而，现实情况是有部分同学会说忘记作业截止时间而未能成功提交作业。受到疫情和教学模式改变的影响，学生们从心理和思想上可能尚未及时转变学习习惯。针对前三周错过提交作业时间的以及 Turtle 创意绘画中直接提交网上案例的同学，我以一种宽容的方式处理问题并在课上做了总结，学生私信回复感到很愧疚。希望通过这样的一种引导，学生能够改变学习态度和学习状态，能够发自内心地爱上这门课程。

第九章 Python 程序设计课程网络教学案例报告之三

一、任课教师基本信息

任课教师：薛云

所在教学单位：商务学院

二、课程基本信息

课程名称：Python 程序设计

课程类型：通识教育必修课程

学时学分：48 学时/3 学分

面向学生：2019 级全院各专业

网络教学方式：中国大学 MOOC + Python123 实践平台 + 企业微信群

三、教学目标与教学内容

1. 教学目标

（1）能列举 Python 语言数字类型，并进行数字类型的常用操作。

（2）能运用数学函数库 math，模拟学习能力值提升，完成"天天向上"力量的计算。

（3）能说明字符串类型的表示及处理方法，并进行字符串类型格式化。

2. 教学内容

（1）Python 语言数字类型。整数类型、浮点数类型、复数类型。

（2）数字类型的操作。数值运算操作符、数值运算函数、数字类型转换函数；天天向上实例。

（3）字符串类型及其操作。字符串类型的表示、字符串处理函数、字符串处理方法、字符串类型格式化。

四、教学过程

1. 撰写"课前导学任务单"

本周的课前导学任务单主要分为两大部分：一是巩固复习已学知识，二是通过观看中国大学 MOOC 课程视频预习新的知识。任务单部分显示如图 9 – 1 所示。

该任务单的制定主要参考了第二周学生的学习反馈内容。因此，在"课前导学任务单"里列出已学知识点的需巩固内容清单、练习方式和方法，目的是给初次学习编程语言的同学提供更加清晰的练习方式。另外，针对本周课堂将要学习的内容进行部分预习，为了提高视频学习的效果，编写了部分针对视频教学内容的小练习，让学生有更深刻的理解。

图9-1　第三周课前导学任务单

"课前导学任务单"在第二周课程结束后在企业微信群里以"回执信息"发放给学生。可以关注到是否所有的学生都查看了信息。

2. 撰写"课堂教学任务单"

第一部分是教学大纲中第二单元的内容，与本周相关的知识点用黄色高亮显示，目的是通过此内容让学生明确本单元的学习目标、学习内容、学习重点、学习难点，课外学习安排；第二部分是任务单的具体内容，对照课表的实际上课时间，进行了内容和时间的规划，目的是通过此内容让学生了解本周线上课堂教学的具体任务和安排，方便同学课后复习查看。

3. 编写线上课堂教学所需的测试题目及课堂作业

知识点复习测试——"程序解析"应用了企业微信群中的微文档收集，结果可以导入 Excel 表进行查看。

"Turtle 库练习"和"课前预习"练习，均使用 Python123 平台进行题目的设计和编写。学生登录平台后可以看到具体的模块内容。

针对课堂练习的问题，因为需要观测学生具体练习的内容，还有希望通过提交课堂练习内容来督促学生完成课堂任务，所以，使用"腾讯文档"中共享编辑文件的方式，让学生各自提交完成内容的截图。

4. 备好课上所需资源链接信息

准备好上述课前任务之后，在企业微信群的"文件传输助手"进行转发，以便上课时随时转发到学生群。

5. 查看学生线上学习及作业完成情况

周日晚上 Python123 平台学生完成上周练习和作业的情况，群里发布提醒通知，以及还未完成同学的名单。

五、课中活动

本周教学内容全程直播，按照课程任务安排，课中活动包括课前签到、上一周学习情况反馈、测验、授课、实践练习、答疑等环节。其中有一些细节如下：

1. 课前签到

线上教学课程签到的目的是提前准备好上课环境及按时进入上课状态，提前 10 分钟发放任务书和签到链接。如图 9 – 2 所示，签到的同时可以反馈了解本周课堂任务的情况及存在的问题。

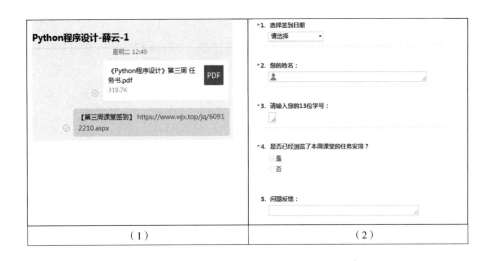

图 9 – 2　课前任务书及签到链接的发放

2. 上一周学习情况反馈

主要包括上一周线上学习反馈、上一周作业完成反馈，上一周课堂教学反馈。将作业批改的内容及完成练习的分数分别在企业微信群里发布，方便学生查看自己的错误之处以及平台作业完成的成绩，同时也警示未完成任务的同学。

3. 课堂检测

企业微信群里发布提前准备好的课堂测试的链接及 Python123 平台上测试模块的截图，随时可以关注学生完成的进度，提醒学生尽快完成。

4. 课程教学与互动

按照本周任务单的安排，进行课程直播教学，应用“讲授＋实践练习”模式，但“计划赶不上变化”，直播中，企业微信多次崩溃，后来只能切至会议模式进行，很可惜的是，在会议模式下，学生无法查看回放。

授课中一边讲授内容，一边将要完成的练习截屏发至群里，方便学生查看和明确任务，他们可以随时进行实践练习、随时关注教学进度、随时在群里回答老师的提问、反馈自己的问题。

另外，可以利用企业微信群里的“投票”功能了解学生们当时的学习状态。线上教学过程中学生的互动，关注度还是很高的，这一点在线下课堂上是难得的。

5. 课堂实践

课堂上为了关注每个学生具体练习的情况，使用"腾讯文档"中共享编辑文件的方式，让学生各自提交完成内容的截图。课堂上可以随时关注学生的完成进度，也可以发现个别同学没有参与到课堂练习中，进行提醒。

6. 完成本周教学反馈

课程结束，企业微信群里发放本次课程课堂教学反馈链接。随时关注学生的学习情况及问题反馈。

六、课后任务

1. 下一周任务安排

本周课后主要包括 MOOC 平台的复习和预习任务，Python123 平台练习和作业任务。

（1）任务一、学习 MOOC 平台的视频内容，巩固课堂知识。

"第 3 周"基本数据类型：

1）字符串类型（约 40 分钟）。

2）实例 4：文本进度条（约 20 分钟）。

3）总结（约 20 分钟）。

"第 4 周"程序控制结构：

详细安排见第 4 周课前导学任务单。

（2）任务二、Python123 平台完成练习与作业。

1）自由练习（计入线上学习成绩）。

2）作业（计入平时作业成绩）。

2. 学习情况预警提醒

整理前三周线上学习情况，将具体每周统计的线上学习清单及平均分数反馈在群里，提醒低分的同学注意和及时查找未完成的原因，如图 9 - 3 所示。

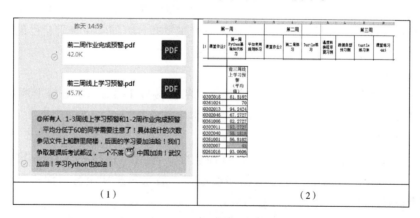

图 9 - 3　学习情况预警

3. 查看 Python123 平台学生完成作业的信息情况

从数据来看，周二结束课程后，少数同学完成了作业，大多数同学选择周末进行复习和完成，如图 9 - 4 所示。

学号	操作	↓总分	↓单项选择题 #26674	↓单项选择题 #26675	↓单项选择题 #26676	↓单项选择题 #26677	↓单项选择题 #26678
30302043	允许重考	88	❷	❷	❷	❷	❷
30361011	允许重考	88	❷	❷	❷	❷	❷
30302007	允许重考	76	❷	⓿	⓿	⓿	❷
30302001	允许重考	66	⓿	⓿	❷	❷	❷
30302040	允许重考	38	❷	❷	❷	❷	❷

图 9 - 4　学生完成作业情况

七、教学反思

1. 课前签到有必要

通过三周的签到数据显示，第一周有 16 人在 13：00 之后签到，第二周有 9 人在 13：00 之后签到，第二周的课上进行签到数据的展示和提醒后，第三周仅有 2 人在 13：00 之后签到，学生进入直播的速度也有所提升。课前的签到，让学生提前做好上课的准备，尽快进入学习状态。

2. 课间休息安排需明确

本周是第三次进行线上教学，虽然觉得准备工作做得比较充分，但是还是会出现意想不到的"小插曲"（直播导致企业微信退出），反复几次，使整个课程的进度紧张了起来。因此，让学生可以在课间实践练习的时间自行安排短暂的休息，没有按照之前的计划给学生明确留出休息的时间，下课时有一个学生在群里抱怨，下周还是要明确线上课间休息的时间，让学生有张有弛地进行网上学习。

3. 中国大学 MOOC 视频课程学习时间需要合理安排

经过调查，有些同学反馈，课前看视频，看完就全忘了，没什么印象，还有看不懂的地方；有些同学反馈，应该课前看视频，进行预习，有助于课上的理解和消化；有些同学反馈，希望课上有视频的学习，有老师引导，效果好。

通过三周的线上教学体验，可以甄选对应知识点的视频内容进行课前、课上和课后的学习，并辅助于相应的练习和思考题，检测效果，引导学生积极参与讨论答疑，"以学生为中心"进行线上教学的开展。

4. 根据授课内容合理安排练习及作业量

本周授课内容是第三章基本数据类型，是程序设计的基础内容，知识点多，较分散，学生在课堂上消化理解的时间不够充分。今后还要根据授课内容，合理安排课上练习及作业量，探求合理的方式排解学生们的畏难情绪，引导学生们乐学、自学。

第十章 批判性思维课程网络教学案例报告

一、任课教师基本信息

任课教师：郭彦丽
所在教学单位：商务学院

二、课程基本信息

课程名称：批判性思维
课程类型：通识教育必修课程
学时学分：16 学时/1 学分
面向学生：金融专业
网络教学方式：蓝墨云班课＋企业微信语音会议

三、教学目标与教学内容

1. 教学目标

本课程为通识教育必修课程。通过该课程的学习，学生需要达到的学习目标（AOL
检测）为 LO1：能够辨识并确定关键问题；LO2：能够通过分析论证做出合理判断。从知
识、应用、整合、情感、价值以及学习等六个维度培养学生养成良好的思维习惯，改善思
维的品质。

学生能够形成对批判性思维定义的正确认识和理解；理解并掌握批判性思维的本质、
原则及基本标准。

2. 教学内容

（1）课程基本情况介绍，包括学习目的与学习目标、课程主要内容简介、学习安排
与要求、考核要求等。在学习安排与考核要求方面，尤其强调延期开学期间的在线学习方
式和具体要求。

（2）批判性思维的实质，包括：什么是批判性思维；批判性思维的习性和技能；批
判性思维的基础：理性和合理性；批判性思维原则和基本途径；批判性思维的基本标准。

3. 基本要求

正确理解批判性思维的基本概念，了解并掌握批判性思维六类基本技能的主要内容，
掌握批判性思维基础中理性和合理性的主要内涵，熟悉批判性思维的原则和基本途径，并
能够根据批判性思维的若干标准来衡量自己的思维。

4. 教学重点

批判性思维的基本概念；批判性思维的基本技能；批判性思维的基础；批判性思维的

原则；批判性思维的基本标准。

5. 教学难点

对批判性思维定义的正确认识和理解；对批判性思维原则和标准的正确运用。

四、教学过程

1. 课前准备

课前围绕第一次的教学目标，结合在线教学的特点进行课堂教学设计，并准备教学资源等。具体工作如下：

（1）结合在线教学的特点，完善课堂教学设计，组建课程，发布课程通知。采用翻转课堂的设计理念，教学设计围绕课前—课中—课后展开。课前通过云班课提供丰富的教学资源供学生查阅和学习，设置测试活动以检测学生课前学习效果，设置主题讨论活动，设置答疑讨论等；课中拟通过云班课轻直播的方式讲解课件关键知识点，解答学习疑问，并组织在线讨论及丰富的课堂活动；事前设计若干提问，用云班课上的"举手""抢答""随机选人"功能实现互动，课后布置作业并调查课堂学习效果。在云班课组建课程，通过企业微信群发布课程班号，邀请学生加入课程；通过云班课和企业微信发布消息，明确课程学习要求及时限。

●学习安排：

➤考查课，共 16 学时

➤无固定教材，推荐学习资料

➤使用案例教学法和分组讨论法

➤答疑时间：每周四下午第 6、第 7 节课（13：00）

➤答疑方式：云班课讨论版回帖或轻直播在线答疑

➤联系方式：企业微信课程群或云班课私信

●学习要求：

➤查阅云班课课前资料，做好上课准备

➤以周为单位，学习云班课教学资源，并完成相应测试，其中包含 AOL 选择题测试和课程后测

➤每周至少参与一次主题讨论

➤完成三次小组作业，具体要求和样例见活动板块

➤记录在学习过程中遇到的问题，通过云班课答疑区或直播答疑咨询

➤认真完成作业并按时提交

（2）收集案例等完善教学资源并上传云班课。收集导入案例探讨"为什么要学习批判性思维？"主要案例包括案例一天猫双 11 再创辉煌、导入案例二"罗一笑"事件、导入案例三假新闻的病毒式传播。

上传课前学习资源供学生预习。主要包括两本参考教材《权衡批判性思维之探究途径》和《批判性思维_原书第 10 版》，课程教学大纲、教学简介、教学日历等（如图 10 - 1 所示）。

（3）根据教学环节设计完善教学课件 PPT 并上传云班课。完善并上传课中学习资源——PPT 课件。PPT 课件主要包括三部分内容：一是课程基本情况介绍。主要包括教学安排、教学内容简介、考核及课堂纪律要求等。二是案例导入。讨论为什么要学习批评性思维。三是内容讲解。什么是批判性思维？在这一部分增加两个案例资料，案例一是英国"冷冻货柜车案"——有多少证据下多少结论？案例二是西安奔驰女车主维权事件。通过

图 10 - 1　课前资源上传

案例学习和思考帮助学生理解批判性思维的实质。

（4）在线设置课前活动并发布。云班课在线主题讨论"为什么要学习批判性思维？"；测试活动，共 4 道选择题，满分 10 分，以检测学生学习 PPT 教学资源的效果；答疑活动。在云班课设计答疑活动，学生在学习的过程中有任何疑问通过答疑板块留言。任课教师每天早上 8：00 查看学生留言，进行文本或语音回复，或以上传文档、视频资料等方式进行答疑反馈，如图 10 - 2 所示。

图 10 - 2　课前活动

（5）在线设置课中活动，待课前发布。2 个课堂互动活动，简单测试，以检测学生课堂跟进的有效性；1 个头脑风暴讨论活动，头脑风暴话题"找出一个以前被社会所接受，后来因为新的证据和论证而被修改或推翻的观点。这些证据或论证是什么样的？"

（6）每日查看在线课前活动参与情况并进行反馈。查看学生预习课前资源情况；查看讨论区学生的回帖，并对回帖内容进行针对性的点赞和回复，以鼓励更多的同学参与并发言；查看答疑区学生发帖，并进行一一回复。针对普遍性问题撰写回复文档进行详细的解答。

（7）在线教学设备测试，为直播课堂做准备。图 10 - 3 为云班课课前准备的相关截图。

图 10 - 3 上传 PPT 课件及对学生疑问进行解答的文档

2. 学生的课前准备工作及完成情况

（1）预习课前教学资源，学习课件 PPT。预习教材，查阅课程大纲、教学日历等文件；观看课件，学习课程内容。截至 3 月 2 日 16：20 有 50% 的同学完成了课前学习，为了促进同学们进行课前预习，教师发布一条学业预警信息。到 3 月 5 日 42 位同学完成了课前教学资源及课件 PPT 的查看和学习（如图 10 - 4 所示）。

图 10 - 4 学生提问及教师回帖

（2）完成云班课课前活动。42人参与主题讨论，41人完成测试活动，如图10－5所示。

排名	姓名	学号	分数	用时
1		2018030303020	10	1'4"
2		2018030303038	10	1'15"
3		2018030303013	10	1'44"
4		2018030303023	10	2'9"

图10－5　部分学生测试得分

五、课中活动

1. 组织在线签到

当日在线完成签到40人（如图10－6所示）。因网络原因教师手动操作签到2人，共到课42人。有两位同学未签到，且系统显示经验值偏低，随后教师在企业微信中进行了询问，其中，得到一位同学的回复，后续将持续关注另一名同学。

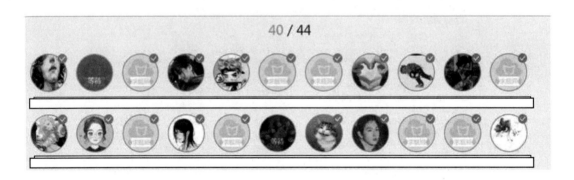

图10－6　学生在线签到

2. 语音直播

对课件中的关键知识点进行简要讲解，组织课堂讨论。

2020年3月5日下午组织了直播课堂。直播内容主要包括：①介绍本课程学习的方式、安排、具体要求及考核等；②对学生课前预习进行点评和总结；③以案例教学的方式讲解PPT11～12、17、21～22、25～26、36页的主要内容。重点组织讨论案例"西安奔驰女维权事件"及"战'疫'期间，你都犯过什么逻辑错误?"其中，在谈到疫情防护相关案例时，嵌入课程思政的内容，提示学生做好防护，理性对待。

直播互动环节设计：2个课堂互动活动（测试）；1个头脑风暴讨论（如图10－7所示）。头脑风暴话题"找出一个以前被社会所接受，后来因为新的证据和论证而被修改或推翻的观点。这些证据或论证是什么样的？"此外，提出一些较易回答的互动问题，鼓励学生回答或分享感谢和案例等。在课堂案例讨论中问题主要包括西安奔驰女车主维权事件中的关键问题是什么？讲一个自己的亲身经历，例如，被误解、冲动决策等；结合 PPT中的案例谈看法，对"罗一笑事件"的看法等。

关于教学平台，虽然先使用了云班课的轻直播模式，但发现语音发布有时会卡顿，同时学生们也反映云班课在轻直播时，他们无法同步查看 PPT，随即开启了企业微信语音会议，进行语音直播。

图 10 - 7　课堂互动活动

六、课后任务

课后作业：完成课后思考题，课堂上没来得及在头脑风暴活动中发言的同学可以继续在该讨论区留言。如图 10 - 8 所示。

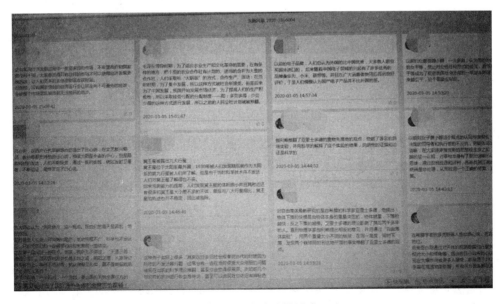

图 10 - 8　头脑风暴活动

思考题：为什么说批判的心灵是探究的心灵？为什么说批判性思维者既谦虚又固执？为什么说批判性思维者既大胆又谨慎？为什么说批判性思维是教育中的解放力量？要求学生选择1个问题进行思考，并在主题讨论区进行发帖讨论。

课后调研：在云班课设计调查问卷，对学生第一周的学习效果进行调研；并收集学生对课堂教学的建议。如图10-9所示。

图 10 - 9　课后反馈及调研

根据问卷调研情况，对第一周批判性思维的课程教学活动的喜欢程度调研中，有90%的同学表示非常喜欢，10%的同学表示喜欢；95%的同学表示第一周的学习能够很好地跟进，学习不吃力，5%的同学在这一调研中选择了"一般"；100%的同学表示在直播课堂中能够与老师保持同步和互动。

七、教学反思

1. 有关教学内容及设计的反思

在教学内容方面，在线课堂需要压缩和精简内容，把不需要课堂上讲解的内容统统放入课前学习部分，且较为抽象的教学内容在讲解时先让学生阐述，然后教师再进行针对性的讲解，效果比较好。

此外，在流程设计上，线上教学需要留给学生更多的发言时间。总体上，在线教学的环节设计上要更多地考虑等待时间和互动时间，内容需要更紧凑一些。在讨论案例选取方面也需要聚焦精练，一次课的讨论案例数量不用太多，但内容必须精选，主题聚焦。

2. 有关学生学习效果的反思

根据课后调研反馈，有95%的同学在"第一周学习能够很好地跟进"调研中选择"同意"，说明总体教学效果良好。针对调研选择"一般"的同学进行学习行为分析，根据云班课经验值分布，班级中存在2名学业有困难的同学需要特别关注，排在最后一位的同学经验值是排名第一的同学得分的10%，后续将加强学业警示管理和针对性辅导。如图10-10所示。

3. 有关教学工具的反思

本次使用云班课轻直播 + 企业微信语音会议 + 云班课活动的模式。在设计流程中设计了举手、抢答、随机选人回答问题等方式增强课堂互动，活跃课堂气氛，同时配合在企业微信语音会议点名学生语音发言以及学生在群里打字发言等方式，掌握学生学习状态。多种方式配合比较灵活，尤其是学生打字发言比较踊跃。

图 10 - 10 学生参与课堂活动部分经验值比较

第十一章　大学生学习导论课程网络教学案例报告之一

一、任课教师基本信息

任课教师：鹿然
所在教学单位：商务学院学生处

二、课程基本信息

课程名称：大学生学习导论
课程类型：通识教育必修课程
学时学分：16 学时/2 学分
面向学生：2017 级市场营销专业，2017 级信息管理与信息系统专业
网络教学方式：云班课＋企业微信群

三、教学目标与教学内容

1. 教学目标

（1）知识。

1）学生能够掌握求职材料的基本制作方法。

2）学生能够利用职业发展测评工具找出适合的职业类型，从而对职业生涯做出合理规划。

（2）应用。

1）学生能够通过求职材料制作中的"道""法""术"认识求职材料准备及职业生涯规划的重要性。

2）学生能够通过求职材料准备认识到诚实守信的重要性，做到慎言、慎行、慎独。

（3）价值。大三学生能够通过求职材料的制作与修改，认识到事物发展是由内外因共同作用的结果，结合当前大学生就业形势，能够树立正确的世界观、人生观、价值观，能够对职业生涯做出合理规划，具有良好的职业道德和契约精神。

（4）思政元素。学生能够通过本节求职材料的制作，提升大学期间学习的心态和走进社会成熟的心态，深刻认识到"青年一代有理想、有本领、有担当，国家就有前途，民族就有希望"，引导他们扣好人生的第一粒扣子。

2. 教学内容

（1）应届大学生就业形势及求职时间表。

（2）从用人单位的视角读懂大学生必备职业能力——知识技能、可迁移技能和自我管理技能。

（3）求职材料中的逻辑思考、框架构建、细节关注。

（4）求职材料与面试的关系。

3. 课程教学重难点

（1）重点。

1）知识技能、可迁移技能和自我管理技能的理解与运用；

2）求职材料中对细节的关注。

（2）难点。对求职材料中逻辑的思考及框架的构建。

四、教学过程

1. 了解学生的知识背景和学习需求

本课程的教学对象主要面对市场营销和信息管理与信息系统专业的大三年级学生，经过三年的学习及前几次就业指导课程的学习，学生对职业生涯的规划已经有了一定认知，为了能够更有针对性地满足学生的需求，更精准地完成知识内容的传授和教学目标的实现，十分有必要在课前与学生互动，准确了解学生对本次教学内容的知晓程度。上课前设计本节课调查问卷（见图 11-1）可以更准时准确地调整授课内容及讲授重点。

第2题：
你目前是否有实习或就业的打算？　[单选题]

选项	小计	比例
有	28	58.33%
暂无	20	41.67%
本题有效填写人次	48	

第3题：
你是否制作过属于自己的中英文简历？　[单选题]

选项	小计	比例
有	18	37.5%
暂无	30	62.5%
本题有效填写人次	48	

图 11-1　课前调查问卷

从学生反馈的情况来看，主要集中在以下几点：

（1）大多数学生在大学三年并没有制作过完整的求职材料，对求职材料的制作并不了解。

（2）大多数同学在课前对于求职材料的准备有不知如何入手、不知如何梳理经历以及格式内容的问题（见图11－2）。

第4题 在制作简历的过程中，你认为哪方面比较重要？ [单选题]

选项	小计	比例
内容	38	79.17%
样式	6	12.5%
个性	4	8.33%
本题有效填写人次	48	

第6题 你在制作简历时是否遇到过以下的事情？ [多选题]

选项	小计	比例
不知道从何入手，格式、内容都不清楚	30	62.5%
不知道如何梳理自己的经历	32	66.67%
经历太少，不知道怎么丰富简历内容	38	79.17%
不知道自己的简历是否过关，是否有竞争力，缺少一个标准	35	72.92%
其他	3	6.25%
本题有效填写人次	48	

图11－2 学生对拟课程内容的了解情况

（3）有些学生在课前经过对求职材料的梳理，认识到职业生涯中的问题，包括实习经历太少、简历空白等；通过了解学生的实际情况，进一步明确了教学中的重点和难点问题，真正做到"因材施教"（见图11－3）。

2. 发布课前预习资源

本次课程的教学内容以求职材料的准备为核心，但涉及的内容比较广泛且对细节的讲授比较多，包括简历逻辑的构成、结构的调整等，学生只有在课前准备过相关材料，才能在教学过程中，结合自己的情况实现对知识内容的真正了解。任课教师在课前将上述内容的相关资料通过云班课发布，以期通过让学生预热知识背景来获得更好的学习效果。

序号	答案文本
1	简历必备要素 如何做得亮眼
2	最基本的框架是什么
3	简历需要重点描述哪些内容，重点内容的位置如何分布
4	无
5	第6点里的问题
6	简历的格式 以及简历好坏的衡量标准
7	制作简历的技巧
8	如何写一份吸引人的简历
9	简历模板，如何脱颖而出，体现出个性
10	格式内容

序号	答案文本
14	怎么丰富简历内容
15	简历的制作格式和内容
16	简历制作关键重点
17	无
18	先后顺序
19	简历模板，怎么丰富经历，什么样的经历合适写上去，哪些不必要
20	如何丰富简历内容，如何让简历更专业
21	。
22	HR看中简历哪些内容
23	如何突出自己的优势，更有竞争力
24	简历怎么凸显自己的优势
25	如何凸显自己

图11-3 学生对拟学习课程期望的教学内容

3. 发布课前思考题（见图11-4）

未分组（10）

W 6.附录四简历修改-黑白双面.doc
466 KB | 2020-05-27 13:43:34 | 2 经验 | 0 人已查看

A 5.附录三校招简历样本-黑白双面.pdf
516.61 KB | 2020-05-27 13:41:54 | 2 经验 | 2 人已查看

W 4.附录二案例背景-黑白.doc
26 KB | 2020-05-27 13:41:54 | 2 经验 | 2 人已查看

P 就业指导 简历制作.pptx
10.09 MB | 2020-05-27 13:38:08 | 2 经验 | 2 人已查看

图11-4 在云班课上发布的课前预习材料

从多年的教学经验来看，问题导向型的教学方式取得的教学效果要好于直接输入式的教学，即在课程开始前，针对学生的实际情况及课程内容的重难点等内容，提出启发式、能够引起学生兴趣甚至是探索性的问题，让学生经过课前的自主预习和充分思考，带着问题走进课堂。根据学生问卷结果及实际情况，布置了课前预习作业——制作自己的简历，以便对照上课内容更明确地找到差距并及时修改（见图11-5）。

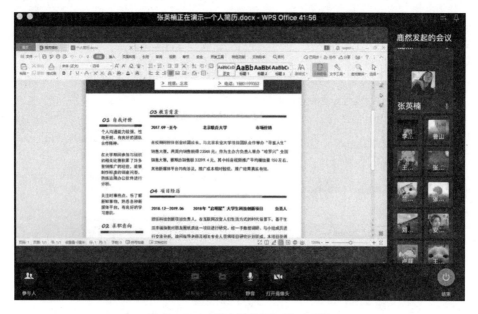

图 11-5 对学生课前预习及时反馈

五、课中活动

1. 课前考勤

课程采取企业微信在线会议的方式进行授课，采用云班课点名系统，提前 15 分钟要求同学签到做好上课准备，包括网络连接、硬件调试等，通过学生上线后的及时"签到"督促学生做好课前准备，并以此作为出勤情况的考核依据之一。

2. 引导入课

课程开始后，以课前预留的求职材料准备为思路，通过问题导向带领学生进入课程的学习；在正式学习前，通过对前课的回顾及提问，检验学生复习情况及掌握学生在复习过程中遇到的困难和问题。通过对最新就业形势和就业政策新闻的分析，帮助学生进一步了解就业前景，找准就业方向和职业生涯规划目标（见图 11-6）。

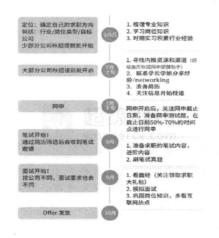

图 11-6 每周课前讲解最新就业动态及就业新闻

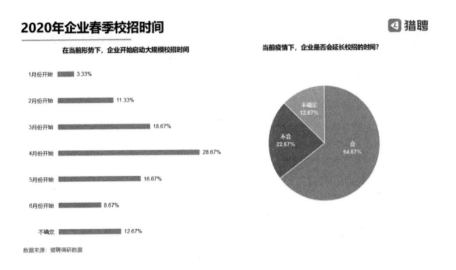

图 11 - 6 每周课前讲解最新就业动态及就业新闻（续）

3. 课堂互动

为了保证学生听课过程中能够集中精力且与教师授课同步，十分有必要在讲课的过程中就重点内容以问答的方式让学生加深理解和进行课堂管理，根据预习内容和上堂课共设计 5 个问题，每个问题给学生 3 分钟的时间思考并回答，并由老师完成总结。从侧面印证学生的掌握情况。从回答结果来看，多数人都思考了课前预习提出的问题（见图 11 - 7、图 11 - 8）。通过开视频"面对面"讨论能够加强学生对回答问题的重视，也能及时了解学生的学习状态，同时采用群交流方式，让更多同学及时参与到讨论，调动课堂气氛。

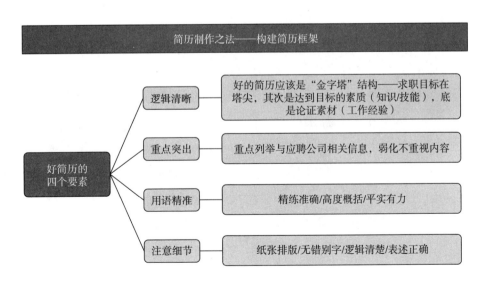

图 11 - 7 课堂讲授情况

简历制作之术——关注简历细节

产品名称【基本信息】

使用方向【求职意向】

产品性能【基本能力】

产品优势【获奖经历】

产品更新【教育培训】

使用历程【工作经历】

要点：结果导向，主要强调业绩和成绩，切勿只罗列条目。做出了什么的业绩，你担任什么角色，发挥了什么作用

 妙用数字

 工作内容的阐述

 多方评价

数据的呈现会让简历可信度更高、更客观，有效避免主观空洞的描述。

将以往工作经验及工作内容简明阐述，让HR更容易了解求职者曾经做过的事情，以及做这件事情的成绩如何。

简历中呈现业绩和成果，可通过第三方呈现。

图 11-7 课堂讲授情况（续）

（a）

图 11-8 课堂互动情况

（b）

图 11－8　课堂互动情况（续）

六、课后任务

本次的课程内容包括了求职材料的结构整理和细节，需要学生通过用人单位视角及需求准备，学生往往不能认真读懂招聘信息从而盲目准备材料。本周的课后作业是让学生以小组形式，根据提供的招聘信息和 30 余份简历，以模拟用人单位招聘部门形式，针对本次的学习内容，选取合适的应聘者，课后在企业微信进行交流讨论，下周进行小组讲解和展示，以便于引入下节课主要内容——面试技巧。

以用人单位视角筛选简历相对直接，让学生制作自己的求职材料可以提高学生的学习兴趣，且能够直观地分辨出简历的好坏，从而能够更有针对性地认识到自己材料中的不足进行修改。对求职应聘材料的准备和运用，通过课后开放式讨论的形式检查和推动，鼓励同学之间针对不同观点进行讨论，在讨论过程中，任课教师根据学生的讨论情况，适时地进行引导和评论，当多数同学发表自己的观点后，任课教师对同学们的讨论情况进行总结。

从讨论情况来看，学生对课上讲授的内容接受较好，能准确地理解教学内容，并能对讲授内容较好地概括和运用。为了实现对网课学习情况的追踪与管理，定期发布考勤表、学生记分册，并第一时间督促未提交作业、未进行测验、未进行讨论版话题讨论的同学，发帖数量不足、文档下载不足的同学，加强自我管理，持续强化学习效能，提升学习质量（见图 11－9）。

（a）

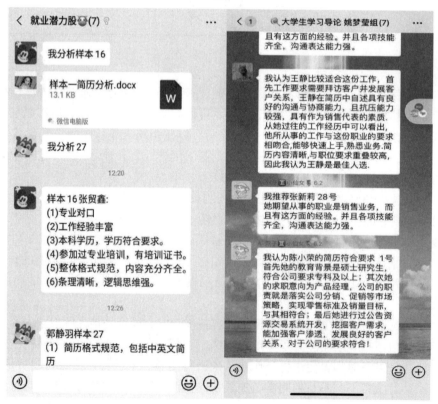

（b）

图 11-9 课后讨论情况

七、考核方案设计

本课程是考查课，考核由两部分构成，包括平时成绩和期末成绩，各占50%。

1. 平时考核

基于课程大纲，本学期平时成绩的考核方式进行适当调整，其中，考虑到网络教学无法针对学生学习情况实时管理，考勤和课堂表现占比10%，以签到记录以及课中的不定时抽查为基础。课堂作业占20%，针对平时在云班课上提交的作业进行加权计算。以上为个人部分，占比共30%；小组作业占20%，为小组针对提供材料做求职面试案例分析。

2. 期末考核

本学期期末考试主要是针对学生对本门课程的职业生涯规划理论、职业生涯评估工具、求职技能与求职政策的记忆、理解、分析、应用与评价。根据实践课程中职业生涯报告，结合自己实际情况，运用生涯管理与求职择业相关知识和策略做出自己的择业、就业及职业发展的论述，撰写字数不少于1500字的求职规划报告课程论文，占比50%。对于抄袭的论文要严肃处理，视情节分别给予不及格、零分或作弊处理（30%以上内容或主要观点属于抄袭），任课教师布置课程考核时向学生申明。

八、教学反思

1. 培养学生走进社会成熟的心态及正确求职观

理想指引人生方向，信念决定事业成败。大学生就业不仅是学生的个人问题，更是对学校教育、培养人才的一种检验，是为社会各行各业输送人才的重要环节。在就业方面，"先就业后择业"的传统理念导致了当今大学毕业生对待工作的稳定性不足、忠诚度不高、职业化程度较差；通过带领学生以用人单位需求视角，了解和分析当前社会对毕业生的要求不断提高——已不仅看重专业知识、实践动手能力，还要求具有良好的身体、心理、思想等方面的职业素质，能够引导和帮助学生树立正确的世界观、人生观和价值观，建立正确、合理的择业观，广泛地调动学生对学习、工作的积极性，提高学生的综合素质。

2. 线上互动学习取得较好的教学效果

为顺利进行课程线上教学，在熟悉教学平台和软件的同时，考虑到网络直播和现场教学的差异，按照教学大纲的安排，思考和设计网上授课的内容和具体实施方案。在线上教学过程中，对每节课内容进行了重新组织，以培养学生求职能力为目标，以问题为导向，使更多学生主动思考；以就业政策及时下热点问题为导入，组织教学内容；以就业日报为课下活动，锻炼学生利用网络搜集就业信息。不同于以往线下教学的"面对面"模式，线上教学的互动性更为丰富，通过云班课线上"签到""弹幕""投票""举手""提问"等功能，学生学习的热情更高了，教师也能及时了解学生对课程讲授内容的反馈：通过问题激发学生兴趣，通过互动训练学生的能力，通过阅读扩大学生的视野，通过作业检验学习的效果。

第十二章　大学生学习导论课程网络 教学案例报告之二

一、任课教师基本信息

任课教师：丘莉
所在教学单位：商务学院学生处

二、课程基本信息

课程名称：大学生学习导论
课程类型：通识教育必修课程
学时学分：32 学时/1 学分
面向学生：2017 级本科学生
网络教学方式：蓝墨云 + 企业微信群

三、教学目标与教学内容

1. 教学目标
（1）认知大学生的毕业选择。
（2）了解当前大学生就业形势。
（3）了解大学生就业指导的主要内容和方式。
（4）树立适应社会主义市场经济的就业观。
2. 教学内容
（1）大学生就业指导概述。
（2）大学生就业指导的作用。
（3）学习就业指导课的意义。
（4）学习就业指导的方法与要求。

四、教学过程

课前准备
（1）钻研教材。钻研教材包括学习教学大纲、钻研教科书、阅读与教学内容有关的参考资料。教师备课时钻研教材应完成两项准备工作：一是教师自己先要在比较深厚的知识基础上准确地掌握教学内容；二是明确学科教学目的、章节教学目标、教学重点以及教学方法方面的要求。
（2）了解学生情况。了解学生已经具备了哪些学习能力、学习习惯、学习方法，了解学生的学习态度、兴趣爱好、对任课教师的感情、班级风气等情况。

（3）在蓝墨云以及企业微信群中提醒同学们上课时间，加入蓝墨云班课，并简单叙述签到模式。同时向同学们传达此次课程的教学安排、考核方式和论文。

（4）教师引导、专家讲授、学生体验。

1）"学堂在线"金蕾莅慕课（见图 12 - 1）。

图 12 - 1

2）实际的招聘体验（见图 12 - 2）。

图 12 - 2

名称	修改日期	类型	大小
2021届嘉实基金实习生招聘	2020/4/24 10:11	DOCX 文档	54 KB
年局拍2021届实习内推招聘	2020/4/24 9:42	JPG 图片文件	408 KB
招聘简章-北京旺正会计师事务所2021届	2020/4/24 10:35	DOC 文档	239 KB

图 12 - 2（续）

3）体验式学习（见图 12 - 3）。

图 12 - 3

五、课中活动

1. 签到

企业微信群中告诉同学们 8 点准时开启蓝墨云限时 10min 签到，不要错过。

2. 开启企业会议

随后开启视频会议，许久未见同学们熟悉的面孔，寒暄过后开始本次课程。

本着培养、锻炼大学生团队协作能力，故本次课程采取小组模式。

（1）分组。同学们在十分钟讨论完成以下工作：

1）选出组长一人；确定组名、口号、标志；展示你们的亮相造型。

2）困惑（面临毕业、择业、就业自己遇到了什么样的困惑）。

3）期望（希望从本课程得到什么收获）。

4）干扰（来参加这门课学习可能会有什么担忧、顾虑及其他干扰因素）。

5）付出（基于对课程的期望将做哪些努力，有哪些资源，愿意贡献什么）。

小组展示分享（每组控制在三分钟）。

（2）本课程主要有六大任务：

1）职业认知与就业准备；

2）职业生涯设计；

3）求职材料准备、面试与笔试；

4）就业制度、政策与程序；

5）就业权利与法律保障；

6）文明离校、适应社会。

每小组通过抽签的方式进行任务的分配。

（3）开始绪论部分内容的讲授。同时随机对同学进行提问，避免出现网课过程中学生溜号的状况。

（4）与同学们进行互动。求职可以利用的时间有多少？假如明天，你毕业了……关于寻找工作，你思考过一些问题吗？你准备好了吗？

（5）讲解学习就业指导的方法与要求，并对本次课程所讲内容进行总结。给同学们时间进行提问，集体答疑解惑。

（6）前期做了提醒，签到完全没有迟到、直播过程互动比较积极、主动申请当组长、按照要求组织自己的团队。

六、课后任务

通过本次课程的思考与学习，同学们肯定收获颇多。

布置两个思考题和一道论述题：

思考题：

（1）如果让你去求职，你会选择哪一类工作和岗位？

（2）用人单位对这个岗位的要求有哪些呢？

论述题：毕业后，你自己有什么打算？请分析其可行性。

要求：用方格纸手写。

通过完成思考题以及论述题，可以让同学们把今天所学的内容进行记忆加深和巩固，从而有利于我们下次课程的学习。

七、教学反思

同学们在网络教学的课堂上表现十分活跃，在企业微信群的聊天框中积极踊跃地回答问题，通过视频会议的方式看到同学们饱满的上课状态和对该课程的期待。不过由于设备问题有时会存在卡顿、出现看不见、听不见的现象。

第十三章 大学生学习导论课程网络教学案例报告之三

一、任课教师基本信息

任课教师：秦二娟

所在教学单位：商务学院学生处

二、课程基本信息

课程名称：大学生学习导论

课程类型：通识教育必修课程

学时学分：16 学时/2 学分

面向学生：2017 级会计学（国际会计）专业

网络教学方式：云班课＋企业微信群

三、教学目标与教学内容

1. 教学目标

（1）知识目标。①学生能够理解"三点一线"定位模型，学习职业目标、职业能力和职业价值观的确定方法；②学生能够利用决策平衡单做出职业选择。

（2）能力目标。①学生能够应用量表和非正式评估手段，初步做出职业定位；②学生具有团队合作意识，能够参与小组协作学习，就学习成果进行展示与有效沟通；③学生理解决策平衡单的思维方式，以便做出合理的职业判断。

（3）情感目标。唤醒就业意识，投入就业的准备工作，对职业价值观的优先次序做出判断。

2. 教学内容

（1）三点一线定位模型；

（2）霍兰德兴趣岛、职业兴趣代码；

（3）能力三核及能力提升；

（4）舒伯 WVI 职业价值观测量。

四、教学过程

1. 教学培训

授课教师多次参加 TTT、GCDF、生涯规划、就业指导等培训并取得合格证书；同时授课教师积极与已经毕业的优秀校友、招聘企业加强联系沟通，了解最新的行业需求及职责要求。同时教育者先受教育，积极参加辅导员网上培训学习，更新教学观念，掌握线上教学技巧。加强与授课班级学生的沟通，了解学生的需求，有的放矢积极调整、更新教学内容及观念。在疫情防控期间，通过微信、电话等方式来增进与学生的沟通，通过慕课学习来提高自己的认识、开拓自己的视野，更加谨记教育者要先受教育的教诲，不断充实、拓展自己，为授课做好准备。

2. 整体筹备

由于第一次使用网络教学，所以开课前教研室主任丘莉老师利用辅导员去学院开会的时机召集授课教师集中学习、集中研讨，同时召开视频会议一起研讨教学日历安排；联系并确定了三家招聘实习生单位为学生求职实践做好准备；联系了×××公司为学生设计职业生涯体验周；在云班课上设立班级，邀请2017级会计专业学生69人加入班级并实施学情调查；通过企业微信群与个人微信，将2017级班长及学委组成一个小群，并委托他们将同学们分成小组；依托2017版大纲，将线下课程全部转为线上后的内容重构；认真学习慕课中清华大学金蕾莅教授的职业指导课程，设计每周教学流程与教学活动；准备教学文件；等等。

3. 学情调查

在开课第一周前，教师通过学生干部使用问卷星了解毕业愿景、课程期望和建议、职业选择与专业符合度等诸方面问题（见图13-1），有效回收试卷69份（共69人）。通过调查，教师提取代表性的学情如下：

图13-1　微信群发放问卷

（1）毕业去向。约49%的学生选择就业，约33%的学生选择国内考研，约10%的学生选择出国，另外有将近9%的学生没有规划（见图13-2）。

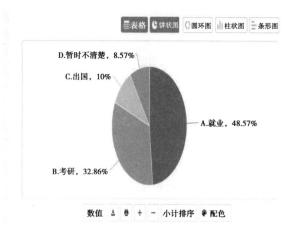

图 13 - 2　毕业去向

（2）职业选择与专业符合度。80%的学生倾向于选择与专业相吻合的工作。

（3）课程期望。排在前三名的期望是求职技巧培训、专业就业方向及职业能力需求，均达到78%以上。可见学生有强烈的求职意愿，但缺乏实习经历和求职经验。

（4）自我评价。学生对于自己的专业优势和社会需求非常自信，达到70%以上；但对于相关经验的缺乏劣势也认识得相当到位，也达到70%，对自己在求职过程中可能获得的 offer 数量，有83%的同学认为，以现在的状态只能获得1~2份 offer，这点与其对课程的期望相吻合。

（5）课程建议。面对开放的问题，老师依然成为中心，学生依赖于教师多提供一些经典的就业案例，多提供面试技巧培训，多在就业选择方向上提供指导。

基于学情调查结果，课程的教学定位："唤醒意识""助人自助"与"价值引导"，提升学生自我面对问题及解决问题的能力，增强学生自信，为就业胜任力积蓄力量。授课教师主要采取以下回应：

（1）教学资源。除课件、MOOC 视频外，增加课外阅读材料，特别是一些经典就业案例推送。

（2）教学方式。将传统教室中面对面的讨论、交流最大限度地移植线上，加强事前活动设计；增加课前、课中、课后学情反馈，最大限度知晓学生时时需求。

（3）评价方式。出勤＋课堂交流＋团队展示＋简历制作＋期末论文。实用性与功能性同时兼顾。

（4）教学语言。增加网络语言使用，充分利用网络资源，学生容易代入，引发共鸣，增强良好的学习体验，增强正能量。

五、课前准备

本周是本次课程的第一讲，所以在本周主要是做一些课程资源准备。

（1）《职业发展与就业指导》，葛海燕主编（见图 13 - 3）。

（2）生涯规划基础班讲义，新精英生涯（见图 13 - 4）。

疫情期间，学生的教材大多存放在学院宿舍中，因此，授课教师会把主要的内容尽可能地、详细地展示在 PPT 中，以便学生可以随时参考。

图 13 - 3　课程学习资源

图 13 - 4　课程学习资源

（3）学习支持服务资源。

首先，该门课程因理论和实践结合得比较紧密，所以除了要给学生传授一些职业理论知识之外，还要指导学生学会灵活运用各种测评工具和非正式评估手段进行自我探索和职业世界探索，所以也会指导学生关注一些公众号来进行测量分析（见图 13 - 5）。

如何使用霍兰德

• 霍兰德测评（SDS量表）
· 　感兴趣的事情
· 　获胜的能力
· 　感兴趣的职业
· 　兴趣岛≠霍兰德代码

• 非正式评估
· 　回忆你最喜欢的三件事情
· 　回忆你最擅长的三件事情
· 　回忆你最崇拜的三个人
· 　你最喜欢的电视节目

说说你最喜欢的事情是什么？
能不能详细说说，举个例子。
你觉得在这个过程中，让你最快乐的点是什么？
还有么？
那你觉得它像我们霍兰德类型的哪个字母？

图 13 - 5　部分学习支持服务资源

其次，因课程需要，学生须经常性地交流讨论碰撞思想火花，所以也会将学生打乱班级界限组成 10 个小组，开展话题交流和探讨（见表 13 - 1）。

表 13 - 1   大学生学习导论课分组名单

1	杨明哲	姚英健	夏杰	刘惠	高逢悦	陶盛	李叶童
2	庄佳欣	蒲子藤	冯予萌	董星烁	崔喆	袁雨桐	王伟琪
3	谢成然	倪晨	赵明辰	黄佳琪	范佳霖	吴叶情	马紫曦
4	袁文清	彭梦婷	董文萱	安子馨	杨煜	陈昕悦	杨丹丹
5	周叶青	王正韬	王金如	焦宇菲	周雨菁	周月冉	宗洁
6	陶雨薇	安佳乐	郭雪瑶	刘昊	王梓鉴	王怡萱	赵超前
7	孟婉盈	张梦轲	班晓轩	陈小伊	解嘉仪	卢亚莉	
8	吴思佳	司思	杨心一	邢兰香	王吉	罗靓怡	赵琦
9	陈尹鸽	任洁	赵欣岩	任和慧	孟若汐	段思桐	张孟欣
10	王鸽	张辰	曹蕊	廉明昕	郭芳荟	张嘉慧	岳继琳

再次，提前分享中国人民大学中国就业研究所提供的《2020 年大学生就业力报告》，让同学们对 2020 届高校应届毕业生的就业市场和择业期望有初步了解，激发"我要去就业"的内动力（见图 13 - 6 所示）。

图 13 - 6   2020 年大学生就业力报告

最后，提前将授课 PPT 上传至云班课，将课堂中所要运用的链接或者工具也发给学生提前去体验、预习，以便在课堂上能够让学生带着疑问前行。

（4）提前约定。

六、课中活动

1. 考勤签到

将上课须知及考核要求告知学生（见图 13 - 7）。提醒学生采用云班课的考勤打卡签到，本次课有 5 名同学因各种原因未能按时打卡，课后及时了解了未打卡原因，并提醒同学们以后注意提前完成签到打卡。

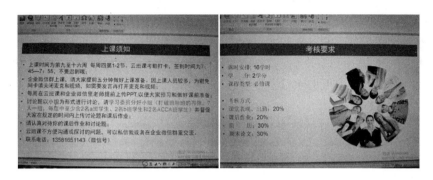

图 13 – 7　上课须知及考核要求

2. 课中教学

（1）介绍授课教师及课程。第一次课，所以利用五分钟时间简单介绍了自己，并对《大学生学习导论》这门课程分两个阶段（大一第一学期和大三第二学期共两个阶段）进行教学的目的进行了重申，帮助同学们理清脉络，提高认识（见图 13 –8）。

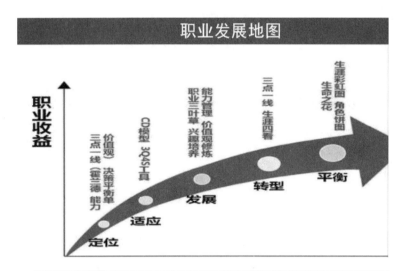

图 13 – 8　上课课件

（2）授课过程。在课程中，以"三点一线"职业定位模型为贯穿，带领学生初步探索职业世界有什么，自己的兴趣和能力在哪里？有哪些是可以进一步提升的能力？如何提升？有哪些工具和方法可以作为探索自己和探索职业世界的有效手段？这个过程中的感受体悟是什么？授课过程中更加注重学生的体悟与获得感（见图13-9~图13-11）。

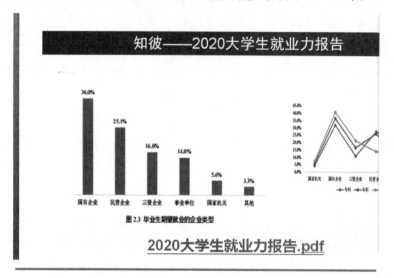

知彼——2020大学生就业力报告

图2.3 毕业生期望就业的企业类型

2020大学生就业力报告.pdf

你思考过以下问题吗？你准备好了吗？

- 你曾经参加过招聘会吗？你是否有过实习或工作经历？
- 你知道你所学专业的毕业生的就业去向吗？
- 你知道如何找工作吗？求职的途径有哪些？求职应聘的步骤是怎样的？
- 你知道如何办理签约手续吗？
- 在个人条件差不多的同学中，为什么有的学生找不到工作，有的学生工作
- 如何准备自荐材料，做一份令人满意的简历吗？
- 面试中，应掌握哪些技巧？有哪些应注意的问题呢？
- 毕业之后，档案应该存放在哪里？档案应该如何转递？
- 你了解就业相关政策吗？
- 你了解最新劳动合同法吗？

职业定位及职业选择

- **问题判断**（分析来源：调查问卷）：
- 即将进入职场没有方向；不知道自己适合做（ 有生存压力，但可以为自己的目标做长期储备。
- **解决方案**：三点一线模型
- **常用工具**：霍兰德职业测评、能力价值观探索、 衡单

图13-9 上课课件

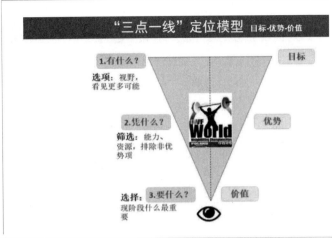

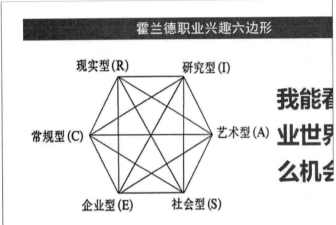

图 13 – 10　上课课件

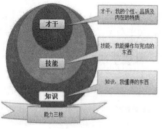

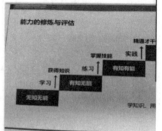

图 13-11　上课课件

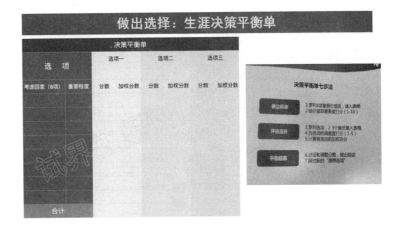

图 13 - 11 上课课件（续）

七、课后任务

1. 课后作业

针对本章内容，教师布置课后作业题；同时，因为第二讲的内容为参加线上招聘会初步感受职场，所以引导学生如何在参加线上招聘会时关注用人单位的岗位需求和任职要求，并对其进行分析。课后作业放在云班课上，考核方式由老师评议＋组组互评＋组内互评来完成（见图 13 - 12）。

图 13 - 12 课后作业

2. 课下交流

在微信中及时解答同学不明白或者不确认的问题；针对课上的"就业意识唤醒"，个别同学在进行测评或者思考的过程中有困惑或者有想法，会及时通过微信与授课教师沟通，以问题为导向，引导学生将课上的工具进一步利用起来，深入思考，提前规划，早做准备（见图 13 - 13）。

3. 组长任务

在十个学习小组中确立组长，由组长来督促提醒组员及时提交作业并协助老师进行组间互评。

图 13 – 13　课下交流

八、教学反思

1. 充分挖掘思政教育元素，引导学生树立正确的职业价值观

在课程教学过程中，充分利用测评工具带领学生分析自己的职业兴趣、职业能力提升。在此基础上，引导学生确定职业价值观时，将眼光放长远，不局限于个人得失和薪酬待遇，要放在社会价值创造和个人成就上去有所追求，最终确立核心职业价值观。引发学生进一步思考。

2. 进一步增强讨论环节的参与

以往线下授课时，课程中学生以小组为单位进行讨论，授课教师可以随时倾听、关注各个小组的讨论过程并加以引导；改为线上授课时，授课教师将小组讨论环节放在了课后小组建立微信群时进行讨论，要求各小组在进行讨论时有截屏、有记录、有反馈，加强过程管理，但是因小组比较多，任课教师无法参与到每个小组的讨论环节中。在接下来的课中，授课教师会进一步做好规划，平均分配时间参与到每次课的小组讨论中，倾听学生的想法和困惑，及时解惑答疑；同时，在课前也会对小组课下的讨论环节及感受进行提问分享。

3. 进一步更新观念，坚持以学生为中心

尊重学生成长的规律、尊重思想政治教育规律、尊重教学规律，在课堂中坚定不移地贯彻"以学生为中心"的理念，思学生之所思，想学生之所想，调动学生的积极性和主动性，在教学过程中引导学生反复思索，增强自信，营造宽松愉悦的教学环境，使学生愿意倾听、愿意倾诉、愿意倾心，师生和谐。

在课程授课形式及课后作业的布置上，基于新时代大学生的特点，力求内容更新、形式多样，更加贴合实际，使学生愿意主动投入，有所收获。同时，尽可能地在"灌输"理论的基础上，引导学生培养自学能力和自我管理能力，为由"学生"到"职场人"的华丽转变提前做好体验铺垫。

第十四章　西方音乐鉴赏课程网络教学案例报告

一、任课教师基本信息

任课教师：崔佳宁

所在教学单位：商务学院金融会计系

二、课程基本信息

课程名称：西方音乐鉴赏

课程类型：通识类教育选修课（人文艺术类）

学时学分：32 学时/2 学分

面向学生：通识选修课合班（各年级各专业）

网络教学方式：蓝墨云班课＋企业微信

三、教学目标与教学内容

1. 授课时间

2020 年 4 月 28 日（第 9 教学周周二）16：40～18：10（第 10、第 11 节）

2. 教学内容

《贝多芬第五（命运）交响曲》赏析

3. 知识目标

（1）《贝多芬第五（命运）交响曲》四个乐章之间的逻辑联系。

（2）奏鸣曲式、双主题变奏曲、ABA 三段体在作品中的体现。

（3）该作品最主要的两个特点（命运动机的运用，三、四乐章的不间断进行）。

4. 能力目标

（1）专注力的培养。能够专注地欣赏长篇幅的音乐作品。

（2）结构观、整体观的训练与培养。能够理解音乐片段在整首交响曲中的作用，并从整体的角度对待作品。

5. 思政目标

体验、理解、领悟整首作品体现出的"化困难为斗志""永远相信胜利"的伟大精神。

四、教学过程

教学过程如表 14－1 所示。

表 14 - 1　思政素材准备、融入、评价过程

课程阶段	主要工作	思政流程
课前	学情分析	寻找思政切入点
	音乐作品相关评论	思政素材准备
	教学设计	思政融入方法设计
课中	作品背景、作曲家介绍	思政主题导入（困难与斗争的关系）
	作品聆听	引导积极的、正面的听觉体验，适时穿插、提及做人做事的道理
	分析作品逻辑	思政融入（穿越黑暗迎向光明）
	介绍作品评论	思政融入（困难中的胜利信念）
课后	作业布置	思政效果评价

五、课前准备

1. 音乐鉴赏课程的特殊性与在线教学模式的选择（见图 14 - 1）

图 14 - 1　主要教学硬件——电脑、手机、蓝牙音箱

（1）疫情期间音乐鉴赏在线教学面临的问题。

1）中国 MOOC 上没有与课程大纲内容完全对应的课程。

2）已有中国 MOOC 中的部分章节较为注重从音乐史的视角解读音乐，对听觉体验的培养与训练做得有限，与保证本课程将听觉体验放在第一位的课程理念不符。

3）注重听觉体验的音乐鉴赏必须视觉、听觉、思维活动同时进行，因此某一个直播软件较难达到效果，或需要反复切换界面影响教学效果。

（2）对上述问题的解决方案。基于上述三点问题并通过前 8 周的教学实践与探索，初步形成了"电脑 + 音箱 + 手机 + 蓝墨云班课"的教学模式。其中：

1）电脑主要负责播放视频音频。

2）连接电脑的蓝牙音箱负责弥补电脑放音的音效单薄问题，该问题直接影响到重要知识点的把握。

3）手机负责利用企业微信的视频会议功能展示讲义或乐谱，确保学生在聆听音乐的时候，视觉以及思想同时被积极调动。

4）蓝墨云班课负责讨论、作业、学情调查。

2. 课前的学情分析

（1）期中学情分析。

1）问卷分析。学期过半，而且课程难度逐渐加大，本周课程的内容也较为综合，因此，本周课程上课前通过蓝墨云班课的问卷功能调查了学生们对之前知识的掌握程度（24 人全部作答）。通过问卷统计发现（见图 14 - 2），没有同学选择"A. 简单"这一选项，说明前半学期的课程还是有一定难度的，并且在半学期的学习与训练之后，大部分同学对复杂曲式已经有了充分的了解，为本周的课程内容奠定了牢固的知识基础。

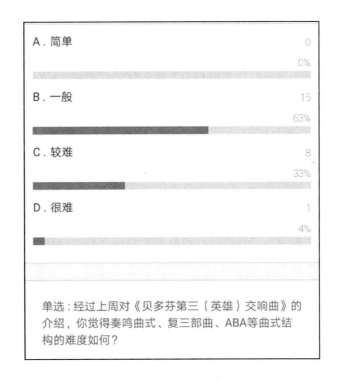

图 14 - 2 对复杂曲式的掌握程度

2）讨论分析。除了上述问卷分析之外，蓝墨云班课的讨论功能还完成了对学生学情的把握，例如，课前在蓝墨云班课的讨论板块发起讨论，通过学生的回复来分析半学期以来对本门课程的掌握程度与收获，如图 14 - 3 所示（课程共有学生 24 人，6 人未作答）。

学生在讨论中反馈的学习效果如下（篇幅限制有删减），从反馈中可以看出经过半学期的学习，同学们已经对古典音乐有了初步的认识，尤其很多同学都表达了从不懂、不想接触到渐渐开始理解并喜欢：

已结束　期中讨论：对古典音乐的新认识（200字以内）。

共18人作答 | 2020-04-27 | 10经验

图14-3　讨论前半学期的学习效果

"在学习这门课之前，我对古典音乐一点都不感冒，本以为学这些会很枯燥，但老师会把音乐的片段用不同的场景进行描述，更加生动形象，加深了我对古典音乐的认识。"

"在老师的带领下，我对西方音乐的发展历史有了一个比较系统的了解，其中，不同时代的音乐作品都体现了一些文化，更在一定程度上反映了当时的社会状态，尤其西方古典音乐。"

"以前觉得古典音乐很小众，但现在我感受到了在那一个个看似复杂的音符背后所隐藏的力量。是那么震撼人心，涤荡灵魂的一种力量。"

"我原来觉得古典音乐过于庄重严肃，但在学习过程中通过老师的讲解，我感受到了古典音乐的意韵和趣味。"

"在学习这门课之前，我觉得古典音乐是比较难懂的，在学期过半的现在，我觉得古典音乐是非常有韵味的，里面包含了作曲家丰富的精神世界。"

"在这半学期的学习中，我了解了古典音乐的来源和其在各个时期的不同演变形态，根据时代背景和不同文化背景理解乐曲内隐藏的情感，这是一个很奇妙的过程，令我受益良多。"

"通过这些日子学习西方古典音乐，让我对于古典乐有了很大改观，以前只是单纯认为古典乐很枯燥无味，但跟着崔老师一起学习欣赏各种各样的古典乐，让我发现古典乐之中的奇特之处。"

"之前觉得古典音乐很无聊，也不爱听，在经过这段时间的学习之后，渐渐地对古典音乐有了改观，对于古典音乐背后的时代与故事更加感兴趣了，感觉听古典音乐就像是听历史故事一样，不仅是赏鉴音乐，也是了解历史。"

"学了之后会更喜欢听古典音乐，在听时会有很强烈的感受，更加细致地听。当老师讲了奏鸣曲式、那块饼干、音乐可以用故事打开，我就惊奇地发现这故事其实也是乐谱，看的时候脑子里好像也会有呈示部、展开部、再现部的概念。太神奇了。"

（2）学情与教学切入点。本周课程的内容是《贝多芬第五（命运）交响曲》。这首作品非常著名，但其著名的程度可能仅限于它"当当当挡～"这个节奏型，所以课前还需对学生对这首作品的认知程度有一定的把握。课前通过蓝墨云班课的调查问卷功能完成了这项任务（见图14-4），通过调查问卷的数据可以发现两个问题，这两个问题将作为本节课的主要教学切入点和重点：

1）学生对整首作品的理解并不完整，大多数同学的理解停留在最著名的、主要体现压迫的第一乐章，而对全曲没有整体的把握、对最后乐章的胜利场景也并不知晓。

2）学生对"命运"两字的理解和对困难的态度与这个作品所要表现的精神有相当的差距，说明大部分学生没有经历过乐曲要表达的那种精神体验，而这样的特点也适合融入一些思政元素。

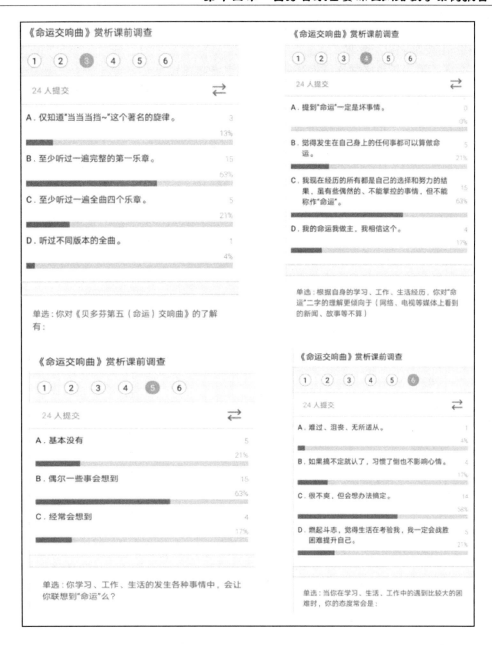

图 14 - 4 学生课前对《贝多芬第五（命运）交响曲》的了解情况（部分选项）

3. 教学准备与教学素材

（1）阅读文献、乐谱与观看相关教学片、作曲家纪录片。由于本课程强调听觉体验、强调在聆听的过程中教师起到的引导学生边听边思考的"导聆"作用。因此，在整个讲授过程中，要求教师对作曲家生平、创作背景、作品关键片段、作品乐评等内容有一定的把握，并将这些内容适时地用于作品讲解中。进而备课过程中翻阅了有关《贝多芬第五（命运）交响曲》的各种文献、参看乐谱、观看该作品的教学视频以及贝多芬的纪录片，以丰富教学素材。

（2）教学视频版本的确定。《贝多芬第五（命运）交响曲》有诸多版本，在各版本的筛选中，主要参照以下要求：

1）第三、第四乐章必须连续而不间断（知识点需要）。

2）鉴于第四乐章的胜利性格以及音响的放音质量，铜管乐部分要突出。

3）结尾部分的柱式和弦要夸张的干净利落（知识点需要）。

4）视频中乐团、指挥、各种乐器的切换要准确、明显。

基于上述要求，最终确定了卡拉扬版的《贝多芬第五（命运）交响曲》作为教学视频。

（3）部分音频片段的剪辑。由于本作品的第二乐章是双主题变奏曲，且变奏很复杂，为了让学生能够分辨清楚两个主题的变化，提前用音频软件将主题 A、A 的变奏和 B 主题分段剪辑好。此外，B 主题的来源"马赛曲"也在网上找到相应的音频资料，让学生听辨分析（见图 14 - 5 中 2A4—2B 的各种形式）。

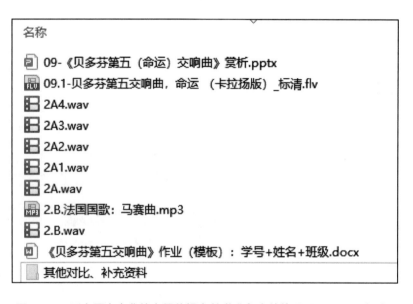

图 14 - 5　双主题变奏曲的主题剪辑在教学准备中的体现（2A4—2B 部分）

（4）"导聆 PPT"的制作。由于课程是学生根据老师的指导聆听音乐、体验音乐，因此，这类体验需以简单易懂的方式进行处理，这种处理要求学生以最快的速度抓到音乐的信息并在头脑中进行处理，所以课程将四个乐章的音乐，以"导聆 PPT"的形式做了大量将音乐可视化、形象化的工作（见图 14 - 6）。通过字体、颜色、结构等让学生对音乐这种"流动的建筑"同时产生时间上、空间上、情感上的把握。

（5）思政素材的准备。从课前学情调查的问卷结果中可以发现，学生可能对"化困难为斗志"的这种精神并没有充分的体验与认知。为了让学生更加理解这部作品的精神体验，课程选择在"网易云音乐 APP"中寻找相关评论以增加学生对这一主题的理解，评论筛选的原则有四条：①聆听者的真实体验；②评论者的身份是学生；③评论内容中提及学习生活；④评论内容积极正面。

聆听指导

·**第一乐章（奏鸣曲式、激烈的、斗争的）**

·**呈示部**00:45-1:28：**A命运主题**"当当当挡~"及其各种反复

·1:29-2:08：连接部+**B第二主题**+结束部"当当当挡~"及其各种反复

·2:09-3:31：呈示部的反复

·3:32-**发展部**："当当当挡~"的各种发展-4:15喘息-4:36起来继续搏斗……4:49嚎叫式的"当当当挡~"-渐弱-5:06单簧管独奏-命运主题"当当当挡~"追上来-再现部

·5:20**再现部**：命运主题追上来-渐强、翻滚-5:42**B第二主题**+结束部："当当当挡~"及其各种反复

·**尾声**：6:23压迫-6:43陷入深渊-再爬上来-7:02管乐、弦乐的对峙-7:24最后的嚎叫"当当当挡~"-试探-结束。

图 14－6 部分导聆 PPT（共 10 页此类 PPT）

在按照上述标准找到相应评论后，以课程思政的角度在朋友圈编辑并发布状态，根据社交媒体能够拉近师生距离的特点让学生们知道第二天课程的大致内容，为第二天的课程思政做铺垫（见图 14－7）。

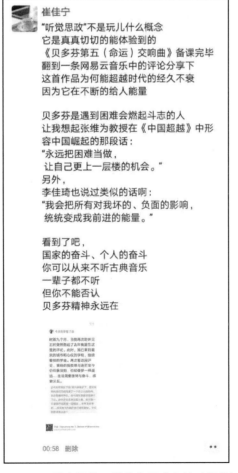

图 14－7 朋友圈整理并发布思政素材（部分）

4. 教学资料上传与提交作业督促

教学资料提前上传至蓝墨云班课，资料下载有相应经验值，鼓励学生提前预习，并且也留了一些其他备用素材，以便本交响曲讲完后如果还有时间，会再简要介绍贝多芬其他较有代表性的作品。此外，课前敦促完成作业，以防有学生因为不习惯在线作业的提交期限而忘记提交（见图14-8～图14-10）。

图14-8　课前在云班课上传课程资料

名称	修改日期
09-《贝多芬第五（命运）交响曲》赏析.pptx	2020/4/28 15:10
《西方音乐鉴赏》网络教学报告.docx	2020/4/28 15:10
《贝多芬第五交响曲》作业（模板）：学号+姓名+班级.docx	2020/4/28 12:04
其他补充资料	2020/4/28 15:04
贝多芬第五交响曲-音频、视频资料	2020/4/28 15:11

图14-9　带有备选方案（即补充资料）的课程资料

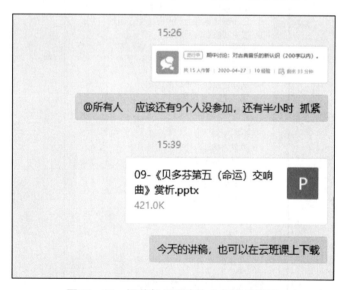

图14-10　课前督促完成作业与发放讲稿

5. 邀请其他老师听课

课程也邀请了三位在各种教学比赛中多次获奖的老师参加本次在线授课，并希望他们在课程结束后对课程效果给予反馈。

六、课中活动

1. 蓝墨云班课的点名与企业微信视频会议（见图 14 – 11）

图 14 – 11　蓝墨云班课点名后发起视频会议

2. 教学过程

（1）作品背景的介绍。本周讲授的《贝多芬第五（命运）交响曲》是关于困难压迫与反抗斗争的，但经过课前的学情分析，学生们较为熟悉第一乐章，即有困难受到压迫的乐章。学生们对整个交响曲从失败走向胜利的声响逻辑并不了解，因此，课前需要通过介绍贝多芬及其交响曲的整个基本状况引入本周课程会涉及的主题——英雄、命运、困难、斗争、胜利（见图 4 – 12、图 4 – 13）。

贝多芬交响曲中的"英雄情结"

第一、二：英雄的青年时代
第三（英雄）：英雄的战斗
第四：英雄的爱情
第五（命运）：英雄与命运
第六（田园）：英雄与大自然
第七：英雄与人民
第八：英雄的日常生活
第九（合唱、欢乐颂）：英雄的理想

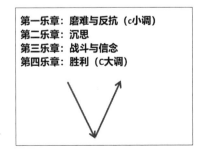

图 14 – 12　贝多芬交响曲"英雄特质"的介绍　图 14 – 13　作品结构"从压迫到胜利"的可视化处理

（2）音乐剪辑片段与"导聆 PPT"的搭配应用。《贝多芬第五（命运）交响曲》第二乐章的双主题变奏曲对学生们来讲是新内容也是难点。在备课过程中的乐谱和音乐片段的剪辑在这里起了很大的作用。课中会利用上述的音乐片段剪辑，让学生反复聆听 A、B 两个音乐主题，逐步熟悉这两段音乐，达到知识点的理解与掌握。

此外，更重要的一点是 A、B 两个音乐主题的性格（见图 14-14），它们是英雄失败后自问自答、韬光养晦、自己鼓励自己的音乐主题。这种听觉体验配合"导聆 PPT"的效果是极其真实的（听课老师尤其反映这一点）。而此时，最适合在音乐进行中给予合适的引导，并适时插入做人做事的道理。例如，失败后对失败的思考、对胜利的渴望；或在斗争过程中对胜利与光明的坚定信念，这些内容会通过声响让学生感觉更加真切。而且这种"可视化音乐"的方法也训练学生的"专注力"，因为学生必须将听觉与视觉对应起来，不能走神。

（3）阴霾中走向胜利的听觉体验。全曲最精彩的地方也是本节课最重要的知识点之一："穿越黑暗迎向光明"。导聆 PPT 特意用了"红—蓝—渐进绿"的色彩搭配反映了这个乐章主要的知识点：ABA 三段体结构与"音乐史上最伟大的渐强（柏辽兹语）"。听觉体验与 PPT 色彩变化的视觉提示会让学生有更深刻的印象。

（4）课程总结与思政融入。第四乐章结束后，课程进入总结部分，课程会再次通过全曲的一些片段回顾总结整个作品表现的英雄气质与精神信念，在这一过程中重点完成教学目标中的"整体观"，因为之前的内容较为强调教学目标中的"专注力"，而在这一阶段学生们需要通过聆听过的片段构建出整个交响曲的声响逻辑，进而体会到作品所传达的精神气质（见图 14-15）。

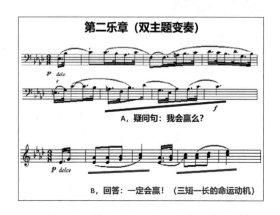

图 14-14　第二乐章"失败后的自问自答"　　图 14-15　"穿越黑暗迎向光明"的听觉体验

另外，在思政融入方面，课程选择了"网易云音乐"中对《贝多芬第五（命运）交响曲》的评价（见图 14-16），这是一名考研学生对这首交响曲的切身体验，较之专业的音乐评论而言，这样的评论更能拉近与学生的距离，其内容也更具有说服力。

（5）布置课后作业。课程最后总结了重要知识点并布置了作业（见图 14-17、图 14-18）。本次作业有两个功能：一是考查学生对本节课关键知识点的掌握是否到位；二是思政效果如何。

图 14-16 思政素材，网易云音乐的乐评摘录

图 14-17 作业布置

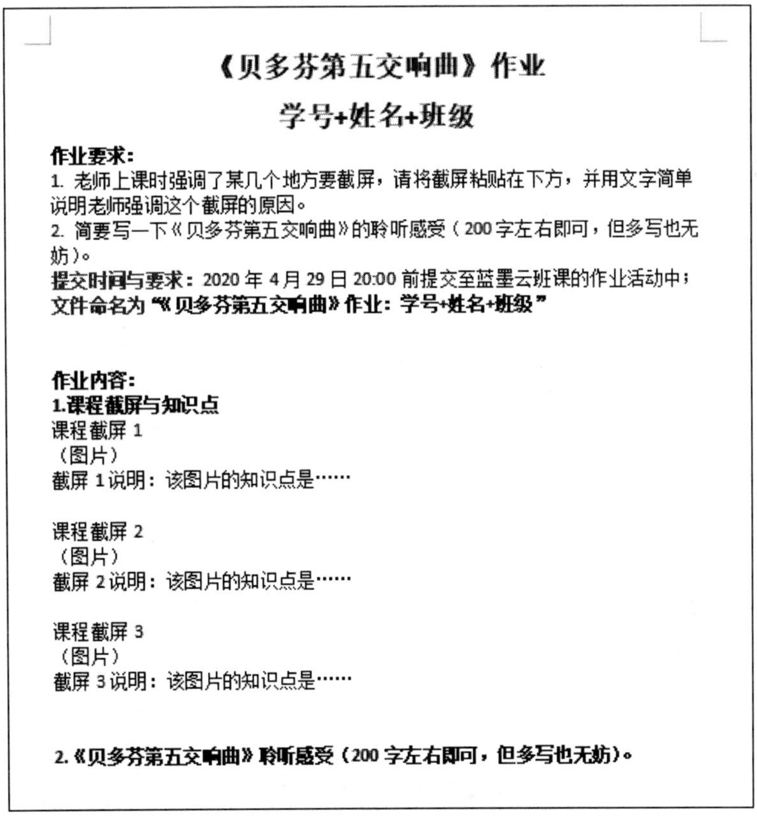

《贝多芬第五交响曲》作业

学号+姓名+班级

作业要求：

1. 老师上课时强调了某几个地方要截屏，请将截屏粘贴在下方，并用文字简单说明老师强调这个截屏的原因。

2. 简要写一下《贝多芬第五交响曲》的聆听感受（200字左右即可，但多写也无妨）。

提交时间与要求： 2020年4月29日20:00前提交至蓝墨云班课的作业活动中；文件命名为"《贝多芬第五交响曲》作业：学号+姓名+班级"

作业内容：

1.课程截屏与知识点

课程截屏1

（图片）

截屏1说明：该图片的知识点是……

课程截屏2

（图片）

截屏2说明：该图片的知识点是……

课程截屏3

（图片）

截屏3说明：该图片的知识点是……

2.《贝多芬第五交响曲》聆听感受（200字左右即可，但多写也无妨）。

图 14-18 作业内容

七、课后工作

1. 听课教师反馈

课程结束后向被邀请参加本次课程的三位老师咨询意见建议，老师们的反馈如下：

（1）讲解声音与音乐行进搭配得很到位；

（2）用学生的截屏留在作业中以考查学习、出勤状况值得借鉴；

（3）很多形容与比喻的使用很形象，让音乐更易理解，也很有说服力；

（4）不足：网络不稳定、音效不理想。

2. 基于学生作业的教学效果分析

（1）知识目标、能力目标的达成情况分析。本次课程的知识目标与能力目标见表 14-2，课后通过学生的作业情况来分析知识目标与能力目标的达成。

表 14-2

	《贝多芬第五（命运）交响曲》赏析课程目标
知识目标	《贝多芬第五（命运）交响曲》四个乐章之间的逻辑联系
	奏鸣曲式、双主题变奏曲、ABA 三段体在作品中的体现
	该作品最主要的特点：命运动机的运用，第三、第四乐章的不间断进行
能力目标	专注力的培养：能够专注地欣赏长篇幅的音乐作品
	结构观、整体观的训练与培养：能够理解音乐片段在整首交响曲中的作用，并从整体的角度对待作品

从作业的完成情况来看，图 14-19、图 14-20 为学生作业的听课截屏部分，该项作业要求学生在老师课上重点强调"截屏"的地方进行截屏并文字说明该处的重要知识点。这种方法一方面确认学生在认真听课，另一方面，这些截屏是本节课的重点内容，信息量丰富，学生需要理解强化。

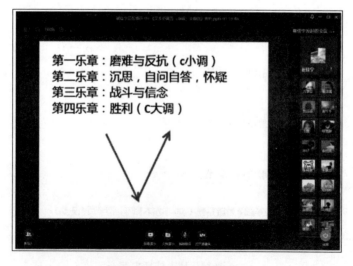

图 14-19　学生听课截屏 1

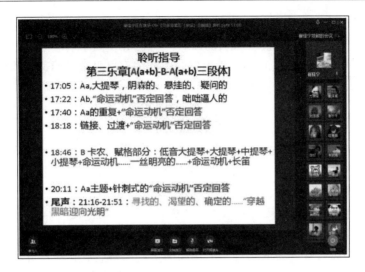

图 14 - 20 学生听课截屏 2

学生绝大多数完成了准确的听课截屏，也准确地回答了这些地方所必须掌握的知识点。即便有些同学错过了相应的截屏时间点，其课后也会询问，基本保证了重要知识点的领会与强化。

学生作业中体现的知识目标、能力目标的达成情况摘录（部分）及说明如下：

第一问，关于四个乐章结构的部分回答：

"之所以是 V 结构，因为命运交响曲的各章节之间是连贯且有联系的，从一开始的英雄受到命运的打击不停地下降，沉思之后依旧不肯屈服坚定信念，最终战胜命运的磨难。而且 V 也凑巧对应了胜利的 V 标志，而且符合摩斯电码中三短一长代表胜利。"

"'V'字图表现了贝多芬第五交响曲的四个乐章之间的关系，从开始的压抑，到最低点时爆发出的高扬，反映了战胜命运中的苦难的毅力与胜利。"

"该图片的知识点是命运交响曲不同乐章表达的情感和带来的感觉以及起伏。"

"第一乐章体现磨难与反抗；第二乐章仿佛沉思；第三乐章体现战斗与信念；第四乐章有胜利的感觉。"

上述回答体现了学生对四个乐章的把握，即整体观能力目标的实现。

第二问，关于第三乐章结构的部分回答：

"这一段表现了命运交响曲连贯的特点，从一开始受到命运不停否定到最后在黑暗中寻找的、渴望的、确定的，最终穿越黑暗和第四乐章相连接，迎来胜利。"

"咄咄逼人的命运→在命运中寻得一丝光亮→在黑暗中寻找光明"的过程。

第三乐章、第四乐章之间没有间断，是一个渐强的设置，第三乐章的尾声寻找的、渴望的、确定的、"穿越黑暗迎向光明"，这体现了这个曲子的核心：在阴暗中寻找光明，这种结构是史无前例的经典。

上述回答体现了学生对结构的专注以及本课最终的第三、第四乐章不间断这一知识点的掌握。

所以，从作业批改的总体情况上来看，本次课程的知识目标与能力目标基本达成。

（2）思政效果。通过学生在作业第 2 题"《贝多芬第五（命运）交响曲》聆听感受"

的作答分析，可以看到，本节课的思政目标，即"体验、理解、领悟整首作品体现出的'化困难为斗志''永远相信胜利'的伟大精神"，已经在同学们心中生根发芽。同学们体验、理解、领悟到了这种伟大精神。学生作业中能体现出思政目标达到的相关摘录如下：

"这首交响曲给我很大的震撼，在课后又从头到尾四个乐章连贯地听下来之后确实会泪流满面，好像又经历了一遍面对困难寻找解决办法、最终战胜困难的过程，我相信这首曲子会在以后的时光里时常给我鼓励。"

"从黑暗到光明，通过斗争走向胜利，这是我们每一个人的人生中最为理想的写照，也是我们在生活中应抱以的生活态度，只有这样，我们才能不断成长，冲破压力与困难的阻挠，迈向更新的天地。"

"让我感受到贝多芬与命运的激烈抗争，面对一次次的压迫越挫越勇，并对命运进行强有力的回击，战胜了命运，最后走向辉煌。"

"在听过完整的《贝多芬第五（命运）交响曲》之后，我发现之前我对它的理解太浅显了，尤其是看过老师给的深受《贝五》影响的人，更是让我对这首古典交响曲有了新的认识。是非常震撼人的心灵的，能想象到对抗命运然后获得胜利喜悦，我有点能够体会为什么临考前的学生会深受鼓舞，如果当时面临高考，被人怀疑能力时能听到这首曲子，我一定也会被鼓励到。他教会了人们不要听天由命，要我命由我不由天。"

"也让我对于我自己的命运有了新的见解，就像这首交响曲中教我的，奋不顾身地去建立功勋，扯断束缚我的锁链，点燃自信的火炬，朝着欢乐和幸福的目标胜利前行。"

"我们也应该得到启示，只要我们肯同命运勇敢地作斗争，就一定会像第四乐章里那样获得无比的欢乐，我们与命运的决战一定会以彻底的胜利告终。"

八、教学反思

1. 教学目标基本达成

从前文的学生作业分析来看，本次课的知识目标与能力目标均得以达成，达成上述目标的主要经验可以归纳为以下几点：

（1）音乐可视化、形象化处理。交响乐的篇幅很长，从头听到尾需要极大的专注力，尤其对于刚刚接触交响乐的同学，长时间的集中精力更是一种挑战。因此，在音乐行进与讲解过程中将音乐的结构、内容做可视化、故事化处理更容易让学生理解、专注，完成用耳朵听的同时，用脑想。学生也在作业中提到这类方法有助于让他们专注并理解音乐。

（2）音乐行进中适时的语言说明。这一点学生和听课教师均有积极的反馈，即在音乐的关键地方插入语言表述，使学生更加注意、理解音乐。尤其在音乐进行了相当长的时间即将转变的时候，这种提醒尤为重要。

（3）备课过程中的大量阅读与思考。贝多芬的交响乐篇幅大、时间长，需要有自身真的能够理解并可以统领全篇的想法，这不仅需要阅读大量资料、反复聆听，还需要不断思考，有能力将经典通俗易懂地传达出去。

2. 思政目标基本达成

从学生作业第二题的回答可以看出本次课思政目标的达成。主要经验是通过听觉体验让学生感受到音乐中的正能量。这种体验不是简单的听听而已，它是一种有分析、有难度的训练，是在教学过程中不断强化的情感。

第二篇
学科大类课程网络教学案例

第十五章　微观经济学课程网络教学案例报告之一

一、任课教师基本信息

任课教师：李丽君

所在教学单位：商务学院金融会计系

二、课程基本信息

课程名称：微观经济学

课程类型：学科大类必修课程

学时学分：48 学时/3 学分

面向学生：2019 级本科信管、营销专业

网络教学方式：中国大学 MOOC + SPOC

三、教学目标与教学内容

1. 教学目标

（1）知识。学生能够掌握本阶段学习（第一至四章）的重点概念、理论、模型，以及相应的计算、绘图与分析方法。

（2）应用。学生能够熟练运用相关经济理论、模型与方法，进行计算、绘图与分析，能够对"谷贱伤农""薄利多销""商品限价"等现实情境进行综合经济分析。

（3）情感。学生能够系统掌握相关经济学知识的学习方法与解题技巧，减少学习过程中的畏难情绪，明确学习目标，提升学习自主性。

（4）价值。学生能够结合所学供求理论、弹性、效用论知识，对当前疫情条件下国内外物资供求状况进行分析与思考，认识我国经济的特殊性与优越性。

2. 教学内容

（1）SPOC 在线学习（复习）。①第一章：引言；②第二章：需求供给理论；③第三章：弹性理论；④第四章：效用论。

（2）直播教学。①重点、难点知识点补充讲解（根据学情调查）；②习题讲解（选择题、判断题、计算题、综合分析题）；③阶段复习注意要点（知识点统计表使用方法、习题册重点例题）。

（3）课后练习。①阶段复习；②练习题（SPOC 章节在线测试＋课后练习）。

四、课前准备

1. 学情调查

在学生完成第一阶段（第一至第四章）学习后，针对教学班学生的学习情况、对知识点的掌握情况进行调查分析，进而在习题课进行有针对性的引导。

（1）学习难度认知。在调查中发现，75% 以上的学生认为学习难度较大，且有明显的畏难情绪。因此，需要在教学过程中，引导学生确立明确的学习目标，给予清楚的知识点引导；帮助学生掌握必要的学习技巧，提高学习效率；鼓励学生提升学习自信（见图 15-1）。

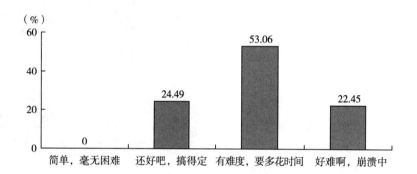

图 15-1 学习难度认知统计图

（2）学习时间。从调查情况来看，部分学生学习时间明显不足。本课程教学时间为 3 学时，结合课程难度，较为合理的学习时间为 3~4 小时，需要通过布置课后作业等措施来督促学生适当增加学习时间（见图 15-2）。

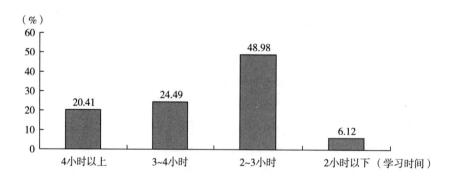

图 15-2 学习时间统计图

（3）学习难点。调查发现，学生在各个学习方面都存在比较大的问题（多选），说明学习情况不容乐观。特别是大部分学生表示基本概念难以理解，需要引导学生转化思路，用经济学思路理解基本概念和原理（见图 15-3）。

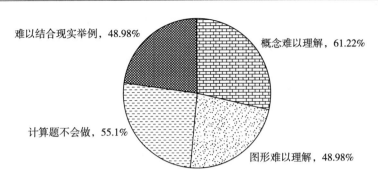

图15－3　学习难点统计图

（4）SPOC在线教学效果。调查显示，近七成学生认为SPOC在线学习有效果，因而未来继续采用SPOC学习是恰当的。但需要注意的是，近三成学生对SPOC学习效果有疑问。经过与学生沟通了解，发现部分学生认为在线教学难以区分重点，有的难点讲解不细，影响学习效果。因而，需要给学生补充学习重点、难点的指导（见图15－4）。

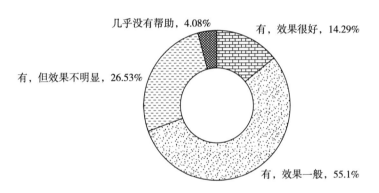

图15－4　SPOC在线教学效果统计图

（5）直播教学效果。调查显示，在以往直播教学（重点难点讲解、在线答疑）中，八成学生认为有效果，因而未来需要继续开展每周的直播教学（见图15－5）。

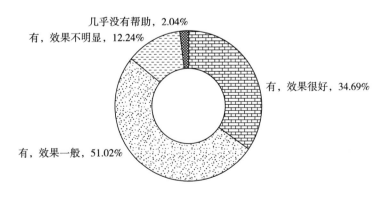

图15－5　直播教学效果统计图

（6）习题课形式。调查发现，学生更希望采用直播讲解例题的形式进行习题课，因而本次习题课以教师直播讲解例题为主（见图15-6）。

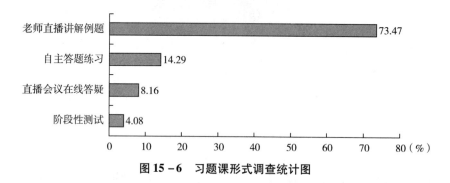

图15-6　习题课形式调查统计图

（7）知识点掌握情况。根据学情问卷调查，将学生对各个重要知识点的掌握程度分为高（掌握人数>60%）、中（45%<掌握人数<60%）、低（掌握人数<45%）三个档次。根据表15-1所示知识点掌握情况，教学针对中等掌握知识点，进行有针对性的综合讲解或习题举例；针对低等掌握知识点，进行综合讲解与习题举例相结合的重点解析。

表15-1　知识点掌握情况统计表

知识点	掌握程度	措施
供给和需求的概念、影响因素	高	无
供给和需求曲线绘制	高	无
供求均衡计算、绘图	中	习题举例
需求与供给变化	高	无
需求的价格弹性计算	低	综合讲解+习题举例
需求的价格弹性分类	低	综合讲解+习题举例
弹性与销售收入的关系	高	无
影响需求的因素	中	习题举例
价格弹性、交叉价格弹性、收入的价格弹性	中	习题举例
易腐商品售卖、最高限价、最低限价、谷贱伤农	中	习题举例
消费者均衡条件	高	无
消费者剩余	高	无
无差异曲线定义与特征	中	综合讲解
边际替代率计算	中	习题举例
特殊的无差异曲线	中	习题举例
效用最大化	低	综合讲解+习题举例
价格消费曲线	高	无
价格收入曲线	高	无
恩格尔曲线	高	无
替代效应、收入效应	中	综合讲解
吉芬商品	高	无
市场需求曲线计算	中	习题举例

2. 资料准备

（1）学情调查。问卷星（49 份）、SPOC 学习情况统计表（系统导出）。

（2）习题资料。选择题与判断题（PPT）、练习册计算题（电子版）。

（3）知识点统计表。应学生建议，提供重点知识点对应书本的页码、具体学习要求（见表 15 - 2，该表是示例，并非完整的表）。

表 15 - 2　知识点统计表示例

知识点名称	学习要求	对应页码	注意事项	重要程度
稀缺性	定义	16		*
理性人假设	定义	17		**
需求数量的影响因素	理解	21 - 22	能够结合实例进行判断	***
需求	定义、函数表达	22	区分需求量与需求	**
需求曲线	数表、绘图	22 - 23	能够填表，并依据表规范绘图	*****
需求的变动	绘图、理解	24 - 25	区分需求量的变动与需求的变动	***
供给数量的影响因素	理解	25	能够结合实例进行判断	***
供给	定义、函数表达	26		**

五、课中活动

1. 签到（7：50～8：10）

使用企业微信群中的"填表"功能进行签到，凡是在时间范围外填表的，记为迟到，未填表的记为缺勤（见图 15 - 7）。

图 15 - 7　在线签到示例

2. 学生自主学习预热（8：10～9：00）

教师在企业微信群中发布本次课学习安排、学习要求，发布学习资料（见图 15 - 8）（习题 PPT、练习册、知识点统计表）。

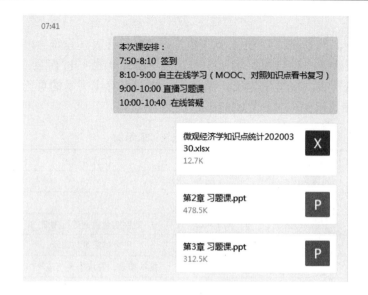

图 15 – 8 学习预热示例

3. 直播（9：00～10：40）

（1）阶段性知识点梳理。对学生细致说明知识点统计表的使用方法，解释各个项目的含义以及知识点的重要程度；要求学生在学习中能够对照统计表，理性规划学习时间，集中力量熟练掌握重点知识，努力理解难点知识，对其他知识点做到有认知、无缺漏。

基于知识点统计表进行本阶段的内容梳理，在学情调查中，特别针对学生掌握欠佳的知识点进行较为细致的讲授；给出重点知识的练习要求和所对应的题型，提供必要的解题注意事项与解题技巧。

（2）选择题、判断题讲解 + 学生互动回答。使用练习题 PPT 进行题目逐一讲解，特别注重重点、难点知识所对应的题目讲解；在讲解过程中，归纳同类题型的解题思路，给出必要的解题技巧，示范如何使用画图来快速分析问题。引导学生在评论区互动，由学生在评论区回复答案，根据学生回答的情况，及时调整讲解的速度与深度。

（3）计算题讲解。在习题课开始之前，将教材配套习题册发给学生。在讲解过程中，选择具有代表性的计算题进行讲解，并重点强调解题思路与解题过程。使用金山 PDF 软件展示电子教材，并使用注释功能进行讲解标注，以引起学生注意，给出明确的解题要点与注意事项。

（4）学习技巧引导。给予学生学习建议：看 SPOC 视频初步学习→看直播找到重点与难点→读书深入学习理解→对照知识点统计表查漏补缺→完成 SPOC 在线测试→看练习册补充难点练习。

4. 答疑

在课程直播结束后，学生可以在企业微信群中提问。在答疑过程中，鼓励学生通过截图的方式，提出遇到的具体问题；教师解答也可采用截图方式，尽量具体、直观地回答学生问题。

六、课后任务

1. 课后测试与练习

课程在 SPOC 教学平台中设置了单元测试，针对每一个章节考核学生对知识点的掌握程度，题型以单项选择为主。由于课程强调学生对基础知识的应用能力，因而需要学生通过计算题、综合分析题练习，对基础理论与模型进行熟练运用。因此，在单元测试之外，要求学生结合教材配套的练习册进行学习，给出练习册中的重点练习题，同时提醒学生在学有余力的情况下进行复杂习题的练习。

2. SPOC 学习情况统计

从当前学生 SPOC 学习情况来看（见图 15–9、图 15–10），学生学习视频数基本能符合要求，但还是有不少学生出现学习视频数明显不足，学习态度有问题；学生成绩差距大，高分学生和低分学生占比都较大。需要督促学习态度明显有问题的学生，强调在线学习在平时成绩中的构成，鼓励其跟上在线学习进度。

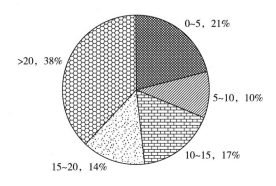

图 15–9 SPOC 成绩

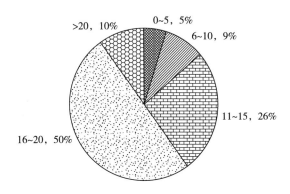

图 15–10 学习视频数

七、教学反思

学生在线学习已一月有余，通过对学生学情调查、统计，发现《微观经济学》课程教学主要面临以下三大问题：第一，学生对知识点的理解不够透彻。由于 SPOC 教学视频的时长限制，对知识点的讲解往往集中于概念本身，生动举例、延伸分析的讲述较少，学生难以形成具象化的理解认知。第二，学生难以把握学习重点与难点。虽然 SPOC 教学视频和在线直播教学给出了学习重点与难点，但学生在自主学习和复习过程中，并不能系统、清晰地区分出重点与难点，进而会感到学习困难。第三，教学效果难以衡量，不利于进一步教学改进。无论是 SPOC 教学，还是在线直播教学过程中，绝大多数学生不愿主动地进行互动与教学反馈，教师很难清晰地判断学生实际学习情况，特别是难以判断学生对重点、难点知识的掌握程度，这也为进一步改进教学形式、补充教学内容带来了困难。

针对上述问题，可以采用以下三种措施：第一，开展阶段性习题课。通过对本阶段知识点的梳理，帮助学生理清重点、难点，对知识点查漏补缺；通过具体的练习题讲解，具化学生对知识点的理解认知，提供必要的解题思路与解题技巧。第二，补充具有针对性的学习资料。除了 SPOC 教学资料、电子教材、教学 PPT 等必备资料之外，还需要为学生提供必要的练习材料，包括练习题库、练习册（附带答案），以辅助学生练习；可以为学生提供表格化的学习辅助材料，帮助学生明确学习重点，提升学习效率。第三，进行阶段性学情调查。采用问卷星、微信投票等工具，对学生学习状态、知识点掌握情况进行调查，进而为习题课教学提供必要依据；在习题课结束后，通过企业微信群投票，获得学生对课程的反馈，进而为进一步课程设计提供参考（见图 15 – 11）。

习题课对你的学习是否有帮助 单选 ⋯

李丽君 · 2020-04-01 · 58人已投

帮助很大	10票 17% >
有帮助	48票 82% >
无帮助	0票 0%

图 15 – 11　课后学生反馈调查

第十六章　微观经济学课程网络教学案例报告之二

一、任课教师基本信息

任课教师：史丽媛

所在教学单位：商务学院

二、课程基本信息

课程名称：微观经济学

课程类型：学科大类必修课程

学时学分：48 学时/3 学分

面向学生：2019 级会计专业

网络教学方式：中国大学慕课 + 企业微信

三、教学目标与教学内容

本周为教学周第 8 周，教学内容为第五章，具体教学内容、教学目标与支撑关系如表 16 – 1 所示。

表 16 – 1　教学内容、教学目标与支撑关系

教学内容	教学目标	支撑的课程目标	支撑的毕业要求
等成本线的定义与绘制；成本最小化的实现条件与推导，产量最大化的实现条件与推导；扩展线的定义与内涵，扩展线与总成本曲线的关系	能够解释等成本线的含义，并绘制等成本线；能够推导成本最小化与产量最大化的条件，辨别两者的对偶关系；能够解释扩展线的内涵，辨别其与总成本线的关系	知识：学生能够掌握微观经济学的基本概念、基本思想、基本分析方法和基本理论，对微观经济运行有一个比较全面的了解，建立起对微观经济运行的基本思维框架	具有批判性思维能力
短期生产函数的特征，短期成本的分类，短期产量曲线与短期成本曲线之间的关系；边际报酬递减规律	能够应用短期生产函数、短期成本曲线，以及边际报酬递减规律，解释现实中的经济问题	应用：学生能够应用微观经济理论解释和分析社会生活中出现的经济现象、财经热点	具有分析和解决问题的能力
短期成本的综合曲线图以及各种成本之间的关系；长期成本曲线图以及各种成本之间的关系	能够综合运用各种成本之间的关系，综合判断企业的生产决策	整合：学生能够利用微观经济学的基本原理去理解之后会学到的其他专业课的相关知识，也能够用多种经济理论分析复杂经济问题	

续表

教学内容	教学目标	支撑的课程目标	支撑的毕业要求
机会成本、沉没成本、显成本与隐成本的概念、内涵；会计利润与经济利润的内涵与计算	能够计算各种成本与利润，识别影响经济人决策的成本要素；理解企业获取经济利润的合理性	情感：学生能够理解经济人利他与利己的矛盾与特性，并最终形成适合市场经济发展商业伦理观念，能够辨识商业行为与决策的合规性	具有商业伦理观念
干中学	能够综合评价"干中学"的效果，从历史的视角和国际的视角，评价改革开放以来"干中学"带给我国制造企业的蓬勃活力	价值：学生能够理解并拥护国家经济政策，提升民族自豪感，增强理论自信、道路自信，能够在国际视野下认同中华民族的根本价值	具有国际视野

四、课前准备

课前准备阶段，教师的主要任务是"导学"。具体课前准备工作包括：

1. 中国大学慕课平台发布教学视频与测试（见图 16-1）

图 16-1　中国大学慕课平台教学视频与测试

2. 微信群布置学习任务，明确本章学习重难点（见图 16-2）

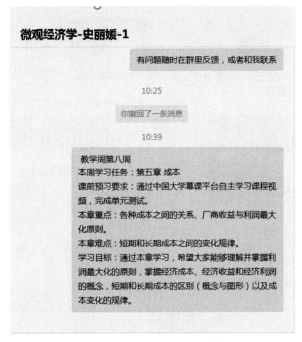

图 16-2　课程微信群沟通截图

3. 发布调查问卷，掌握学生学习中遇到的主要问题（见图 16-3）

图 16-3　调查问卷详情图

4. 微信群交流互动，实时解决学生问题（见图 16 – 4）

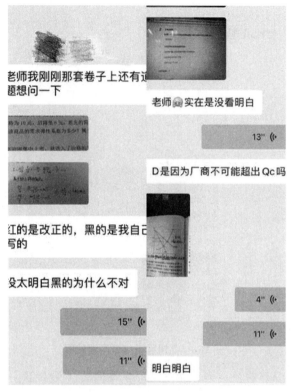

图 16 – 4　微信答疑截图

五、课中活动

（1）课前 5 分钟组织学生签到并统计学生预习任务的完成情况。对学生起到督促作用。

（2）课堂教学活动利用企业微信语音会议的方式展开授课过程中针对学生课前学习阶段遇到的疑难问题，重点讲解。同时，授课过程穿插提问、讨论等，保持学生学习活力。同时，将章节重点内容发送到微信群（见图 16 – 5 ~ 图 16 – 7）。

图 16 – 5　企业微信会议教学过程截图——参会同学

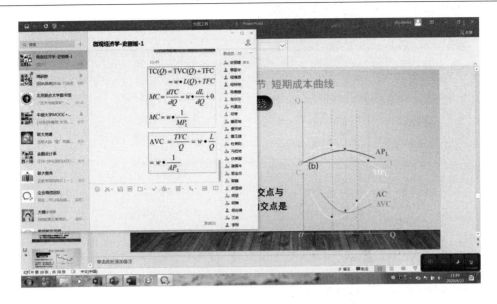

图 16 - 6　企业微信会议教学过程截图——重点教学内容群内提示

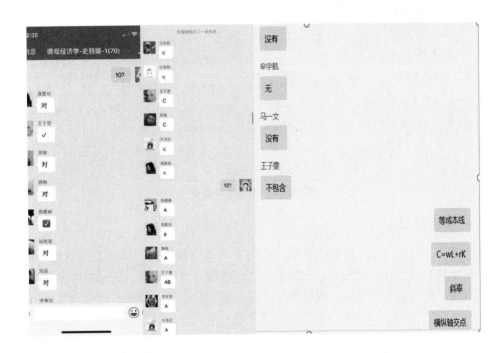

图 16 - 7　企业微信会议教学过程截图——课堂提问

六、课后任务

结合本次授课内容，布置课后作业，并发起填表任务，学生完成作业后及时填表，掌握学生的动态。学生可以随时通过微信提出问题，讨论作业完成过程中遇到的问题。同时，通过调查问卷了解本次课程教学效果（见图 16 - 8）。

图 16-8 课后学情调查

七、教学反思

教学活动，是教与学过程的完整统一。由于本次疫情，提前体验了 MOOC + SPOC 教学，首次体验中有惊喜，有困惑，有经验，也有教训。整体而言，大部分学生学习比较认真，能够较好地完成自主学习。网络教学过程中遇到的主要问题是不能看到每位同学的状态，即便有课堂提问，但对那些不参与的同学也无法强行其加入，因此，总有隔靴搔痒的感觉。但是，MOOC + SPOC 的教学方式极大地锻炼了学生的自主学习能力，教师的教学设计围绕学生的自主学习效果展开，真正体现了"以学生为中心"。教学过程中硬件上的问题主要是网络信号不稳定，有时会发生卡顿，影响了教学过程的流畅性。

第十七章　微观经济学课程网络教学案例报告之三

一、任课教师基本信息

任课教师：江晶晶

所在教学单位：金融会计系

二、课程基本信息

课程名称：微观经济学

课程类型：通识教育必修课程

学时学分：48 学时/3 学分

面向学生：2019 级国贸、国商专业

网络教学方式：MOOC + SPOC

三、教学目标与教学内容

1. 课程时间

2020 年 4 月 13 日第 6～8 节课

2. 教学目标

首先，微观经济学的课程目的是让学生学习和掌握如何把具体的经济问题抽象为适应的模型以进行严密的分析，研究这些经济现象和规律，对提高经济效率、更有效地利用和配置资源、推进经济的增长和人们生活水平的提高有着重要的意义。其次，本次课程是站在生产者的角度分析经济规律，目的在于使学生掌握企业的组织形式和企业存在的原因；掌握生产和生产函数的概念、总产量、平均产量和边际产量的概念及关系；掌握边际产量递减规律和边际技术替代率递减规律；掌握生产要素最优组合的原则。理解规模报酬的经济意义以及实现条件。最后，使学生通过基本概念、基本理论和基本分析方法的锻炼，为专业课的学习打下良好的理论基础和方法论基础。

3. 主要内容

第一节为厂商；第二节为生产函数；第三节为一种可变要素的生产函数（短期生产函数）；第四节为短期生产的三个阶段。

四、课前准备

首先，基于本门课程和本次课程的教学目标，在课前引导学生阅读一篇经济学分析的时文，旨在帮助学生提高对经济学现象的观察和分析能力，如图 17 – 1 所示。在引导学生课前阅读时，帮助学生掌握阅读方法，通过标题和摘要了解阅读主题，通过提问的方式带着目的进行阅读并在阅读过程中解答疑惑。

图 17 – 1　课前阅读材料

其次，使用提问的方式，通过向学生分享学习、生活或未来工作中的实用经验，引导学生思考并强化课程学习主题：何为"微观"？"微观经济学"是一门研究什么主题和内容的学科？我们今天将要学习的生产者理论在微观经济学的理论框架中占据何种地位，研究视角如何？具体教学和引导过程如下。我向学生分享的经验是：在面对问题时（无论是面对学习中的问题，还是生活中的问题，或是未来工作中的问题），我们每个人都需要有一套分析问题的方式。例如，我会按照宏观层面、中观层面、微观层面这三个层次来分析。接下来顺势向学生提问：微观层面是什么意思呢？我们学的这门微观经济学的课程又是怎么"微观"的呢？就此问题展开热烈讨论。

最后，使用提问的方式，引导学生思考微观经济学的研究主体，并进一步引导学生思考今天所要学习的"生产论"是站在哪一主体的视角上进行微观经济活动决策的。同时，与以往课程一样，继续帮助学生建立微观经济学研究的"感觉"，强化"市场"与"价格"等重要概念。

五、课中活动

1. 确认学生考勤情况

与面授课程不同的是，在网络教学中并未采用传统的签到方式，也并未使用网络教学工具进行点名，而是通过提问和讨论的方式，从师生互动中了解并确认学生考勤情况。

2. 进入学习阶段

首先，强调以课本为主线，在学习课本内容的基础上再学习慕课视频。针对疫情期间不能回校拿课本的情况，帮助新加入的重修学生下载指定教材的电子版本。其次，采用SPOC 讨论区的方式，就关键问题进行集中讨论和答疑，在答疑时，尽量做到与面授课程一样，不直接给出学生提出问题的答案，引导学生根据课堂所学内容进行思考，帮助学生建立独立思考的能力，最终自己理解问题。

六、课后任务

一是完成慕课课后作业；二是课后案例讨论，并作简要的案例分析报告；三是复习本次课程理论知识；四是根据课程内容随时与老师沟通。

七、教学反思

在疫情期间，如何在不返校的情况下进行复学，如何充分利用线上资源开展教学和师生互动，如何掌握学生学习状况从而确保学习效果，在网络教学过程中进行了反思。

首先，网络教学并非疫情之下不得已的选择，而是"翻转课堂"等教学新模式的实践运用。数年前，我校已积极开展诸如"翻转课堂"等新模式的培训和探索，使老师们已对线上教学资源、线上教学模式有了一定的认识和实践，因此，疫情期间的网络教学早已不是被动的应对，而是对教师改进传统课堂教学模式的主动推进。

其次，网络教学不等于只有线上没有线下。网络学习资源的运用、网络形式的师生互动始终应基于对基础知识的学习，因此，无论是"翻转课堂"还是网络教学，教材依然是学生首先应阅读、学习和思考的重要资料。对此，每次网络课程开始之前，首先引导学生学习教材内容。疫情期间，有很多学生反映将教材放在了学校，为此，在尊重知识产权的基础上我通过建立公共邮箱、共享 onedrive 账号等方式为学生提供教材的电子资源，引导学生认真学习教材内容。

最后，网络教学在一定程度上模糊了时间界限，需要教师们具有更强的蜡烛精神。受网络不畅、学生学习环境不稳定等情况的影响，网络教学难以像面授课程那样有固定的上课时间，学生很有可能随时提问，面对学生的提问和讨论需求，我的第一反应是欣慰，尽量第一时间给予解答，跟学生进行充分讨论，保护和鼓励学生的好学、勤学态度。

第十八章　基础会计（全英）课程网络教学案例报告

一、任课教师基本信息

任课教师：张艳秋

所在教学单位：金融会计系

二、课程基本信息

课程名称：Accounting（全英）

课程类型：学科大类必修课程

学时学分：48 学时/3 学分

面向学生：2019 级国际经济与贸易全英实验班

网络教学方式：中国大学 MOOC ＋异步 SPOC ＋企业微信群

三、教学目标与教学内容

《Accounting（全英）》课程是国际经济与贸易专业的基础课程，也是会计学的入门课程。主要涉及会计的基本理论、会计方法及会计循环的实务应用。在上一章学习中讲解了会计循环的前三个大步骤，本周将学习会计循环中最重要，也是最难理解的一部分内容 The Accounting Cycle：Accruals and Deferrals（会计循环：应计和递延事项）。

1. 教学目标

L01：Explain the purpose of adjusting entries and timing differences.

（目标 1：学生能够了解编制调整分录的目的和时间性差异）

L02：Prepare adjusting entries to convert assets to expenses.

（目标 2：学生能够掌握编制资产转费用调整分录的方法并会应用）

L03：Prepare adjusting entries to convert liabilities to revenue.

（目标 3：学生能够掌握编制负债转收入的调整分录的方法并会应用）

L04：Prepare adjusting entries to accrue unpaid expenses.

（目标 4：学生能够掌握编制应计未付费用的调整分录的方法并会应用）

L05：Prepare adjusting entries to accrue uncollected revenue.

（目标 5：学生能够掌握编制应计未收收入的调整分录的方法并会应用）

2. 教学内容

（1）The need for adjusting entries and timing differences.

（调整分录的编制目的和时间性差异）

（2）Types and characteristics of adjusting entries.

（调整分录的类型和特征）

（3）Four types of adjusting entries.

（四种类型调整分录的编制）

1）Converting assets to expenses.

2）Converting liabilities to revenue.

3）Accruing unpaid expenses.

4）Accruing uncollected revenue.

四、课前准备

1. 高质量的原版教材准备

开学之初，与机械工业出版社华章教育沟通协调，向学生推送世界经典会计学原版教材 Accounting：the basis for business decision（第17版）扫描版（见图18-1）。该原版教材已被世界很多高校采用，内容紧密结合商务实际，增加了大量包括会计职业道德在内的案例、问题、测试等教学资源。

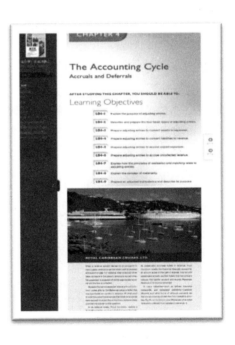

图18-1　为学生选定的原版会计学教材扫描版

2. 筛选优秀的慕课资源

中国大学慕课网上基础会计全英语的慕课只有两门，一门是北京外国语大学的 Principles of accounting（见图18-2），还有一门广东外语外贸大学的 Fundamentals of accounting，经过学习并比较这两门课程，最终选定了北京外国语大学王德宏老师的 Principles of accounting 作为慕课资源，主要原因有以下三个：一是该慕课2016年开课，中间不断调整完善，相对比较成熟，目前已有63873名学院参加此慕课学习，并且评价良好；二是授课内容与教学大纲和选定教材比较接近；三是老师讲解内容翔实，课堂讨论和试题等课程资源也比较丰富，便于开展线上教学和单元测试。

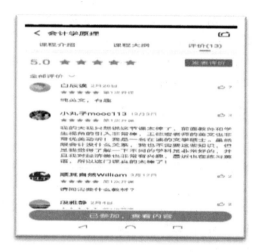

图18-2　北京外国语大学的 Principles of accounting 慕课

3. 了解学生需求以确定合适的教学方式

我是从第九周开始上课，在上课前了解前段教学中学生掌握情况、存在问题、希望的上课方式及对本课程的需求，以便及时调整。并做好学生的心理建设工作，鼓励学生以轻松的心态和重视的态度面对网上教学（见图18-3）。

图18-3　上课前了解学生需求

五、课中活动

1. 多种方式了解学生出勤情况

为激励学生按时到课，课前采用慕课堂或企业微信签到、对上课学生微信头像截屏等形式及时了解学生到课情况，并在考勤册中及时进行记录。

2. 注重中外比较，既放眼世界又落地中国

原版教材和慕课中的内容均是美国会计准则约束下的美国会计体系。虽然会计原理基本相同，但由于国情不同，具体的账务处理、会计资料等方面存在一定差异。因此，在讲解美国会计体系的基础上，再对比中美在会计方法、步骤、会计资料等的差异，让学生在学习美国会计体系、学习其先进性的同时，了解中国会计方法和实务，方便学生在会计领域的继续学习和落地中国从事会计或管理工作（见图18-4、图18-5）。

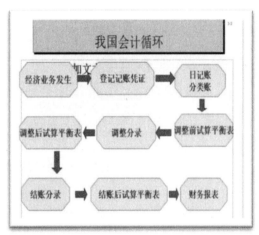

图18-4 中美会计循环比较

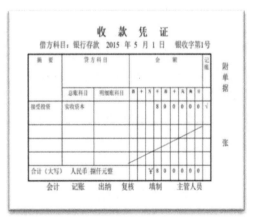

图18-5 美国日记账 vs 中国记账凭证

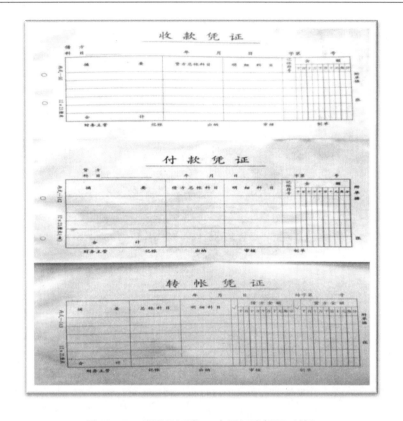

图18-5 美国日记账 vs 中国记账凭证（续）

3. 图示步骤和循环帮助学生理解难点

基础会计的核心部分是会计循环，会计循环不仅是为编制特定会计期间财务报表而必需的步骤，也是企业周而复始进行会计核算的工作程序。会计循环涉及的步骤较多，而本部分所讲的调整分录又是会计循环中最难以理解和掌握的内容，因此，在上课时用图示法演示清楚编制调整分录及其前后相关的会计业务，帮助学生理解和掌握，见图18-6。

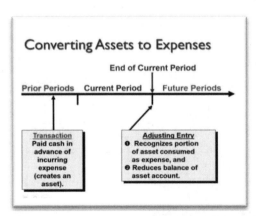
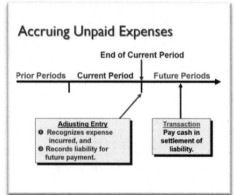

图18-6 部分调整分录演示图

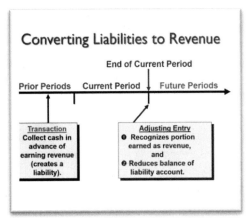

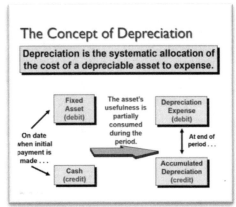

图 18-6　部分调整分录演示图（续）

4. "以学生为中心"加强课堂互动，提高学生主动性和集中度

无论是线上教学还是线下教学，学生永远都是课堂的主角，尤其是目前的线上教学，要给学生足够的"存在感"，让他们真正参与到教学中。在每次课前安排一个内容回顾环节，给学生发言的机会，通过随机提问的方式来检验学生对所学知识的掌握情况。在授课过程中不定时地开展互动，学生可以通过微信群语音、连麦等方式发表自己的看法，有合适内容也可让学生进行线上主题分享，并及时对学生的积极表现进行肯定和鼓励，营造一个轻松的学习氛围，增强线上学习的积极主动性。此外，上课过程中高频次的互动提问交流，还可以帮助学生提高注意力和学习效率。

5. 结合课程案例进行研讨，随时融合课堂思政

结合当前的疫情防控情况，在课堂中结合每课的引入案例、Case in Point（课中案例）、Your turn（课堂参与）等环节帮助学生树立正确的价值观、学习观。搜集当前国内外发生的会计造假等案例，提醒学生作为未来的商界骨干，要开阔眼界、及时关注国内外财经大事的同时，随时随地融入恪守会计职业道德和操守等课程思政内容，在授课过程中及时向学生传递正能量。例如，在讲到会计信息质量的要求"及时性"时，延伸给学生讲解在学习中上课不迟到、按时完成各项作业和任务，以后在工作中要守时守约、信守承诺等。

以瑞幸咖啡被浑水公司这一做空机构猎杀的案例为基础，引申到爱奇艺、好未来等中概股接连被质疑。引导学生思考："假"为什么会成为中概股的标签？瑞幸事件对我们有什么启示？进行课堂讨论，并让学生深刻认识到：以后不管是从事会计工作还是其他管理工作，恪守职业道德和职业操守是最基本的底线（见图 18-7）。

图 18 - 7　搜集的瑞幸咖啡等财务造假案例

六、课后任务

1. 用思维导图梳理总结，帮助复习巩固

强调复习巩固的重要性，特别是在线上教学阶段没有纸质版教材更应如此。要求学生根据电子版教材、PPT、视频以及课上所做的笔记进行复习巩固，并将所学内容用思维导图整理汇总，尤其对调整分录的理论知识这一学习难点更应加强梳理，在规定的时间内完成并拍照上传到微信群，由学习委员整理后留存（见图 18 - 8、图 18 - 9）。

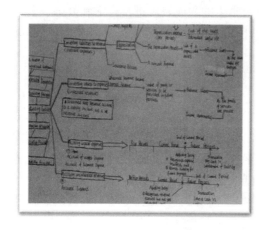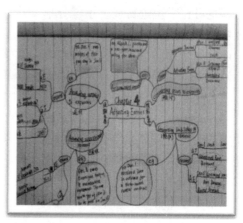

图 18 - 8　部分学生的思维导图

2. 及时发布作业并要求手写完成

会计学实务性很强，必须通过大量实务练习和应用才能掌握扎实，尤其是对调整分录这样的章节更是如此。为了帮助学生更好地掌握当堂课所学内容，每次课基本都布置练习和作业，主要侧重于对重要知识点的掌握和应用，并设置作业完成后提交的截止时间，以便督促学生及时完成。下次讲新课之前对上次作业进行详细点评，帮助学生改正差错，并横向对比以找到差距，帮助学生努力做得更好（见图 18 - 10）。

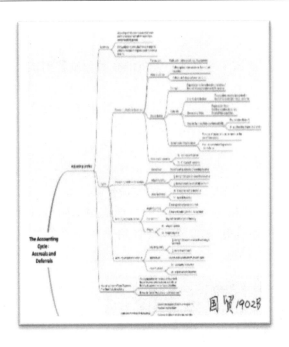
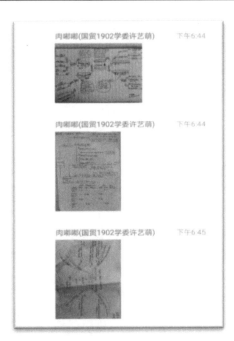

图 18 - 9 部分学生的思维导图

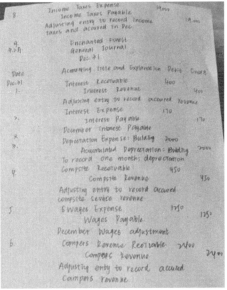

图 18 - 10 部分学生作业及留存的文档

3. 课后了解学生反馈，及时做出调整

课后要通过各种途径了解学生对上课情况的反馈，比如上课的进度是否跟得上、上课节奏是否得当、上课的声音是否清楚、上课的内容是否能够明白等。结合学生的反馈情况可以对自己的教学安排做微调，更好地开展接下来的教学。

七、考核方案设计

为更好地为期末考试做好准备，本次章节测试采用慕课上提供的章节测试题测试，并尝试提出了一些具体要求：

（1）因均为在线答题，题量较大，没有足够的测试时间，因此，要求学号为单号的学生做单号的题目，学号为双号的学生做双号的题目，每位同学的题目内容和序号也会有所不同，可以在一定程度上避免学生用手机相互发送答案，以便了解学生对学习内容的真实掌握情况。

（2）考试结束后要求学生在限定时间（如1分钟）内提交或发送到微信群。

（3）建议学生同时启用电脑和手机，并开启摄像头，电脑的摄像头移动到可以看到手机的位置，或有三脚架的同学可以将手机的位置移动至可以看到学生和电脑的位置（见图18-11、图18-12）。

图18-11　章节测试的现场截屏

图18-12　部分学生的章节测试

但在考试过程中因为题目和数字比较小，很多学生反映用手机不易看清楚，部分同学还是采用电脑答题；且一些同学没有支撑手机的三脚架，手机和电脑的交互拍摄作用没有发挥，需要继续探索完善在线考试方式和细节，以保证本课程的期末考试得以顺利开展。

八、教学反思

1. 延续混合式教学，引导学生提升终生学习能力

在以后的教学中，可继续使用线上线下课堂相结合的混合式教学模式。通过两种教学组织形式的有机结合，引导学生逐渐适应课前通过观看慕课视频、学习资料等进行预习，课后通过网络学习拓展知识内容、开阔视野，改变以前在课堂教学过程中以教师讲授为主、学生学习主动性不高、认知参与度不足等问题，有效提升多数学生学习的深度和广度，引导学生提高终身学习和可持续学习的能力。

2. 提高教师的信息化教学水平和教学艺术

线上教学对于教师的信息化教学水平和能力要求较高。为了做好混合式教学，需要我们不断熟悉网络、慕课等平台、直播或会议等形式的使用。信息化教学能力既是对教学和科研工作的强有力支撑，又是学生时代意识和创新能力培养的基础。同时，网络教学如何吸引学生的注意力，让学生全情参与投入也非常值得关注。要根据学生的实际情况和认知水平，不断改进教学方法和艺术，引起学生学习兴趣、唤起好奇心、吸引注意力，提升学习的积极主动性，从而确保教学效果和质量。

3. 培养学生利用网络和资源有效获取信息的能力

现代社会网络信息资源已成为学习、工作中利用率最高的信息资源之一，有效利用网络和资源获取信息，是终身学习和可持续学习的需要。网络学习对个人信息化水平提出了很高的要求，现代网络条件不仅具有各种媒体信息处理和人机交互功能，而且也实现了网上多媒体信息传递和信息资源共享，形成优良的网络教学环境。利用网上资源培养学生获取信息、运用信息、传递信息的能力，为学生自主学习和终身学习打好基础。但学生网络学习时应有自律性、不能沉迷于网络游戏等。

4. 继续开展入脑入心的课程思政教育

对于商科学生而言，会计原理课程是基础课程，在大学本科教育阶段理应担负课程思政改革探索的重任。因此，利用好课堂教学这个主渠道，突出课程教学的育人导向，提升专业教师自我课程思政能力，结合课程本身特色，系统设计教学内容，不断创新教学方法，形成课程间协同效应，把爱国情怀、法治意识、社会责任、文化自信、人文精神、职业道德等要素转化成具体而生动的课堂教学实践。

恩格斯说："没有哪一次巨大的历史灾难不是以历史的进步为补偿的。"这场造成全球重大影响的新冠疫情，虽然各个国家损失巨大，但却给教学改革和创新带来良好的机遇，它促使我们加紧从教育理念、教学模式和学习方式等方面深入研究和行动，以面向未来的教育变革。

第十九章　基础会计课程网络教学案例报告

一、任课教师基本信息

任课教师：陈华

所在教学单位：商务学院金融会计系

二、课程基本信息

课程名称：基础会计

课程类型：专业任选课

学时学分：48 学时/3 学分

面向学生：2019 级金融专业

网络教学方式：中国大学 MOOC 异步 SPOC + 企业微信群

三、教学目标与教学内容

1. 教学目标

（1）知识。

1）学生能够了解会计凭证的种类；

2）学生能够掌握会计凭证填制与审核的方法。

（2）能力。

1）学生能够编制给定业务的原始凭证、记账凭证。

2）学生能够识别原始凭证、记账凭证的完整性、合法性；分析不合格凭证存在的问题。

（3）价值。

学生通过学习审核凭证的完整性、合法性，分析可能存在的会计造假，探讨会计信息可靠性所承载的企业社会责任。

2. 教学内容

（1）会计凭证的作用与种类。

（2）原始凭证的概念、分类、填制、审核。

（3）记账凭证的概念、分类、填制、审核。

（4）会计凭证的传递与保管。

四、课堂教学准备

1. 教学培训

（1）教学平台使用。在开学前，参与学习学校教务处安排的多次慕课 SPOC 讲座、企业微信平台使用讲座，学习如何使用在线教学平台进行网络直播等教学方法和手段。

（2）教学技能学习。认真学习慕课网、蓝墨云班课等教育平台针对疫情期间教师授课开设的混合式教学模式讲座和混合式教学实践讲座（见图 19 - 1）。

图 19 - 1　教学技能学习内容

（3）思政系列讲座。学习学校组织的思政系列讲座，深入学习《关于推进专业思政建设的实施意见（2020 年）》等文件，认真落实如何在课程中融入思政元素。

2. 本课程学习

经过反复比较、挑选中国大学慕课网已开设的基础会计在线课程，并与课程组老师们多次讨论，选定东北财经大学刘永泽老师团队的基础会计慕课资源，此课程为第 4 次开课（见图 19 - 2）。东北财经大学会计学院的会计学专业是国家重点学科，其《基础会计》课程由国家级教学名师——刘永泽、辽宁省教学名师——陈文铭、国家教学成果奖二等奖获得者——张娆组成的教学团队建设完成，是国家精品资源共享课程。

3. 学情调查

本学期已过大半，针对本学期网络教学方式的授课情况、在线学习效果、知识掌握程度等，通过问卷星发布学情调查问卷。共收回问卷 38 份。

（1）在教学方式适应情况方面，如图 19 - 3 所示，目前采用的企业微信在线会议教学形式，88.37% 的学生能够非常适应或较好适应，11.63% 的学生表示不适应；与传统教学方式相比，只有 18.61% 的学生更愿意采用网络教学方式，30.23% 的学生更愿意采用传统的教室授课，另 51.16% 的学生表示两者都可以接受。

图 19 - 2　本课程慕课资源

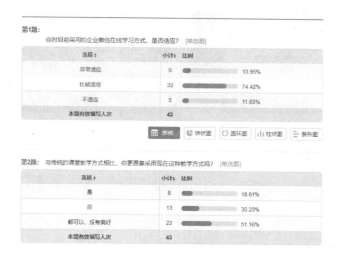

图 19 - 3　教学方式适应情况调查

（2）在前期重要知识点"借贷记账法"内容的学习与掌握方面，有 55.81% 的同学认为已完全掌握，44.19% 的同学反映有时会糊涂；对是否已掌握独立编制会计分录的技能，有 81.40% 的同学表示已掌握大部分，但还有 6.98% 的同学表示完全没有掌握，如图 19 - 4 所示。

（3）在授课方面，多数同学能够接受讲课进度，也有部分同学认为进度偏快，在课程学习任务方面，多数同学认为任务中等，也有部分同学认为任务较重，如图 19 - 5 所示。

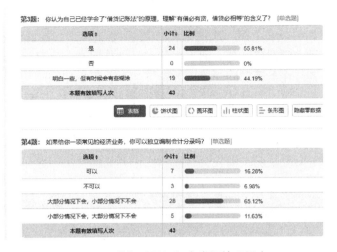

图 19 - 4　前期重要知识点掌握情况调查

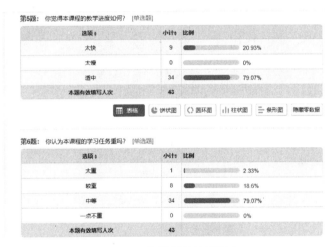

图 19 - 5　前期授课情况调查

（4）在后期学习中，有76.74%的同学希望课堂多讲习题，34.88%的同学认为课后多做习题（见图19 - 6）。可能是因为临近期末，同学们面对考试的压力，希望能够提高自己的解题能力。

第7题：　在后期的学习中，你希望老师在哪些方面做得更多？　[多选题]		
选项	小计	比例
课堂多讲习题	33	76.74%
课后多做习题	15	34.88%
课堂多做练习	16	37.21%
课堂更多互动	5	11.63%
提供更多讨论的机会	7	16.28%
提供更多小组学习的机会	10	23.26%
本题有效填写人次	43	

图 19 - 6　后期学习意愿调查

4. 课前与学生互动

（1）安排学生助教。在上第一次课之前，与郝同学沟通，聘请她做助教。原因是该生上学期修了我的另一门课程，各方面表现优秀，性格温和，且又能在学生中起到模范带头作用。助教的任务是在老师和同学之间上传下达，督促班里同学按时完成教学任务、在线教学直播时配合演示等。总体来讲，助教的温馨体贴使网络课程更具有人文关怀（见图19－7）。例如，课堂练习讲完，助教同学会及时送上自己总结的标准答案；每次课后，助教会及时在微信群里贴出本次课的作业和复习要点；每次课前，助教会及时发送教学资料；遇到网络故障等突发情况，助教会与同学们协调如何解决问题。

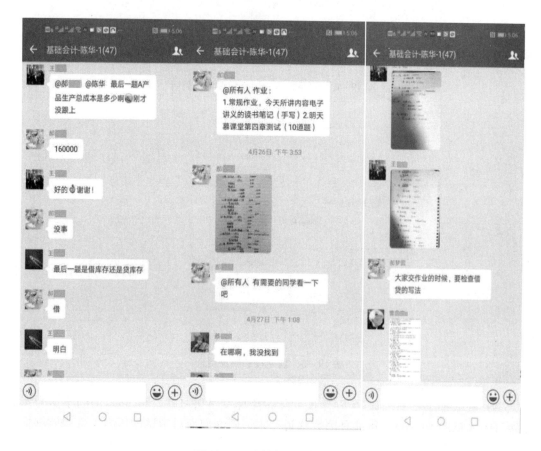

图19－7　助教教学辅助情况

（2）发布教学资料、提醒学生做好上课的课前准备。课前在企业微信群发布课件、本周的教学任务清单等教学资料。提醒学生做好复习、课前测试、按时提交作业等各项准备，如图19－8所示。

五、课中活动

1. 课前签到及上课准备

本课程从本学期第一周开始，全程采用企业微信在线会议教学。课前提前10分钟在慕课堂发起签到，并在微信群里通知学生，让学生做好课前准备。除了提前签到之外，任

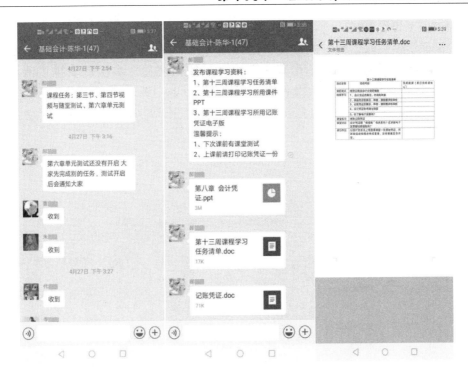

图 19 – 8　课前教学准备

课教师还会在课中随时点名回答问题，如果学生被点到而没有发声，会有课堂表现记录与惩罚，以此督促学生在线并听课（见图 19 – 9）。

图 19 – 9　课前签到等情况

2. 授课前复习与测试

为了保证学生听课过程中能够集中精力且与教师授课同步，有必要在讲课前就上次课的重点内容加以复习巩固。形式主要是提问或小测验。本次就安排了课前测试，从测试情况来看，反映出学生掌握程度各异（见图 19 - 10）。成绩满分为 10 分，可以看到有的同学只得 4 分。对于分数较低的同学，在接下来的课堂教学中，我会予以更多的关注与提醒。

学生	完成时间	答对数量	得分
王	2020/05/25 13:11	5	10
沈	2020/05/25 13:10	2	4
杨	2020/05/25 13:10	4	8
昌	2020/05/25 13:10	5	10
曹	2020/05/25 13:10	4	8
赵	2020/05/25 13:10	5	10
刘	2020/05/25 13:10	5	10
王	2020/05/25 13:10	3	6
代	2020/05/25 13:09	2	4
刘	2020/05/25 13:09	4	8
张	2020/05/25 13:09	4	8

慕课堂　共58人，已提交42人　返回

图 19 - 10　课前测试情况

3. 课堂讲授

对于本章的课堂教学，仍然主要采用中国大学 MOOC 异步 SPOC + 企业微信群的教学方式，包括视频收看、微信会议讲授等。本次课的慕课视频内容与我校课程大纲基本相符，本次课学生需要学习 5 个视频，每学完一个视频，就安排 3 道客观题的简单课堂练习测试，以便加深学生对知识点的理解。本章属于会计实务的起始章节，因此，在讲解时，要突出其在会计实务中的地位和具体应用细节，突出会计凭证如何与之前所学的借贷记账法、会计分录相结合的问题，使学生能在理解理论知识的基础上对具体会计凭证有感性认识。

4. 实操练习

因为会计凭证属于会计核算组织程序主线："证—账—表"的起始环节，是会计实务中的起点。所以，本课程特意增加了会计凭证实操的环节，课前让学生提前打印好空白的记账凭证，课堂中现场发给学生原始凭证电子版，让学生识别原始凭证，根据原始凭证判断所发生的经济业务，并据以登记记账凭证，如图 19 - 11、图 19 - 12 所示。

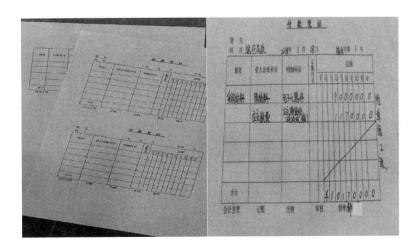

图 19 – 11　原始凭证资料

图 19 – 12　记账凭证资料

5. 课堂讨论

通过引入"万福生科"会计凭证造假案例，讨论会计凭证与会计信息可靠性之间的关系。进一步启发同学们思考区块链电子发票是否能杜绝假账现象？做假账的根源到底是什么？如图 19 – 13 所示。

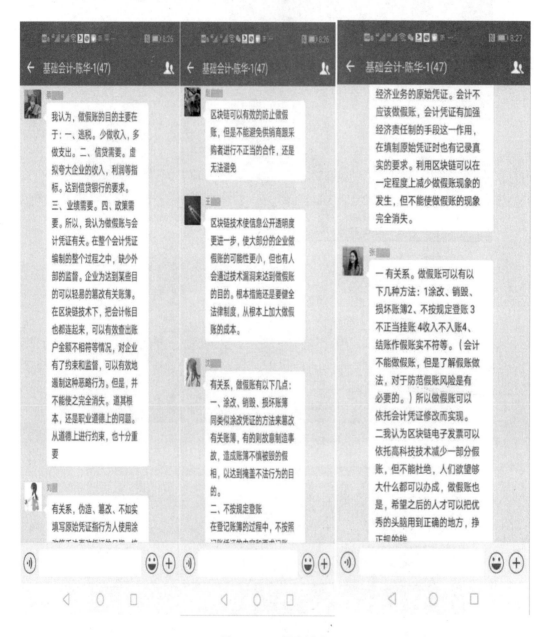

图 19 – 13　课堂讨论

六、课后任务

本次课课后作业为以图片的形式上传到慕课堂一张原始凭证，并详细说明有哪些构成要素，这些要素是否齐全。作业提交到讨论区（见图 19 – 14）。

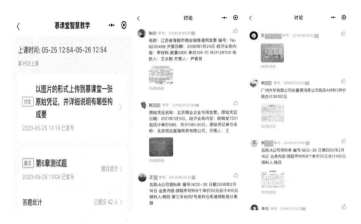

图 19 – 14　课后作业

七、考核方案设计

本课程为全校统考课，课程负责人是管理学院曲喜和老师，本学期任课教师团队成员有四名老师。以往年度本课程采取全校统一命题、统一判卷的闭卷考试形式。由于疫情影响，本学期的教学情况与以往年度皆不同，考试方式也可以相应有些变化和调整。个人设想，考试知识点仍旧与往年保持一致，根据教学大纲考点分布，将考试题分为两个主要部分，具体包括客观题和主观题。客观题可以通过慕课堂或蓝墨云实现。主观题考核可以一分为二，一部分采取口试的形式（如会计分录、权责发生制与收付实现制等知识点），通过网络视频考核实现；另一部分（利润表的构成与分析等知识点）可以以案例分析的大作业考核方式予以实现。

八、教学反思

1. 课堂多练习、多讲题

从学情调查和课堂回答问题等多方面来看，还有一部分同学对借贷记账法、会计分录等核心内容掌握不到位。且临近期末考试，同学们都愿意课堂多做题、多讲题。后一阶段的教学工作要有针对性地围绕课程重点内容、主要考点等加以练习，力求重要知识点应能让全体学生真正"拿到手"。

2. 重点关注后进同学

从学情调查和多次测验的成绩分布来看，尽管大部分同学掌握得较好，但同样也存在一小部分同学还没有完全掌握，甚至有个别同学还没有入门，连基本的借贷关系都搞不清楚，这可能也与网络教学、这些同学对自己要求不严格有关。整体来讲，学习效果的两极分化严重。后一阶段的教学，要在完成教学任务的前提下，重点关注后进同学，争取期末考试能有一个不错的及格率。

3. 深入挖掘课程思政要素

虽然本学期本课程教学对象不是会计专业的学生，但都是商科专业。因此，在教学中要注意引导学生深思为人处世、从业经商的基本道理、责任担当，实现价值观教育和专业知识传授的双管齐下。教师要不断努力，深入挖掘课程思政元素，力求课程思政润物无声、入脑入心。

第二十章　统计学课程网络教学案例报告

一、任课教师基本信息

任课教师：高书丽

所在教学单位：商务学院

二、课程基本信息

课程名称：统计学

课程类型：学科大类必修课程

学时学分：48 学时/3 学分

面向学生：2018 级全院各专业

网络教学方式：中国大学 MOOC 异步 SPOC＋企业微信群

三、教学目标与教学内容

1. 教学目标

（1）能够利用数据透视表制作频数分布表，能够进行定量数据分组。

（2）能够根据不同数据类型绘制相关图表。

（3）理解制作规范图表的基本要求。

2. 教学内容

（1）定性数据的图表分析。

（2）定量数据的图表分析。

（3）图表的规范性。

四、课前准备

1. 充分利用 MOOC 在线资源

在开学前，课程团队认真遴选了中国大学 MOOC 平台上相关课程的教学资源，最终选取南京财经大学统计学课程建设 SPOC 异步课程。之所以选取南京财经大学统计学课程，不仅因为该课程为国家精品在线开放课程，教学资源丰富，而且其讲授内容也与我院统计学的课程目标、知识体系都较为匹配。在备课过程中，授课教师认真学习 MOOC 平台上相关章节的视频资源、习题、讨论等，做到心中有数，同时学习观摩其授课方式和相关内容的讲解技巧，做到取长补短。

2. 积极补充、调整相关教学资源

本学期所选教材为中国人民大学贾俊平、何晓群等主编的《统计学》，该教材为国家级规划教材。为解决学生手头没有教材的问题，开学之初教学团队及时将电子版教材转发给学生，保证学生及时预习、复习所学内容。因南京财经大学统计学选用的教材与我院指定教材不一致，个别章节内容、术语上有所差异，所以，在授课内容及其体系上进行了必要的补充和调整，以匹配我们的课程内容和要求。

（1）补充上机操作视频。第三周主要学习如何利用 Excel 中的数据透视表实现对定性数据、定量数据的分析和整理。MOOC 平台课中所使用的 Excel 版本较低，考虑到目前很多企业、个人都已使用 2016 版及以上的版本，部分功能、界面有所变化、调整，因此，授课教师通过录屏软件对描述统计的上机操作视频进行补充（见图 20 – 1）。

图 20 – 1　补充视频学习资源

（2）补充、完善课堂测试。MOOC 平台资源丰富，在每一章节学习后，都会有相应的单元测试来检验学生的学习效果。在备课过程中，发现有些选择题与我们的学习重点有所差异，例如，在图表这一章节中，南京财经大学的测试内容强调表的相关理论，如什么是一览表、复式表、宾词栏、主词栏、表的分类有哪些等，对图形的应用场景强调得不多。因此，在备课环节中对于单元测试、慕课堂测试中的习题进一步调整、修改，以便学生进一步掌握图形的应用场景。

3. 发挥团队集体备课优势

本学期授课对象为 2018 级全院学生，加上重修学生，约 220 名学生参与平台学习。授课团队共有四名老师，在开课前授课团队教师就积极开展相关研讨与学习。在确定采用中国大学 MOOC 异步 SPOC 授课方式后，团队教师分工协作整合资源，积极研讨新的教学模式。教学团队每周都要进行在线会议，对即将进行的周课程进行集体备课，并对课程资源中存在的问题、学生讨论区留言、拟采取的授课形式等进行讨论，互相学习，取长补短，共同成长！例如，统计学是平台课，学生人数众多，教学团队按班级对学生进行了分组，但在作业评分环节中后台无法给出分组名单，在进行单元作业评分时不容易找到对应学生。授课团队教师特意制作了视频，对如何快速找到班级学生进行单元作业评分进行了分享。同时，授课中积极发挥团队优势进行教学资源共享。例如，本章主要学习图表制作，在设计单元作业时，每位教师至少提供 5 个数据集，汇总后共有 20 多个数据集供学生进行分析。这些数据集主题丰富，有文学、游戏、电影、商业、地产等方面的数据，能很好地满足学生的分析需求。

4. 发布公告，明确学习任务

每周上课之前，将下一周所学内容在 MOOC 平台及时发布，同时将课程的具体教学安排提前发布到企业微信群，以便学生明确具体学习任务。本周预习内容为 3.1 统计表的相关知识和 3.2 数据透视表，时长共计 30 分钟。上课前提醒学生尽量使用电脑上课，课中将安排软件操作（见图 20 – 2）。

图 20 - 2　发布公告明确学习任务

因为本章涉及 Excel 软件的操作，高版本的 Excel 作图功能更强大。为进一步了解学生软件版本，课前对信管专业、会计专业的学生进行了调查，了解学生软件版本，以便有针对性地开展教学（见图 20 - 3）。

图 20 - 3　了解学生使用 Excel 版本

图 20 - 3 左图为信管 2018 级调查结果，右图为会计 2018 级调查结果。从结果可以看出，大部分同学所使用的 Excel 版本在 2016 版以上，还有少部分同学版本较低。因此，在授课过程中，需要有针对性地讲解。同时，鼓励学生尽量安装或升级为高版本的 Excel。

5. 建立课前预习测试题

为检验学生预习效果、了解学生掌握情况，利用慕课堂功能建立课前预习测试题（见图 20 - 4）。

图 20 - 4　慕课堂第三章课堂测试习题

五、课中活动

信管 2018 级和会计 2018 级的课程安排分别在周一、周二的第 1 ~ 3 节课。在授课过程中主要利用企业微信的在线会议，采用的教学活动有慕课堂测试、讲授、视频学习、实践、答疑等环节。

1. 点名签到

主要采用慕课堂发起签到，为避免网络拥堵，在 7：45 开放签到功能，8：05 截止，会议开始时间为 7：50。信管班共有 27 人（包含重修），本次课已签到 25 人，迟到 1 人，旷课 1 人。会计班共有 48 人（包含重修），本次课已签到 42 人，迟到 5 人，旷课 1 人。迟到主要原因或是网络拥堵问题或直接进入会议未及时签到。上课十分钟后，学生均全部进入会议室。在课堂中，采取随机提问的形式确保学生出勤。

2. 对预习内容进行课堂测试 + 重点讲解

在介绍第三章图表的学习任务和学习目标后，利用慕课堂进行在线测验，检验学生课前预习效果。测试主要针对统计表，设置 1 道单选题和 1 道多选题。从结果来看，单选题正确率较高，多选题正确率较低，仅为 37%，反映出学生对于统计表的设计规范还需加强。

因此，结合 PPT 重点补充讲解统计表的设计规范。这也是学生今后撰写报告中要特别注意的。以往提交的作业分析报告中，有相当一部分同学制作的表格达不到基本的规范性，因此课堂中力求让学生掌握何为规范的统计学表格。

3. 专时专用，共同学习

在对预习内容进行重点答疑和讲解后，学生观看 MOOC 视频（约 45 分钟），学习如何对定性数据、定量数据进行分析整理。在学生观看视频同时，通过后台数据掌握学生学习进度。通过微信群答疑并及时调整进度安排。课程计划视频学习时长 45 分钟，未能考虑到学生学习新的知识存在一定难度，时间安排比较紧张，后又调整延长了视频学时（见图 20 - 5、图 20 - 6）。

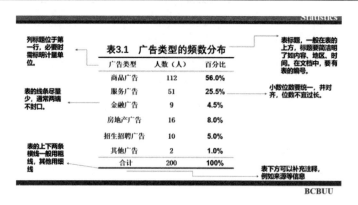

图 20 - 5　重点讲解统计表的规范

图 20 - 6　平台讨论区答疑互动

　　当学生观看视频后，针对学生疑问进行答疑。为检验学生是否理解并掌握视频中所讲内容，利用慕课堂再次进行测试。测试主要针对统计图，共两道单项选择题。从统计结果来看，学生对定量数据和定性数据的图形展示还不十分清楚，特别是图形的适用场景还需进一步明晰。例如，第二题正确率为42.2%，说明同学对直方图和条形图的区别还有待加强。

　　针对测试结果，结合授课教师的 PPT 有针对性地对图形的适用场景进行重点讲解，并在此基础上，开展上机实操环节。通过微信群发布课堂练习数据，并利用在线会议的分享屏幕功能、采取随机点名的方式让部分学生演示定性、定量数据的整理分析，大部分同学能利用软件对数据进行相关图表的展示。最后用十分钟对所学内容进行归纳和总结，强调重点，布置课后任务。

六、课后任务

　　本周主要课后任务有单元测试和制作图表作业，学有余力的同学可完成拓展资源的学习。

　　1. 单元测试任务完成情况

　　从结果来看，年级平均成绩较高。第一单元满分为70分，年级平均成绩为62.2分，第二、第三单元满分为100分，年级平均成绩分别为94.8分、92分。单元测试有3次尝试机会，因此，均值较高。但具体到授课班级来看，信管班成绩普遍低于年级平均分，会计班均高于年级平均分。通过分析后台学生成绩发现，部分同学分值低且只答一次。后期与部分同学进行了沟通，鼓励其多次尝试（见图 20-7、图 20-8）。

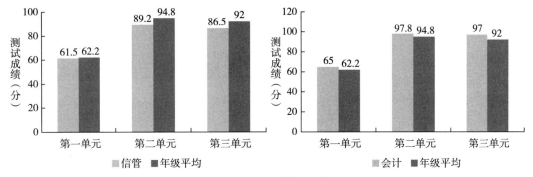

图 20-7　1～3 单元测试成绩对比

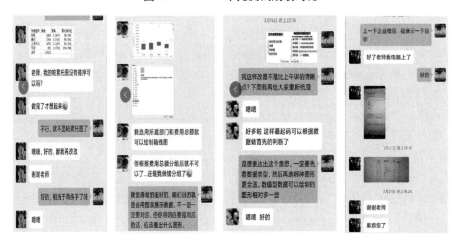

图 20-8　课后微信辅导沟通

2. 单元作业完成情况

单元作业提交时间截止到周六 23：30。作业提交情况：信管班有 2 名同学记错提交时间，会计班有 1 名同学有特殊原因（无电脑）无法提交、1 名记错提交时间，其余学生都在规定时间内完成作业提交。总体来看，部分同学完成质量非常高，但还有较多同学在分析数据时出现错用统计图的情况。这些问题将在后续课程中进行"优秀作业展示"和"丑图点评"。

3. 学生课后辅导情况

由于上课时间段内学习内容较为紧凑，在课后积极利用企业微信群、个人微信、MOOC 平台讨论区等方式继续对学生进行指导，并推送相关链接，例如，建议学生关注狗熊会丑图百讲系列。

作业截止时间为周六，通常周五授课教师会通过慕课堂关注还有哪些同学未完成提交，通过企业微信群进行提醒。有同学经提醒后，微信联系教师，表示自己看过视频，但还是不知如何动手。因此，借助微信会议功能、通过屏幕切换等方式进行一对一指导。课后辅导的过程也是教学相长的过程，在与学生的沟通交流中，不断改进教学方式和思路。

4. 学生预习态度调查情况

本次课程在发布新课程后要求学生提前完成 30 分钟的预习任务，但在上课前通过后台数据发现信管和会计班大约有 1/3 的学生并未完成要求的预习任务。因此，在课后对会计班学生进行了调查。从结果可以看出，很多同学认为时间不够用。这个结果大体能反映目前学生对于预习的态度。"时间就像海绵里的水，只要愿挤总还是有的"，虽然仅为 30 分钟的预习，但部分学生由于很多因素没有完成。在今后教学中，将改变教学策略、积极引导学生开展自我学习。

七、教学反思

1. 充分利用团队优势进行备课

在本学期 SPOC 异步的网络教学授课过程中，教学团队集思广益，群策群力，充分发挥了团队优势。例如，第一次使用企业微信群，对很多功能不熟悉，特别是采用直播方式还是会议形式，团队教师专门展开测试和学习。在确定本学期网络授课形式后，团队成员对 MOOC 平台的教学资源整合进行了分工，以章节为整体，确定某位教师主备，完成相应的资源准备，例如，重点教学内容的视频录制、上机软件的视频录制、单元测试题的编制、讨论主题的设置、单元作业的内容的设置等。通过团队分工协作，在一定程度上提高了工作的效率。教学团队每周都会对下一周教学内容进行集体讨论，交流心得、探讨授课模式等。通过集体备课，团队教师取长补短、相互学习、相互促进。

2. 精心设计教学环节和教学内容

集体备课的正确打开方式是"集体为辅，个体为主"。因此，在集体备课的基础上，教师结合授课班级的具体学情，对章节的教学环节和教学内容进行精心设计，主要围绕课前、课中、课后展开。课前需及时发布下周教学资源和教学活动安排，让学生了解学习任务，并引导学生开展相关预习活动。通过后台数据随时跟踪学生的学习状况，设计相应的测试题目。课中，通过测试、讨论、提问等环节针对学生存在的问题进行答疑，并进一步梳理重点、难点，辅之课堂练习进一步了解学生对知识的掌握程度。在此过程中，难点是如何把握授课节奏、如何调动学生的积极性、增强互动。课后提供拓展学习资源，让学生充分利用网络优质资源充盈自己，同时通过多种形式进一步巩固学生所学知识，做好答疑解惑，并根据平台数据了解学生学习效果，以便下次课程实施针对性复习。在设计单元作业时可以设计一些激发学生学习热情的题目，例如，在第二单元作业中，我们布置了"挑选一张你认为最美的统计图"，很多学生的作业都完成得非常棒。一些同学挑选了疫情的发展变化图，不仅描述了图形的变化趋势，还表达了对国家抗击疫情的赞誉。在设计第三单元作业时，我们提供的数据中有游戏数据，不少学生对此数据集进行了分析。

3. 探索新技术，提升教学效果

网络授课让每位老师都感受到技术的魅力，也迫使老师不断学习和探索新的技术。通过开学这几周的教学实践，不仅对平台的使用逐渐熟练，也对相关功能日益熟悉。随着课程难度的增加，后期会有很多公式应用场景，如何更好地展示问题解决的思路、如何批改学生的作业等，使我在以后的教学中多思考、多引进新的方法。

面临新环境、新挑战，相信只要用心做到教中学、学中思、思中变、变中创新与提升，每位老师都能与时俱进！

第三篇

商科专业课程网络教学案例

第二十一章　财务管理双语课程网络教学案例报告

一、任课教师基本信息

任课教师：王彤彤
所在教学单位：商务学院金融会计系

二、课程基本信息

课程名称：财务管理（双语）
课程类型：专业必修课程
学时学分：48 学时/3 学分
面向学生：2018 级会计学（国际会计）专业与
重修学生
网络教学方式：中国大学 MOOC＋SPOC＋企业微信群

三、教学目标与教学内容

1. 教学目标
（1）知识目标。
1）学生能够理解普通股和优先股的区别，分析不同股东的不同权利。
2）学生能够识记债券估值基本原理，运用基本原理定量估值股票。
（2）能力目标。
1）学生能够应用定量估值股票的方法，初步指导股票投资决策。
2）学生具有团队合作意识，能够参与协作学习，就学习成果进行展示与有效沟通。
3）学生理解财务领域的思维方式，以便做出合理的职业判断。
（3）情感目标。
对股票投资领域的道德风险与伦理问题做出判断。

2. 教学内容
（1）DGM 红利贴现模型。
（2）股票的分类及区别。
（3）普通股股东权利之投票权。
（4）优先股股东权利之优先权。

四、课堂教学准备

1. 教学培训

上学期末，授课教师已经申请本学期《财务管理双语》课程采用中国大学 MOOC 作混合教学尝试。经过多门课程比较，最后选择西南财经大学许志老师"Corporate Finance"全英文课程。该门课程的中文版属于国家精品在线课程，已在中国大学 MOOC 上线授课七轮，共计 13 余万学员，影响广泛。授课教师寒假开始全程加入课程学习，通过考试，最终获得合格证书（见图 21 - 1）。同时，学习 SPOC 课程后台管理模块及操作要领，并参与中国大学 MOOC 多门课程学习，更新教学观念，掌握线上教学技巧以及混合教学设计方式（见图 21 - 2、图 21 - 3、图 21 - 4）。习近平总书记在与北大师生座谈时指出："教育者先受教育，才能更好担当起学生健康成长指导者和引路人的责任。"此次疫情客观上让教师全方位地采用网上教学方式，掌握科学的教学方法成为学习要务，教师需要始终处于学习状态，严谨笃学，不断充实、拓展与提高自己。

图 21 - 1　慕课证书

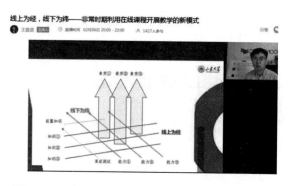

图 21 - 2　在线课程辅导——非常时期教学新模式

图 21 - 3　在线课程辅导——新形态学习模式

图 21 - 4　在线辅导课程——线上线下混合教学

2. 整体筹备

由于第一次使用中国慕课平台建立 SPOC，叠加非常时期百分百网课形式，开课前的工作千头万绪，包括与慕课授课教师协调结课时间，以便按时建立异步 SPOC；与机械工业出版社老师联系原版书的电子资源；联系 2018 级会计专业学生与可能选择重修的 2016 级、2017 级学生，实施学情调查；通过企业微信群与个人微信向教务处、电教中心及已开设慕课教师请教操作技术、要领与教学经验等；依托 2017 版大纲，将线下课程全部转为线上后的内容重构；设计每周教学流程与教学活动；准备教学文件；等等。为了协调诸多事务，制作思维导图，方便系统管理（见图 21－5）。

3. 学情调查

在开课第一周前，教师通过学生处老师联系班干部，建立学生微信群，并加入有重修意愿的学生，使用问卷星了解学习目标、教学方式、学习评价等诸方面问题（见图 21－6），回收有效试卷 44 份。

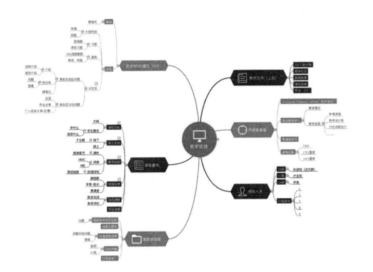

图 21－5　开课前的筹备　　　　　　图 21－6　微信群发放问卷

通过调查，教师提取代表性的学情如下：

（1）学习目标。66% 的学生学习目标高度集中于就业与毕业，此外，证书考试占比 62%，考研占比也较以往显著提高，达到 45%，学生学习诉求更加多元化，教师授课目标兼顾的难度增大。

（2）教学方式。出乎意料，86% 的学生更青睐传统的教室授课，48% 的学生可以接受网络教学，教师进行线上教学设计时可以考虑将教室教学的特定元素进行有效迁移。

（3）学习成果。82% 的学生倾向于"拥有良好的学习体验"，超出"记住章节的知识点"人数两个百分点，75% 与 64% 的学生希望分别"拥有判断、决策能力"与"加深知识体系的理解"，"形成良好的自学能力"与"提供课本以外的新知识"也分别得到 55% 与 50% 的学生选择。总体而言，千禧一代更看重体验、能力与知识并重的学习过程与成果导向。

（4）课堂建议。面对开放的问题，老师依然成为中心，知识点、每节课、作业、答疑、顺利是学生集中关心的话题。传统的成果输出仍然依赖于每节课的讲授（见图 21－7）。

图 21 - 7 "课堂建议"词语云

基于学情调查结果，课程的教学定位："唤醒""辅助"与"支持"，提升学生满足感与成就感，减少挫败感。授课教师主要采取以下回应：

（1）教学资源。除课件、MOOC 视频之外，还增加课外阅读材料，特别加入财经时事新闻与相关研究论文。

（2）教学方式。将传统教室中面对面的讨论、交流最大限度地移植线上，加强事前活动设计；增加课前、课中、课后学情反馈，最大限度知晓学生实时需求。

（3）评价方式。沿用定期作业，增加随堂测试；划分小组，依据后台小组学习数据，教师选择不同的干预方式或直接指导，或鼓励督促。

（4）教学语言。增加网络语言使用，学生容易代入，引发共鸣，增强良好的学习体验。

4. 同行共话云教学

受中国大学 MOOC "Corporate Finance" 主讲许志老师邀请，加入由全国 69 名授课教师组成的"教学科研交流群"，即时探讨专业内容、分享课程资源、交流教学方法等。3 月 14 日 21 时，参加该群第一次组织的教学交流活动，来自十余所大学 30 余位教师出席活动。就线上教学设计首先发言，并与参会的上海师范大学、长沙理工大学、河南财经政法大学、青岛大学、北京交通大学等多位老师交流，互相学习，受益匪浅（见图 21 - 8）。

图 21 - 8 十余所大学 30 余位教师云备课

五、课前准备

1. 资源准备

(1) SPOC 资源。SPOC 课程引用"Corporate Finance"MOOC 资源中 2.3 视频（视频 8），但是根据我校 2017 版教学大纲与线上教学特点，增加了部分教学内容（见图 21 - 9），包括：①公告；②单词表（GLOSSARY）；③课堂测验（TEST 7）；④课后作业（VALUATION ASSIGNMENT）；⑤课后作业答案［VALUATION ASSIGNMENT（AN-SWER）］；⑥小组合作任务（TEAM WORK）。

图 21 - 9 部分 SPOC 资源

(2) 学习支持服务资源。该门课程采用机械工业出版社出版的 *Fundamentals of Corporate Finance*（英文版原书第 10 版）（美）斯蒂芬·A. 罗斯等著，与出版社沟通数次，由于版权原因，本教材不能提供原书电子版资源。后与学生处沟通，非常时期，学生暂不方便去学校取回教材。因此，教师提供以下学习支持服务资源（见图 21 - 10）：①中文版电子资源；②本章精选英文单词；③本周学习内容的核心问题；④本周整体学习内容的英文课件。

2. 学情掌握

(1) 适当干预恰当分组。由于本周教学将第一次组织小组讨论活动，教师预先在企业微信平台中利用"投票"功能了解学生对"小组讨论分组形式"所持态度，42 名学生投票，36 票支持学生自由组合，支持随机组合与教师指定组合的只有 4 票和 2 票（见图 21 - 11），结果在老师意料之中。因此，为了尊重大多数学生意愿，仍然由学生自由组合，每组限定 5 ~ 6 人上限。由于会计专业男女生比例大致为 1 : 3，在分组过程中，有学生担心被"剩下"，提出将全班 7 名男生分为一组，教师适时干预，与班干部协调后，最终将男生分散至各组，并建议不同年级建立组合。同时要求每个小组冠名，建立仪式感与归属感。

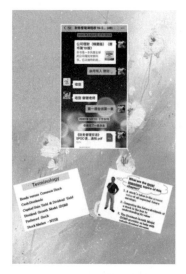

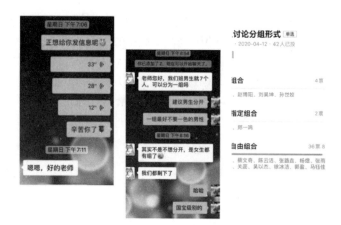

图 21 – 10　部分学习支持服务资源　　　　**图 21 – 11　分组调研与教师干预**

（2）了解小组讨论准备。为了顺利开展第一次小组活动，除了在公告中做出动员之外，教师还事先与多个小组沟通，询问发言意愿、问题选择、专业词汇解答、组员分工等事项。特别是 2018 级学生第一次接触双语课程，第一次全面线上学习，教师更为关切其自我学习中的困难，努力帮助他们克服学习障碍。

（3）了解课前预习状况。本次课堂讨论内容的设计实际上是基于视频 8 中优先股知识点进一步展开（见图 21 – 12）。教师通过查看后台"课程数据统计"（见图 21 – 13），结果显示，大部分同学已观看视频 8，进一步查看"学习数据统计"，发现有三位 2017 级重修同学有可能没有收看，其中，有两位并未进入任何一组，需要进一步了解其重修方式，以便督促指导其后续学习。

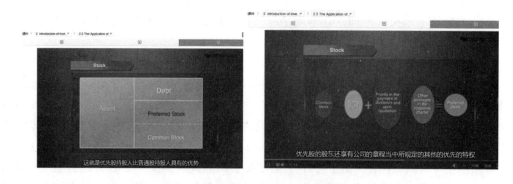

图 21 – 12　视频 8 优先股相关内容

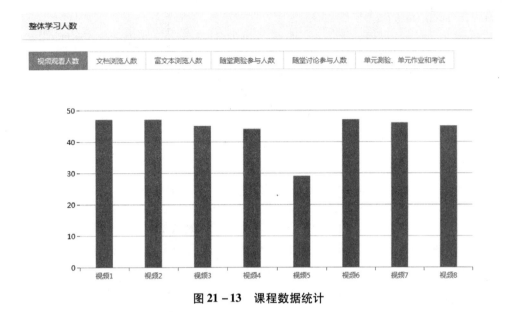

图 21 - 13　课程数据统计

3. 教学设计

依照本周学习目标，教师设计多项教学活动及课后任务（见表 21 - 1）。

表 21 - 1　学习目标—教学活动—课后任务设计

	学习目标	视频观看	小组讨论	课堂讲授	随堂测验	单元作业	讨论区
（1）	理解普通股和优先股的区别	—	—				—
（2）	分析不同股东的不同权利	—	—				—
（3）	运用基本原理定量估值股票	—		—	—	—	
（4）	应用定量估值股票的方法，初步指导股票投资决策	—		—		—	
（5）	具有团队合作意识，参与协作学习，就学习成果进行展示与有效沟通		—				
（6）	理解财务领域的思维方式，做出合理的职业判断		—			—	—

（1）讨论活动设计。

1）讨论问题。首先，教师旨在考察学生收看视频的学习质量，所以初步确定围绕股票分类这个知识点。其次，通过问题导向、任务驱动，精心选择讨论问题，原则上需要话题性较强，能引起学生共鸣，并兼具专业性，特别注意考查职业伦理及道德层面。同时，考虑学情调查中学生对知识、能力的不同诉求，问题呈现由易到难的梯级程度，方便不同类型学生的任意选择。

Problem 1：Is it unfair or unethical for corporations to create classes of stock with unequal voting rights？

Problem 2：Some companies have created classes of stock with no voting rights．Why would investors buy such stock?

Problem 3：At present many companies are under pressure to <u>declassify their boards</u> of directors. Why would investors want a board to be declassified? What are the advantages of a <u>classified board</u>?

2）讨论内容。三个问题均围绕股票投资热点——投票权（Voting Rights）展开，需要具备的知识点包括：①股票的分类：普通股与优先股；②股份与股权的区别："物"与"物权"；③股东享有的不同权利：辨析所有权、控制权、经营权、获益权、受偿权、投票权、优先权等；④董事会与股东会的区别、联系；⑤董事的选举方式：straight voting & cumulative voting；⑥董事轮换制：classified board（staggered board）。

3）讨论任务。因为学生无法获得原版教材电子资源，教师将教材中涉及相关问题的章节拍照，与问题一起打包，分别在公告中以"属于你的直播日"（见图 21 – 14）、课件中以"TEAM WORK"形式发布本次任务。希望学生以问题为导向，通过自学及小组合作学习的方式，理解知识点，初步体验专业思维方式，做出合理的职业判断。因为学生第一次接触双语课，所以讨论语言设定为中英文自选，主要鼓励更多学生能够参与。

属于你的直播日

亲们,第一次小组合作完成的项目来了,因为可以几个人合力搞定一件事,是不是由此会轻松很多呢?哈哈

项目名称：请大家在TEAM WORK中的压缩文档里寻找problem9-10-13照片,然后选择9题或10题或13题进行回答。

项目要求：

1、明确回答问题；（注意：认知问题是关键性一步,如果需要可以私聊我哈）

2、参考教材中的资料,stock1-stock5,我已经打包发给大家；（注意：亲师姐的笔记好好阅读哦）

3、问题回答请形成书面材料,以备后期修改上交。

书面材料包括：组名、组员、学号、班级、讨论平台及讨论内容（截图或视频）、小组讨论结果。

本周三课堂将随机抽取小组汇报讨论结果,每组5分钟以内。

4月15日 属于你的直播日. . .

2020年04月12日 14:48

图 21 – 14　讨论任务公告

4）讨论平台。小组成员自行建立微信群讨论，要求留下讨论记录。为方便学生文档展示，本次讨论展示将采用企业微信群中的会议模式，教师预约会议，并提前将二维码发布至群中（见图 21 – 15）。

图 21 – 15　会议预约二维码

（2）讲授活动设计。

1）方式选择。对于股票估值的定量计算仍然延续采取多种教学方法，包括视频收看、教师讲授、随堂测试、课堂提问等方式混合，持续吸引学生注意力，随时检查学生学习效果。

2）重点内容。回顾债券估值的原理与量化计算方法，引出股票估值与其相同的原理以及不同之处，重点说明课件中的图示部分。视频 8 的重点是 DGM 的讲解，与学院课程大纲基本相符，可以进一步向学生强调：①模型应用的假设条件；②模型应用中的难点；③模型应用中的易错点；④DGM 与 CAPM（后续章节）的联系。

3）学习考核。将本章节重点词汇、股权含义、DGM 假设条件、DGM 原理、DGM 包含因子等基本问题形成五道测试题 TEST 7（见图 21－16），供随堂测试使用。测试题目为全英文单选题，其中，设置两道多选题变形（选择项为多个判断描述选择），增加阅读量，初步确定 15 分钟，一次机会做完。

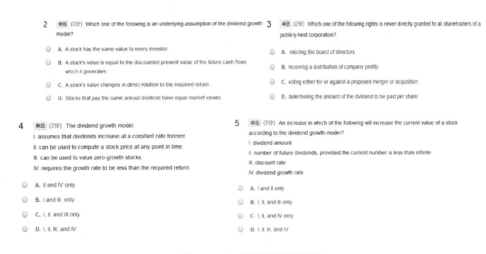

图 21－16　部分随堂测试题

（3）课后活动设计。

1）每组课后将小组讨论展示成果结合课上老师引导、其他小组展示，形成书面文字，准备上交。

2）布置该章节课后习题，作业于本周五 20：00 前提交。教师周五 20：00 后发布作业答案，学生依照答案于周六 8：00 ~ 周日 22：00 开展学生互评。

六、课中活动

1. 全员签到

本课程一直采用企业微信群"回执消息"菜单，第一节课在 7：55 准时实施签到。每次课间也可以利用发送回执信息进行间接签到，实时了解学生动态。同时，将签到情况反馈给班级考勤员，关注系统显示出勤记录不佳的个别同学。

2. 小组讨论

（1）讨论规则。讨论前，教师向各组明示讨论活动规则：①小组个人发言，组员可以补充；②尽可能使用文档展示；③发言者注意控制时间；④发言期间其他小组保持安静；⑤发言完毕后其他小组可以自由发表意见。

（2）讨论引导。快乐组第一个发言，由会计2017级与会计2018级四名同学组成，针对 Problem 1，组长与组员都做了展示（见图21-17），并将小组讨论过程截图，对整个讨论有良好的带动作用。授课教师肯定其努力，但其中心观点围绕"同股不同权"是否为本问题焦点所在？从股东和公司两个角度出发，形成两个矛盾的结论是否可行？

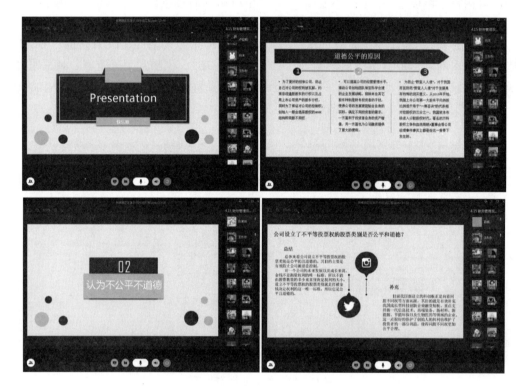

图 21-17　快乐组展示

三进宫组随后做出回应，不同意快乐组的观点，认为本问题应该从股东角度直接得出不公平、不道德的结论，理由：股东同样拥有股份与股权，应该拥有平等的投票权。

教师引导该问题的"痛点"是"classes of stock"，应明确股票的分类，进而理解不同类型股票的界定，同股不同权的前提是"同股"，不同类型的股票实际上设计了不同的股权。

Rainbow Time 组针对 Problem 2 进行讨论，直接定位为优先股投资的优势，由组内唯一的男同学主发言，当老师询问某些细节时，由其他组员补充（见图21-18）。虽然教师未讲述优先股的知识点，但可以看出，该组认真收看了视频8中优先股部分，并将精练的知识点进行扩充，组员们集思广益，最后总结出六大理由，表现尚佳。

接下来，魔术帽组进行补充，重点对优先股的"优先权"进行诠释，认为优先受偿与优先获取稳定利益是优先股投资者选择的主要原因。

图 21 - 18　Rainbow Time 组讨论展示

3. 讨论总结

在询问其他组意见后，教师总结本次讨论，四个小组做了精心准备，肯定其认真、合作的态度，赞扬两个组发言的男生能够表达自己的想法，独立见解很可贵。特别提示：回答问题要从明确问题本身出发，找准靶子，不能随意转换话题；思考问题需要多角度，所以小组充分交流讨论很有必要，鼓励组员们畅所欲言，尊重不同意见；问题的解决需要硬核专业知识的积累，扎实的专业素养，才能做出合理的职业判断；建议大家经常收听收看财经时事，就会发现财务管理知识其实就在身侧。最后，将课堂未尽话题放在讨论区内的"课堂交流区"，请感兴趣的学生进一步探讨。

4. 教师授课

（1）讲授平台。本次授课采取企业微信中的会议方式，邀请学生进入，分享课件。

（2）讲授内容。首先，在授课中要求学生回看视频 8（时长 12 分钟），预热知识点。其次，教师针对视频 8 中股票估值使用的模型——DGM 采取提炼式讲解（见图 21 - 19），

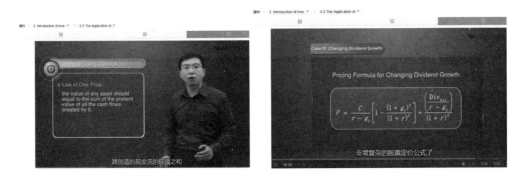

图 21 - 19　视频 8 中 DGM 讲解部分内容

帮助学生建立系统性知识体系：①原理。Law of one Price。②假设条件。股利增长。③基本关系。估值水平取决于预期股利、股利增长率、预期收益率。④计算公式。两阶段模型（理解记忆）。⑤应用场景。成长类公司。⑥易出错点。g 与 r 的区分；D_{n+1} 的计算；二阶段模型第二阶段 P_{n+1} 的确定。会议中分别提问 2017 级与 2016 级重修同学，分享其学习股票估值的难点与易错点，然后教师使用 Time Line 总结计算要点（见图 21 - 20）。

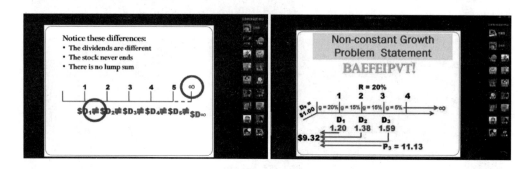

图 21 - 20   课堂讲解部分课件

（3）课中反馈。讲授结束后，有的学生反映会议界面切不进去，有的反映看不清讲解，导致最后 Non - constant Growth Problem 没有听明白，教师迅速切换"企业微信直播"方式，采用可回看模式，将该问题再次详细讲解。

5. 随堂测试

基于小组讨论与课程讲授内容，教师安排五道客观题，考查学生的听课效率与听课成果。第三节课课中提示学生开始 15 分钟随堂测试。结束后，教师提示完成 Valuation Assignment 与讨论区中"课堂交流区"讨论，下课前在企业微信群总结本次课程。随后，教师查看测试结果，45 人参加测试，平均分 8.3 分（满分 10 分）（见图 21 - 21）。其中，28 人取得 10 分，5 人 8 分，4 人 6 分，6 人 4 分，2 人 2 分，达到教师预期。未及格的 8 人中有 6 人为重修学生，需要教师和组长特别关注其后续学习情况。

| TEST 7 | 2020年04月15日 07:00 | 已结束 | 45人 | 8.3分/10分 | 系统评分 |

图 21 - 21   随堂测试结果

七、课后任务

1. 课后作业

针对本章内容，教师布置三道作业题，其中，两道为本堂讲授知识点的应用，第三道为课件列示知识点的简单应用，教师并未亲自讲授，考查学生自主学习能力以及小组内的合作学习效果，并发布公告提示作业上传与作业互评（见图 21 - 22）。

2. 讨论区交流

将讨论课未尽兴的话题和未讨论的问题放入讨论区中，激发学生自主式、探究式学习热情，以问题为导向，引导学生主动获取知识，深入思考（见图 21 - 23）。

不要忘记作业互评哦

本章作业截止提交时间为4月17日20:00，届时我将公布习题答案。作业互评时间为4.18日8:00-4.19日22:00，请大家牢记时间。

基于今天课堂讨论，我公布了一个后续讨论。另外，针对疑问较多的13题我也做出解释，请大家不仅围观，还要动手哦，期待选做13题的小组加入。

今天的讨论课让我对大家的自学能力充满信心，孩子们，继续努力，冲鸭。。。

2020年04月15日 11:22

图 21-22 课后公告

课堂交流区

这里呈现的是在课件中作为教学内容的讨论

全部主题		最新发表 最后回复 回复数 投票数
老师参与 Why would investors want a board to be declassified?		浏览：61 回复：3 投票：0
来自课件"Classified board -Declassified board" | SherryI001_B... 最后回复（31分钟前）		
Why would investors buy such stock?		浏览：50 回复：5 投票：0
来自课件"Voting rights" | SherryI001_B... 最后回复（21分钟前）		

图 21-23 讨论区课堂交流区作业

3. 组长任务

将小组学习数据发给组长（见图 21-24），及时掌握组员学习成果，了解学习动态，增加组内学习支持，加强对组员的鼓励与督促。

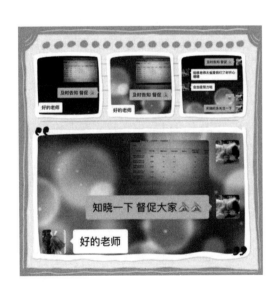

图 21-24 小组组长反馈

八、教学反思

1. 讨论活动

本周教学的重点是在教师指导下的学生讨论活动，按照以往经验，讨论更适合线下实施，教师尝试将线下讨论移至线上，学生的表现完全超出教师的预期，学生的求知欲、探索精神以及独立性给教师留下深刻印象。通过适当干预学生分组、选择合适话题、线下辅助支持，充分调动学生在小组氛围内学习的积极性。在讨论中，适时引导、总结，帮助学生把握正确的思维方法与专业知识的运用。但教师未能在 45 分钟内结束讨论，占用了课间休息时间，虽然学生并未提出异议，但在未来的讨论活动中教师需要更精准地把控学生发言时长；鼓励语言基础较好的学生使用英文展示，锻炼其英语表达能力；调动更多的小组参与讨论活动，主动思考。希望在今后的教学中持续改进讨论活动的效果。

2. 整体教学

（1）理念转变，以学生为中心。在未来教学中继续坚定地实施以学生为主体的教学理念，努力建立相互平等、相互尊重、共同配合的师生关系，营造无拘无束、和谐融洽的教学环境，这样有利于学生主动参与课前准备活动、课堂教学活动、课后延伸教育活动。基于学情数据，选择更贴近学生的学习活动、教学语言，调动学生线下学习积极性。

（2）知识重构，培养自我学习能力。在全面线上学习过程中，教师需要重塑教学内容，注重知识体系的构建，强化重点、难点、疑点，不追求碎片化知识的面面俱到。合理设计教学任务后，在教师主导下，以问题为导向，完全可以信任千禧一代的自我学习能力，耐心启发引导，培养学生发现问题、提出问题、解决问题的能力。特别是问题的选择与展开需要不断打磨，让学生能"够到"，能发挥。

（3）活动多元，让学生体验自我满足感。基于 00 后互联网原住民追求个性、率性求真的特点，拓宽学习资源，在凝练课本知识的基础上，拓展教学空间，特别注重联系要闻、时事、身边事，引发学生兴趣。遵循学生认知规律，通过精心设计多种活动，采用行之有效的方法和技巧，让学生在学习实践中体验进步和成功的快乐，正可谓"知之者不如好之者，好之者不如乐之者"。此外，教师要想办法真切关注每一个学生，让阳光照到每一个角落。

（4）思政融入，提升学生素质。首先，学习过程倡导学术诚信，养成乐学、好学的习惯；在小组活动中注重团队合作、自我学习、自我表达的能力，倡导小组之间竞争合作、努力进取的精神。在专业知识学习过程中，建立专业伦理认知与良好的职业道德，在拓展学生国际化视野的同时，特别注意建立国家认同意识，尊重多元文化，从点滴小事塑造责任意识。此外，关注互联网原住民的言行，适时发布讨论区发帖规则，提示讨论时对他人不同意见的尊重，荡涤污泥浊水，共塑网络之清朗空间（见图 21 –25）。

讨论区使用须知

首先，我刚刚发布了第一个讨论内容"讨论1"，请大家在"课程交流区"进行回复,此区中的发帖、回复、评论会算入课程的讨论得分，请大家务必注意，并相互传达。后续每一章都有有1-2个讨论发布。

其次,有关作业、测试、课件以及授课中的任何问题请在"老师答疑区"提问，我将努力帮助大家，特别表扬刘昊坤同学，能就QUIZ中的问题发表自己的看法，非常欣赏这种独立思考的态度。希望更多的童鞋参与进来，而不仅仅是围观。

最后，强调一点，提问应该与本课程相关，请不要在讨论区中发无意义的水帖，注重发帖、回复、评论的质量，提好问题，做好回答，希望我们共同努力提高讨论区的质量和价值。

最后，感谢大家耐心读完这份公告，希望我们各行己见，都在讨论区有良好的体验，在讨论激荡中获得学习上的进步！

2020年03月05日 14:57

图 21 –25　讨论区使用须知公告

第二十二章　审计学课程网络教学案例报告

一、任课教师基本信息

任课教师：李春玲
所在教学单位：商务学院金融会计系

二、课程基本信息

课程名称：审计学
课程类型：专业必修课程
学时学分：48 学时/3 学分
面向学生：2017 级会计学（国际会计）专业与
重修学生
网络教学方式：中国大学 MOOC + 同步 SPOC + 企业微信群 + 问卷网

三、教学目标与教学内容

审计学是会计学（国际会计）专业的一门专业必修课，本课程主要涉及审计的基本理论、概念、方法及审计程序的实务应用。在前九章的学习中，学生完成了审计理论的学习。本周将学习审计学中实务部分的第一个模块——销售和收款循环审计。本周的教学目标和教学内容如下：

1. 教学目标

（1）学生能够了解审计循环的分类以及审计循环与会计循环的关系。

（2）学生能够识记销售与收款循环审计的目标与范围。

（3）学生能够掌握销售与收款循环内部控制测试的方法与内容。

（4）学生能够在销售与收款循环审计当中熟练运用实质性测试的方法，对实质性测试结果进行评价。

（5）学生能够理解在销售与收款循环中如何做出合理的职业判断。

2. 教学内容

（1）销售与收款循环的流程及关键控制。

（2）评估与收入相关的重大错报风险。

（3）营业收入的实质性程序。

（4）应收账款的实质性程序。

四、教学准备

1. 整体教学准备

（1）学习线上教学和混合教学技巧（见图 22 – 1）。为掌握线上教学技巧以及混合教学要领，我在本学期开课前便开始学习 SPOC 课程后台管理等网络教学技巧。除了利用课余时间参加本校组织的网络教学和课程思政系列讲座之外，我还学习了其他老师推荐的一些课程，包括芸窗 e 财会网站上王化成老师关于网络教学的分享、大学慕课网上的"高校在线教学解决方案"等。这些新颖的教学方法和教育理念令我受益匪浅。

图 22 – 1　部分教学视频

（2）精心选择课程资源。中国大学慕课网上有十几门审计学理论课程，其中，受众较广的是中央财经大学、上海立信会计金融学院、西南财经大学、江西财经大学等高校开设的课程。为了选择最适合的课程，我一一试听了这些课程。中央财经大学的课程是国家级精品课程，但其授课内容与我校的教学大纲背离较远，只好放弃。江西财经大学的课程与学校的教学大纲最贴近，但老师的讲解过于枯燥，不利于调动学生的兴趣，也不能入选。上海立信会计金融学院、西南财经大学的课程资源不够丰富，而且与我校的大纲也有所背离。经过反复考察和筛选，我最终选择了东北财经大学祁渊团队的《审计学》课程（见图 22 –2）。东财的审计学已经是第 3 轮开课，累计有 4 万多名学员参与学习。虽然还不是国家精品在线课程，但授课团队经验丰富，讲课风趣幽默，课程内容与我校的教学大纲非常接近。

图22-2 东北财经大学的审计学慕课

（3）重新设计教学内容。由于东北财经大学的慕课体系与我校大纲不完全一致，所以我在开课之前依托学校的审计学大纲，对原课程安排进行取舍，打乱慕课原来的播放顺序，重新设计线上课程内容，使之符合本校大纲和学生的知识结构。对于慕课中欠缺的知识点，拟利用企业微信的会议功能做补充讲解。

（4）建立微信群，辅导学生熟悉网络教学工具（见图22-3）。开课第一周前，建立学生企业微信群，加入有重修意愿的学生，并加了班干部的个人微信，以便后续随时了解班级动态。对一些不熟悉慕课和慕课堂的同学加以指导，为后续开展教学奠定基础。

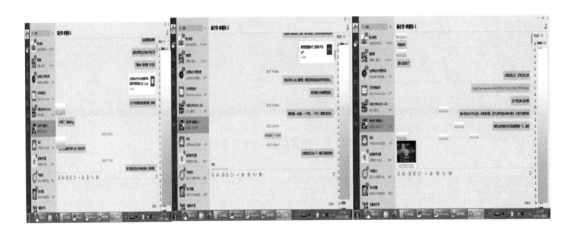

图22-3 开课前辅导学生熟悉网络学习工具

（5）调整教学方法，加强过程控制。网络教学的难点是有效地监控学习过程和调动学生的学习兴趣。为此，我做了多种尝试。

1）提前发布授课流程。在第一次课上，我尝试像面授那样，按照既定时间计划引领学生逐步学习视频，并要求学生对慕课上的内容做简单的记录（见图22-4）。我于课后通过慕课堂发布一份问卷，了解授课效果，并根据学生的反馈及时修正教学方案。

实践证明，学生记笔记有助于提高其学习效果，但老师实时引领课堂进度却效果欠佳。很多学生提出，老师过于频繁的干预会对学生学习产生干扰（见图22-5）。于是，从第二次课开始，我将详细的学习进度表提前发布给学生，让学生根据进度表自主学习，并减少干预的次数。在发放的学习进度表中，将课程进度精确到分钟，但给予学生一定的灵活度（见图 22 - 6）。

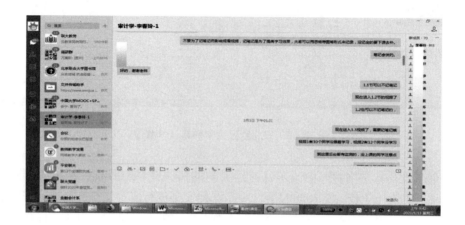

图 22 - 4 第一次课实时引领同学学习

图 22 - 5 授课效果调查及反馈

图 22 - 6 课堂进度安排

2）重视学情调查，追踪学生需求。上课前，我会将本章课件发放给学生，要求学生预习，并通过查看后台观看记录和课前提问的方式了解预习效果。另外，除了在讨论区与学生交流之外，我还指派学委向同学们定期征集需要答疑的问题，随后安排时间集中解答，如图 22 - 7 所示。

图 22 - 7　课后答疑

3）强化考勤。上课和下课时都采用微信群互动、慕课堂签到小程序，或用慕课堂测验代替签到（如图 22 - 8、图 22 - 9 所示）。

图 22 - 8　微信群互动

图 22 - 9　慕课堂签到

4）增加考核次数。为了督促学生跟上学习进度和提升学习效果，我安排了比现场教学更多的考核。考核方式包括定期作业、随堂测试、小组讨论、课后测验等。除了慕课和慕课堂之外，我还尝试使用问卷网做测验。问卷网的好处是更便于处理填空题，而慕课和慕课堂更适合于客观题。通过几个平台的综合使用，能够比较方便地实现考核目的。

5）向学生提供丰富的教学资源

本课程采用中国注册会计师协会编写的 2019 年 CPA 考试辅导教材《审计》。上学期期末学生已经订阅了教材，但由于疫情影响，部分学生将教材放到学校却无法取回，故我从网络上搜集了电子版教材提供给学生。除教材、课件、MOOC 视频外，我还给学生提供了案例材料、研究论文等课外阅读材料。

2. 本周课程的课前准备

（1）上课前将本章课程资源发放给学生，要求学生预习，并通过查看后台观看记录的方式了解预习效果。本周提供给学生的课程资源包括：

1）MOOC 第十章的视频、随堂测验、课后测验及讨论。

2）与函证相关的审计案例，作为课堂讨论素材。

3）与课程配套的《审计》教材第九章对应的 PPT。

（2）由于本周需要做小组讨论，提前让学委组织分组。经过征求学生的意见，采用学生自由组队的分组方式。组内同学在其他课程上也曾经合作过，彼此之间比较有默契，且已经有现成的微信组，讨论效率会较高。

3. 课前分发本节课的讨论案例和本次课的学习安排表（见图 22-10）

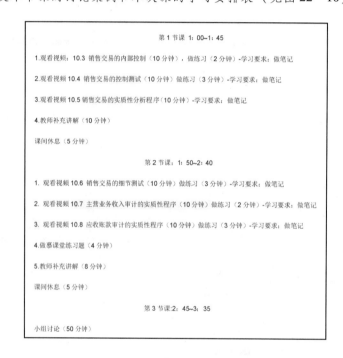

图 22-10　第 11 周课程安排

五、课中活动

1. 讲授活动设计

对于本章的课堂教学，我仍然采取多种教学方式，包括视频收看、微信会议讲授、随堂测试、课堂提问等，以持续吸引学生注意力并随时检查学习效果。

本次课的慕课视频内容与学院课程大纲基本相符，但内容稍显简单，所以我在每一节课上都首先要求学生观看视频，使之对销售和收款环节的风险评估、控制测试和实质性测试程序有初步理解，然后在每一个视频后安排一个 10 分钟左右的补充讲解，以便加深学生对知识点的理解。本章属于审计实务的起始章节，因此，我在讲解时，先概括回顾前几章讲过的审计基本理论和方法，然后将这些理论与本节内容结合起来，并鼓励学生积极提问并予以解答（见图 22-11）。

图 22 - 11　微信视频会议授课

2. 频繁多次即时考核

实践证明，在每个知识点后增加一个测试题有助于了解学生的听课效果，还能促使学生专注于课堂。本次课学生需要学习 6 个视频，除了第 5 个视频（10.5 销售交易的实质性分析程序）之外，每学完一个视频，我就安排一个测试，共设计了 5 套测试题，测试题都采用客观题的形式，时间在 3 分钟以内，仅给一次机会，但不计入平时成绩。另外，在慕课堂上也发布了一套综合练习题，这套练习题计入平时成绩（见图 22 - 12）。在慕课堂上发布练习题的好处是可以通过控制发布和结束时间实时监控学生的学习状态，并可以用其代替考勤。

图 22 - 12　发布慕课堂练习

3. 小组讨论组织方式

（1）讨论前的准备。本周小组讨论的主题是销售收款循环的重要实质性程序——函证，涉及的知识点是第三章审计证据中的"函证"和第十章中"函证在销售和收款循环中的具体应用"。我提前一周将讨论案例发给学生，希望学生以问题为导向，通过自学及小组合作学习的方式，理解知识点，初步体验专业思维方式，做出合理的职业判断。上课前，后台"课程数据统计"结果显示，同学们已提前观看慕课第十章的相关视频。课前提问结果也表明同学们已预习教材和课程 PPT。

（2）讨论平台。小组成员自行建立微信群讨论，如图 22 - 13 所示。课上小组派出代表阐述其观点，老师加以点评。课后各组组长将本组讨论的结论整理成 Word 文档发给老师。

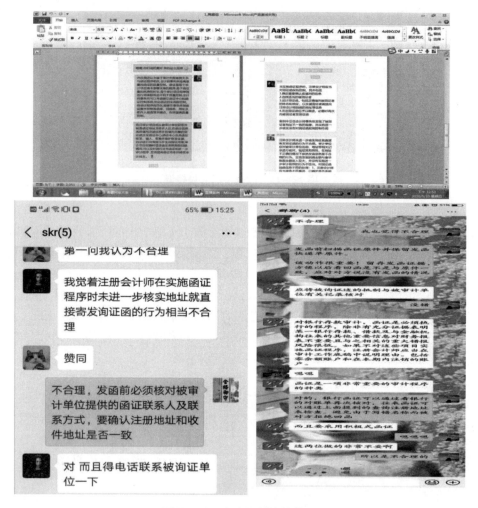

图 22 – 13　各小组讨论的截图

（3）课时分配。课外小组成员自行阅读案例并查阅相关文献，约 60 分钟；课外各小组讨论相关的分析思考题，约 60 分钟；课堂上小组代表发言、进一步讨论，约 30 分钟；指导教师点评总结 20 分钟。

（4）课堂讨论规则。小组长代表本组发言，组员可以补充；发言者应注意控制时间；发言期间其他小组保持安静，发言完毕后其他小组可以自由发表意见。

（5）讨论总结。为提高小组讨论效果，教师对讨论过程进行指导和参与。在各组展示讨论结果后，教师进行总结。教师总结时的内容包括：归纳发言者的主要观点；重申其重点及亮点；提醒同学们对焦点问题或有争议观点进行进一步思考；建议学生们举一反三，对案例素材进行扩展研究和深入分析。

六、课后任务

（1）下课后，每组将小组讨论的结果结合课上老师引导、其他小组展示，形成书面文字上交（见图 22 – 14）。通过评阅这些讨论结果，我发现同学们对于函证的要点掌握得比较好，说明小组讨论基本达到了预期目的。

图 22 - 14　课堂讨论后上交的小组作业

（2）基于小组讨论与课程讲授内容，教师安排布置该章节课后作业，要求在周日前提交。教师在下次上课时做作业讲评。作业包括 1 个小测验和一个讨论。小测验包括 12 道客观题，旨在考查学生的听课效果（见图 22 - 15）。讨论采用同学互评方式，主题是主营业务收入的审计程序（见图 22 - 16），目的是让同学们通过互评加深对知识点的理解，激发学生自主式、探究式学习的热情。

图 22 - 15　本章测验题

图 22 - 16　课后讨论题

（3）查看课后测验和讨论题结果。测验题满分 29 分，学生的平均分是 27.7 分，说明学生基本上都能理解销售和收款循环的基本概念。课后讨论满分 20 分，学生互评得分最高是 18.15 分，最低分是 5.17 分，说明学生对于主营业务收入审计程序的理解参差不齐，需要教师在后续课程中加强训练，帮助成绩差的学生加深对知识点的理解。如图 22 - 17、图 22 - 18 所示。

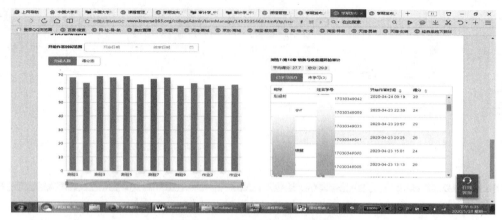

图 22 - 17　课后测验题提交结果

图 22 - 18　课后讨论题互评结果

七、考核方案设计

本课程的期末在线考试将使用慕课网上的期末考试功能，其中，包括客观题和主观题两个部分。各部分分数设置如下：

（1）客观题40分，其中，单选题20分，多选题10分，判断题10分，提交时间设置为40分钟之内。

（2）主观题60分，其中，案例分析题20分，简答题40分，需要学生提交 Word 文档，老师在后台批阅。

由于完全采用线上测试，考虑到学生的打字速度可能会影响其成绩，为减小因此造成的不公平，将主观题上传的时间设置为3小时。为避免学生借助外力答题，主观题应具有较大的难度和独创性。

八、教学反思

1. 以任务为导向重构教学内容，创新教学方法和教学模式

线上教学与线下教学存在很大差异，在线上教学的过程中，教师需要重构教学内容。

我在教学中，基于网络平台的各种教学资源，结合本校教学大纲和教材，拓宽学习资源，利用上市公司热点事件开发系列教学案例，引发学生兴趣。在每节课中都设置一个或多个问题或项目，以具体的学习任务作为目标导向，将知识学习与技能训练融入整个任务完成过程之中。合理设计教学任务后，在教师主导下，以任务为导向，耐心启发引导，遵循学生认知规律，精心设计多种活动，培养学生发现问题、提出问题、解决问题的能力。在进行成绩评价时，使用基于学习过程并符合网络学习特征的综合评价方式，让学生在学习实践中体验到进步和成功的快乐。

2. 针对网络教学弱点，加强教学过程控制

在网络教学环境下，各种测验都是由学生远程完成的开卷测试，无法获知学生是否存在抄袭，而且，尽管网络平台能够实现对学生学习进度的后台监控，但如何监督学生在观看视频时不做与学习无关的活动，是慕课教学中亟须解决的问题。因此，除了引导学生逐步适应这一学习方式、教育学生诚信学习、杜绝"替学"和"抄袭"之外，还应该采取各种行之有效的措施。在课堂中采用慕课堂签到、精准计算学习和测试时间及多种考核方式，增加讨论等灵活考核比例，改变出题方式，注重考察学生能力等。这些措施对于激励和监督学习过程起到一定的效果。期末考试临近，促进网络远程考试便捷、公正地开展，仍将是慕课教学面临的一大挑战。

3. 精心安排讨论活动

讨论活动的目的是加深学生对重要知识点的理解。本次课程安排的讨论比较成功，精心选择讨论题目、精准控制讨论过程是此次讨论活动取得预期效果的重要保障。在设定题目时，选择学生关注的上市公司舞弊案，此题目不仅涉及本章的重要知识点——审计程序，还可以融入课程思政，引导学生思考职业道德问题。在小组讨论的基础上，教师通过灵活引导各个小组各抒己见来实现教学目的。

4. 挖掘课程思政元素，有机融入课堂

职业道德是注册会计师行业的立业之基，在审计学课程中融入思政建设尤为重要。在审计学课程上，我采用系列案例展开教学，引导学生深思做人做事的基本道理和社会主义核心价值观的要求，实现价值观教育和专业知识传授的双管齐下。在本次课的案例讨论过程中，我做出如下课程思政设计。

首先，通过案例讨论，提出问题：如何看待康华农业审计失败案中注册会计师的过失？其次，通过引领学生分析康美药业的审计失败案例，融入事先设计的思政元素，即教育学生树立职业道德观念，在未来的职业生涯中应遵守执业准则和职业道德规范要求，勤勉尽责，认真、全面、及时地完成工作任务，保持职业怀疑态度。最后，让同学们认识到，如果缺乏足够的知识、技能和经验，那么提供专业服务就会构成一种欺诈。

课程思政是一种教育理念，是一种润物无声的有机融入。教师在备课时，应按照教学大纲，梳理知识点，充分挖掘课程思政元素，在授课时，从复习、预习、讲授、小结、作业各环节找准切入点，力求使思政元素入脑入心。

第二十三章　人身风险保障与管理
课程网络教学案例报告

一、任课教师基本信息

任课教师：赵婧
所在教学单位：商务学院

二、课程基本信息

课程名称：人身风险保障与管理
课程类型：金融专业模块课程
学时学分：48 学时/3 学分
面向学生：大学三年级金融专业
网络教学方式：云班课 + 企业微信

三、教学目标、教学内容及教学方法

1. 教学目标（如表 23 – 1 所示）

表 23 – 1　教学目标与课程目标对应

教学目标	目标概述	预期学习效果	支撑的课程目标
知识目标	（1）能够掌握健康保险的概念、特点和相关条款 （2）能够熟知健康保险的主要组成类别	学生能够了解健康保险的相关含义，并了解其特征及种类	5 – 1 理解金融市场基本理论和工具，并能应用
技能目标	（1）针对人身意外伤害保险的案例进行判断和解释 （2）针对"第三领域险"的知识点进行应用	能够独立地完成章节测验，提高知识拓展能力；并能够针对实务中的争议案例有自己的思考	5 – 2 具备金融业务的基本技能 2 – 2 能够通过分析论证做出合理判断
思政目标	了解最大诚信原则在意外伤害保险中的实际应用；并知晓道德风险及逆向选择对健康保险专业的负面影响	理解并遵守相关金融职业道德和规范	1 – 1 能够理解商业伦理相关理论

2. 教学内容

（1）基于前期学习基础，接触人身意外伤害保险的相关案例，并能结合案例背景，对案例中的争议点有自己的认识和判断，了解近因原则在人身意外伤害保险中的实际应用（课程难点）。

（2）通过本章的学习，掌握健康保险的特殊性，区别其与人寿保险、人身意外伤害保险的差异（课程重点）；知道健康保险在合同中涉及的特殊条款并能运用到实务中（课程难点）。

（3）了解健康保险的种类，并区分医疗保险（课程重点）、长期护理保险、疾病保险和收入保障保险这四类险种的保险责任以及保险金赔付。

本次课程知识点框架如图23-1所示。

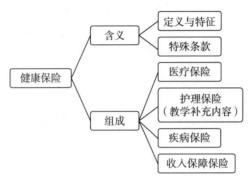

图23-1　课程知识结构框架

3. 教学方法（如图23-2所示）

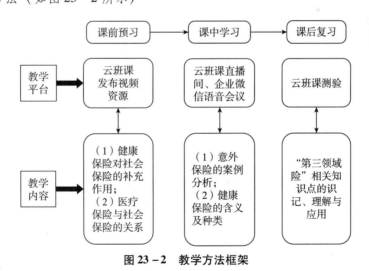

图23-2　教学方法框架

四、课前准备

1. 学情调查及分析

网络课程教学至今已持续13周，结合前期的学习效果及学习感受，本课程在教学中期检查阶段，在云班课上以头脑风暴的形式展开调查，并在企业微信课程里通知学生参与。结合期初以及这次的调查结果，利用头脑风暴的标签分类功能，发现在大家的反馈中，排名较为靠前的有效标签是"作业""作业量""课程"等关注点（见图23-3）。由于涉及学生隐私，部分姓名与课程无关内容隐去。

图23-3　学生学习情况调查（节选）

结合具体内容来看，多数学生对本门课的课程讲授方式接受度较高，认为用企业微信的会议方式来进行课程教学，能够实时获得课程信息，较好地理解课程内容以及知识重点、难点，且教学进度流畅，不存在卡顿或是突发事件导致学习进度的延误；在针对作业及作业量的反馈上，学生认为，作业与课程知识内容结合紧密，且时效性强，课程所学知识可以在问题思考、话题互动、案例分析环节等任务中得到实际应用，且作业压力不大，能够在规定时间内及时完成。

同时，学生也提出了自己的担心和疑惑：第一，关于知识点的识记问题。有学生反映，在课堂上能够理解相关知识点，但是由于课本没有在身边（在第 0 周进行了课前调查，结果显示全班只有一个人带课本回家），即使上传了教材的电子资源，但是还是没有纸质课本方便，所以担心针对知识点有遗忘的情况，且对于后期的考试较为担心。第二，关于课程作业的评分问题。有学生表示每次测验的答案没有看到，所以不清楚自己的错误所在，且关于作业的评分点不是很清楚。

针对学生提出的问题，教师在企业微信做出逐一的回答：第一，关于知识测验的答案，设置的是活动结束后可查看，因此，可以在课后进行答案对照并同时复习相关知识；第二，针对个人作业的评分点，强调原创性和自主完成度，并以此为主要标准。

针对学生的担心，本门课程做出如下调整：第一，在每次课发布课程讲义的同时，增加一些课程小贴士，提示与前期知识的联结以及与课件的关联，帮助学生在课后复习时能够搭建本课程的知识体系；另外，在课程讲义中发布一些小任务以及资源链接，让学生在课后完成或观看，帮助学生提高自主学习能力，并更好地理解本门课程。第二，对于云班课上已经完成的小组作业，增加评价部分，主要是对于每组的得分进行解释和说明，从而帮助学生掌握得分要点督促自己更好地完成第二次小组作业。

2. 课前预习

资源发布：讲义＋课件＋教材电子版＋视频资源（见图 23－4）。

图 23－4　云班课发布教学资源

活动内容：观看视频资源并针对相关问题进行思考（见图23–5）。

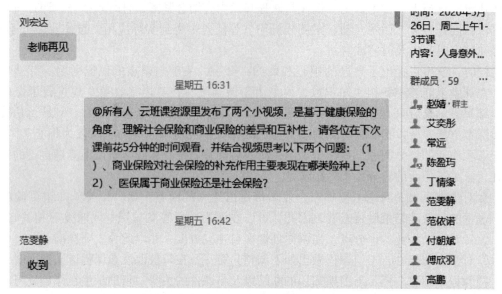

图23–5　企业微信发布课前思考问题

3. 发布课程安排（云班课与企业微信课程群同步发布）

课前针对下次课的课程安排发布了群公告，提醒学生可以利用讲义以及课件提前熟知课程内容（见图23–6、图23–7）。

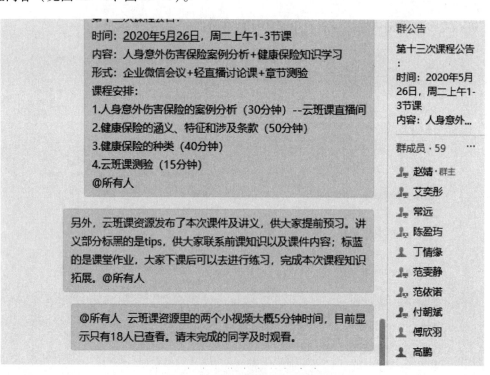

图23–6　企业微信发布课程公告

以人的身体为标的，在保险期间保险人按照合同约定对被保险人在疾病或意外事故所致伤害时的费用或损失进行补偿的一种人身保险。

请注意标红字体：

〔在保险标的上，和人身意外伤害保险一致；在保险事故上，和人身意外伤害保险有重合之处——都可以弥补意外事故所导致的伤害。但是，此保险是有补偿性的；而非是人寿保险以及人身意外伤害保险的给付性。这个是健康险区别于另外两类人身保险的最大特征。请注意!〕

1.2 含义

(1) 保险事故是疾病和意外伤害事故两种；

(2) 所承保的风险是因疾病（包括生育）导致的医疗费用开支损失和因疾病或意外伤害致残导致的正常收入损失（**具体见本次课件"健康保险"4.4 内容：收入保障保险**）

1.3 保险责任范围：

疾病、分娩、因为疾病或者分娩所导致的残疾、失能和因分娩或疾病所导致的死亡等。

1.4 特征

由于保险标的是人的身体，健康保险的保险事故具有特殊性，具体表现如下：

(1) 危险具有变动性和不可预测性（**与人身危险的发展性特征相对应**）

(2) 针对人的身体健康，以疾病、生育、意外事故等原因造成的残疾、失能和死亡损失及发生的医疗费用为保险事故。（**人寿保险中的死亡主要是指自然死亡，与此处疾病等原因造成的死亡有区别**）

1.6 一般特殊条款

(1) 年龄条款。年龄过高或者过低都存在较常人更高的风险，一般是 3 岁—65 岁。（与实务有区别，可以在支付宝或者京东金融 APP 上查找健康保险的险种，加以认识）

(2) 体检条款。允许保险人指定医生或医院对提出索赔的被保险人进行体格检查。

(3) 观察期条款。为了防止带病投保，保险人会规定一个观察期(多为半年)，在观察期内发生的保险事故，保险人不赔付。（**与第三章《人身保险合同》3.4 部分，保险合同的保险期间和保险责任期间的差异相关**）

(4) 等待期条款。也称为免赔期，健康保险事故发生后到保险金赔付之前的一段时间。为保险金申请人准备资料、申请保险金给付提供了充足的时间；且有利于防范道德风险，为保险人的理赔调查提供了时间。

(5) 免赔额条款。包括相对免赔和绝对免赔。相对免赔是指规定一个具体额度，被保险人遭受的损失没有达到这个额度时，保险人不履行责任，只有达到这个额度才需要全额赔偿；绝对免赔是不管被保险人的具体损失有多大，保险人都要在扣除免赔额后才支付保险金。

举例：某人购买一份健康保险合同，按照以下两种方式确定免赔额：A.相对免赔 100 元。B.绝对免赔 100 元。假如某人某次门诊费用花费 80 元，则按照第一种和第二种方式，保险人都不赔付。假如某人某次门诊费用 500 元，则按照相对免赔的方式，某人可以从保险公司得到 500 元保险金；按照绝对免赔的方式，某人可以从保险公司得到 400 元保险金。

图 23 - 7　云班课发布本次课程讲义

课程讲义中增加了知识点说明及前课内容联结，并添加案例帮助学生加以理解和掌握。不同的内容以不同字体表示，其中，黑色加粗字体是和本次课件或是以前所学习过的知识点之间的联系提示；红色字体是需要特别注意措辞的地方；蓝色字体是课后拓展练习，帮助学生理解在实务中该知识的应用。

4. 技术准备与保障

第一，由于班级学生有 57 人，视频会议的网速会比较卡，且根据以前学生反馈的结果，运用企业微信进行会议直播的方式整体效果较好，偶尔会有一两分钟的延迟，因此，依然主要延续使用了这种方式，提前将课件上传微盘，通过文稿演示及屏幕互动的方式，完成课程讲授，针对课上提出的问题以及与学生之间的沟通，用手机登录企业微信群进行实时互动；测试、课后作业等，通过云平台完成。另外，将所选视频资料提前录好并上传到云班课资源中，如果出现突发情况（譬如网络不好或停电带来的无法共享屏幕的问题），可以随时用手机发布相关资源，保持课程进度。

第二，针对需要实时比对课堂教案进行进度调整、文献资料及网络补充资料等情况，在手机和笔记本电脑同步开启的同时，准备另外一台电脑，以便实时对照教案安排的课程进度，并帮助自己在授课时快速找到所需的资料内容（见图 23－8）。

图 23－8　课前技术环境调试

五、课中活动

1. 云班课进行签到

本次课程的活动开展流程如下所示：

在 7：56 的时候发起签到，同时在企业微信课程群里提醒大家签到，并在完成签到后进入云班课直播间。考虑到早上8点的时候是云班课使用高峰期，会发生学生打不开页面的情况。所以设定签到时间为7：56~8：01。在8：01，显示有53个人签到，4人未签到。在课程开始后5分钟内，与几名未签到的学生沟通并说明其未及时完成签到，按迟到处理。

2. 案例分析讨论

整个案例分析讨论在云班课的直播间完成，持续35分钟；共包括5个问题，每个问题给学生5分钟的时间思考并回答，并由老师1分钟完成总结。首先，围绕课前预习的视频内容进行提问，从侧面印证学生的掌握情况。从回答结果来看，多数人都思考了课前预习提出的问题（见图23-9）。

图23-9 课前预习相关问题回答情况

其次，围绕上次课的知识重点，结合典型案例提出问题，启发学生的思考以及讨论，并针对意外保险中"外来原因"与"疾病原因"的差异，引出本次课关于健康保险的课程讲授内容。之后本次课第一流程任务结束，课间休息5分钟。具体见图23-10。

3. 新课程知识讲授

在课间休息5分钟后，在企业微信中以发起会议的形式，开展新课的教学活动；全班57人按时进入会议间；随后开始以共享屏幕的方式，结合课程PPT，开展本次的新课学习；针对重要知识点，以思考并提问的方式要求学生参与，并在课程群里及时反馈；另外，随时查看课程群的学生反馈，有问题的及时在会议间解答。通过课程群和语音会议的有效配合，完成课程知识的学习内容（见图23-11）。

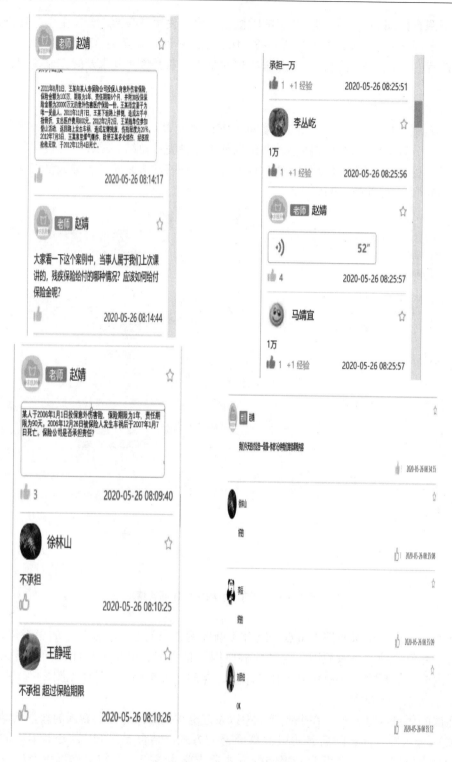

图 23-10　直播间讨论内容

本次课程以知识点结构图为基础，将本次课学习的内容分为两部分，一部分是涉及健康保险的内涵、特征和条款，一部分是涉及健康保险的主要组成部分。第一部分的学习时间为50分钟，之后中间休息15分钟，并在9：45以播放上课铃声的方式提醒学生回到课堂；完成接下来的学习内容。在每一部分的内容开始前，会再次进行考勤，从而督促学生尽快回到课堂。第二部分的学习时间为40分钟。

图23-11 课程讲授页面

4. 课堂测验

课堂测验持续时间为20分钟，在云班课的测验板块进行；每位学生只有一次答题机会。题目以本次课的知识点为基础，包括10道单选题和5道多选题；总分为20分。在课程内容结束后，在语音会议里提醒学生尽快进入测验，如果出现无法提交或误操作，要发相关图片到群里，才能开放二次答题的权限。测验时间从10：25开始到10：45结束。在10：47，根据云班课平台的实时统计，显示还有11名学生未提交；截图发到企业微信群，并告知提交截止时间（见图23-12）。截止到11：30，所有学生已提交。随后在群里通知本次测验结束，可以自行查找答案并对照自己的错误。

根据此次测验的结果，结合成绩分布来看，90分以上的有1人，70~90分的有11人，60~70分的有19人；及格人数总共有31人，占班级人数的54.4%（见图23-13），整体符合正态分布。结合题目的类别分析，单选题的正确率要明显地高于多选题；多选题出现错选的情况较多。结合错题分布详情分析，可以看到多数同学基本掌握了课上强调的关于健康保险的含义、特征和特殊条款，记忆性知识点的回答情况较好；但在与人身意外伤害保险的比较中，还是有理解不到位或不够准确的情况。

针对测验完成情况，加强课后练习，并在下次课开始前会进行针对性的复习，对于占比重较大的错题会进行解释，从而帮助学生加深印象。

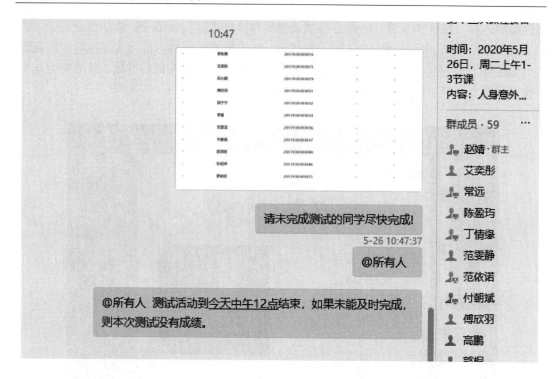

图 23 - 12　微信群发布测试活动提醒

总体情况（百分制）

最高分	最低分	平均分	标准偏差
90.00	25.00	58.33	12.22

得分区段分布（百分制，每10分一个区段）

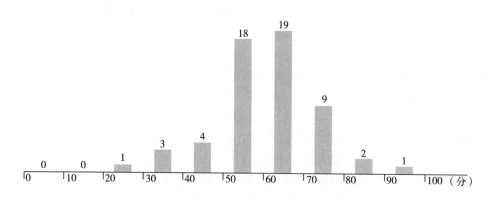

图 23 - 13　课程测验成绩分布

5. 课程目标达成度分析

结合本次课的课程目标来看，在案例讨论环节，对保险人以及被保险人如何在遵守最大诚信原则的基础上更好地履行合同的思考与讨论，不仅帮助学生更好地了解相关的行业行为准则，而且实现了本次课的思政目标；在课程讲授环节，对健康保险的相关含义、特征、条款和种类的学习，实现了本次课程的知识目标和思政目标；在课堂测验环节，对健康保险的特征、种类、条款以及与其他人身保险的差异的练习，实现了本次课程的技能目标。

六、课后任务

任务1：

本门课程在期末需要提交一份课程报告，报告内容是在上学期的个人规划案例报告的基础上，针对客户的保险需求及保险产品承受能力，结合人身保险课程的知识，以市场上不同保险公司提供的产品为依据，为客户规划完整的人寿保险、人身意外伤害保险以及健康保险产品，并提供产品选择说明。本次课结束后，将课程报告的要求和模板发到微信群，并要求学生在第15周进行课堂展示（见图23-14），并针对学生的问题及时在群里进行反馈。

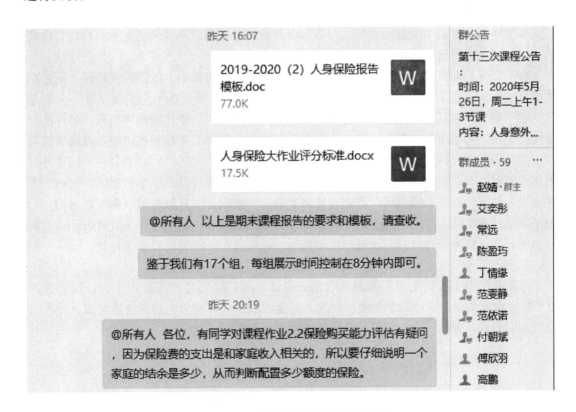

图23-14　微信群发布课后任务说明

任务2：

测验结果表示多数学生对重疾保险的含义及可保内容还不是很明晰，所以在云班课上传相关视频资料，提醒学生观看，加深对重疾保险的认识，在此基础上，查找最新版的大病保险的疾病定义及使用规范并在云班课提交，从而实现教学的闭环设计。

七、考核方案设计

本课程是考查课，考核由两部分构成，包括平时成绩和期末成绩，各占50%。

1. 平时考核

基于课程大纲，对本学期平时成绩的考核方式进行了适当调整，其中，考虑到网络教学无法针对学生学习情况实时管理，考勤和课堂表现由10%调整至5%，以签到记录以及课中的不定时抽查为基础。课堂作业占5%，针对平时在云班课上提交的作业进行加权计算。案例分析占10%，这部分由大纲上中期闭卷的方式，改成本学期在云班课直播间的案例讨论，由学生每次的发言次数和发言质量构成，发言次数占20%，老师点赞次数占40%，老师点赞后加的经验值占40%。章节测验占10%，由每章后的测试进行加权计算。以上为个人部分，占比共30%。除此以外，小组作业占20%，是完成一份客户产品选择说明报告并提交。

2. 期末考核

本学期期末考试主要是针对学生对本门课程的基本概念、基本理论、基本技能与政策的记忆、理解、分析、应用与评价。

本门课程的期末线上考核由两部分构成：一部分是针对知识点的识记和理解，通过在线测试的方式完成，占比40%，在30分钟内完成，基于云班课的平台设置功能，全部是选择题的题型，包括常规意义的单选题和多选题，以及转化为单选题的判断题。另一部分是能力应用，考虑因素有两个：第一，查看题目时间。与现场考核相比可能存在网络信号带来的延迟问题，因此，在集中考核的基础上增加10分钟，总时长为70分钟，题目通过云班课实时发布，通过题目在线发布与学生自行手写的方式进行，学生在固定时间内完成并提交。第二，答案上传时间。考虑云班课上提交作业后，所有班级成员都可以看到，为公平起见，采用统一时间段提交的形式，在考试时间结束时，让大家在5分钟内拍照上传自己的答案，如果有网络问题及时与教师沟通，并可以在企业微信里拍照提交。

3. 考试平台

本课程的期末考核主要依据的平台是云班课，所有题目会在云班课上传，同时借助ZOOM平台或腾讯会议监测学生考试情况，并全程录像。要求学生必须独立完成，如果有发现用微信或其他软件交流的情况，取消本次考试资格。

八、教学反思

1. 对网络教学的反思

对于在线教育的反思主要有以下两点：

（1）从行业来看，此轮网络教学的开展有助于思考与理解在线教育与高等教育之间的关系。由于疫情的影响，使课堂从线下完全搬到了线上，这不仅为教师行业带来了新的考验，也在某种程度上改变了教学模式。尤其是后期，随着新型冠状病毒在全球的肆虐，通过虚拟课堂和在线教育进行的教学活动已逐步在很多疫情较为严重的国家开始了探索。这也引发了很多学者关于在线教育的讨论与思考。在慕课兴起并高速发展的同时，就有关于"在线授课"是否能全面取代大学教育的讨论，通过本轮教学，在某个方面也印证了这两者之间并不是一个完全替代的关系，在线教育只是大学教育的一个有力补充。美国社会学家兰德尔·柯林斯在《文凭社会》一书中指出，学生们看重大学的价值，不仅在于获取知识，也在于在大学中获得社会经验和文化资本。因此，学生们在经过本轮线上教学的学习之后，有助于自身更加深入地了解大学生活的重要性。另外，《纽约时报》的一篇报道也指出，真正的在线教育是用数字技术改变学习经历，不仅对教师和学生有诸多要求和改变，也对技术基础设施有诸多要求。因此，尽管当下的趋势可能不会改变高等教育的形态，但可能会加快技术与高等教育结合的速度。通过这轮在线教育，教师可以思考哪些内容适合做教学补充，哪些内容仍需保留传统教学模式。

（2）对于自身而言，本轮网络教学的开展是提高在线教育水平的一个契机。在传统课堂教学中，慕课、Bb网络学堂以及云班课只是线下教育的一个补充手段，在此轮教学中，则成了最重要的工具。在开学之前，一方面，学校提供三个平台以供选择，在确认中国大学MOOC没有合适的教学资源后，我依旧选择云班课作为主要的教学平台，因为以前有所接触，对云班课使用的频率也较高。另一方面，虽然在以前的课堂上使用过云班课，但作为辅助工具，云班课更多使用的功能是签到、随堂提问以及发布资源；其他功能涉及不多。因此，在一开始，我关注几个云班课的使用方法课程，并加入学校建立的云班课交流群，得到了有力的技术帮助。通过学习来熟练掌握云班课的各项功能，且在后期能够自如地利用云班课的统计功能来辅助自身完成对平时成绩的计算。因此，通过本轮教学，我掌握了如何更好地利用信息技术来辅助课程学习的流程。

另外，由于缺乏在线教育水平的相关经验，所以在开课之前，我参加了2020年4月举办的"高校教学名师谈教学"的青年骨干教师教学能力提升培训班，在课堂上与教学名师进行云交流，提升了自身对于在线课堂教学环节的掌控能力和在线教学设计能力；并在中国大学MOOC的平台上学习北京大学讲授的"案例教学法""同伴教学法"等多门课程，提升自身的案例教学水平和学生小组合作的教学设计能力。

2. 对课堂教学的反思

对于在线课堂教学的反思主要有以下四点：

（1）素材准备要丰富化。首先是教材问题。由于多数学生都没有带课本回家，所以，找到合适的教材也是第一步要完成的事情。学校图书馆给予大力支持，找到了我所要使用教材的电子资源，解决了缺少教材的局面。在教材上传以后，还要考虑补充以及辅助资源的多样化，这在网络教学中尤其重要；因为面对电脑，如果仅仅是学习教材的话，学生的专注力很容易偏离。另外，与线下教学不同的是教师临场发挥的机会被大大限制了，以前可以根据课堂进展及学生反应，临时加入一些任务或资源，这在线上教学是不太容易实现的，因为要迅速找到合适的资源不是很简单的事情，并且要考虑活动开展的现实性及外部环境的可控性。所以，这就要求在课前准备环节，一定要尽可能丰富和充实课程相关视频、图片和文字资料，并根据情况有选择地使用。在每次课之前，我都会在云班课的资源中，准备很多的内容，但并不会全部直接发布，在每次上课前，根据课程的进展情况，有目的地选择合适的资源或开展相应的活动。例如，在每次课的资源里，我都会放一些课程相关的视频和网络链接文章，结合课前预习内容有选择地进行发布；在课堂学习过程中，结合学生的反馈，根据大家对某个知识点的理解程度有目的地进行资源补充，如果学生对知识点掌握得很好，有些资源可能就不用再去学习了。在课后，结合多数学生在课堂上的作业或测验的情况，考虑是否需要再继续完成或是补充某项资源的学习内容。

（2）课程讲义要体系化。在每次课或每章新知识学习之前，我都会在云班课里发布相关的课程讲义，供学生参考以及学习，并且可以在上课的过程中以讲义为依据完成自己的学习笔记；后来发现，如果只是在每次课学习的基础上去制作讲义，可能会出现知识割裂的情况，因为学生不能像在课堂上那样去实时翻看课本；基于此，在后来的课程讲义中，我会结合相关知识点，写明一些与前面章节内容相关联的地方，并标注与知识点相关的课后练习以及拓展内容，从而帮助学生更好地搭建本门课程的知识体系。

（3）师生沟通要常态化。作为课堂的两个主体，学生与教师的互动是必不可少的一环，尤其是我校坚持以"OBE"教学理念为主导，以生为本，时刻关注学生的学习状态更显得尤为重要。然而由于疫情的影响，使学生与老师无法在课堂上相聚，由近在咫尺的当面交流变成电脑两端的云互动，如何更好地了解学生的学习感受，也是这轮线上教学要关注的关键。

在线上教学的同时，在课上要时刻关注学生的学习动向，通过企业微信群进行及时的沟通；在课堂提问的环节中，针对学生不太愿意在直播间语音回答老师的问题这一情况，我鼓励学生以课程群留言的方式参与，提问的问题一般是简单的判断，这样可以让学生迅速给出答案并且不会浪费太多时间。另外，对于学生的判断结果不给予绝对评价，不与平时成绩挂钩，只是作为学生出勤率的一个参考，这样，学生既可以参与到课堂中，又不用担心答错了题会影响平时成绩。除了课上交流以外，在课后也经常在云班课开展学生留言活动，鼓励学生针对课程学习任务、学习方式等学习感受留言，加强与学生的互动过程，让学生有更多的参与感，而不只是被动地接受知识。

（4）思政教育要细节化。本门课程的主要思政目标是建立行业责任感，具备本专业的基本素养；而思政教育强调的是润物无声，而非大水猛灌。在课程学习的过程中，每次的案例讨论都会有与最大诚信、契约精神等相关的典型案例，通过一学期的案例分析和思考，学生已经充分认识到最大诚信对人身保险行业健康发展的重要意义，也知晓了相关的职业守则。

第二十四章 金融营销学课程网络教学案例报告

一、任课教师基本信息

任课教师：刘微

所在教学单位：商务学院

二、课程基本信息

课程名称：金融营销学

课程类型：金融专业选修课程

学时学分：48 学时/3 学分

面向学生：2018 级金融专业

网络教学方式：中国大学 MOOC + SPOC + 企业微信群

三、教学目标与教学内容

1. 教学目标

（1）知识。学生能够陈述并解释关于金融营销的环境与客户分析，金融营销目标市场选择、服务产品开发与管理的策略，金融营销中品牌营销、关系营销、整合营销、创新型营销的方法等基本理论和工具；能够理解金融营销以消费者为核心的服务理念。

（2）应用。学生能够实施基本的营销规划技能、与客户的沟通技能；能够应用金融营销的理论和工具，分析金融市场产品及服务供给与客户需求之间的差异或缺口；并能够为企业设计初步的金融营销策略。

（3）整合。学生能够结合其他专业知识，整合应用金融营销学的基本原理分析、评价全球化背景下的金融市场环境、客户需求偏好。

（4）情感。学生能够参与协作学习，具有团队合作精神，能够就金融营销问题撰写报告，进行成果展示和有效沟通与交流。

（5）价值。学生能够在金融营销的学习实践中形成正确的价值观、良好的金融职业道德、专业的金融职业素养和遵纪守法的坚定信念。

（6）学习。学生能够利用 MOOC、微课等线上学习课程和资源，开展自主学习，提升自主学习能力。

2. 教学内容

（1）金融营销策划报告展示。

1）设计金融营销策划报告。学生以项目小组互助学习的形式，于第 15 周课前合作完成金融营销策划报告的第一版定稿（即至少经过两轮教师批注修改后的初稿）；该报告撰写过程贯穿本课程教学的整个学期，每部分内容与理论教学紧密相扣，并在相应理论教学之后着手撰写，将营销各环节的理论知识运用到具体金融产品的营销策划中，综合培养和锻炼学生金融营销的研究与实践能力，形成金融、营销理论到实践的映射（见图24-1）；项目遵循"明确任务—制订计划—做出决定—实施计划—检查控制—评定反馈—明确任务"的闭环工作过程，反复修改定稿，最终在学期末统稿完成。

金融营销策划报告要求学生以项目学习小组（3~5人）为单位，选择金融市场上现存的某一种金融产品或某项金融服务作为策划标的，并鼓励根据市场需求进行适当的产品创新；以此为基础撰写一份至少包括客户行为市场调查分析、营销环境分析、目标市场定位、营销策略、营销策略实施计划的营销策划报告；报告要求附有小组合作记录、小组分工及个人感受；报告格式参考毕业论文要求规范。

初步评分标准如下：市场调查数据的信度和效度较高，营销环境分析逻辑清晰，目标市场定位准确、合理；营销策略具有针对性、创新性，营销策略实现的活动富有创意和可操作性。

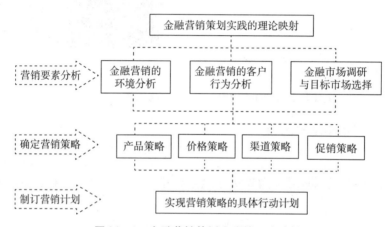

图 24-1　金融营销策划实践的理论映射

2）金融营销策划报告 PPT 展示。

①金融营销策划报告展示平台——企业微信视频会议。②录屏软件。推荐 QQ 录屏——Ctrl + Alt + S；建议每个小组由一名同学负责录屏。③时间要求。每小组演讲时间请控制在 15 分钟左右。④成绩构成。小组得分 = 策划报告教师评分 ×30% + PPT 展示教师评分 ×30% + 策划报告学生平均评分 ×20% + PPT 展示学生平均评分 ×20%；各小组根据个人贡献在最终稿上进行排序；个人得分由教师参考排序、200 字小组分工及感想描述、展示以及回答问题情况，在小组得分基础上下浮动。⑤展示后要求。请大家展示后根据意见认真修改报告，并于下周五提交最终版文件，包括金融营销策划报告、金融营销策划报告 PPT、排序、每个人 200 字小组分工及感想描述、小组合作记录、录屏文件。

（2）金融营销典型案例分析讨论。

1）梳理本课程的典型营销案例进行重点讨论，针对典型案例中的营销背景、目标市场定位、营销策略进行分析。

2）重点关注数字化营销、大数据分析、新媒体营销以及金融科技在金融营销案例中的应用；引导学生分析总结跨界营销、场景营销、情感营销、社会化营销等营销理念在典型案例中的实践。

案例一：平安财神节的转型分析。

案例二：《大唐漠北的最后一次转账》——中国银联营销案例。

案例三：Captial one，美国消费金融史上的完美案例。

3）通过"香港菲佣微信产品设计案例"分析，引导学生从生活场景中寻找痛点—发现金融需求—设计产品方案—解决问题，培养学生的思辨意识，锻炼学生发现问题、分析问题、解决问题的能力。

（3）考前设备调试。本课程期末考试拟采用在线开卷考试的形式，于第16周进行随堂考试；本次课程进行试前考试平台（企业微信）设备调试。

（4）课程思政融入。

1）在营销策划报告的选题及策划过程中融入以下思政元素："金融企业社会责任""辩证地思考解决问题的能力"等，具体体现在"当代青年对于环保问题以及弱势群体金融支持的关注""积极创新解决金融痛点问题的勇气"（见图24-2）。

图24-2 策划报告思政元素体现

2）在案例分析中充分体现民族自豪感等思政元素，例如，中国银联的《大唐漠北的最后一次转账》，充分唤起了学生民族信仰、信任的共鸣。

3）培养学生协作学习、自主学习的能力和团队合作精神。

四、课前准备

1. 金融营销策划报告设计前期引导式教学过程

（1）历届优秀案例发布、讲解。营销报告策划设计贯穿整个学期，学期初在MOOC平台发布历届优秀策划案例，并通过企业微信语音会议平台进行讲解，使学生初步了解营销策划报告的写作要求和优秀案例写作范式，如图24-3、图24-4所示。

图24-3 MOOC平台优
秀案例发布（第一周）

图24-4 企业微信优秀案例
讲解（第一周）

（2）营销策划报告工作流程及评价标准细则发布、讲解。

1）营销策划报告工作流程发布、讲解。营销策划报告以互助学习小组的形式进行项目学习，遵循"明确任务—制订计划—做出决定—实施计划—检查控制—评定反馈—明确任务"的工作流程（见图24-5），课程于学期初向学生讲解具体工作进程，并要求第14周上交初稿，由教师评阅并反馈修改意见，第15周随堂展示后根据意见继续修改，最终定稿。

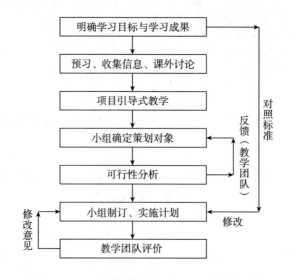

图24-5 营销策划报告项目学习小组工作流程

2）营销策划报告评价标准细则发布、讲解。详细讲解工作流程和优秀案例报告后，向学生讲解评价标准细则（见表24-1、表24-2）。

表 24 - 1　营销策划报告评价标准细则

类别		金融服务营销策划书评价标准	总分	分项
逻辑结构	摘要	是否简明扼要地反映营销策划方案的内容	10	2
	目录	目录是否能反映方案内容，是否完整		2
	写作水平	语句是否流畅，有无病句、错别字情况		2
	格式规范	格式是否符合规范		4
内容部分	（1）市场分析	A. 企业的目标和任务：明确确定企业市场营销策划方案的重要目标和任务，并分析目标和任务的可行性	30	6
		B. 市场现状分析：提供足够信息和数据真实反映实际情况，市场信息调研手段合理可行		6
		C. 外部环境分析：明确企业必须应对确定的外部要素是什么		6
		D. 主要竞争对手及其优劣势：明确界定竞争对手，并利用理论工具进行优劣势分析		6
		E. 内部环境分析：展示具体数据，以确定目前和预计的市场份额		6
	（2）营销策略	A. 消费者行为分析：在市场细分的基础上明确消费者群体的行为特征	40	5
		B. 目标市场选择：分析目标市场选择的策略及原因		5
		C. 市场定位：针对目标市场，市场定位准确、合理，并能够体现差异性、排他性的原则		5
		D. 营销目标/预期收益标准：在销售额，利润，和/或客户的满意程度中列出目标		5
		E. 营销组合描述：具体分析产品、价格、渠道、促销等营销策略的组合		20
	（3）行动计划	A. 活动日程安排：详细明确营销活动的内容、组织、形式，并在日程表中明确说明营销活动中的关系	20	10
		B. 活动评估程序：活动设计的创意性、合理性、可行性		10
总分			100	100

表 24 - 2　金融营销策划报告 PPT 展示评价标准

项目	优异（80~100分）	普通（60~79分）	待改进（0~59分）	平均分
内容（30%）	营销环境分析合理；目标市场定位准确、合理；营销策略及活动具有针对性、创新性和可操作性、组织合理、重点突出、条理清楚（24~30分）	营销环境分析比较合理；目标市场定位较准确、合理；营销策略及活动较具有针对性、创新性和可操作性、组织较合理、重点比较突出、条理比较清楚（18~23分）	营销环境分析不合理；目标市场定位不准确、不合理；营销策略及活动缺乏针对性、创新性和可操作性、组织不合理、重点不突出、条理不清楚（0~17分）	
PPT制作（20%）	画面布局合理、文字清晰明了、图文并茂、生动直观，排版与美编兼具专业性（16~20分）	画面布局较合理、文字较清晰明了、图文较生动直观，排版与美编较具专业性（12~15分）	画面布局不合理、文字未清晰明了、图文不生动直观，排版与美编缺乏专业性（0~11分）	

续表

项目	优异（80～100分）	普通（60～79分）	待改进（0～59分）	平均分
表达方式（30%）	现场演讲语言流利、内容熟悉、观点明确、逻辑清晰、富有吸引力及感染力（24～30分）	现场演讲语言较流利、内容较熟悉、观点较明确、逻辑较清晰、有一定的吸引力及感染力（18～23分）	现场演讲语言不流利、内容不熟悉、观点不明确、逻辑不清晰、缺乏吸引力及感染力（0～17分）	
团队协作（20%）	能清楚体现团队成员工作与协作过程。（如微信截图、分工合作、分工展示、协作回答问题等）（16～20分）	基本能体现团队成员工作与协作过程。（如微信截图、分工合作、分工展示、协作回答问题等）（12～15分）	不能体现团队成员工作与协作过程。（如微信截图、分工合作、分工展示、协作回答问题等）（0～11分）	
总计				

（3）营销策划报告选题及进度汇报、讲解（见图24－6）。

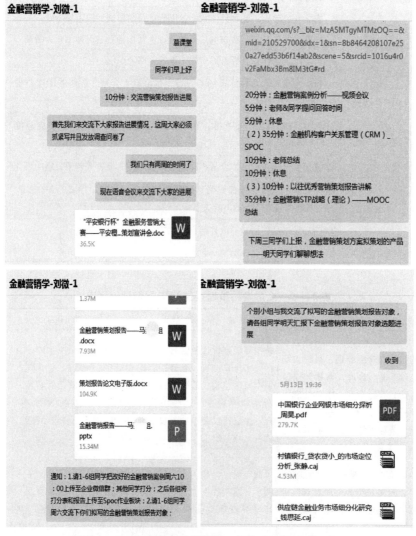

图24－6　营销策划报告讲解、报告选题及进度汇报

2. 金融营销策划报告设计中后期质量控制

根据学生的策划报告写作进展，再次发布并提醒金融营销策划报告写作格式、评价标准、注意事项以及如何借鉴以往优秀案例和行业优秀案例（见图 24－7）。

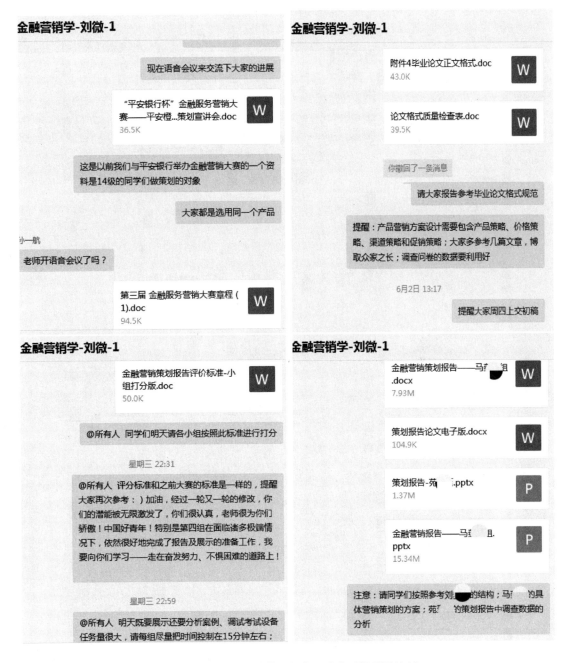

图 24－7　金融营销策划报告设计中后期质量控制

3. 金融营销策划报告修改反馈及初步定稿

将 22 个学生共分为六个小组，每个小组长分别于第 13 周或第 14 周初通过微信向老师提交了报告初稿，并与老师充分沟通交流，根据批注的反馈意见及时修改了策划报告，基本每组报告完成了2~5遍的修改（见图24-8）。其中，第六小组完成进度和质量相对较好，且能反映大家的共性问题，故在征得组长同意的基础上将第六小组老师批注修改的两次报告发布在企业微信群（见图24-9），以供其他小组学习借鉴，互相促进教学相长。

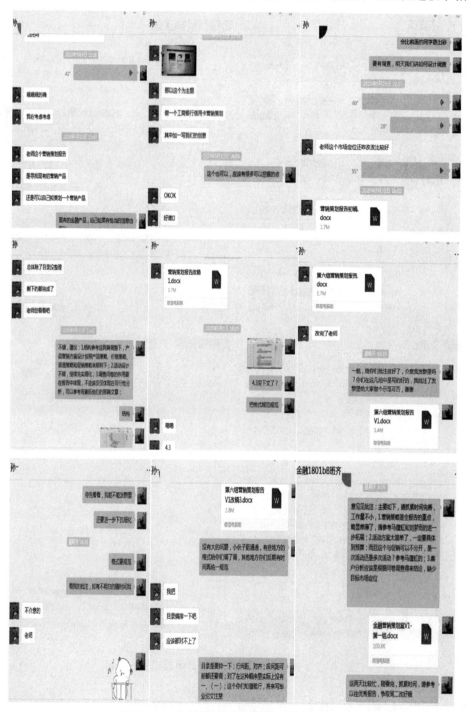

图24-8　金融营销策划报告修改过程样例

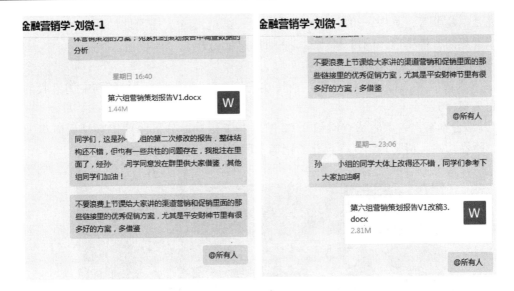

图 24 – 9　第六小组金融营销策划报告修改版发布供参考

4. 课程任务及流程发布

提前一天在企业微信平台正式发布课程任务与流程安排（见图 24 – 10），提醒各小组做好准备和分工安排，展示环节比较顺利。

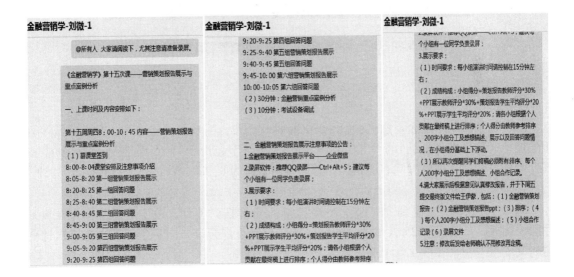

图 24 – 10　课程任务及流程发布

5. 案例分析资料筛选及问题设计

（1）根据课程知识体系，梳理课程中的重点营销案例素材，并设计合适的问题进行课上或课后讨论。

（2）典型成功热点金融营销案例选取《大唐漠北的最后一次转账》——中国银联针对云闪付推出了一系列营销策划（见图 24 – 11），例如，银联 62 节、双十二银联半价补贴，还是商超节等，其中，2019 年 8 月推出的一部电影《大唐漠北的最后一次转账》引发了刷屏热潮，播出后云闪付 APP 自发注册用户量提升了 25％ 以上。

（3）问题设计：

1）《大唐漠北的最后一次转账》所传达的信念与情感共鸣是如何与中国银联的品牌信念完美契合的？

2）结合本案例，课后请查阅银联 62 节的相关活动，分析中国银联是如何将大数据技术、跨界营销、情感营销、交互化营销等手段应用于营销活动中的？

图 24 -11　《大唐漠北的最后一次转账》宣传页面

五、课中活动

本次教学活动采取企业微信会议 + MOOC 课程的形式完成慕课堂签到、金融营销策划报告展示、典型案例总结分析、在线考试设备调试环节，由于第 16 周进行随堂考试，本周课程任务较多，课堂时间有所延误，总体时间安排为 8：00 ~ 11：05，延迟了 30 分钟。

1. 慕课堂签到

8：01 完成慕课堂签到，本课程人数 22 人，全部按时签到；由于慕课堂中存在重复注册，因此，系统显示 25 人签到。签到完毕，开启语音会议，向学生简短布置本次课程的时间安排（见图 24 -12）。

2. 金融营销报告小组展示环节

（1）8：05 ~ 8：20。

8：20 ~ 8：25 第一组点评与互动（见图 24 -13）：

1）该产品能够以绿色环保作为出发点，挖掘信用卡与绿色出行相结合的市场需求，设计产品和营销方案具有一定的创新性，也体现了当代青年的社会责任。

2）建议在现有公共交通出行折扣策略的基础上丰富价格策略。

3）建议简化该信用卡在不同场景的应用。

（2）8：25 ~ 8：40。

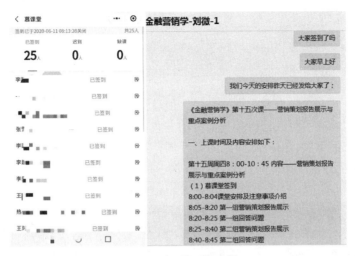

图 24-12　签到与安排

图 24-13　第一组营销策划报告展示

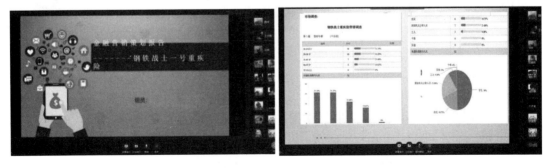

图 24-14　第二组营销策划报告展示

8：40～8：45第二组点评与互动（见图24-14）：

1）该产品通过挖掘重疾险市场的客户需求痛点作为出发点，以工薪阶层和老人、小孩作为主要的目标人群，具有普惠金融的性质，充分体现了理论与实践的结合，具有创新性、思辨性和使命感。

2）建议进一步深入挖掘问卷调查结果，使目标市场定位更加精准。

3）请进一步补充可行性分析和具体活动方案。

4）请完善产品策略，并建议价格策略在同行业市场比较的基础上分析可行性。

其余四组案例分析简单截图如下（见图24-15），不展开介绍了。

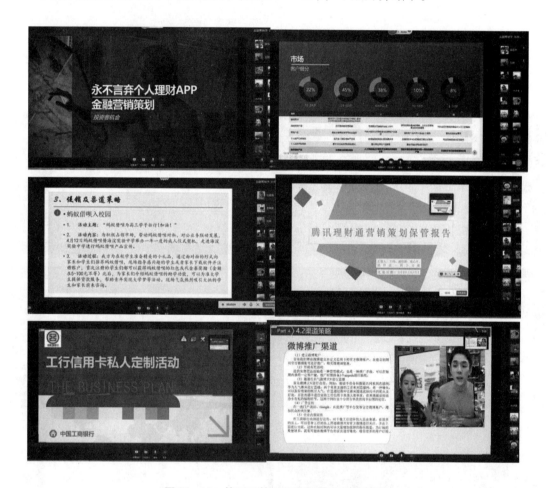

图24-15　第三至第六组营销策划报告展示

3. 金融营销典型案例总结分析

课程总结梳理了以下典型案例，由于时间有限，部分案例课上简短讨论之后，提醒同学们课后继续进行小组式互助讨论学习，并前往MOOC讨论区发表意见（见图24-16）。

案例一：平安财神节的转型分析。

案例二：《大唐漠北的最后一次转账》——中国银联营销案例。

案例三：Captial one，美国消费金融史上的完美案例。

案例四：中国香港菲佣微信产品设计案例。

案例五：平安银行对公营销案例。

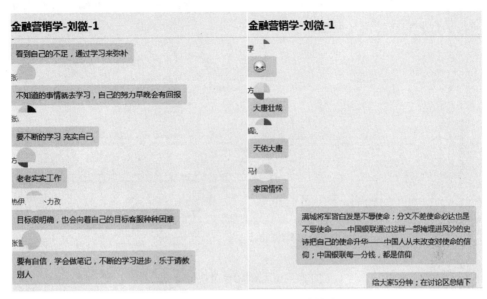

图 24 – 16 营销案例企业微信讨论

4. 在线平台考试设备调试

通过 10 分钟的设备调试发现（见图 24 – 17），单纯通过企业微信平台监督考试可能不具有可行性，主要是由于部分同学电脑摄像头无法拍摄到桌面答题情况，因此，决定仍然采用企业微信 + ZOOM 平台监考的方式，手机与电脑双机位拍摄；并让学生课代表协调周末时间进行测试，请学生提前下载好 ZOOM 软件和调好手机位置。

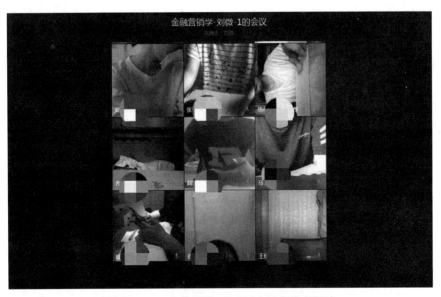

图 24 – 17 企业微信 + ZOOM 平台监考调试

六、课后任务

（1）课后案例讨论，请同学们课下查阅企业微信会议中的相关案例、思考问题、并在MOOC平台上完成讨论（见图24－18）。

图24－18　MOOC平台讨论

（2）复习本课程理论知识与相关案例分析。

（3）进一步修改策划报告，有问题随时与老师沟通，经老师认可后于第16周周五上交要求文件资料，包括：①金融营销策划报告；②金融营销策划报告PPT；③排序；④每个人200字小组分工及感想描述；⑤小组合作记录；⑥录屏文件。

七、考核方案设计

1. 总体考核方案设计

本课程为考查课，考核方式分为过程性考核和终结性考核，其中，过程性考核构成平时成绩，占总评成绩的60%，终结性考核形成期末成绩（根据在线考试实际情况调整为在线开卷考试），占总评成绩的40%。过程性考核包括平时出勤及在线平台讨论成绩、1次金融产品推介、1次金融营销案例分析、1份金融营销策划报告成绩、1份读书笔记，在平时成绩中的占比分别为16.67%、16.67%、16.67%、33.33%、16.67%。本课程的考核方式、考核内容、相应权重与对应评价的课程目标汇总列示见表24－3。

2. 具体成绩评定方式。

本课程各种考核方式的具体成绩评定方式如下：

（1）出勤及在线平台讨论评分标准。在线SPOC学习期间，考勤以慕课堂签到、学时完成以及老师提问抽查为考查方法。缺勤占总课时的1/3，免除参加期末考试资格；缺勤≤5次，每次扣2分。迟到早退在15分钟以内的，三次视同缺勤1节课；迟到早退超过15分钟的视同缺勤1节课。在线平台讨论以MOOC讨论区和企业微信中发表的讨论数量和质量作为依据进行评分。

（2）金融产品推介。学生选择金融市场上现存的某一种金融产品或某项金融服务，运用现代信息技术搜集整理、设计制作推介的相关材料，然后进行模拟性质的现场推介，

表 24 - 3 考核方案

考核方式		考核内容	所属章（单元）	占比（%）	占比（%）	课程目标 1	2	3	4	5	6
过程性考核	（1）平时：考勤及在线平台讨论			16.67	60					√	
	（2）平时：金融产品推介	考核学生对基本的营销规划技能、与客户的沟通技能的掌握	一、三、四、五	16.67		√					
	（3）平时：金融营销案例分析	应用金融营销的理论和工具，分析金融市场营销案例并提出改进方案	六、七、八、九、十	16.67				√		√	√
	（4）平时：金融营销策划报告	应用金融营销的理论和工具，分析金融市场产品及服务供给与客户需求之间的差异或缺口；并能够为企业设计初步的金融营销策略	一、二、三、四、五、六、七、八、九、十	33.33				√		√	
	（5）平时：读书笔记	考核学生金融营销的分析能力	一、二、三、四、五、六、七、八、九、十	16.67			√				
	小计			100							
终结性考核	期末开卷考试	考核学生对金融营销基本概念、基本理论、基本技能的理解、分析、应用与评价	一、二、三、四、五、六、七、八、九、十	100	40	√	√	√			
合计					100%						

并回答现场提问。通过这一作业，旨在锻炼学生运用金融领域定性和定量的分析方法，认知、辨析、呈现金融产品特征与属性的能力。该作业以小组（3~5 人）为单位在课程教学的前半学期完成。每周由一个小组在课堂上做一次现场金融产品推介，时间 10 分钟左右。推介信息以幻灯片或其他恰当的媒体形式作为内容载体，推介的现场表演形式由各小组自行创意设计。

评分标准——推介内容符合产品推介需求及客户偏好、组织合理、特色鲜明、条理清楚；推介材料清晰明了、图文并茂、生动直观；现场模拟展示形式设计富有创意，语言表达流利、富有吸引力及感染力；能够体现出小组成员的分工协作。

（3）金融营销案例分析。学生选择某种金融产品在实务领域曾经实施过的营销活动作为营销案例，就其营销理念、活动设计、营销效果、经验与启示展开案例分析。通过这一作业，旨在锻炼学生发现并分析金融营销中存在和潜在的问题，并运用恰当的方法针对相应问题总结经验教训、探索解决方案的能力。该作业以小组（3~5 人）为单位在课程教学的后半学期完成。每周由一个小组在课堂上做一次案例分析的现场汇报，时间 15 分钟左右。案例信息以幻灯片或其他恰当的媒体形式作为内容载体，现场汇报的具体形式由各小组自行创意设计。

评分标准——案例内容有理有据、条理清楚、观点鲜明；案例材料清晰明了、图文并茂、生动直观；现场演讲语言流利、观点明确、逻辑清晰、有理有据；能够体现出小组成员的分工协作。

（4）金融营销策划报告。学生选择金融市场上现存的某一种金融产品或某项金融服务作为策划标的，撰写一份至少包括客户行为市场调查分析、营销环境分析、目标市场定位、营销策略、营销策略实施计划这几部分内容的营销策划报告。该作业以小组（3~5人）为单位，撰写过程贯穿本课程教学的整个学期，每部分内容在相应理论教学之后着手撰写，最终在学期末统稿完成。报告的整体风格、内容格式由各小组自行创意设计。

评分标准——市场调查数据的信度和效度较高，营销环境分析具有国际视野，目标市场定位准确、合理，营销策略具有针对性、创新性，营销策略实现的活动富有创意和可操作性，能够体现出小组成员的分工协作。

（5）读书笔记。完成所有指定的阅读材料，笔记具有独立的思考和分析。

（6）期末：在线开卷考试。本项考核方式的依据是学生期末完成开卷考试的试卷，满分为100分。根据试题的标准答案和相应分值进行成绩评定。根据在线开卷考试的特点，试卷设计基本以主观题为主，涉及案例分析、综合应用等题型，主要考核学生运用所学理论理解、分析现实问题的能力。

在线考试的形式及要求严格参照学校ZOOM和企业微信会议监考方案，并在条件允许的情况下全程录像。在线考试允许学生携带一张A4纸记录相关参考要点，但是要求学生必须独立完成，严禁互相交流，如有发现利用微信或其他软件交流的情况，取消本次考试资格；试后2分钟内试卷发送至教师学校邮箱。

八、教学反思

1. 课程思政的有效融入

通过金融营销的热点典型案例以及在营销策划报告的选题及策划过程中充分融入思政元素，不仅提高了学生对"金融企业社会责任"的认识，同时也促进了学生"辩证地思考解决问题的能力"，更激发了学生的学习兴趣、民族意识和社会责任。今后，应更加注重思政教学目标的全面落实。

2. 线上教学平台＋项目小组式学习的过程管理

本课程充分运用线上教学平台（企业微信、MOOC、微信）参与到学生项目小组式学习的过程管理中，与实体课堂教学存在媒介、情景、反馈等方面的差异，但通过教学方法与教学手段的改进和创新，运用案例分享、讨论版互动、优秀案例点评实现了"明确任务—制订计划—做出决定—实施计划—检查控制—评定反馈—明确任务"的工作流程闭环管理，将启发式教学、互动式教学、体验式教学、团队式学习等多种教学方法融合运用，力争做到启发引导、润物无声、水到渠成的教学效果。

3. 不足之处

（1）课堂教学时间把控仍然不太成熟。讨论时间没有把握好导致时间延长，因此，将持续提高教学时间把控能力。

（2）微信教学平台存在技术故障，要及时发现。在网络教学过程中要通过手机、电脑双重监控来避免这个问题。

第二十五章　高级财务会计课程网络教学案例报告

一、任课教师基本信息

任课教师：刘新颖

所在教学单位：商务学院

二、课程基本信息

课程名称：高级财务会计

课程类型：专业限选课程

学时学分：48 学时/3 学分

面向学生：商务会计 1801B/1802B

网络教学方式：中国大学 MOOC + 慕课堂 + 企业微信群

三、教学目标与教学内容

教学时间：第四周 2020 年 3 月 23 日（周一 8：00～11：00）

教学章节：第三章第二节　外币交易的会计处理

1. 教学目标

（1）学生能够明确外币业务的记账方法，知晓外币交易会计处理原则和过程。

（2）学生能够运用会计处理原则对外币交易典型业务做出相应账务处理。

2. 教学内容

（1）外币业务的记账方法及外币交易账务处理原则。

（2）外币交易的会计处理方法及应用。

四、课前准备

1. 借助问卷及时了解学生学习情况与需求

上课前四天（3 月 19 日）对前三周学生学习情况做出调查，问卷针对目前采取的网络教学模式、课程进度、课程难度、课后作业量、单元测验难度和测验时长等问题做出调查，并搜集了学生对前期网络教学意见和建议（见图 25 - 1）。

调查结果显示，多数学生对目前主要采用的中国大学慕课 SPOC + 企业微信语音会议网络教学模式均能认可并适应，对教学进度快慢、课后作业量大小和单元测验的难度时长等均反馈适中。提出的教学意见和建议有两点：一是对学过的第二章内容有虚无缥缈感、知识点较杂、不太好理解、缺乏整体框架感；二是希望加强知识的运用。

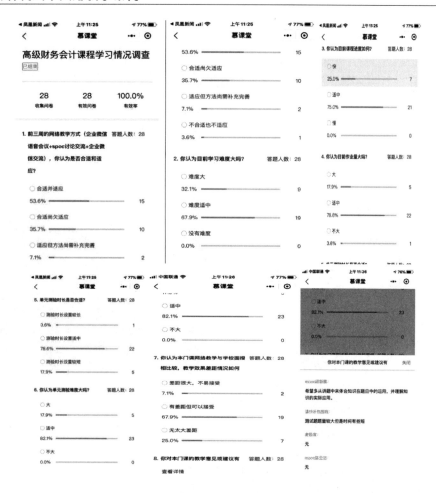

图 25 - 1　慕课堂对课程学习情况进行问卷调查

2. 利用平台，提早布置学习任务（见图 25 - 2）

图 25 - 2　课前准备要求发布

（1）将上节讲课内容第三章第一节慕课视频和补充课件进行消化吸收，上课要进行随堂小测。

（2）将 SPOC 讨论区的以下讨论主题继续浏览发帖进行更深入讨论。

1）境外经营概念和境外经营企业记账本位币确定需要考虑的因素。

2）子公司、合营企业、联营企业和分支机构的区别。

3）新冠疫情与或有事项。

3. 及时关注讨论区信息，为学生答疑解惑

对于讨论区主题及时浏览回复，帮助学生解决学习困难（见图 25-3）。

图 25-3 讨论区主题

讨论区主题的选定可以结合所学知识与当前社会经济热点，例如，在所学第二章或有事项时所出的新冠疫情与或有事项讨论话题：当今世界充满了不确定性，或有事项准则就是会计对不确定事项的反映，学习第二章或有事项后学会辨别分析现在（2020）的新冠疫情属会计中的或有事项吗？新冠疫情会带来企业或有事项会计中哪些业务的增加？

新冠疫情与或有事项：

对于这种结合热点的讨论，虽然课程内容已结束，但学生的讨论热情还会持续，从而达到对该章的知识点有更深的理解与巩固（见图 25-4）。

4. 进行教学方案时间设计，做到心中有数

（1）教学方案设计。

1）慕课堂 7：45 开始签到，8：00 截止，全程采用企业微信语音会议形式。

2）问卷调查反馈（10 分钟）：针对课前所做的慕课堂前三周网络学习情况调查问卷，对学生困惑问题做出解释与交流。

3）讨论区问题总结与回顾（10 分钟）：针对 SPOC 预留的讨论主题回复情况对上节重点知识和难点进行知识总结与梳理。三个讨论主题：企业确认记账本位币的一般因素，境外经营企业确认记账本位币的其他考虑因素，子公司、合营企业、联营企业和分支机构的区别。

老师参与
当今世界充满了不确定性，或有事项准则就是会计对不确定事项的反映，学习第二章或有事项后学会辨别分析现在（2020）的新冠疫情属会计中的或有事项吗？新冠疫情会带来企业或有事项会计中哪些业务的增加？
来自课件"预习讨论：或有事项"
看了大家对此问题的讨论，想请大家进一步思考：大家都认为新冠疫情属或有事项，那它是哪个时点应该确认、列报或披露的或有事项呢？或有事项的本质是已发生的事项还是未发生的事项？新冠疫情背景下可能给企业带来的或有事项会计业务大家提到的营业外支出、预计负债等这些属会计科目的增加，这些科目的变化是由哪些会计业务类型带来的呢？比如咱们常提到的或有事项会计业务种类：未决诉讼、债务担保、产品质量保证、亏损合同等，也就是想让大家讨论的新冠疫情可能会带来哪些或有事项会计的业务种类，不仅仅是会计科目
刘新颖
3月11日
或有事项是会计对未来不确定事项的反映，但需要具备是企业过去的交易或事项所形成的这一前提，也是或有事项的特点之一，新冠疫情与未来发生的自然灾害、未来的企业经营不善导致亏损或交通事故等类似，不具备这一特点，所以不属于会计中所说的或有事项。但新冠疫情的发生，在这样的背景环境下，企业原有的或有事项如债务担保、亏损合同等业务有可能受疫情影响，会增加这类或有事项带来的预计负债和或有负债的确认、计量和披露问题。
刘新颖
3月20日

图 25 – 4   新冠疫情与或有事项讨论题目及回复

4）SPOC 上对上节内容进行随堂小测验，针对测试结果做出解析（15 分钟）。

5）讲解外币业务的逐笔结转汇兑损益会计处理（25 分钟）。

（2）重点例题。外币结算的购销业务（10 分钟）、借贷业务（15 分钟）。

1）讲解外币业务月末统一调整汇兑损益的会计处理方法（45 分钟）。分初始确认和期末或结算时确认两个阶段：一是初始确认例题讲解。外币结算购销业务、接受外币投资业务举例练习（5 分钟），外币兑换业务例题讲解（8 分钟）。期末调整业务，分外币货币性与非货币性账户期末调整汇兑损益业务方法及例题讲解。二是外币货币性项目例题。资本性支出外币借款业务例题讲解（15 分钟）。外币非货币性项目重点难点例题讲解，采用成本与可变现净值法计量的存货，可变现净值以外币确定的期末调整汇兑损益例题讲解（5 分钟）。外币交易性金融资产期末汇兑损益调整业务处理（12 分钟）。

2）利用慕课堂进行随堂练习及讲解（20 分钟）。

3）小结及布置课后作业（10 分钟）。

五、课中活动

在本次课中全程采用企业微信语音会议屏幕演示的形式进行教学，一方面考虑学生在上网络课时不愿意露脸，另一方面也避免周一上午企业微信直播或视频会议高峰拥堵导致的卡顿现象。本次课中教学活动包括讲授、随堂测验、交流讨论、课堂练习等环节。

1. 7：40~8：00 慕课堂签到，7：53 发起企业微信语音会议

如图 25 – 5 所示，参加会议听课人数与签到人数有差别，是由于有学生属自学重修进行听课但不用签到。

图 25 – 5　签到及企业微信语音会议教学记录

2. 8：00 ~ 8：20 调查问卷建议反馈沟通及讨论区问题总结

（1）问卷反馈。针对调查问卷中有学生提出的意见和建议，属教师改进的今后我要注意完善，属学生理解偏差的需与学生及时做好沟通，帮助学生解决学习困惑。例如，问卷中有同学的意见是第二章知识点较杂和整体架构不清楚问题，我给学生的反馈是对第二章的学习如果学生学习重点仅放在慕课视频上会有这种感觉，因是微视频，慕课老师的讲授不如我发布的补充课件中逻辑架构更清晰，这一点在上课时曾给学生说过本章学习方法，慕课视频是基础，我补充的课件是随后的补充和加深，且更全面。所以要再次提醒学生对第二章的学习要从补充课件中建立更为完整清晰的知识结构。又如，有同学提出学习完第二章有虚无缥缈感，需要向学生解释由于第二章或有事项与以往常规的会计业务相比本身具有抽象难理解的特点，需要更多的职业判断，这恰恰是高级财务会计要解决的会计核算领域中特殊业务和深层次问题的普遍特点，也正是未来人工智能所不容易替代的方面。本章内容是对目前会计学生普遍存在的重账务处理轻账务处理背后的会计理论与逻辑推理的职业判断能力的缺失问题所进行的锻炼与提升，向学生再次强调第二章或有事项的学习恰是面向未来的会计人员需要具备和加强的职业判断能力的一个培养与训练的过程。

（2）讨论区问题总结。根据学生讨论情况，总结的关键问题主要有三点：一是对境外经营企业，包括两种情况不仅是境外的子公司等；二是境外经营企业确定记账本位时考虑因素的真正理解，做一简单解释，并表扬相关同学，网上讨论区回答较全面，加入了自己的理解；三是对子公司、合营企业、联营企业及分支机构的理解，表扬吴以杰、马钰佳同学，加入了投资比例的判断，问题回答得较透彻。强调学生在讨论区回答问题时不是简单的百度答案，而是真正理解消化。对讨论区回答全面透彻认真的同学不仅在网上点赞，在课堂上也需提出表扬，以鼓励更多的同学课下学习时积极参与、多多分享。

3. 8：20 ~ 8：30 利用 SPOC 平台对上节课学习内容进行检测并讲解

如图 25 – 6 所示，利用 SPOC 平台对上节课所学的主要知识点：一般企业和境外经营企业记账本位币的确定问题做出检测，与学生核对答案做出简单讲解。

图 25-6　对上节学习内容进行检测

4. 8：35～8：45 讲解外币业务记账方法与处理原则

（1）讲授内容主线。外币业务记账方法—外币账户的设置与分类—外币业务处理原则和过程（初始确认与期末调整）。

（2）互动讨论。在讲到外币账户设置时与学生互动讨论：外币货币性账户与非货币性账户的区分。

（3）提问。预付账款、预收账款属货币性还是非货币性账户，交易性金融资产属货币性账户还是非货币性账户？企业微信语音会议提问使师生互动可以即时完成，但缺点是无法保留截屏。

5. 8：45～9：35 讲解外币交易会计处理举例——逐笔调整期末汇兑损益

讲解外币业务少量情况下采用的逐笔调整期末汇兑损益的核算方式（见图 25-7）。

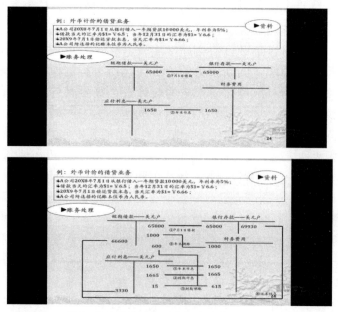

图 25-7　讲解外币借贷业务例题时会计处理的逐笔演示过程

由于汇兑损益的形成与调整是外币交易会计处理中的难点重点业务，因此，在讲解时采用屏幕逐笔显示分录形成过程的方式，达到讲课板书的教学效果。重点对外币结算购销和外币借贷两个典型的基本业务，讲解需要逐笔演示，做到具体、细致和透彻，使学生能够体会抓住外币交易在这两个业务初始、期末和结算日三个关键节点相应的会计处理要点，充分理解汇兑损益的核算特点。同时在例题讲解过程中实时叫学生对某笔分录进行回答与讨论。

9：35～9：55 课间休息。

6. 9：55～10：35　讲解外币交易会计处理举例——期末统一调整汇兑损益

讲解外币业务量大的企业所采取的月末统一调整汇兑损益的核算方式。分初始确认和期末调整两个阶段进行账务处理。

（1）初始确认过程中的典型例题讲解。

1）典型例题。外币购销——外币购买机器设备、外币借贷——固定资产购建借入外币、接受外币投资、外币兑换业务。前面两个业务外币购销和借贷业务在上面讲的例题中较详细，这里将不同点和难点点出后简单讲解，重点是外币投资和外币兑换业务。

2）设置讨论。在讲解接受外币投资业务例题时，与学生讨论实收资本账户折算为记账本位币时是采用投资合同约定的外币汇率、实际收到投资款日汇率还是收款日的月初记账汇率？以及采用这种汇率的原因。

3）设置提问。在讲解外币兑换业务例题时，对银行当日的外币买入价、卖出价和中间价三种汇率的选择是个易搞混的问题，提问：在企业买入外币时企业的银行存款－人民币账户和卖出外币时银行存款－人民币账户各用什么汇率折算？以及企业银行存款－外币账户又要用什么汇率折算？这些问题的提出与思考能帮助学生抓住关键问题为外币兑换业务中会计分录的准确性奠定基础。

（2）期末统一调整汇兑损益例题讲解。期末统一调整汇兑损益是本次课的又一难点。分货币性外币账户的调整和非货币性外币账户的调整。

1）在讲解货币性外币账户期末调整时沿用上面的例题继续，将账户现有记账本位币余额调为按期末即期汇率折算的记账本位币余额，产生汇兑损益。

2）对于非货币性外币账户期末调整的情况较多。①采用历史成本计价的非货币性外币账户，期末仍用初始交易汇率，不产生汇兑损益；②采用成本与可变现净值孰低法进行期末计价的非货币性外币账户，可变现净值的确定需要将期末可变现净值用期末汇率折算后再与账面成本相比较确定，需要强调在这种情况下汇兑损益无须单独作为财务费用而是与计提的资产减值准备合在一起；③采用公允价值计量的交易性金融资产外币账户期末调整时，需要期末计算公允价值时用期末即期汇率折算后计算公允价值变动情况。这里仍需强调这种情况下汇率变动的汇兑损益与公允价值变动合二为一，不能单独拆除确认财务费用。非货币性外币账户调整讲解尤其是交易性金融资产外币账户调整，是本次课的难中之重，需要用到中级财务会计的知识点较多。

这部分讲解的主要例题是采用成本与可变现净值计价的外币账户期末调整和公允价值计量的交易性金融资产外币账户期末调整业务。

3）设置提问。例题中用英镑购买的商品，2＊＊5 年 11 月 2 日购入时的分录是什么？2＊＊5 年 12 月 31 日期末可变现净值比存货成本低时，会计分录是什么？

4）设置讨论问题。例题中购入的美元计价的股票，2＊＊5 年 9 月 10 日购入时分录、2＊＊5 年 12 月 31 日期末股票价格变动时的分录、2＊＊6 年 1 月 10 日卖出股票时分录又是什么？如何理解出售股票时的投资收益问题，这个金额都包含哪些环节产生的损益？

7. 10：35～10：40　课堂小结

8. 10：40～11：00　慕课堂进行随堂练习检测并讲解（见图 25 - 8）

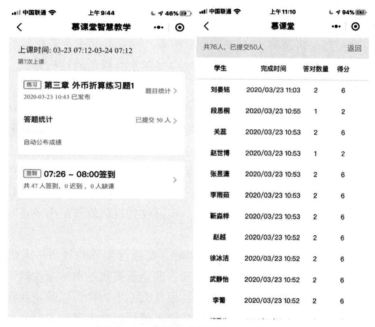

图 25 - 8　慕课堂进行随堂练习检测

为了及时了解和考察学生本次课主要知识点的吸收情况，利用 10 分钟随堂练习进行测验，根据慕课堂练习结束后即时形成的测试结果用 10 分钟进行有针对性的讲解，从而达到随堂巩固、加深和消化难点的教学目的（见图 25 - 9）。

图 25 - 9　慕课堂的课堂榜单

六、课后任务

（1）课后作业。外币交易的会计处理业务练习，企业微信群发布（见图 25 – 10）。

（2）观看慕课视频。第三章第二节外币交易的会计处理。

本课程课后作业多是会计账务处理主观题，慕课SPOC中课后作业系统设计的题型为没有标准答案的主观题，但会计业务处理题是带有标准答案的主观题，所以更多地将作业布置及答案公布等相关文件发布在企业微信群里。

图 25 – 10 课后学习任务布置

七、教学反思

1. 课堂教学活动时间把控得不够，出现拖堂情况

与提前设计的教案时间表相比，主要耽搁环节出现在讲解外币交易会计处理例题时与学生的互动提问讨论上，虽然网络语音授课时也鼓励学生实时发言参与讨论，但由于本门课程的学习难度较大以及网络云端教学模式的原因，学生的参与度会比实际面授时还要少些，这样只能按花名册随机叫学生，有些学习基础较好的同学思路清晰回答流畅，但不免有中级财务会计基础薄弱的同学回答不出问题或电脑没装麦克的说不了话等情况出现，这就需要对学生再度启发问题或再叫其他同学进行回答或补充。总之，对课堂互动交流需要老师把握一定的度，尤其是网络教学不能及时捕捉到大多数学生对知识点掌握程度的面部表情，这就需要更多的以往教学经验，既不能对这一问题讨论太久耽误时间，又不能使多数学生尚未理解或掌握而讨论不充分。

2. 随堂练习或小测验

慕课堂上的练习或测验功能要比慕课 SPOC 上的更好，慕课 SPOC 系统只对学生显示对错，因此，老师看不到学生做题结果及成绩，但慕课堂进行的课堂练习不仅学生能看到结果，教师也能看到每个学生对错结果和学生成绩统计。所以以后安排课堂小练习或小测验时可以多采用慕课堂的形式。

3. 教学小结

由于时间的缘故较仓促，本来是安排在课堂最后一个环节，但由于拖堂临时安排在随堂练习之前，学生忙于找下一步的慕课堂小程序中的练习题，应该不会留意老师所总结的内容，未达到通过课堂小结帮助学生进一步提炼梳理本次课学习重点难点及主要知识点的作用，在今后的教学中需要注意这一点。

第二十六章　财务报表分析课程网络教学案例报告

一、任课教师基本信息

任课教师：索玲玲

所在教学单位：商务学院金融会计系

二、课程基本信息

课程名称：财务报表分析

课程类型：专业任选课

学时学分：48 学时/3 学分

面向学生：2017 级金融学专业

网络教学方式：中国大学 MOOC 异步SPOC +

企业微信群 + 蓝墨云班

三、教学目标与教学内容

1. 教学目标

（1）知识。

1）学生能够理解经营活动现金流量、投资活动现金流量的各项目构成。

2）学生能够掌握现金流量表的重点项目分析方法。

（2）能力。

1）学生能够编制给定经营、投资、融资业务的现金流量表。

2）学生能够阅读并重点分析上市公司经营与投资现金流量。

（3）价值。

1）学生通过分析企业投资活动现金流量，探讨企业投资战略对于投资者价值的提升。

2）学生通过分析现金流量与净利润的差异，分析可能存在的利润操纵，探讨企业诚信及社会责任的承担。

2. 教学内容

（1）经营现金流量、投资现金流量的各项目构成。

（2）经营现金流量与营业收入、净利润的差异。

（3）投资现金流与企业战略。

四、课堂教学准备

1. 教学培训

（1）教学平台使用：在开学前，学习教务处安排的多次慕课 SPOC 讲座，学习熟练教学平台的使用。

（2）教学技能学习：认真学习慕课网开设的"抗击疫情，助学助教"板块下的混合式教学模式篇和混合式教学实践篇（见图 26 − 1）。

04 混合式教学模式篇
    课时
    4.1 线上线下混合式教学中应关注的几个问题（吴宁）
    4.2 线上为经，线下为纬——非常时期利用在线课程开展教学的新模式（王震亚）
    4.3 手把手带你玩转新形态学习模式（赵洱崇）
    4.4 线上学习与直播答疑的教学模式（尹逊波）

05 混合式教学实践篇
    课时
    5.1 经管专业课的项目式学习课堂构建（雷晶）
    5.2 技能型课程在线教学的可为与不可为——以口译课程为例（欧阳倩华）
    5.3 巧妙使用线上线下混合式教学方法讲好大一化学课（胡涛）
    5.4 工科专业基础课的混合式教学设计与实践（马东堂）
    5.5 基于慕课堂开展"管理学原理"混合式教学（罗玲）

图 26 − 1　教学技能学习内容

（3）思政系列讲座：学习学校组织的思政系列讲座，基于三全育人的理念，认真落实守好一段渠，种好责任田。

2. 线上课程资源筛选

线上教学的优点之一是可以整合优质教学资源。经过反复比较挑选慕课网已开设的 11 门财务报表分析在线课程，选定对外经济贸易大学张新民老师的财务报表分析慕课资源，此课程为第 4 次开课。张新民老师为报表分析领域著名专家学者，该课程体系较为成熟，在 2008 年即被评为国家级精品课程（见图 26 −2）。

财务报表分析
对外经济贸易大学　　张新民、钱爱民

阅读和分析企业财务报表，是商科各专业学生必备的核心专业技能之一，也是商学院（或管理学院、经济管理学院等）开设的一门重要课程。本课程以案例为依托，旨在为学生打下良好的理论基础，同时…

☆ 16979人参加　　⏱ 进行至第11周

图 26 −2　本课程慕课资源

3. 学情调查

针对目前的授课情况、软件使用情况、在线学习效果、知识掌握情况等，通过问卷星发布调查问卷。共收回问卷 55 份。

（1）在软件使用情况方面，目前采用的企业微信在线会议教学形式，多数学生能够非常适应或较好适应，个别同学不适应（见图 26-3）。

1.你对目前采用的企业微信在线会议教学是否适应： [单选题]

选项 ≑	小计 ≑	比例
非常适应	22	40%
较好适应	31	56.36%
不适应	2	3.64%
本题有效填写人次	55	

2.你认为慕课网的资源对学习是否有帮助： [单选题]

选项 ≑	小计 ≑	比例
有较大帮助	36	65.45%
帮助一般	18	32.73%
无帮助	1	1.82%
本题有效填写人次	55	

图 26-3　软件使用情况调查

（2）在前期知识资产负债表分析和利润表分析的学习与掌握方面，有 80% 以上的学生能够掌握，少数同学掌握不好（见图 26-4）。

3.资产负债表分析的内容是否能够掌握： [单选题]

选项 ≑	小计 ≑	比例
完全能掌握	4	7.27%
大部分能掌握	44	80%
少部分能掌握	7	12.73%
完全不能掌握	0	0%
本题有效填写人次	55	

图 26-4　前期知识掌握情况调查

4.利润表分析的内容是否能够掌握：[单选题]

选项⇕	小计⇕	比例	
完全能掌握	5		9.09%
大部分能掌握	41		74.55%
少部分能掌握	9		16.36%
完全不能掌握	0		0%
本题有效填写人次	55		

图 26－4　前期知识掌握情况调查（续）

（3）在授课方面，90%以上的同学能够接受讲课速度。本课程采用多案例教学，分析上市公司报表，80%的同学对案例教学满意。对于在授课互动方面，85%的同学满意目前的互动情况（见图 26－5）。

5.讲课速度是否能够接受 [单选题]

选项⇕	小计⇕	比例	
太快	3		5.45%
太慢	1		1.82%
中等	51		92.73%
本题有效填写人次	55		

6.你对案例教学是否满意：[单选题]

选项⇕	小计⇕	比例	
满意	44		80%
一般	11		20%
不满意	0		0%
本题有效填写人次	55		

7.你对目前课上的互动情况是否满意：[单选题]

选项⇕	小计⇕	比例	
满意	47		85.45%
一般	8		14.55%
不满意	0		0%
本题有效填写人次	55		

图 26－5　前期授课情况调查

（4）在课程学习任务方面，多数同学认为任务中等，也有部分同学认为任务较重（见图 26 – 6）。

8.你认为本课程学习任务：[单选题]

选项 ⇕	小计 ⇕	比例	
非常重	3		5.45%
较重	19		34.55%
中等	33		60%
一点都不重	0		0%
本题有效填写人次	55		

图 26 – 6　学习任务调查

4. 课前督促

（1）发布教学资料。课前在企业微信群发布课件、截至上周课上回答问题情况统计，在慕课平台发布课前公告。并通过企业微信群、助教群提醒学生提前查看预习（见图 26 – 7）。

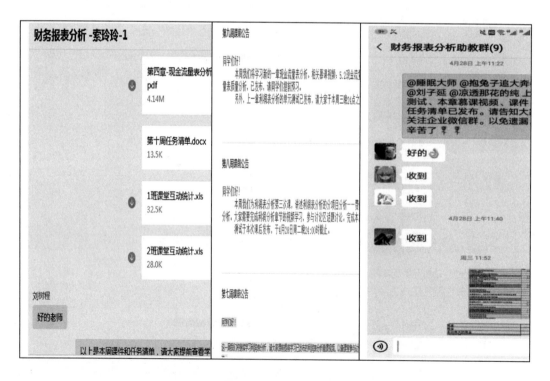

图 26 – 7　课前督促

（2）制定并发布本周任务清单，帮助学生明确本次课程的学习目标和学习任务（见图 26 – 8）。

第十周　现金流量表分析之任务清单

请在下面的表格中，每完成一项任务，在相应的地方打√或者画线标注已经完成的任务，请自己品味打√时美美的感觉。

视频	7.1	现金流量表的分析
视频	7.2	现金流的分析
本周练习		某公司现金流量表分析
课堂讨论区		(1) 为何有的企业盈利但缺钱？ (2) 购买收现与营业收入的差异原因？ (3) 采购付现与营业成本的差异原因？ (4) 收回投资与投资支付的现金能否冲抵？请分析润和软件的监管函。 (5) 你认为健康成长的公司，现金流一般如何分析？
读报时间		乐视网的现金流量表解读 苏宁易购的现金流量表解读

图 26 - 8　本周任务清单

（3）督促后进。及时查看课程数据，对于视频学习时长及个数不够的学生及时督促，问询原因。

（4）成立课程助教小组。本课程在第一周成立助教小组，开始由两位班长、两位学习委员组成，后根据学习情况加入课程中回答问题排名靠前、学习成绩优秀的同学。助教小组的任务是督促班里同学，督促大家完成教学安排、学习任务、在线评判两次纸质作业等。根据作业评判情况，评判标准公平合理，此方法较为有效，能调动学生的积极性。

五、课中活动

1. 签到及上课准备

提前10分钟在慕课堂发起签到，并在微信群里通知学生，让学生做好课前准备。除了提前签到之外，还会在课中点名回答问题，抢答互动，保持学生在线并听课（见图26-9）。

图 26 - 9　课程签到情况

根据学生反馈和调查统计信息，从本学期第一周开始，全程采用企业微信在线会议教学，以提高学生的参与度，防止自主学习能力及自制力欠缺的学生放空（见图 26 - 10）。

图 26 - 10　企业微信会议授课

2. 上周作业总结

本课程设置课中测试及课后小作业、大作业。上周作业为编制现金流量表。因慕课平台布置作业无上传纸质作业功能。本课程在报表编制环节通过拍照上传蓝墨平台，并由六名助教在线批改，其他同学评论、监督。如有存疑问题，在助教群里发给老师评判。起到相互学习、助教引领的作用，助教评判极为认真，起到较好效果（见图 26 - 11）。

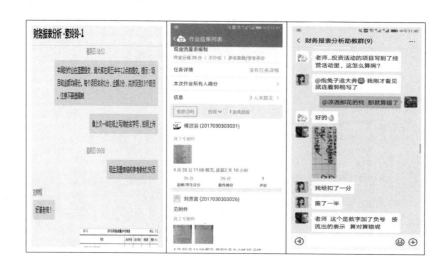

图 26 - 11　作业布置及完成情况

上周作业评判过程（见图 26 - 12）：

图 26 - 12　作业线上批改情况

3. 课中互动情况

在线教学学生容易走神，精力不集中。课程中我会根据提前布置的课堂讨论问题，或根据课程内容讲解过程中重要知识点随机提出问题，引导学生进行思考和讨论。课中讨论及回答问题采用抢答办法，并在第一周开始即告知学生讨论的抢答规则，可以语音、视频、在微信群里文字回答。回答最快的前五名同学计入平时成绩。这样的话学生在讨论环节的积极性会提高，根据问卷调查，多数学生对互动效果满意度较高。课前公布截至本周的课堂回答问题情况。对于回答问题不积极或回答次数少的同学在线提醒或点名回答问题（见图 26 - 13）。

姓名	专业	班级	平时1	平时2	平时3	平时4	平时5	平时6	平时7	平时8	平时9	合计
马颐琳	金融学	商务金融1701B			1							1
尹天奕	金融学	商务金融1701B					1	1	3		1	5
李秋爽	金融学	商务金融1701B		1	1		1	2	4	3	3	12
范雯静	金融学	商务金融1701B		1	4	4	3	2	2	3		19
李颜君	金融学	商务金融1701B		1			1	1		1	1	4
刘佳	金融学	商务金融1701B			1			1				2
范依诺	金融学	商务金融1701B										0
杨绮萱	金融学	商务金融1701B	1	3	1		4					10
黄程	金融学	商务金融1701B					3			1		4
丁情缘	金融学	商务金融1701B		1					1	1	1	3
刘树程	金融学	商务金融1701B					1		1			2
艾奕彤	金融学	商务金融1701B		1	2	1			1		1	5
刘思言	金融学	商务金融1701B										0
石心颖	金融学	商务金融1701B		3	6		1		5	4	3	20
陶婉怡	金融学	商务金融1701B		1		1	8	1	6	2	6	19
傅欣羽	金融学	商务金融1701B									1	0

图 26 – 13 目前回答问题统计情况

本次课程，提出货币资金与现金及等价物的区别，销售业务的销售收现计算，投资与筹资活动的业务辨别，投资与筹资活动现金流的分布，以及案例公司的现金流情况分析等问题引导学生进行讨论互动。课中互动部分截图如图 26 – 14 所示：

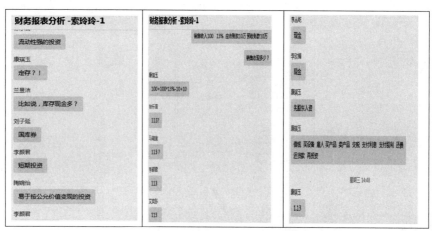

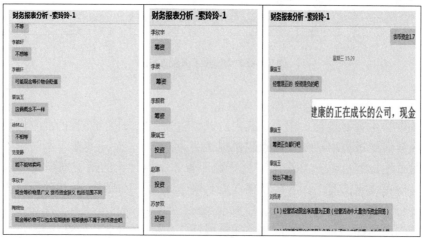

图 26 – 14 本周课中互动情况

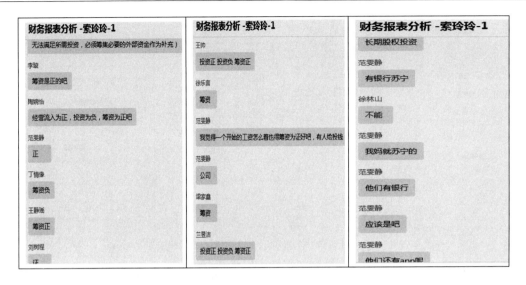

图 26 - 14　本周课中互动情况（续）

4. 案例教学

该课程是一门实践与应用性较强的课程，通过典型案例分析的介绍，使学生更好地掌握财务报表分析的思路与方法，更全面地运用财务数据评价企业的经营状况。本次课采用格力电器、美的集团、乐视网、暴风集团、掌趣科技等多公司、多行业的数据，分析经营活动、投资活动现金流量，分析经营活动现金流与核心经营净利润、净利润的差异对比（见图 26 - 15）。

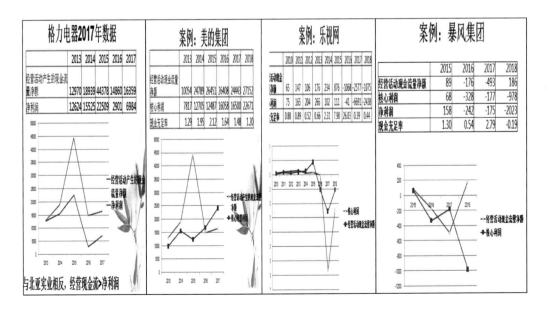

图 26 - 15　本周案例教学情况

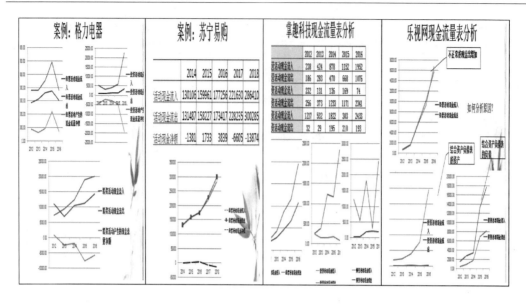

图 26 - 15　本周案例教学情况（续）

六、课后任务

本次课后作业为用所学知识分析总结乐视网现金流量表。完成课堂讨论区讨论。课堂讨论区发布三个讨论话题：经营活动现金流与利润的相关性、投资活动现金流出与企业战略的相关性，资产负债表货币资金与现金流量表现金等价物的差异，并引导学生用课中提出的案例进行分析讨论，作为课中初步讨论的延伸，慕课讨论版的话题讨论角度更广阔深入，讨论成果固化可视（见图 26 - 16）。

课堂交流区
这里呈现的是在课件中作为教学内容的讨论

全部主题　　　　　　　　　　　　　　　　　　最新发表　最后回复　回复

> 老师参与　为何有的企业有盈利但是没有钱？
> 来自课件"销售收现与营业收入的差异分析"｜刘子延063_BU... 最后回复（22分钟前）　　　浏览：13　回复：5

> 老师参与　如何进行投资现金流分析？如何理解投资现金流出与企业战略？
> 来自课件"如何分析投资现金流出？"｜刘子延063_BU... 最后回复（12:25）　　　浏览：15　回复：5

> 老师参与　货币资金与现金及等价物是否相等？请举例说明
> 来自课件"货币资金与现金及等价物是否相当？"｜刘子延063_BU... 最后回复（12:19）　　　浏览：18　回复：5

> 老师参与　请讨论分析不同企业的投资战略
> 来自课件"请讨论分析不同企业的投资战略"｜白夜mooc214_... 最后回复（10:26）　　　浏览：194　回复：22

> 老师参与　请结合供销大集、东旭光电分析高存高贷可能存在的原因？
> 来自课件"请结合供销大集或东旭光电分析高存高贷可能存在的原因？"｜鹏222_BUU_高... 最后回复（11:04）　　　浏览：149　回复：37

图 26 - 16　本周讨论话题

本周课堂讨论区部分话题（见图 26 - 17、图 26 - 18）：

为何有的企业有盈利但是没有钱？ 老师参与

为何有的企业有盈利但是却没有钱？请结合销售商品、提供劳务收到的现金和营业收入之间的差异，以及利润操纵进行分析。

来自课件""销售收现与营业收入的差异分析"

✓已关注 ↩回复 👍0 👎 | 编辑 | 举报 | ⚙管理

共5个回复 排序方式：回复时间↕ 投票数

销售商品、提供劳务收到的现金=营业收入+收到的增值税销项税额-应收账款的增加数+应收账款（应收票据）的减少数+预收账款的增加数；它是企业现金流入的主要来源，通过与营业收入总额对比可以分析出企业销售收现率，较高现率的企业产品定位正确、适销对路、经营环境良好。企业有利润但没有现金流量的原因是1.企业之间的相互拖欠，企业应收账款与应收票据之和增加、应付账款很多，算账时利润很高，拿钱时款很少；2.存货增加，存货积压，导致当期利润提高。

刘子延063_BU... 13:37 👍0 👎 | 评论(0) | 举报 | ⚙管理

因为为销售商品、提供劳务收到的现金=营业收入+收到的增值税销项税额+应收账款的减少数+预收账款的增加数
结合格力电器2017年数据不难发现，除2015年营业收入低于销售商品、提供劳务收到的现金，其2013-2017年的营业收入均大于销售商品、提供劳务收到的现金，因为流动资产中的应收现款增多，通过两者之间的对比以判断企业销售收现率的情况，从而进行下一步决策。综上所述，应收账款的增多，预收账款的减少，就是为什么有的企业有盈利却没钱的原因。

康琪玉_BUU_* 12:32 👍0 👎 | 评论(0) | 举报 | ⚙管理

没有钱应该是指企业手头上没有流动资金，可能是企业的商品销售出去后没得到现金，得到的是应收账款，买家还没有付款（即是赊销），这样在月结时企业在会计处理上确认了销售收入，确认营业利润，但是实际上应收账款没有变现，钱还没收回来，在现金流动表中就不会体现出来(收付实现制)，于是就出现了有利润没有资金的情况。

图 26 - 17 本周部分讨论话题（1）

讨论区 > 课堂交流区 > 主题详情

如何进行投资现金流出分析？如何理解投资现金流出与企业战略？ 老师参与

投资现金流出是投资活动现金流分析的重点，企业一般进行哪些投资项目？如何影响现金流量表？如何影响资产负债表？如何理解投资现金流出与企业战略？

来自课件""如何分析投资现金流出？"

✓已关注 ↩回复 👍0 👎 | 编辑 | 举报 | ⚙管理

共5个回复 排序方式：回复时间↕ 投票数

分析投资活动的现金流出量主要看母公司报表中的购建固定资产、无形资产、其他长期资产支付的现金和投资支付的现金；购建固定资产、无形资产和其他长期资产支付的现金（意味着企业的扩张主要集中在内部，以强化企业经营为核心的企业战略），投资支付的现金（一般意味着对外投资扩张的企业战略）。

刘子延063_BU... 12:25 👍0 👎 | 评论(0) | 举报 | ⚙管理

投资活动体现着献血功能，投资活动现金流出包括了构建固定资产、无形资产等，表明了企业扩大再生产能力的强弱。并且支付的其他与投资活动有关的现金，比如格力2017年500多亿的定存。
投资可分为间接和直接投资，通过不同的投资可以看出属于外源性增长策略还是内生性增长策略，从而建立投资现金流出与企业战略之间的联系。

康琪玉_BUU_* 12:21 👍0 👎 | 评论(0) | 举报 | ⚙管理

现金流量表是以收付实现制为编制基础，反映企业在一定时期内现金收入和现金支出情况的报表。对现金流量表的分析，既要掌握该表的结构及特点，分析其内部构成，又要结合损益表和资产负债表进行综合分析，以求全面、客观地评价企业的财务状况和经营业

图 26 - 18 本周部分讨论话题（2）

七、教学反思

1. 课前精准备

课前及时在企业微信群发布教学课件，更新发布慕课视频资源，发布慕课公告。及时完成上周作业的批改整理总结。根据调查问卷中开放式的问题和建议，进一步完善，有学生对回放功能、做笔记情况跟不上、PPT图片的文字解释少、有时网络卡顿提出建议。有的学生认为，基础不牢靠，学习吃力。因此，还需进一步根据学生情况改进教学（见图 26 - 19）。

图 26 - 19　调查问卷开放式建议关键词分析

2. 课中多互动

在线课程学习气氛不如面授信息传递交互性更强，在线学生容易走神。但在线上教学时空更灵活、教育教学主体更多元。为了提高学生学习注意力，本课程采用抢答、在线提问多种方式进行互动，但也存在有的学生回答问题跟风现象。这种互动方式也比较单一，还需进一步优化改进。在软件功能允许的情况下，可以考虑借鉴一些中小学培训机构的互动手段，例如，让学生用语音弹幕回答问题、单独选定学生连麦等。

教师讲授和慕课资源需更好的平衡。慕课资源为 10 分钟的单个短视频，并未涵盖所有的教学内容，讲授的逻辑和课程大纲不完全一致，所以在教学过程中主要是课上教师自己讲授，课下学生使用慕课资源。但是教师单纯线上讲授 45 分钟（一节课）时间过长，学生容易分散专注力，教师讲授和慕课资源学习需更好地平衡，是以后需要改进的地方。今后在线课程可以考虑将课堂时间长度更灵活安排。

3. 课后勤督促

及时查看视频观看记录，查看学生学习情况，对后进的学生通过班委助教提醒和老师微信等多种方式督促，让学生感受到被关注。

4. 案例教学找典型

根据课程特点，归纳整理找典型，根据本次课特点，发掘家电行业资金充足的格力电器、美的集团，互联网行业资金流发生困难的乐视网、暴风集团，投资现金流与经营现金流不相匹配的苏宁电器、掌趣科技。相互对比，典型分析。

5. 思政教学润无声

基于三全育人的理念，认真落实守好一段渠，种好责任田。本课程的教学目的在于培养学生对财务信息的解读，能够对企业进行综合财务分析，提高学生的实践和创新能力，树立正确的资产结构质量观、利润质量观、现金流量质量观、综合财务质量观。本次课思政教学从两个方面进行设计：

（1）投资者价值保护。学生通过分析乐视网、暴风集团、掌趣科技等互联网企业投资活动现金流量，探讨企业投资战略对于投资者价值的提升。如乐视网在经营现金流不足的情况下，大规模进行投资活动，投资现金流出量巨大，执着于进行全生态链建设。超额负债最后导致资金链断裂，给投资者带来巨大风险，损害投资者利益。

（2）企业诚信及社会责任承担。通过引入北亚实业案例，近几年该企业经营现金流量为 6000 万元，净利润 4.8 亿元，为经营现金流 8 倍之高。根据经营现金流与净利润的差异，分析可能存在的利润操纵，探讨企业诚信、社会责任的承担。

第二十七章 保险学课程网络教学案例报告

一、任课教师基本信息

任课教师：王玲

所在教学单位：商务学院金融会计系

二、课程基本信息

课程名称：保险学

课程类型：专业选修课

学时学分：48 学时/3 学分

面向学生：2018 级金融专业

网络教学方式：大学 MOOC + SPOC

三、教学目标与教学内容

1. 教学目标

这是本课程的第一课，主要是介绍本课程总体安排。内容包括导论与第一章内容。

导论：让学生对该课程有整体了解，了解大纲与进度安排；了解考勤纪律、作业、答疑等教学要求；了解课程考核要求。

2. 教学内容

第一章风险与风险管理教学目的：掌握风险的概念、特征、因素，可保风险的要素；理解风险管理与保险的关系；了解风险的分类，风险处理的基本方法。

四、课前准备

1. 老师准备

自己录制了导论；每一小节编写了小测验、讨论，原来 SPOC 课程都没有，是我自己加的。

2. 学生准备

发给学生的通知如下，公布于企业微信与 SPOC 公告栏。

（1）同学们要准备电脑一台，移动通信设备一部。因为企业微信群里，老师会引导学生考勤，发任务，例如，看录像时间、做测试时间、答疑时间，按计划一步步推进，同学们在电脑的大学 MOOC 的 SPOC 平台上，完成老师相应的指令。如果只是手机操作，可能会忙乱，跟不上节奏（见图 27 - 1 ~ 图 27 - 4）。

（2）预习课本第一章，高等教育出版社出版的第三版，作者是魏华林，相应教材链接已发到微信群里，许多同学已经回复。建议大家在移动端上用浏览器打开，这样每次不用登录，打开就能用了。

（3）准备笔记本一个，要求大家一边看教学录像，一边记笔记，笔记类似思维导图，记录主要标题，核心词，总之是利于你理清思路，了解课程。有的同学直接在电脑上记录，电子版也可以。我习惯手写，各人习惯不同，适合自己就是好的。最后上完一章内容，笔记上传作为单元作业，计入平时成绩。

（4）考勤要求：7：50开始在企业微信群接龙，8点结束，正式上课。已经尝试过了，还挺好用。感谢开学，大家生物钟又正常了！按时起床，认真上课，有利于健康。

（5）时间安排，好紧张的，不能松懈的，必须打起精神跟上我呀。

1）7：50~8：00企业微信群接龙考勤。

第一节课：8：00~8：25导论，SPOC上，我自己录的，还辛苦研究WEBM转换为MP4，录制、转格式都费了很多时间，虽然不完美，同学们多多捧场。

8：25~8：40，观看教师教学录像，第一章风险与风险管理的第一节什么是风险，大家边看录像边笔记。8：40~8：45，课堂测试。

8：45~8：50课间休息5分钟。

2）第二节课：8：50~8：55，解析测试，答疑，在企业微信中进行。

8：55~9：05，大家做SPOC中的讨论题，老师在微信群里提问，看大家如何思考的，并答疑。

9：05~9：25，观看第二节风险分类的教学视频，并记笔记。

9：25~9：35，大家在SPOC上做课堂测试，5分钟，老师提问，讲解习题，答疑5分钟，微信群里。

9：35~9：55，课间休息，运动一下吧！

图27-1 给学生准备教材

3）第三节课：9：55~10：15，在SPOC上看第三节教学录像并记笔记。

10：15~10：20，测试练习在SPOC平台上，讲评在微信。

10：20～10：30，在 SPOC 上看第四节录像可保风险。

10：30～10：35，测试，讲评。

10：35～10：40，总结，布置作业。

图 27－2　老师完善课程，增加测试、讨论，导论视频

图 27－3　老师发布课前要求

图 27－4　老师录制导论视频为 WEBM 格式，购买软件转化为 MP4 格式，和客服联系

五、课中活动

1. 考勤签到

考勤签到见图 27 – 5。

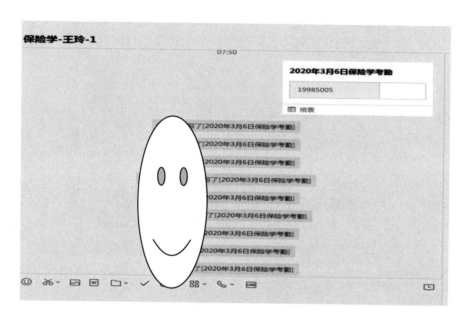

图 27 – 5　考勤签到

引导同学们观看自制导论视频，对保险学的专业地位、主要内容、预习方法进行介绍。并通过企业微信与同学们沟通本课程学习中应当注意的问题（见图 27 – 6）。

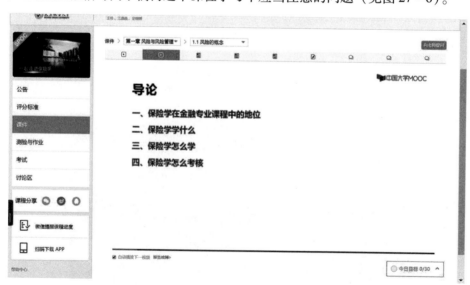

图 27 – 6　导论视频

2. 引导同学们积极讨论

讨论1、讨论2，如图27－7、图27－8所示。

图27－7　讨论1

图27－8　讨论2

3. 引导学生观看学习视频与学习（见图 27 - 9 所示）

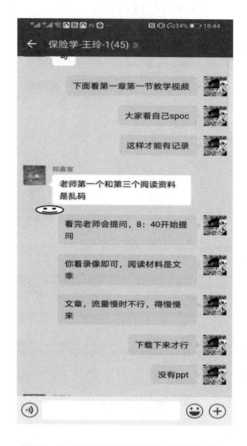

图 27 - 9　引导学生观看学习视频与学习

六、课后任务

（1）做单元测试。

（2）上传课堂笔记。

（3）自学第四节内容，并做测试。内容相对简单。

（4）以小组形式提供一份风险控制方案报告测试学生保险相关信息收集、整理以及应用能力，三周后提交。

七、教学反思

用企业微信会议做课堂沟通平台，SPOC 学习平台结合效果还不错，可以随时沟通、提问，了解学生的课堂学习与跟随情况。学生提问、测试尤其讨论做得都不错。只有一个学生考勤迟到，全部到课。但有些学生没有跟上节奏，讨论内容有些同学没有参与，课堂学生视频学习情况反馈滞后，课后要做分析，私下联系学生了解情况。要编写问卷，了解学生对课堂的意见，及时改进。总的来说，效果还不错，学生很充实、忙碌。时间控制上还要再精确些，要加强对时间的把控，提高线上课堂教学效果。

第二十八章 税法课程网络教学案例报告

一、任课教师基本信息

任课教师：白庆辉
所在教学单位：商务学院

二、课程基本信息

课程名称：税法
课程类型：专业选修课程
学时学分：48 学时/3 学分
面向学生：商务会计 1801B、1802B
网络教学方式：企业微信直播 + 企业微信群互动 + 微助教

三、教学目标与教学内容

教学时间：第五周 2020 年 4 月 2 日（周四 8：00～10：35）
教学章节：第三章第一节增值税概述

1. 教学目标
（1）掌握增值税的基本法律知识，熟悉增值税的概念和演进。
（2）掌握增值税的特点。
（3）掌握增值税的纳税人。

2. 教学内容
（1）增值税作为价外税、流转税，具体有什么特点。
（2）增值税在世界和我国是如何发展和演进的？有何启示？
（3）增值税的纳税人若干情况。

四、课前准备

1. 通过调查问卷，对学生相关情况进行调研

疫情期间的上课是一种新模式，有些担心学生的授课效果和学习效果。针对税法课程的特点，在第二周课后，曾就学生的学习兴趣、学习状态、学习效果、职业规划、证书考取和授课意见等方面设计了若干问题，用问卷星进行问卷调查，学生可匿名回答，在 49 名同学中（含重修两名）共有 44 名同学回答了问卷（见图 28 - 1 的前 5 张图，为问卷的部分问题和结果）。以后随着课程的推进，会不断设计一些问题，与学生沟通，了解学生的学习状态，随时调整授课方式、授课内容，保证教学质量。

2. 布置相关问题，预习有的放矢

在第四周课即将下课时，给学生布置了第五周课程的提前预习。为了让学生在预习中有针对性，在微信群中提出了若干问题（见图28-2），让学生能思考这些问题，带着问题预习，预习的效果会更好。大概有2/3的学生的教材都在学校，针对这种情况，向中国人民大学出版社要了《税法》的电子版教材发给学生。在疫情期间，中国人民大学出版社教材电子版是免费开放的。

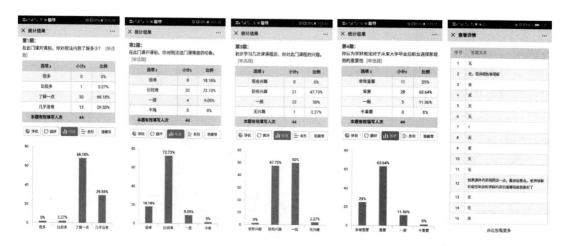

图 28-1 调查问卷结果

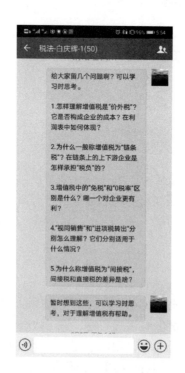

图 28-2 预习任务

五、课中活动

第一节课课前，7：55~8：00 微助教签到（见图 28-3）。

图 28-3 课前签到

（1）第一节课，8：00~8：10 微助教测验。

这是根据调查问卷和与学生交流，从第三周开始的保留节目，已连续进行三次，以后都会保持。通过"微助教"，用 5 分钟测验上次课学习的主要内容（见图 28-4）。题目都是根据上次课内容我自己出的，以多选、单选、判断题型为主，而且学生测验都是同时、同步的，这与 MOOC 中的学生自己设定测验有些不同。测验的时间设计得刚刚好，不会有翻书的时间。然后用 5 分钟进行了讲解。课前测验，一方面是促使学生课下复习，另一方面也是对本次课内容学习进行良好的铺垫。

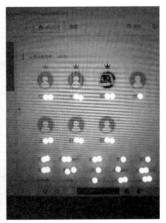

图 28-4 课前测验

8：10～8：35 讲解增值税的概念和演进。

增值税的概念中最重要的是增值税的征收。其包括 6 个方面，其中三个在 2006 年 5 月 1 日营改增之前，3 个在营改增之后。结合增值税的发展史，讲解增值税的改革、增值税在世界和我国的发展（见图 28 -5）。

8：35～8：42 学生讨论：

结合发展史，增值税发展的必然性？增值税的改革方向可能是什么？

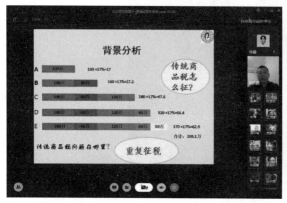
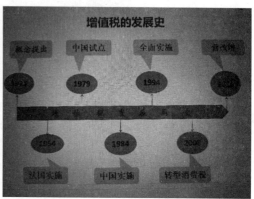

图 28 -5　增值税的概念和演进

8：42～8：45 本节课程内容总结。

（2）第二节课。

8：50～8：52 随机点名，学生是否在线，否则算旷课。

8：52～9：20 讲解增值税的基本特点（见图 28 -6）。

从学生最熟悉的会计报表讲起，增值税在其中并没有位置，增值税并不构成企业成本的一部分，说明增值税"价外税"的特点。通过具体的产业链条抵扣的实例，说明增值税作为"链条税"的特点，抵扣链条的完整和中断会有什么影响。

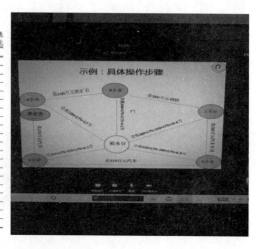

图 28 -6　增值税的基本特点

9：20～9：30 通过微助教、微信群讨论增值税优点和缺点（见图 28－7）。

图 28－7　增值税的优点和缺点

9：30～9：35 本节课内容总结。

（3）第三节课。

因为本节课休息时间为 15 分钟，9：50 上课，我通常都是提前 3 分钟 9：47 坐在电脑前通知大家快点回来，然后随机点名 3～5 人，看学生是否在线。

9：50～10：00 讲解一个关于增值税纳税人的案例（见图 28－8）。

首先讲一个真实案例，某公司销售部门对外签合同，在合同中规定增值税纳税人为购买方，增值税税款由购买方承担和缴纳，但这和国家规定的增值税纳税人相违背。销售部门人员因为不懂税法中关于纳税人的规定，给公司带来重大损失。确定纳税人关乎法律责任，所以十分重要。

10：00～10：15 增值税纳税人确定的 5 种特殊情况。

10：15～10：30 讨论中国税务报 2019 年 10 月的一个案例。

图 28－8　一个关于增值税纳税人的案例

10：30～10：35 课程总结。

六、课后任务

（1）复习本节课的内容（快下课直播时口头通知），并预习下节课的内容。

（2）对一个经典案例仔细阅读，写出小结，并回答在微助教中的问题。

（3）对于微助教中的讨论思考题进行讨论（见图 28 - 9）。

图 28 - 9　课后讨论任务

七、教学反思

本门课程经历了一些调整，第一节课学生观看了中国大学 MOOC 异步 SPOC 视频课程，我围绕老师课程作为辅助教学，答疑、测验等，采用的这种模式。但在第一节课后，便有同学反映视频课程不理想。最终在学生的建议下，从第二节课开始直播，按照教材给学生上课，就跟在校上课是一样的，只是以直播的形式。为了谨慎，第二次课后让学生进行了投票，投票结果是 2/3 以上的同学都希望按照教材直播上课。经向系主管教学领导请示，尊重了学生的意见。这种调整总结有以下两点原因：

（1）和本门课程的特点有关。本门税法课程近年变化较大，但 MOOC 中的老师并没有及时更新相关内容。在仅有可选择的几个老师中，我选择的是南京审计大学王萌教授的课程，点击率还是很高的，按说经验丰富，而且已经是该团队第五次录制的课程。但发现，尽管第五次录制是在 2019 年 12 月至 2020 年 1 月，却没有体现 2019 年初的税法重大变更，题库也没有更新。

（2）基于学生的要求。学生大多不满意 MOOC 内容，不仅与内容没有及时更新有关，也与内容本身的讲解效果和内容含量有关。经常和学生沟通，得知老师讲的内容过于简洁，对内容展开不够，案例解析不够，听不明白，看几遍都一样。可能是老师录制时间短的缘故，例如，在增值税环节，录制课件的时间只有我们正常上课时间的1/3。

对个人进行的直播教学，其效果有以下三点感受（见图28-10）：

（1）知识和信息传递视角。直播与现场有差距但差距并不大。虽然通过电子产品作为媒介，似乎难以监控学生。实际上，主要看学生的注意力在哪里，直播上课可以较好地吸引学生在电子课堂。只要学生的注意力在课堂，在某种程度上比心猿意马的教室课堂更好一些。我感觉我的学生做得还是不错的。

（2）沟通交流和讨论视角。直播上课与教室现场差距较大，主要是很难调动起现场集体讨论的"氛围"，虽然也能讨论，但由于现场感不足，效果会大打折扣。这个可能只能靠以后的 VR 和 5G 技术弥补了。

（3）学习效果检测视角。比教室现场检测可能更好，通过各种软件工具，限时远程测验已无问题，把时间设定得尽量少一些，不给学生额外翻书或网搜的时间，身边也没有同学可以参考，可能反而有利于检测学习效果。

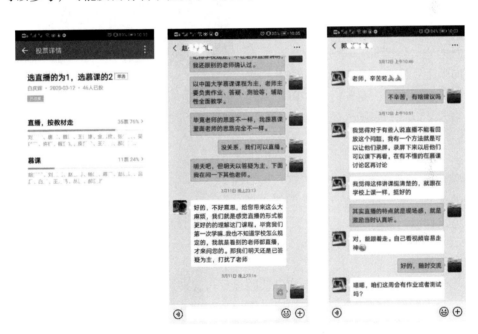

图 28-10 直播教学效果感受

第二十九章 商业银行业务管理课程网络教学案例报告

一、任课教师基本信息

任课教师：刘微

所在教学单位：商务学院金融会计系

二、课程基本信息

课程名称：商业银行业务管理

课程类型：跨专业任选课

学时学分：48 学时/3 学分

面向学生：商务国商 1701B/1702B、商
务会计 1701B/1702B、商务信管 1701B、商务营销 1701B

网络教学方式：中国人民大学 MOOC + SPOC + 企业微信群

三、教学目标与教学内容

教学时间：2020 年 4 月 9 日，第六周周四 13：00～15：35。

教学章节：第三章　商业银行负债业务（第五节　商业银行长期借款、第六节　流动性与负债管理）；第四章　现金资产业务及流动性管理（第一节　现金资产构成和作用、第二节　资金头寸计算和预测）。

1. 教学目标

（1）学生能够明确商业银行长期借款的种类与管理。

（2）学生能够概括现金资产的构成、作用及管理。

（3）学生能够应用商业银行流动性的预测方法解决问题。

（4）学生能够分析商业银行流动性的经营风险。

2. 教学内容

（1）商业银行长期借款以及负债流动性管理。

（2）商业银行现金资产构成、作用及管理。

（3）商业银行现金资产头寸预测、流动性风险经营管理。

四、课前准备

1. 学情调查、持续改进

贯彻以学生为中心的 OBE 教学理念，针对已完成的教学活动采取问卷形式开展学情

调查、动态调整持续改进教学方法（见图 29 - 1）。本课程面向商务学院非金融专业学生开设，学生来自四个专业，具有不同的金融学基础，经过前五周的学习，同学们的适应能力不尽相同，因此，通过问卷调查的形式反映出来以下七个问题：

（1）课程初步实现了调动学生积极性和未来对于金融行业的兴趣。72.4% 的学生对金融行业的工作产生初步兴趣，10.3% 的学生对金融行业产生较大兴趣。

（2）大部分学生金融市场知识薄弱，希望通过此课程进行扩展。62.1% 的学生希望粗略回顾，34.5% 的学生希望系统细致地回顾金融市场知识。

（3）58.6% 的学生偏重于通过本课程的学习提高对商业银行以及金融市场的辩证分析能力，而 27.6% 的学生希望扩展金融行业相关知识并简单应用。

（4）针对 MOOC 课程知识点的补充，学生们基本上认为条理较清晰易于理解。

（5）82.8% 的学生倾向于引入行业真实案例进行教学活动。

（6）经过教学实践以及与学生反馈，选择了三种 SPOC 教学模式，学生接受模式相当，说明不同基础的学生其需求有所不同；但相对而言，学生更偏向于课前知识点补充整理课件 + 课前老师概括每讲重点 + 观看 MOOC 课程 + 课后总结、讨论（企业微信会议）+ 课堂练习的教学方式。

（7）有 69% 的学生认为，该课程学习基本能够理解和掌握，但 31% 的同学存在理解困难，后续的调查中将针对此问题与学生持续沟通，了解并改进教学效果。

图 29 - 1　商业银行业务管理学情调查

2. 取长补短、因材施教，有机融合 MOOC 课程课件与知识点补充

本课程以中国大学 MOOC 上海财经大学戴国强的《商业银行经营学》作为基础，开展 SPOC 教学。由于教学对象和教学目标存在差异，并且为了更好地体现课程的应用性和实践性，我们在课前系统地梳理了 MOOC 知识点与教学目标的差异，有针对性地进行补充扩展和筛选，将知识点有机融入原有的 MOOC 课件中形成有机整体，见图 29 - 2。

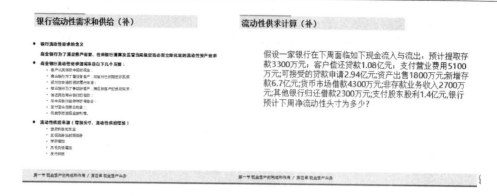

图 29 – 2　补充知识点融入 MOOC 课件

3. 产教融合、遴选优秀行业案例，并组织学生提前预习

现有 MOOC 以及书本教学内容囿于理论知识，行业案例相对较少，内容相对静态，缺乏时代感，学生学习缺乏热情。针对这些问题，课前认真遴选优秀行业案例，并组织学生提前预习（见图 29 – 3）。

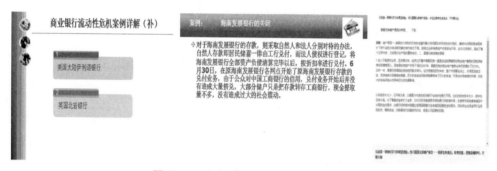

图 29 – 3　组织学生预习优秀行业案例

4. 编制课堂练习，提炼学习重点

针对学生学习 MOOC 视频缺乏目的性的问题，提前编制课堂练习嵌入到 MOOC 中，帮助学生提炼回顾学习重点，见图 29 – 4。

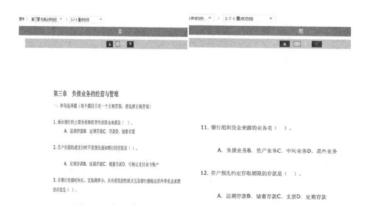

图 29 – 4　课堂练习

5. 提前设计 SPOC 教学流程、引导学生有序学习（见图 29 – 5）

图 29 – 5　SPOC 教学流程

6. 选取适当的讨论题材，历史与现实碰撞，实现课程思政有机融入

商业银行是一门与社会实践紧密联系的应用性课程，在 SPOC 的教学环境和当前的战"疫"背景下，如何将课程思政有机融入课程中，需要我们认真探索。在教学准备的过程中，我从现实和历史的角度认真选取讨论的视频、教材，让学生认识到以商业银行为代表的金融行业如何承担社会责任、英美国家的银行体系是在怎样的社会思潮下推动发展的（见图 29 – 6）。

图 29 – 6　课程思政在讨论题材中的运用

五、课中活动

本次教学活动采取 MOOC 课程 + 企业微信会议的形式完成了课堂讲授、案例分析、课堂练习等环节。根据学生情况增加了课间休息，课程实际教学流程与预期流程略有调整，基本完成教学目标，大致分为三节，课程详细过程如下：

1. 第一节课

（1）慕课堂签到。13：00 完成慕课堂签到，本课程人数 38 人，全部按时签到，但由于之前有同学更换了登录名称，慕课堂中有 11 个同学存在两个登录名称，所以系统显示存在 11 人缺课，实际 0 人缺课和迟到。签到完毕，开启语音会议，向学生简短布置本次课的学习任务和 SPOC 课程的时间安排（见图 29 – 7）。

图 29 - 7　慕课堂签到情况

（2）15 分钟：上节课第三章第一至四节重点总结回顾。企业微信平台交流过程中学生反映如下问题：第三章知识点庞杂、涉及众多金融市场尤其是货币市场知识较多，作为非金融专业学生理解相对困难而且重点不太明确。针对此问题，开始新课之前首先对第三章第一至四节重点进行总结回顾，并且将 PPT 再次梳理，将重点知识点标红（见图 29 - 8）。

图 29 - 8　重点知识总结回顾

（3）10 分钟：第三章第一至四节知识点课堂练习。针对第三章第一至四节知识点学生完成 9 道选择题的课堂练习，为了增强互动性采用随堂提问的方式，在微信平台语音会议中与学生共同答疑解惑（见图 29 - 9）。

（4）10 分钟：翻转课堂的学习。总结 + 提问 + 讨论 3 - 5 - 1 商业银行长期借款（一）、（二）。上节课课后要求学生课下完成观看 3 - 5 - 1 商业银行长期借款（一）、（二）在 MOOC 课堂的视频，课上老师主要进行重点知识的梳理和解释，重点给学生解释了商业银行长期借款的意义、主要种类；并用实际的行业例子解释了知识难点，例如，混合债券、可分离债券以及国际债券（见图 29 - 10）。

图 29 - 9 课堂练习

二、金融债券的主要种类

国际金融债券

	外国金融债券	欧洲金融债券	平行金融债券
发行市场	外国金融市场	外国金融市场	几个国家
发行机构	金融市场所在国的银行或金融机构	其他国家银行和金融机构	各国银行和金融机构
发行货币	发行国货币	第三国货币	各投资国货币

图 29 - 10 重点知识的梳理和解释

(5) 15 分钟：翻转课堂学习——总结 + 提问 + 讨论 3 - 6 - 1 流动性与负债管理（重点案例分析）。上节课课后要求学生课下完成观看 3 - 6 - 1 流动性与负债管理在 MOOC 课堂的视频，课上老师对重点知识进行梳理，由于戴国强在 MOOC 上并没有对此部分内容过多展开讲解，同时缺乏对于行业案例的讲解，一方面，会造成学生缺乏直观感受难以理解；另一方面，由于该部分内容对于下一章流动性管理是重要的知识铺垫，应该予以补充。因此，本节针对性地补充了关于流动性风险、利率风险、存款保险等知识点，并重点引入了海南发展银行倒闭、日本银行倒闭案说明流动性风险、利率风险的管理（见图 29 - 11）。

图 29 - 11 讲解行业案例

(6) 5 分钟：第三章第五至六节知识点课堂测试。针对第三章第五至六节知识点学生完成 6 道选择题的课堂练习，为了增强互动性采用随堂提问的方式，在微信平台语音会议中与学生共同答疑解惑。

(7) 5 分钟：课间休息。

2. 第四章现金资产业务及流动性管理

(1) 25 分钟：破冰活动——流动性危机案例分析（语音会议课堂讨论）。为贯彻产教融合的教学理念，弥补 MOOC 课程中案例分析不足的问题，在进入第四章现金资产及流动性管理理论学习之前，引入商业银行流动性危机案例，组织学生通过语音会议的方式进行讨论。

1）案例背景介绍。案例涉及 1984 年美国大陆伊利诺银行和 2008 年英国北岩银行的流动性危机，老师针对这两家银行的经营概况及危机发生的金融环境进行介绍。

2）案例过程分析与讨论。重点分析银行的经营指标、资产负债状况及其典型特征、可能存在的风险暴露情况以及对银行风险管理的启示；并对两名学生进行提问（见图 29 – 12）。

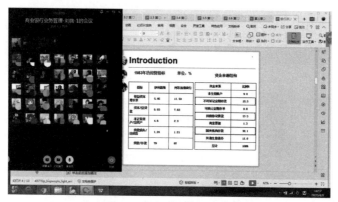

图 29 – 12　流动性危机案例分析

（2）20 分钟：MOOC 课程学习——4 – 1 – 1 现金资产构成和作用。首先，进行 MOOC 课程学习前的重点梳理讲解；其次，针对知识点提出问题，引导学生进行学习。

（3）10 分钟：课间休息。

3. 总结补充

（1）25 分钟：翻转学习——4 – 1 – 1 现金资产构成和作用（企业微信语音会议）。重点补充讲解流动性含义、管理的必要性，流动性供求的计算。

（2）5 分钟：第四章第一节知识点课堂练习。

（3）5 分钟：课后小结。

六、课后任务

（1）完成 MOOC 课程预习——4 – 2 – 1 资金头寸计算和预测。

（2）完成课后习题（针对第三章和第四章第一节的选择题、计算题）。

七、教学反思

1. 课堂教学时间把控仍然不太成熟

原本计划讲完第四章第二节，但是由于讨论时间延长，未完成该部分讲述，所以，将持续提高教学时间把控能力。

2. 微信教学平台存在技术故障，要及时发现

有 3 分钟语音会议主持人掉线后没有及时发现，导致学生在这几分钟时间里没有有效学习；因此，将来在网络教学过程中要通过手机、电脑双重监控来避免这个问题。

第三十章　成本会计课程网络教学案例报告

一、任课教师基本信息

任课教师：季皓
所在教学单位：商务学院

二、课程基本信息

课程名称：成本会计
课程类型：专业任选课程
学时学分：48 学时/3 学分
面向学生：商务会计 1701B/1702B
网络教学方式：中国大学 MOOC + 云班课 + 企业微
信群

三、教学目标与教学内容

教学时间：第八周 2020 年 4 月 21 日（周二 8：00 ~ 11：00）。
教学章节：《成本会计》第八章　生产费用在完工产品与在产品之间的分配。

1. 教学目标
（1）了解在产品产成品的概念。
（2）掌握在产品盘盈盘亏的账务处理方法。
（3）熟练掌握在产品成本计算方法的选择及各种不同的在产品成本计算方法的适用范围。
（4）掌握各种在产品成本的计算方法及其特点，本次课上主要学习且重点掌握约当产量法。

2. 教学内容
（1）在产品概念及其数量的核算。
（2）在产品成本和完工产品成本之间的关系。
（3）生产费用在完工产品与在产品之间的分配方法。
（4）约当产量比例法。

四、课前准备

1. 教学资料的准备和上传
（1）基于学期初公布的教学日历的进度进行教学，课件与相关学习资料在每周一早上 8：00 上传教学平台，鼓励学生提前预习。

（2）向学生提供配套的电子教材。

2. 关注学生疑问，为学生及时答疑解惑

对于学生学习中的问题，通过企业微信群和蓝墨云班课，随时答疑。

3. 补充案例与学习资料，并进行补充讲解

由于视频课程特点，知识点内容往往不够深入，在蓝墨云班课上为学生补充了课件和补充学习资料，并且根据课程进度，通过企业微信群发送给学生。

4. 通过客观题测试和主观核算题来巩固学生对成本会计内容的掌握

成本会计对成本计算和核算要求较高，课后作业除了客观题测试之外，还要求学生进行主观题核算，并要求过程清晰、步骤完整，由教师本人逐一批改，对于错误给出原因和评语，以此来促进学生成本核算能力和实际操作能力的提升。

5. 提前公布课程整体安排

本学期课程开始前，首先，对学生公布教学日历，向学生明确每一章节的时间和学习内容。其次，每次上课，都向学生首先阐明本次课程整体安排，使学生对课程整体目标、安排、任务、难点心中有数。

五、课中活动

1. 7：55～8：00 云班课点名

使用云班课 7：55～8：00 签到。全班 47 人，46 人按时签到，1 人迟到。

图 30 - 1 课前测试

2. 8：00~8：30 引导学生进行上一次课后测试易错点复习和引导

上一次课学生学习了生产损失核算，包括废品损失和生产损失。教师挑选了四道客观题来带领学生复习这一章两个部分的主要知识点和易错点。通过这四道题把上一章的内容进行简单的梳理和总结（见图30-1）。

在给出题目后，学生回答踊跃，除了给出题目答案之外，学生还给出了原因。教师在此基础上进行解释和总结并提供了易错知识点的课件。

3. 8：30~8：35 引出本次课程内容。

对前面学习的三次归集和分配内容简单概括，通过成本会计的最终目的，引出本次学习内容，第四次分配——生产成本在完工品和在产品之间进行分配，引起学生学习兴趣。

4. 8：35~8：36 向学生明确本次 SPOC 课程学习步骤

本门 SPOC 课程上，每次课公布的学习流程一般包括以下四个方面内容（见图30-2）：

（1）告知学生本次课程总体课程内容，其中的重难点。

（2）本次课程的四方面学习目标。

（3）需要学习完成的四小节慕课内容。再次强调慕课学习顺序，即看视频→练习→讨论区（课堂交流区至少回答一道问题）。教师在微信群内随时答疑。

（4）按照 SPOC 视频课程的时间估算，要求学生上午 10：15 回到企业微信，以便教师带领学生对本次课学习内容再次进行总结和梳理。

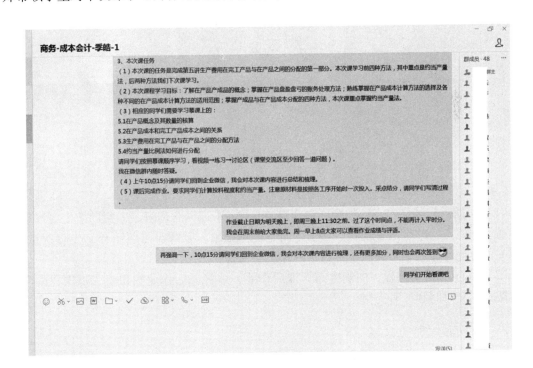

图 30-2　SPOC 课程学习步骤

5. 10：15~11：00 教师对 SPOC 课程内容进行归纳总结，并通过习题再次巩固

（1）10：14~10：16 再次签到，应到47人，签到人数为47人。

（2）10：16~10：40 本次课程内容的归纳梳理。

在确认学生到齐后，教师进行了本次课程内容的总结梳理，主要对本次课三个主要内容——在产品概念、在产品梳理核算、完工品和产成品成本核算的原则、思路和方法，进行讲解，其中，特别详细讲解了约当产量比例法的整体思路（见图30-3）。

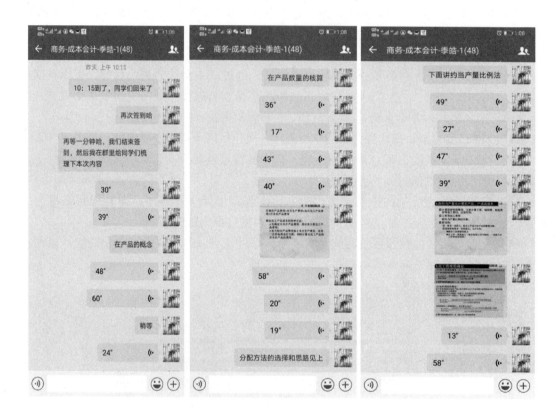

图30-3　本次课程归纳梳理

6. 10：40~11：00 通过习题再次巩固与讲解易错点

（1）根据内容的易错点，教师通过2道核算题、4道概念理解题来帮助学生更好掌握本节易错知识点，学生回答踊跃。在学生回答的基础上，教师对习题结合PPT再次讲解，对相关内容进行总结，来巩固学生对本讲知识的掌握。

（2）11：00 结束课程，向学生布置课后作业，解释课后作业知识点，再次提醒学生作业截止提交时间和按时提交。

六、课后任务

（1）课后作业。进行约当产量法的核算，要求写清步骤，采点结分。提交时间为第二天晚上11：30前。教师将于周末前批完，学生在下周一早上查询成绩。

（2）学生学习教师布置的补充学习资料（见图30-4）。

图 30－4 补充学习资料

七、教学反思

1. 通过目标制定，帮助学生明确课程学习中的自我角色与任务

首先，由于教师不能实时观察学生状态，不能与学生面对面接触和管理，SPOC 等形式的网络教学在很大程度上依靠学生自我导向式学习，需要学生识别自我核心能力与知识差距，采取主动学习的方式。因而应使学生了解其移动学习的角色和总体任务，这里包括学生自我负责的学习态度；以适合自己的速度和方式随时随地学习；合作学习；线上沟通；等等。其次，在学生自我定位基础上，教师应该引导学生进一步明确具体的学习目标。这又分为课程总体的知识能力目标和每个知识模块下具体知识目标，使学生在移动学习中可以有的放矢。目标的制定要考虑课程要求、学生认知水平和可操作性。目标制定还要结合过程性评价，通过线上测试、作业等形式，帮助学生随时了解自身知识掌握水平，使学生能够有效调节个体的目标任务，这也为教师个性化指导提供了依据。

2. 经过精心的教学设计，增强学生移动学习能力和信心

只有与教学策略、教学任务精心结合，移动学习端个性化功能，才能有效地增强学生学习能力，并产生积极的学习效果。为了做到这一点，在教学设计上应对学生学习成果及时反馈，例如，通过线上练习、题项测试、知识挑战等方法，同时不能忽略主观案例题等，并结合教师及时批改。

3. 持续提高网络教学资源质量

只有通过高质量移动网络教学资源，提升学生期望确认度、有用性感知和满意度，才能正向作用于网络学习持续性和高效性，最终提升学生的线上学习兴趣。这要求教师不断加强移动学习资源建设，例如，加强内容的新颖性、趣味性、价值性，同时不能忽略把碎片化的知识通过串讲等方式进行系统化，这样才能兼顾学生知识能力的深入性和全面性。

第三十一章　金融学课程网络教学案例报告

一、任课教师基本信息

任课教师：谢博婕

所在教学单位：商务学院金融会计系

二、课程基本信息

课程名称：金融学

课程类型：国贸专业必修课程

学时学分：48 学时/3 学分

面向学生：2 年级国贸专业

网络教学方式：中国大学 MOOC 异步 SPOC、企业微信群

三、教学目标与教学内容

1. 教学目标

表 31 - 1　课程教学目标与模块教学目标

	课程教学目标	模块教学目标
知识	（1）掌握货币和利率的基本概念和金融市场的基本理论； （2）掌握金融机构的类型、金融中介存在的必要性及金融业内的利益冲突； （3）了解金融危机的发生机制、金融监管的重要意义和监管方法； （4）了解中央银行的职能和货币政策的制定与执行过程； （5）掌握主要的货币需求理论、货币政策传导机制和通货膨胀理论	（1）掌握商业银行资产负债表的内容； （2）理解商业银行经营管理的原则： a. 流动性管理和超额准备金的作用；★ b. 资产管理； c. 负债管理； d. 资本充足性管理；★ e. 信用风险管理； f. 利率风险管理★
应用	掌握观察和分析金融问题的正确方法，具备辨析金融理论和解决金融实际问题的能力，为今后从事相关的金融工作打下良好基础	（1）运用 T 账户反映商业银行基本业务对资产负债表的影响； （2）从流动性管理视角，理解商业银行持有超额准备金的原因；★ （3）从资本充足性管理视角，辨析资本规模与破产风险、股东收益的关系；★ （4）运用缺口分析和久期分析，探究利率变化对银行利润或净值的影响★

	课程教学目标	模块教学目标
整合	学生能够结合其他专业知识，整合应用金融学的基本原理分析、评价那些已经或正在发生的重大金融现实问题	（1）结合课程内"利率"模块中的久期知识和新学习的"证券市场价值变动与久期的关系"，衡量商业银行面临的利率风险； （2）结合课程外"基础会计"中T账户的绘制方法和新学习的"商业银行资产负债表的特征"，反映银行基本业务对资产负债表的影响； （3）结合课程外"财务管理"中资产回报率（ROA）、股权回报率（ROE）知识和新学习的"资本充足性管理"，辨析商业银行资本规模与股东回报率的关系
情感	学生能够参与协作学习，具有团队合作意识，能够就国内外金融热点问题撰写报告，进行成果展示和有效沟通与交流	第15周成果展示课，学生将通过自选题、小组形式，对模块相关的热点新闻或经典案例进行剖析和展示
价值	学生能够在金融领域实践工作中，理解并遵守相关金融职业道德和规范，履行责任	学生日后进入银行业工作，能够熟悉机构经营管理的原则和内容，树立风险意识，遵守职业规则

注：红色字体★标注为本周教学重点目标。

2. 教学内容

授课时间：2020年5月19日（第12周）第一至三节。本周为教学闭环过程的第3环节（见图31-1），具体教学内容涵盖：

（1）结合思维导图和学情问卷，对知识点进行回顾与梳理。

（2）结合批阅情况，对易错、多错点进行纠错和讲解。

（3）总结与答疑。

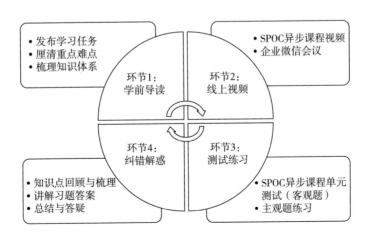

图31-1 线上教学闭环设计

四、课前准备

1. 资源选择

课程选择中国大学 MOOC 平台对外经济贸易大学蒋先玲的货币金融学课程建设 SPOC 异步课程。这门课程是国家级精品在线开放课程，目前已经面向全国开设五个学期，课程资源丰富，能够为在线教学提供必要的支撑。与模块"银行业与金融机构管理"内容对应的是"第七章　商业银行业务及管理"，具体内容涵盖商业银行的起源与发展、商业银行资产负债表的内容、商业银行经营管理的原则（资产管理、负债管理、利率风险管理）（见图 31 – 2）。

图 31 – 2　中国大学 MOOC 异步 SPOC 课程资源

2. 教材选择

课程选择米什金《货币金融学》（第 11 版）教材作为 SPOC 异步课程的补充资源，模块学习前，教师将补充学习的章节内容，提前发布在企业微信群，方便学生及时查看。与模块"银行业与金融机构管理"内容对应的是教材"第九章"，补充内容涵盖：运用 T 账户反映银行基本业务对资产负债表的影响、商业银行经营管理的原则（流动性管理、资本充足性管理）（见图 31 – 3）。

3. 学情分析

完成教学闭环设计中的 1~3 环节后（见图 31 – 1），为了解教学班学生对知识点掌握情况，通过问卷星进行调查分析，方便本周纠错解惑环节有的放矢。

通过学生自评发现，学生普遍认为，模块"银行业与金融机构管理"知识与习题难度适中或比较困难；较高比例学生认为自己对知识点"银行资产负债表的内容""运用 T 账户反映银行基本业务对资产负债表的影响""流动性管理""资本充足性管理""利率风险管理"尚未完全掌握（见图 31 – 4）；未掌握的原因主要是"原理难参透""计算有难度"（见图 31 – 5）。

第9章 银行业与金融机构的管理 158
　　银行的资产负债表 158
　　银行的基本业务 161
　　银行管理的基本原则 163
　　信用风险管理 170
　　利率风险管理 173
　　表外业务 175
　　　　总结 178
　　　　关键术语 178
　　　　思考题 178
　　　　应用题 179
　　　　数据分析题 180
　　　　网络练习 180
　　　　网络索引 180
　　　　网络版教材附录 180

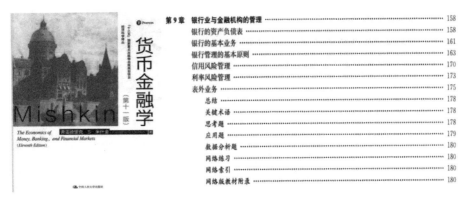

图 31-3　教材资源

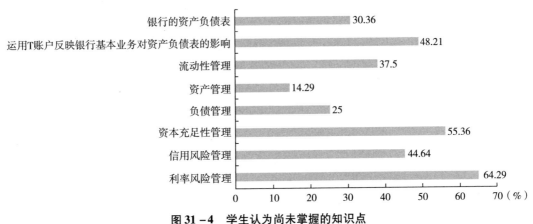

图 31-4　学生认为尚未掌握的知识点

第4题： 知识点难掌握的原因 [多选题]

选项	小计	比例	
名词难理解	22		39.29%
原理难参透	45		80.36%
计算有难度	35		62.5%
本题有效填写人次	**56**		

图 31-5　知识点难掌握的原因

　　基于上述结论，在本周教学第4个环节中，知识点回顾与梳理环节需加强对学生尚未掌握知识点的原理讲解，习题讲解环节结合学生练习的实际易错、多错点，分步骤演示与说明，强化学生对知识的消化与吸收。

五、课中活动

　　本周课中活动为实现教学目标的最终环节，包括知识点回顾与梳理、习题讲解、总结答疑等活动，均通过企业微信视频会议进行。

1. 知识点回顾与梳理

根据思维导图，对模块所涵盖的重要知识点进行串讲，重点关注问卷调查反馈的学生认为尚未掌握的知识点。帮助学生抓住学习重点，解决学习难点，构建知识体系，厘清知识点的内在联系。该环节有利于解决"原理难参透"的问题（见图31-6）。

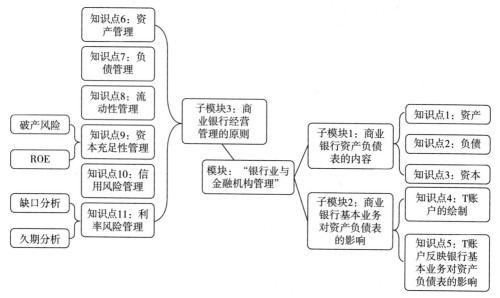

图31-6　模块"银行业与金融机构管理"思维导图

2. 习题讲解

见图31-7，通过批阅学生上周练习，总结每道习题易错、多错点，针对性地、分步骤地列示答案。在讲解过程中，通过屏幕共享的方式，引导学生探寻解题思路，归纳同类题型的解题方法，规范答案表述方式；并在原题目基础上拓展新题目，考查学生是否真正掌握练习背后的知识点，具备举一反三的能力。该环节有利于解决"计算有难度"的问题。

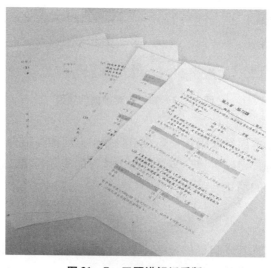

图31-7　习题讲解纸质版

3. 总结答疑

对上述内容进行总结，再次明确模块知识的重难点、学习目标、考试要求等。答疑在会议进行中或结束后均可进行，在习题讲解过程中，学生如有疑问可将观点直接发至群内，教师即时解答，或待会议结束后，学生可在企业微信群中提问。在答疑过程中，对提问的学生采取表扬的方式，以鼓励其他学生大胆提问（见图31–8）。

图 31－8　答疑环节

六、课后任务

1. 修正练习答案

学生根据本周教师习题讲解情况，订正自己练习中出现的错误答案并上传回企业微信群。该环节旨在督促学生动手动脑，检验自己是否真正理解并掌握解题思路和方法，提高答题正确率。

2. 每周读书笔记

按照学期初教师要求，学生应制订阅读计划，以周记的形式，记录自己阅读的书目/期刊/文章等，除内容摘抄以外，重点谈论自己的思考和心得体会。该环节旨在督促学生关注金融热点新闻、经典案例或书目，主动思考，运用学习的理论知识和工具，辨析金融相关问题。

七、考核方案设计

按照教学大纲对期末考试的要求，金融学课程应以闭卷考核的形式进行，客观题主要考核学生对基本概念和基本理论的掌握情况，主观题主要考核学生运用所学理论理解、分析现实问题的能力。

为保证线上闭卷考试的公平、公正，课程拟选用"中国大学 MOOC 平台答题 + ZOOM 会议监考 + 紧急预案应对突发情况"的方案。

（1）中国大学 MOOC 平台答题。结合平台特色和线上考试的特点，考试在题型、题量设计上都应进行新的设计，例如，减小客观题权重、增加开放性题目、加大试卷阅读量等。其中，客观题的构成，平台系统会根据设定的题目类型个数，在题库中随机抽取生成试卷，一人一卷，杜绝学生私下交流的必要性。

（2）ZOOM 会议监考。经历答辩季，教师已具备 ZOOM 平台的操作经验。考试前，教师可将会议室 ID 和密码提前通知学生，并将拍摄画面要求及设备的位置关系展示给学生。

（3）紧急预案应对突发情况。提前在学生中进行调研，了解是否存在困难，与学生进行充分的交流，例如，如果学生提出"考试过程中断网、掉线，怎么办？""打字太慢怎么办？""只有手机怎么办？"等问题，针对不同情况，都应按提前做好的预案进行详细的回答与讲解，打消同学们的顾虑。

八、教学反思

通过问卷调查"你希望后续课程学习中，教师可以_____"反馈的关键词云图显示，较多学生由于考试焦虑的原因，希望教师可以开展更多的习题课、提供更明确的学习、考试重点。在后续课程中，加强与学生的互动交流，了解学生的学习状态，针对学生的意见，可适当增加练习量（见图 31 –9）。

图 31 –9 问卷调查中的关键词

在课程内容设计方面应不断深入挖掘育人要素，例如，让学生关注疫情对商业银行经营管理的影响，引导学生具备风险意识。关注时政热点，两会即将召开，鼓励学生学习政府工作报告，重点关注"全面系统修订《商业银行法》推动银行业现代化"提案进展等。

第三十二章　战略管理网络教学案例报告

一、任课老师基本信息

任课教师：潘月杰、刘洁

所在教学单位：商务学院国际商务系

二、课程基本信息

课程名称：战略管理

课程类型：专业选修课

学时/学分：48 学时/3 学分

面向学生：非国际商务专业选修学生

网络教学方式：大学 MOOC 课 + 企业微信

三、教学目标与教学内容

授课时间：2020 年 4 月 30 日（第 9 教学周周四）13：00~15：35

1. 教学目标

（1）知识。学生能够了解企业战略管理的基本概念和常用术语，理解有关战略管理的基本思想和逻辑推理过程，掌握常用战略制定、战略实施、战略评价、战略控制和战略变革的适用条件、应用特点及相互间的联系与区别，熟悉战略分析、战略选择的基本步骤及方法。

（2）应用。学生能够应用战略管理的相关知识，分析企业战略的制定与执行以及企业战略管理中的具体问题，并初步能够提出解决问题的方案。

（3）整合。学生能够结合其他专业知识，整合应用战略管理的基本原理并结合实际，分析、评价企业战略管理中的现实问题。

（4）情感。学生能够参与协作学习，具有团队合作意识，能够相互配合就企业战略管理问题撰写报告，进行成果展示和有效沟通与交流。

（5）价值。学生能够在企业战略管理实践活动中理解并遵守相关职业道德和规范，履行责任。

2. 教学内容

教学内容：《战略管理》案例作业展示。

（1）教学目标：学会运用《战略管理》的环境分析与战略制定工具，分析一家现实企业的行业环境，评价并探讨其可能的发展战略。

（2）能力目标：掌握运用环境分析及战略制定工具分析现实企业战略实践的能力；提高沟通尤其是成果展示的能力。

（3）思政目标：通过点评学生选择的案例企业，分享中国知名企业的战略承诺（愿景、使命、核心价值观）、企业家精神和领先战略，强化学生的民族自豪感与自信心。

四、课前准备

本学期《战略管理》课程由刘洁老师和我教授，刘洁老师负责前8周的课程，我负责后8周的课程。案例作业展示是本门课程平时成绩的重要组成部分，占平时成绩的30%，在课程的第一堂课就对作业做了教学布置，并在随后逐渐细化与明晰了教学内容。在课前主要做的教学准备有：

1. 学生分组

在课程开始之后，为了方便完成团队作业，提前对学生进行分组。分组的基本要求是：①自由组队原则；②人数不低于3人且不超过5个人；③鼓励多元化组队（不同专业、不同性格、不同性别）的同学组成一个学习团队。54名同学共组成13个小组，分组名单如图32－1所示。

图 32－1　《战略管理》团队学习分组

2. 作业要求及评价标准

《战略管理》案例分析展示作业的基本要求如下：①团队作业；②选择一家企业，企业的东道国不限，可以是国内企业，也可以是外国企业，建议选择一家比较知名的企业，分享时便于互动与交流；③团队成员熟悉企业所在行业，以便后续进行内外部环境分析；④对选择企业的外部环境、内部环境、战略承诺等进行分析和评价，并提出相应的分析建议；⑤团队在分析的基础上完成一个作业展示的PPT，用于课堂展示。

案例分析作业展示的评价标准见表32－1。

表 32 – 1   作业展示评分标准

评价要素	权重(%)	90~100 分	80~90 分	70~80 分	60~70 分	60 分以下
（1）内容质量	40	论点明确，结构完整，逻辑清晰，理论理解到位，运用准确	论点较明确，结构完整，逻辑正确，理论运用基本到位，运用准确	论点部分明确，结构尚可，逻辑需加强，理论运用有待加强	不清晰，缺乏架构，逻辑欠佳，论据一般，理论理解有错误	无法说明任何问题
（2）PPT制作	30	契合讲述内容，形象生动，制作精美	能呼应讲述内容，清晰易懂	能够呼应讲述内容，逻辑关系尚可	无法呼应讲述内容，编辑欠佳	无任何编辑
（3）表达能力	30%	表达流畅，用词准确，有逻辑性，速度适宜，时间控制合适	表达通畅，用词较准确，较有逻辑性，速度较适宜，时间控制比较合适	表达较通畅，用词需斟酌，逻辑需加强，速度较适宜，时间控制一般，详略不当	表达不够流利，用词不够准确，逻辑性较差，时间控制差	没有清楚表达

3. 确定案例企业

在完成分组、作业要求及标准布置之后，就进入了学生准备环节。老师要求学生在展示两周前，确定案例企业，并向老师提交报备。所有团队都在规定时间确定了案例企业。13 个小组确定的案例分析企业分别是：海底捞（2 个小组）、携程、京东（2 个小组）、阿里巴巴、腾讯、海尔、苏宁、娃哈哈、联合利华、丰田、苹果公司。分别涉及餐饮、互联网、家电电子、零售、日化、食品饮料、汽车 7 个不同行业。

4. 熟悉案例企业及所在行业的案例资料

学生以团队形式确定案例企业后，就进入了资料收集与讨论分析阶段。老师要针对学生选择的案例企业，收集并熟悉相应行业与企业的资料信息，包括但不限于行业政策、行业发展趋势与动态、企业的愿景使命价值观、企业的主要战略动作、主要竞争对手的竞争行为等。在收集资料的基础上，整理一个基本思路用于点评互动。

5. 课程思政内容的设计与导入

学生案例展示不同于理论知识讲授内容，课堂的主要时间由学生掌握，老师主动发言的时间相对较短，主要是在点评分享阶段。课程思政元素的设计要更精练，主要是以分享中国著名企业的价值观、战略动向、国际化、企业家精神为主，概括性地将这些要素快速地融入学生作业展示的点评之中。根据学生选择的中国案例企业，设计相应的思政元素。相关内容细节设计见表 32 – 2。

表 32 – 2   学生案例展示点评思政元素导入

案例企业	点评要点	思政元素
海底捞公司	海底捞激励员工的"7 有"	以人为本的管理理论与价值观导向
携程公司	携程四君子的创业经历	企业家精神

续表

案例企业	点评要点	思政元素
阿里巴巴公司	张大奕的网红事件、阿里巴巴的阿里云与芯片业务战略	阿里愿景与六脉神剑价值观的关系、科技创新与领先
京东公司	京东的智能化物流战略	科技创新与领先
腾讯公司	腾讯支持青年科学家计划	企业的社会责任、科技创新与领先
海尔公司	海尔公司的国际化战略	中国企业"走出去"
娃哈哈公司	娃哈哈的代际传承战略	企业家精神
苏宁公司	家电零售转型线上	持续创业的精神

五、课中活动

1. 明确案例分析作业展示要求

在学生作业展示前，通过企业微信向学生明确展示要求。主要的要求有四个：一是在正式展示前要简要介绍小组成员及团队分工情况；二是在小组展示期间，非发言同学保持静音状态；三是每个小组案例分析展示的时间是 15 分钟，要合理控制时间，注意详略；四是以介绍与展示为主，关注重点，揭示核心观点，避免简单念稿。

2. 各小组展示案例作业

提示完展示要求之后，各小组就依次进入了案例展示环节，各小组展示的情形见图 32-2～图 32-5。

图 32-2 联合利华公司展示截图

图 32-3 京东公司展示截图

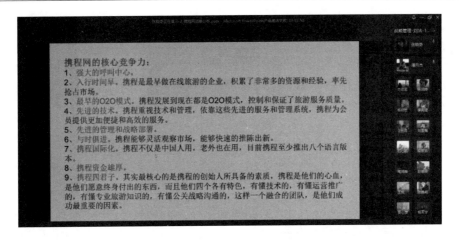

图 32-4 携程公司展示截图

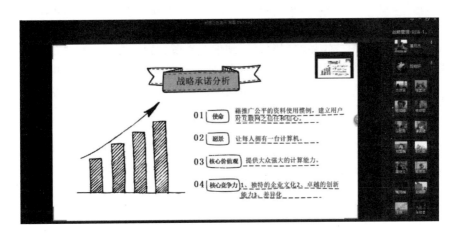

图 32-5 苹果公司展示截图

3. 讲师点评交流

在每个小组展示结束之后，讲师对该小组展示的案例企业及表现进行点评。点评交流的内容包括课程思政元素的导入、战略管理理论运用及观点点评、PPT 的制作技巧以及分享交流技巧等方面。

以京东公司的案例为例，学生作业展示完之后，老师进行了有针对性的点评。在思政元素导入上，主要是以京东的智慧物流体系为主，包括自动化分拣系统、无人仓、无人重卡配送、无人机配送、配送机器人、外骨骼机器人、京东管道—胶囊快递等一系列黑科技的广泛运用，使中国电商的物流体系在全球处于科技领先地位。通过向学生展示京东的智慧物流体系，让学生增强对我国科技进步的感性理解。在理论知识运用方面，主要强调五力模型的使用，要有明确观点，即在影响企业经营效益的五方面因素，其威胁程度的大小要做具体说明。在 PPT 制作技巧上要重视核心观点的突出展示。在展示环节上，要尽量多人参与，而不要只派个别成员进行分享。

六、课后工作

企业案例课堂分享也必须形成闭环。在课堂展示之后，又做了两个方面的工作：一方面，根据学生作业展示的整体表现，结合课程教学内容，又给予了学生三个方面的整体建议；另一方面，收集学生的作业展示心得体会。这两方面的具体内容有：

1. 作业展示的整体建议

作业展示整体建议包括三个方面，分别是案例内容、PPT 文档制作、展示环节的表现（见图 32 - 6）。

（1）在案例内容的选择与呈现方面。

1）要注意分析的对象选择。首先要明确是选择一个企业还是选择一个企业的某一业务分析。如果是选择企业的话，有些平台型公司或规模比较大的业务多元化公司，分析需要注意全面性，要涵盖其全部业务或至少是主要业务。一旦选定分析对象的话，前后要一致，不能一部分是以企业为分析对象，另一部分是以业务为分析对象，这样就比较混乱了。

2）分析工具的使用要准确。例如，SWOT 环境分析中机会与优势、劣势与威胁一定要理解准确，五力模型中替代品的理解，使用前要理解到位，避免出现表达偏差。

3）整个 PPT 报告的逻辑结构要合理。例如，先做外部环境分析、再做内部环境分析，然后把两者结合起来做 SWOT 分析，最后以 SWOT 分析为基础提出发展建议等，这样逻辑就比较清晰了。不能把资料简单罗列或先介绍完战略最后再做环境分析，这样逻辑结构就不太合理了。

（2）在 PPT 的设计方面。

1）文字与背景要形成对比，文字呈现要清楚。

2）文字不能太多，要避免电子板书，满篇看上去都是文字不是好的 PPT 呈现。

3）PPT 呈现要图表文结合，不能只有图或表，没有文字呈现观点。

4）每一页 PPT 都要清晰地显示观点，不能只有框架，没有观点（目录页除外）。

（3）在演讲展示方面。

1）首先要做展示，作业展示是要分享介绍，不能一行一行地念稿。

2）在展示的时候要虚实结合。虚是指要分享一般的观点与结论，实是指要有例子与数据进行论证。

3）在展示时要详略得当。要根据时间进行详略设计，有的部分详细讲，有的部分略讲，在规定的时间内比较完整地分享完，避免到最关键的内容，没时间便匆匆结束了。当然，如果是面对面的展示分享，还要注意开场的氛围营造、肢体语言与表情的运用、语速声调的轻重缓急变化、提问与互动等基本技巧。

这些方面的内容，在课程结束之后都通过企业微信跟学生做了反馈。

2. 学生作业展示之后复盘总结

在课堂展示结束之后，为了让学生巩固作业展示成果，提高认识，老师还要求学生对作业内容及展示过程进行总结反思。建议总结反思集中在三个方面：通过对案例企业的分析，有哪些心得体会；对 PPT 设计与观点呈现有哪些心得体会；对案例展示有哪些心得体会。复盘总结仍然以团队形式进行，总结内容上传到企业微信中（见图 32 - 7）。各小组在规定的时间内都上传了总结反思的要点。考虑到篇幅，这里呈现三个小组的总结反思。

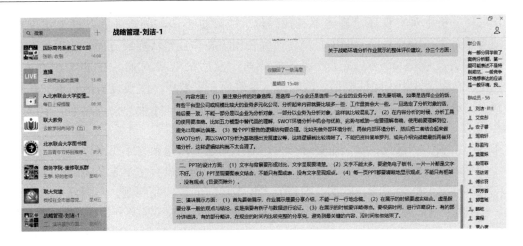

图 32 - 6　《战略管理》作业展示后改进建议

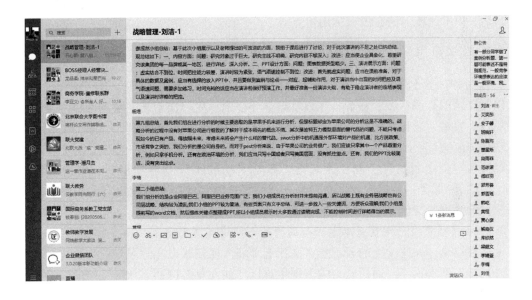

图 32 - 7　学生展示结束后上传企业微信的复盘总结

　　第四小组总结：基于此次小组展示以及老师提出的可改进的方面，我组于课后进行讨论，对此次演讲的不足之处归纳总结有三点：一是内容方面。问题是研究对象过于巨大，研究主线不明确，研究内容不够深入；今后应当使企业具象化，着重对该集团的某一品牌或某一地区进行详述，深入分析。二是 PPT 设计方面。问题是图表数据类型略少。三是演讲展示方面。问题是虚实结合不到位，时间把控能力较差，演讲时较为紧张，语气语速控制不到位；今后就虚实问题应当在课前准备，对具体的数据及案例应当有选择地放入PPT 中，并且要做到案例与论点一一对应，起辅助作用，对演讲当中出现的时间把控及语气语速问题需要多加练习，如果时间充裕应当在演讲前做好预演工作，并准备一份演讲大纲，有助于稳定演讲者的临场表现以及演讲时详略的把控。

　　第六小组总结：本小组是对腾讯公司进行的企业战略分析。首先，我们存在的不足是在外部环境分析中对宏观环境理解不是很到位。应该更多地与同行业的其他公司进行对比，或与整个大环境来对比，而不是描述研究公司。在作业整体完成方面，前后找重点结合得不是很好，应该就一点做比较深入的探讨，前后内容要对照。在 PPT 制作方面，SWOT 分析方面应该用一句话概括该战略，尽量避免文字堆积，使观点简洁明了。在整体的讲述方面也存在不足，应该用概括的语句总结自己的观点，不能只是读出来。争取在以后的作业中完善我们的不足，进行更细致的改善。

第九小组总结：首先，我们组在进行分析时主要选取的是苹果手机来进行分析，但标题却定为苹果公司的分析这是不准确的。战略分析的过程中没有对苹果公司进行细致的了解，对成本领先的概念不清。其次，波特五力模型里面的替代品问题，不能只考虑现已有产品，得放眼未来，考虑未来将会产生什么样的替代品。在 SWOT 分析中的机遇是外部环境对产品的机遇，例如，政策、市场竞争之类的，我们分析的是公司自身的。而对于 PEST 分析来说，由于苹果公司的业务很广，应该只拿其中一个产品着重分析，例如，只拿手机分析。再次，在政治环境的分析上，应当只写中国或只写美国层面，没有抓住重点。最后，PPT 比较简洁，没有突出论点。

七、教学反思

1. 疫情期间教学活动更要形成闭环

以往授课也有课堂展示环节，在教室教学环境中，更习惯于教室现场的口语交流。学生现场口头展示，老师现场口头点评，文字形式的交流反而少，不利于成果的固化与可视化。现场交流完，展示环节基本就结束了，随后老师就直接给予评价与成绩了。疫情期间，老师与学生之间物理空间相距较远，教学活动的闭环就更加重要，借助远程教学（企业微信、慕课等）工具，反而更容易形成文字性的互动与交流，更有利于师生之间开展深层次的互动与交流，形成固化的成果。

2. 专业课程重要，学生基本素养与通用能力的培养同样重要

论文答辩季，一些学生的表现想必又让老师陷入抓狂状态。除了专业理论与知识的不足以外，学生基本素养与通用能力的表现也难以尽如人意，例如，任务完成的节奏感、时间节点的响应技巧、沟通的基本礼仪与技巧、表达的逻辑性、成果的可视化、工作确认与回复等方面的表现。在专业课程的教学过程中，专业理论与知识的讲授固然重要，学生基本素养与通用能力的培养也同样重要。从未来学生成长角度来看，学生基本素养与通用能力的培养甚至更重要。

3. 课程思政元素可以有机地融入到专业课程的各个教学环节中

韩宪洲书记强调联大要将课程思政作为构建"高水平人才培养体系"的切入点和完善"三全育人"体制机制的重要抓手。课程思政不仅可以体现在理论与知识讲授的过程中，也可以体现在案例分析、小组研讨、作业展示、期末考核等不同环节中，从而在更广泛的范围内实现课程思政元素的融入。

第三十三章 国际商务课程网络教学案例报告

一、任课教师基本信息

任课教师：钱春丽
所在教学单位：商务学院

二、课程基本信息

课程名称：国际商务
课程类型：专业必修课
学时学分：48 学时/3 学分
面向学生：2018 级国际商务专业
网络教学方式：中国大学 MOOC/SPOC ＋
企业微信群组＋企业微信会议平台

三、教学目标与教学内容

1. 教学目标

（1）知识。能够从全球视角理解国际政治、经济、社会及文化等因素影响商务活动的作用机制；掌握国际商务的相关理论与方法。

（2）应用。能够辨识并确定国际商务管理过程中的关键问题，通过分析论证做出合理判断；能够在商务环境中有效进行口头表达，有效完成书面商务报告。

（3）整合。能够将国际商务的相关理论与方法运用于国际商务决策分析中，具备国际商务策划和国际商务决策能力。

（4）情感。有明确的角色定位，能够正确认识自己、他人和团队使命，能够有效进行沟通交流与合作。

（5）价值。具有国际视野和本土行动能力，厚植爱国情怀，培养国际商务战略定力，坚定文化自信，心系社会、勇于担当。

（6）学习。培养自主学习、持续学习和终生学习的习惯和能力，跟踪国际商务热点，探索国际商务前沿，并在实践中学以致用。

2. 教学内容

本课程是国际商务专业的核心课程，也用于跨专业任选课。以现代企业进行国际化经营为主线，以现代企业从事国际商务活动所面临的实际问题为研究对象。教学内容涵盖企业国际化经营所应遵循的国际商务理论、国际商务战略规划和国际商务运营管理实务。

国际商务课程旨在通过课程学习，为学生成为国际企业经营管理人才在知识、能力、素养形成方面搭建基础平台。课程思政将国际商务专业显性知识传授，融入隐性价值观引领过程中，基于"立德力行、志真致用，国际视野、本土行动，心系社会、勇于担当"的国际商务专业人才德育目标，在课程具体章节中，逐步推进。具体融入点如下：

第一章为国际商务引论。开学第一课，在介绍国际商务学科背景、专业属性、课程定位、历史演进过程中，通过爱国三问"你是中国人吗？你爱中国吗？你愿意中国好吗？"引导学生思考"做什么样的国际商务人？怎样做国家需要的国际商务人？"等职业价值取向问题，厚植国际商务专业人才的爱国情怀、使命感和担当意识。

第二章为国家与文化差异。国家和区域间政治、经济、社会及文化等环境变量对企业的国际经营绩效形成硬约束。跨文化风险识别与管理是每一位国际商务管理者必须直面的命题。本章从近几年国际环境中的"黑天鹅"和"灰犀牛"事件切入，以英国脱欧、中美贸易摩擦升级、中国香港社会动乱等为热点，引导学生思考国际大势下的国际商务跨文化风险管理策略。揭示民族文化自信、跨文化理解与尊重在外交乃至国际商务跨文化风险管理中的关键作用。

第三章为国际贸易政策与管理。结合当前时事和国际热点问题，教师引入中美贸易摩擦、新冠疫情对国际贸易形成的冲击等成因、现状与应对措施进行讨论，展开实证案例解析，学生可以快速掌握中美贸易摩擦、新冠疫情等因素的不确定性，对于国际贸易环境、政策和管理中的风险有一定的切身认知。同时结合"一带一路"倡议的进展，用中国企业的智慧和方案，应对变幻莫测的国际贸易形势。

第四章为国际直接投资。学生分组进行中国企业跨国并购成功与失败案例分析，成功案例为联想收购 IBM、吉利收购沃尔沃，失败案例为中海油并购优尼科。指导学生分析中国企业国际并购中的成功经验与失败的原因。特别是中海油并购优尼科失败的根源与启示：中国企业应做好并购策划和国际营销，化解因为陌生和偏见带来的本能防范和文化恐惧感，指出中国的国际企业经营管理者应具备的共建、共享、共赢的合作理念，从而消除中国威胁论在投资领域的负面影响。

第五章为国际金融市场与风险管理。视频展示：东南亚与俄罗斯金融危机，了解金融危机的产生根源、表现机制、影响和金融风险管控策略。课上组织讨论：正方观点——金融自由比金融安全更重要，反方观点——金融安全比金融自由更重要。课下结合国际热点发布讨论版话题，就 2020 年 5 月 20 日美国参议院通过的《外国公司问责法案》缘起、目的、程序、结果及应对策略进行研讨。通过课上与课下的辩论和研讨，引导学生从金融安全与金融自由一体两面，思考目前中国企业进入国际金融市场融资的利弊，提升防范国际金融风险的意识。

第六章为国际商务战略。案例报告撰写：以北汽集团为研究对象，以"一带一路"沿线国家为虚拟目标市场（学生抽签决定），撰写北汽集团国际市场进入战略案例分析报告，分别考核学生对拟进入目标市场的国际经营宏观环境分析理论与方法、国际经营产业环境分析理论与方法、国际市场进入战略决策理论与方法的运用程度。作为本课程专业知识与德育目标"国际商务视野，本土行动能力"的综合能力考核与检测。

四、课前准备

1. 教学资源适应性调整

本学期网络教学课程基于浙江工商大学朱勤老师的《MIB 国际商务》课程（国家级精品课程），依托中国大学 MOOC + SPOC 平台进行授课。由于课程体系与教学大纲、选用教材存在一定差异，因此，授课教师对标本课程大纲在章节体系、教学内容、教辅资料、测试题库和评价方案等方面做了适应性调整和改进。通过对源课程的有选择性吸收和再设计，例如，补充英文案例视频资源、新增热点讨论版主题、更新题库测试内容等，实现网络资源与实体课程资源的互补与协同。

2. 学习笔记适应性编撰

本课程采用对外经济贸易大学王炜瀚教授编著的《国际商务》（第三版），该教材是高等院校精品规划教材，亦是全国多所高校国际商务专业硕士入学考试指定参考书，教材内容丰富立体，紧扣国际商务时代主题。但经过课前调研，同学们的教材 100% 都置于宿舍，且该教材尚无电子版本。为了保证网络学习效果与实体课堂教学效果的一致性，教师自制了每一章的读书笔记，将教学要点和难点总结提炼，于课前发布给学生。

3. 学习重点公告与提示

鉴于网络课程无法实现实体课堂的耳提面命、反复强调、敲重点的情景感和代入感，因此，为了保证学生能够跟进每一章的进度、预习和复习重点以及考核等安排，授课教师于每章课前均会做"学习重点公告"，作为导学的重要提示。

4. 案例撰写的辅导材料汇集

国际商务课程不仅是国际商务专业的必修课程，也是专业 AOL（学习质量保障体系）检测学生是否"能够将国际商务的相关理论与方法运用于国际商务决策分析中"的重点核心课程。因此，本课程为提升学生"学以致用、知行合一"的学习效能，设计了北汽集团国际市场进入战略案例分析报告作为检测依据（占平时成绩的30%），以"一带一路"沿线国家为虚拟目标市场（学生抽签决定），分别考核学生对拟进入目标市场的国际经营宏观环境分析理论与方法、国际经营产业环境分析理论与方法、国际市场进入战略决策理论与方法的运用程度。但鉴于本课程属于学生进入专业学习阶段的引入课程，学生在前序课程中并未进行过具体的企业、行业实践和相关学术研究，因此，任课教师课前准备《国际企业战略管理之环境分析辅导资料》优秀案例分析样例分享给学生，并推荐实证资料获取途径作为参考，以指导学生充分利用疫情期间开放性的学术资源进行相关研究与探索。

表 33 – 1　企业经营环境分析信息的获取途径

资料、信息	获取途径
政治、法律	中央政府门户网站：http：//www.gov.cn/ 最高人民法院网站：http：//www.court.gov.cn/
经济、人口	国家统计局网站：http：//www.stats.gov.cn/ 中国人民银行网站：http：//www.pbc.gov.cn/ 商务部网站：http：//www.mofcom.gov.cn/

续表

资料、信息	获取途径
技术	中国汽车工业协会网站：http：//www. caam. org. cn/
行业资料	标准普尔（S&P's）产业报告 Wind 资讯：http：//www. wind. com. cn/ 行业研究报告，国研网：http：//www. drcnet. com. cn/www/Integrated/
新闻报道	中国咨询行：http：//www. bjinfobank. com/
竞争对手资料	Wind 资讯 巨潮资讯网：http：//www. cninfo. com. cn 各上市公司官方网站
研究资料	中国知网：http：//www. cnki. net/

五、课中活动

1. 基于教学管理的考勤保障

网络教学阶段，学生就地自律、自主学习，任课教师对于考勤的规范管理不仅是保障教学效果的重要手段，也是评定学生平时成绩的重要依据。本课程依托企业微信群平台，每次课程开始前 10 分钟进入企业微信会议，并进行网络签到考勤。在签到结束后，导出电子签到表，汇总入考勤表。在授课过程中，通过提问互动形式对学生在线状态进行二次核验。对于未签到、未在线、签到后在线但提问无应答等特殊情况进行重点监控、记录和提示，并及时了解和跟进缺课学生的有关情况。经确认，在开课前两周，个别学生缺课是由于断网、系统故障等硬件问题，也有个别学生是由于听课期间打瞌睡，所以提问无应答。经过两周的调试和跟进，考勤和上课状态恢复正常，实现 100% 全勤。

2. 基于互动的讨论版功能强化

本课程实体教学过程每章都设计了辩论主题，以巩固并强化学生对于国际商务热点问题的理解，同时训练学生商务情境下的表达能力、判断能力和团队协作能力。鉴于网络教学无法还原实体教学中的辩论场景，任课教师将部分辩论主题转化为讨论版主题，并新增时事案例和热点问题研讨，通过线下准备、线上互动、实时反馈、实时答疑，强化国际商务课程的时新性和课堂互动功能。

3. 基于 AOL（教学质量保障）的教学设计优化

国际商务课程是国际商务专业的必修课程，也是专业 AOL 检测的重点核心课程。课程设计《北汽集团国际市场进入战略》案例分析报告作为本课程专业知识与德育目标"国际商务视野，本土行动能力"的综合能力考核与检测。以往案例报告质量评价结果显示：学生对于国际市场环境分析和战略决策理论工具和方法的掌握不够精准，论证依据不够全面，运用理论工具解决实际问题的能力仍显不足。为了解决上述问题，改变以往"一稿定乾坤"的静态评价过程，本课程依托慕课系统的评价系统和动态跟进机制，优化案例撰写、展示、评价过程设计。

学生对案例报告的三个部分撰写与评价分别融入课程进程中，知识模块讲授完毕后，即进行分报告撰写与评价，做到理论与实践的"实时链接、学以致用"。在案例评价过程中实施自评、互评、教师评价"三位一体"评价过程，允许学生在过程评价后修改报告内容，实现商科课程学习效果评价测量的"知行合一、持续改进"导向。

将报告口头展示与文本展示双向结合，激励学生自主学习、相互学习、团队学习。截至第13周，已经完成报告第一和第二部分的评量和改进工作，分析报告质量明显提升。同学们也用自发致谢的方式，对课上展示和点评过程表示认可。

六、课后任务

1. 作业延伸拓展要点，讨论聚焦时事思政

本课程采用对外经济贸易大学王炜瀚编著的《国际商务》（第三版），该教材是高等院校精品规划教材，也是全国多所高校国际商务专业硕士入学考试指定参考书，教材内容丰富立体，紧扣国际商务时代主题。同时，本课程也是国际商务专业本科生进入专业课程学习前的导入课程，对后续专业课程起着承上启下的作用。因此，任课教师搜集了对外经贸大学、中央财经大学、浙江工商大学等国际商务专业硕士考题中与课程知识点吻合的开放性题目，设定作业议题。同时，为了将课上内容与时事热点、思政元素相结合，体现课程的生命力、时新性和价值引领，任课教师将与国际商务相关的时事热点话题设定为课下讨论版的议题（见图33-1），以实现课程知识的纵向延伸和视角拓展，培养学生自主学习、持续学习和终生学习的习惯和能力，探索国际商务前沿，并在实践中学以致用。

作业一（对外经贸大学MIB考题）

1、FTA 和 FTZ 分别是国际商务领域中哪个专有名词的缩写？各自是什么内涵？中国东盟自由贸易区和中国自由贸易试验区分属哪一种？
2、从2013年开始，中国先后设立了三批自由贸易试验区，这三批自由贸易试验区共多少个？请分别列举沿海和内陆的自由贸易试验区各3个。
3、RCEP 是哪个专有名词的缩写？RCEP 谈判是在哪些国家之间进行的？取得了哪些关键成果？印度为什么在最后关头退出谈判，经济上和贸易上各说一点。

44

讨论版作业（对外经贸大学MIB考题）

2017 年 10 月 18 日，中国共产党第十九次全国代表大会在北京隆重召开，习近平代表第十八届中央委员会向大会作报告，报告分 13 个部分。其中，第五部分"贯彻新发展理念，建设现代化经济体系"中提出："开放带来进步，封闭必然落后。中国开放的大门不会关闭，只会越来越大。……赋予自由贸易试验区更大改革自主权，探索建设自由贸易港。……"

提出探索建设自由贸易港的同时，报告及解读文件并没有对自由贸易港的概念进行明确定义。避税港、离岸金融中心、自由港等都是被普遍使用，但定义宽松的概念。你能否在这些概念的启发下，尝试从税务、投资、金融、贸易四个方面对上述自由贸易港进行描述。

45

考研热点题目

香港，避税港&离岸金融中心（30'）

■ 有哪三大法律体系，香港属于？有什么特点？
■ 离岸金融中心的基本类型（给了一些例子，让你说出是哪种类型的）：香港在全球的重要性来看，是什么离岸金融中心？交易是否在当地？当地业务是否跟离岸业务分离？
■ 国际避税港的基本类型：香港属于什么避税港？有什么含义？（香港属"所得税课征仅实行地域管辖权的国家和地区"）
■ 香港的暴乱对于国际商务企业算什么类型的风险？表现在什么？为什么说政府要重视这类风险？针对这种风险应该投什么类型的保险？除了部分商业保险公司，还有什么机构可以承保？

28

考研热点题目（2020年）

RCEP(30')

2013年：儒家思想的核心价值是什么，对于商务活动的意义如何？

■ 中文含义，英文含义？
■ RCEP包含哪些国家？
■ 印度为什么在最后关头印度为什么退出谈判，经济上和贸易上各说一点。
■ 印度社会有什么特点是受文化影响的？有什么含义？在印度主要信奉什么教？其教义是什么？对国际商务有什么影响？（如印度的种姓制度）
■ 共建人类命运共同体体现了是儒家思想中什么价值观的一脉相承？一带一路建设和地理大发现中的殖民主义有什么价值观上的区别？

11

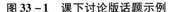

图33-1 课下讨论版话题示例

2. 测验评估效能，及时跟进学情

每章课后结合课程知识点设置小测验题目，系统梳理、巩固强化、跟进学情。同时，测验成绩也作为课程平时考核的重要组成部分加以记录。

3. 成绩实时反馈，督促持续改进

为了实现对网课学习情况的追踪与管理，任课教师定期发布考勤表、学生记分册和网络学习报表，并第一时间督促未提交作业、未进行测验、未进行讨论版话题讨论的同学，发帖数量不足、视频观看时长不足、文档下载不足的同学，须加强自我管理，持续强化学习效能，提升学习质量。

七、考核方案设计

本课程各种考核方式的具体成绩评定方式如下：

1. 出勤

本项考核方式的依据是学生每次课堂出勤情况。满分 100 分，缺勤 1 课时，扣 2 分。无故缺勤 5 课时或缺勤占总课时的 1/3，免除参加期末考试资格。

2. 作业

本项考核方式的依据是学生完成提交的 5 次作业，每次满分 20 分，合计满分 100 分。每次作业根据建议答案和相应分值进行成绩评定。

3. 测试

每位学生在一学期中需参与三次测试，每次满分 100 分。每次测试根据标准答案和相应分值进行成绩评定。

4. 案例报告

本项考核方式的依据是学生围绕北汽集团进入国际市场战略选择主题完成一份战略分析报告，满分 100 分。检测学生对拟进入目标市场的国际经营宏观环境分析理论与方法、国际经营产业环境分析理论与方法、国际市场进入战略决策理论与方法的运用程度。评价要素的具体要求如表 33 - 2 所示。

表 33 - 2　评价要素的具体要求

评价要素	权重（%）	80~100 分	60~79 分	0~59 分
国际经营宏观环境分析理论与方法的分析、判断以及运用程度	30	熟练运用国际市场环境分析的基本方法，准确分析案例企业拟进入目标市场的国际经营环境，资料充实，论述充分	能够运用国际市场环境分析的方法，分析案例企业拟进入目标市场的国际经营环境，有一定的支撑素材，论述尚可	未能分析案例企业拟进入目标市场的国际经营环境，缺乏支撑素材，论述不充分
国际经营产业竞争环境分析理论与方法的分析、判断以及运用程度	30	熟练运用国际经营产业竞争环境分析的基本方法，准确分析案例企业国际经营产业竞争环境，资料充实，论述充分	基本能够运用国际经营产业竞争环境分析的方法，分析案例企业国际经营产业竞争环境，有一定的支撑素材，论述尚可	未能正确分析案例企业国际经营产业竞争环境，缺乏支撑素材，论述不充分

评价要素	权重（%）	80~100分	60~79分	0~59分
国际市场进入战略的决策理论与方法的分析、判断以及运用程度	40	准确进行案例企业国际市场进入战略的对比分析，理由充分，逻辑清晰，给出合理的战略决策建议	能够运用正确的方法进行案例企业国际市场进入战略的对比分析，给出战略决策建议，但决策依据不够充分	不能进行案例企业国际市场进入战略的对比分析，无法给出战略决策建议

5. 期末线上考核

本项考核方式的依据是学生期末完成线上开卷考试，满分100分。根据试题的标准答案和相应分值进行成绩评定。依托中国大学慕课平台的系统考试功能，考核学生对于国际商务基本概念、基本理论、基本技能的记忆、理解、分析和应用能力。题型涉及四类题目：国际商务专业术语英译汉、简答题、论述题和案例题，答题时间90分钟。题目设计多以开放性、对比性、归纳性题目为主，尽量不涉及静态概念表述题目。

八、教学反思

1. 教学方法与教学手段的适应性调整

线上教学与实体课堂教学存在媒介、情景、反馈等方面的差异，在网络教学过程中可以通过教学方法与教学手段的改进和创新，运用视频观摩、演讲展示、讨论版互动、案例互评等线上线下多种教学手段，将启发式教学、互动式教学、体验式教学、团队式学习等多种教学方法融合运用，挖掘出专业知识要点和德育要点，力争达到启发引导、润物无声、水到渠成的教学效果，使学生入脑、入心。

2. 学习效果保障的闭环管理

网络教学缺乏时空约束和教师面对面的监管，学习效果的保障源于内生动力和学习治理体系设计。一方面，学生主动学习的动力源于自身学习特质；另一方面，任课教师对于贯穿于课程教学生命周期过程中的课程引入、教学内容设计、教学方法运用、评量指标设计、评价结果反馈等应具有"顶层设计、精细实施、闭环管理"的思维，并逐一落实。完备的课程学习资料、丰富而具有前瞻性的学习内容、与时事热点密切结合的讨论与互动、学习状态与学习效果的实时反馈，能有效引导学生始终保持自发的学习动力，实现持续改进，提升学习效果。

3. 课程思政的有效融入

基于"立德力行、志真致用，国际视野、本土行动，心系社会、勇于担当"的国际商务专业人才德育目标，本课程试图塑造学生"具有国际视野和本土行动能力，厚植爱国情怀，培养国际商务战略定力，坚定文化自信，心系社会、勇于担当"的价值观和行为效能。本课程通过国际商务热点事件与热点问题的实时传递和分享，与时俱进地引入案例分析、作业等讨论主题，激发了学生的学习兴趣、民族意识和风险意识。今后应更加注重知识与技能、过程与方法、情感态度与价值观等三维教学目标的全面落实，这是未来课程思政融入的关键。

第三十四章 服务管理课程网络教学案例报告

一、任课教师基本信息

任课教师：刘洁

所在教学单位：商务学院

二、课程基本信息

课程名称：服务管理

课程类型：专业任选课

学时学分：48 学时/3 学分

面向学生：2017 级全体专业

网络教学方式：企业微信会议 + 蓝墨云班课

三、教学目标与教学内容

1. 教学目标

通过本章的学习，能够理解服务管理理论发展的各个阶段的特征；能够描述多层次服务概念体系及其建立的思想；能够用服务包概念解释一种服务。

（1）知识。学生能够了解服务管理的基本概念和常用术语，理解有关服务管理的基本思想和逻辑推理过程，掌握服务经济与战略的含义、服务企业的构建、服务运营管理、信息技术在服务管理中的作用与应用、扩展服务领域与创造价值等。

（2）应用。学生能够应用服务管理的相关知识，分析企业服务管理中的具体问题，并能够初步提出解决问题的方案。

（3）整合。学生能够结合其他专业知识，整合应用服务管理的基本原理并结合实际，分析、评价企业服务管理中的现实问题。

（4）情感。学生能够参与协作学习，具有团队合作意识，能够相互配合就企业服务管理问题撰写报告，进行成果展示和有效沟通与交流。

（5）价值。学生能够在企业服务管理实践活动中理解并遵守相关职业道德和规范，履行责任。

（6）学习。学生能够利用线上学习课程和资源，开展自主学习，提升自主学习能力。

2. 教学内容

（1）第一章。服务管理导论。

（2）对服务概念的理解。理解服务行为、服务产品、服务企业、服务产业、服务社会和其他常见的服务分类。

四、课前准备

新学期要以网课的形式和同学们见面，第一次体验做网络主播的感觉。在上课之前，内心是忐忑的、惶恐的，担心教学效果不好，担心平台会拥堵，甚至担心经过一个假期学生不能八点前起床按时到课。因此，课前需要在教学工具、教学内容，甚至了解学生的学习生活状态方面作好充足的准备。

1. 教学工具

为了第一节网课能顺利进行，首先需要熟悉上课软件和平台。本门《服务管理》课程使用的是蓝墨云班课，这一软件在之前上课时我就已经在使用，相对比较熟悉。在开学之前又学习了轻直播的功能，准备通过轻直播的形式来给学生上课。但后来看到周一的反馈，轻直播存在卡顿现象，企业微信的会议功能效果较好，于是开始探索企业微信的会议功能。我提前和同事在企业微信上发起了会议，体验了通话效果，弄清楚如何进行文档演示，体验感总体不错，最终决定上课采用企业微信的会议功能＋云班课的形式，并提前将课件存入企业微信的微盘中。

2. 教学内容

上课之前最基本的是把课程的相关资料进行上传。首先，要上传课程大纲和教学日历。其次，由于学生没有教材，还需要想办法上传电子版的教材。好在从学校决定开始线上授课之后，我便陆续找到了本学期两门课程的电子版教材，并上传至课程所使用的平台。最后，上传课程资料。为了保证网络教学效果，我上传了课外阅读材料、思考题、课件、测试题以及上课时需要学生观看的相关视频资料。同时提前告知学生需要阅读哪些资料并思考相应的问题，以及需要做好哪些准备。为了增强课堂的互动性，还在云班课里设计了调查问卷和头脑风暴，希望可以了解学生的假期生活状态，并引导学生就本次疫情对服务业的影响进行思考。

3. 学生的学习状态

课程内容都准备好了，对于新学期可能的第一次八点钟的课，如何能让学生按时到课也是我考虑的问题。杰克森曾说："教育的本质意味着，一棵树摇动另一棵树，一朵云推动另一朵云，一个灵魂唤醒另一个灵魂。"那么我想，用早起的生活方式来带动、影响同学们也许是最好的方式，于是前一天我在群里提醒同学们上课前要早起，并告诉他们我会将我的早起打卡发送到群里。在上课当天的六点半，我将5：30早起的打卡图片发在群里，并发送了一张前一天我拍摄的日出照片，如图34-1所示。

五、课中活动

7：55我发起会议，同学们陆陆续续都进来了。八点钟播放了提前准备好的上课铃声，以增强课堂的仪式感。上课铃响之后开始签到，让我欣喜的是所有同学都准时到课了，这比我预期好很多，因为在学校时八点的课，学生很难保证100％的按时到课率。

上课主要在企业微信的会议中进行直播，比较流畅，没有卡顿，同时在云班课进行互动。直播主要介绍了本课程的总体安排、考核方式、总体结构以及第一章的部分内容，同

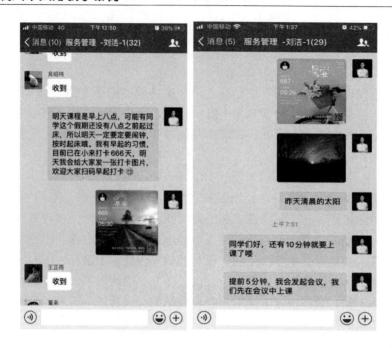

图 34 – 1　课前早起打卡图

时与云班课中的讨论和视频相结合。视频是我从慕课中找到的相关内容，帮助学生更好地理解本节内容。云班课中的讨论主要就本次疫情对服务业的影响展开，同学们回答问题都比较积极，互动超出了我的预期，参与率100％，而且有些同学回答的质量也比较高，积极性超过了传统课堂。云班课还有些对学生假期生活的问卷调查，从对同学们的问卷调查中可以看到，部分学生在疫情期间做了志愿者，非常值得鼓励和表扬。在网课中，看似我们人各一方，但心的距离却似乎被拉近了。当课程结束后，课程群里学生感谢的话语也温暖了我，让我备受鼓舞。而且从学生的朋友圈也看到了他们在认真上课。

上课中出现了一点小问题，进行文档演示时由于课件过大打不开，通过将课件拆分解决了这个小问题。后来得知用电脑版的企业微信，会议中的投屏功能可以显示桌面，不受大小限制，但手机和 iPad 版是没有的。

六、课后任务

本次课后任务主要是完成本章测试题，大部分同学于当天完成，完成的质量也比较高，全部做对的同学占了一半，如图 34 – 2 所示。

七、教学反思

通过本次课程，我深刻感受到教育的核心其实不在于形式，而在于教育本身。只要有心，精心设计教学环节，无论是线上还是线下，都可以为学生提供高质量的教学。而线上教育使学习更加便捷，所以作为教师，还是应该积极拥抱变化，尝试各种软件和平台。其实使用软件并不难，多点、多问、多搜都可以解决。

指定重测学生

图 34 - 2　学生测试情况

　　虽然这次疫情隔离了老师与学生的距离，但网课似乎又拉近了我们的距离。企业微信群的会议功能 + 云班课的上课模式还是很赞的，总体比较流畅。云班课的设计初衷本就是为了增强课堂的互动性和趣味性，所以在互动性和即时性方面设计都比较好。如果学校允许慕课也可以搭配云班课使用就更好了。

第三十五章　商业模式创新课程网络教学案例报告

一、任课教师基本信息

任课教师：李剑玲
所在教学单位：商务学院

二、课程基本信息

课程名称：商业模式创新
课程类型：跨专业任选课程
学时学分：48 学时/3 学分
面向学生：2017 级商务学院多专业
网络教学方式：中国大学 MOOC 异步 SPOC +
企业微信群（在云班课上传了电子教材等学习资料）

三、教学目标与教学内容

1. 教学目标

（1）了解商业模式评价的主要方法。
（2）能够对商业模式进行初步的分析与评价。
（3）能够进行商业模式的设计。

2. 教学内容

（1）商业模式评价的主要方法。
（2）对国内知名企业进行商业模式的分析与评价。
（3）模拟创建一个企业并进行商业模式设计。

四、课前准备

1. 在线资源的选择

本学期商务学院跨专业任选课程商业模式创新选择中国大学 MOOC 平台上西南财经大学熊立的商业模式创新与创业课程建设 SPOC 异步课程。中国大学 MOOC 平台上有两三门相关课程，熊立老师的这门课程是一流学科建设课程，目前已经面向全国第四次开课，课程理论结合实际，实践性强，课程资源丰富，能够为在线授课提供必要的支撑（见图 35 - 1）。

图 35 - 1　选择中国大学 MOOC 平台上 SPOC 异步课程

2. 教学技能的学习

为迅速掌握中国大学慕课等平台工具的使用技巧，尽可能提高学生在线学习的效果，我深入学习了学校和学院教务处推荐的多项培训课程。其中，南京邮电大学于淑娟讲授的《MOOC 加慕课堂，顺畅实现停课不停学》、山东大学王震亚分享的《我真不是主播——简单易行的在线教学方案》，以及清华大学于歆杰讲授的《如何以高质量教学应对高校疫情防控大考》对我启发良多。还有学校建立的停课不停学 MOOC 指导咨询群，吴伟等给予了及时、专业、耐心的技术解答与指导，使教学网络平台使用顺畅进行（见图 35 - 2）。

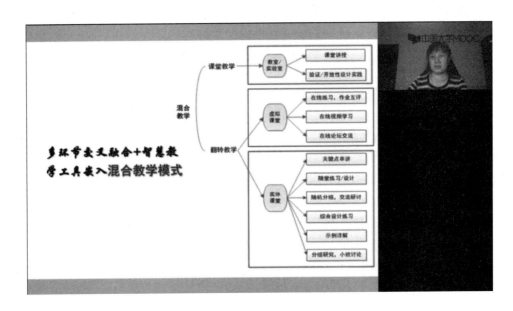

图 35 - 2　课前网络教学平台学习准备

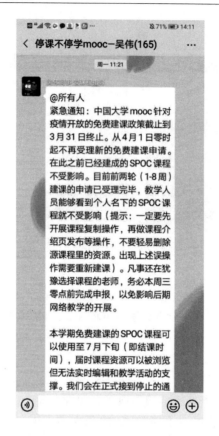

图 35 - 2　课前网络教学平台学习准备（续）

3. 教学资料的补充

为提供给学生更多合适的学习资源，授课内容与体系需要有一定的调整和补充，需要上传必要的课件 PPT 和教学补充资料，并在中国大学 MOOC 异步 SPOC 及企业微信平台通知学生们及时关注。此外，还通过学校的 worldlib 文献服务微信群，查找与本课程相关的教学参考书籍的电子版教材等资料，下载后并上传到云班课上，分享给同学们课前预习和课后复习查阅参考学习，如图 35 - 3 所示。

4. 教与学效果的反馈

本周已进入在线教学的第五周，为了掌握学生在线学习的基本情况，保证在线授课的教学效果，每次课后有作业公布在 SPOC 上，并在企业微信群公告提醒同学们及时完成作业并提交。前四次作业，同学们大部分都能及时在网上提交，有个别同学因为网络问题没有及时提交成功，然后在企业微信群提交给我。通过学生们完成的上次作业的提交，能够及时了解学生对知识点的理解掌握与分析应用，可以及时调整本次课程的授课，对同学们作业中的普遍问题给予充分讲解与教学互动（见图 35 - 4）。

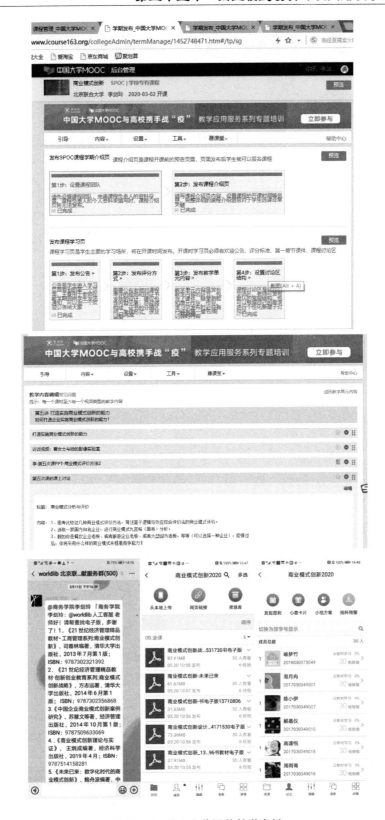

图 35 – 3　补充上传课前教学资料

图 35 - 4 课后学生作业的评阅

五、课中活动

1. 多种方法保证学生到课

本课程选择以企业微信群签到为主、随机点名和企业微信会议人数关注为辅的签到方式，确保学生准时、全程听课。上课前通过企业微信群通知大家准时进行签到，签到时间持续5分钟，及时督促学生准时上线上课学习。本课程一共有30位同学，刚开始上课时，由于网络慢有一位同学签到迟了，后来督促该同学及时进入本次课程会议与大家一起进行教与学互动，如图35-5所示。

2. 作业点评加强学习效果

为加深和巩固知识点的理解及分析应用，上周布置了相应的作业，进行相关案例的商业模式的分析与评价。通过作业评阅及成绩公示，激发学生学习的主动性，选择几份有代表性的作业在课上进行点评，加深对于知识要点的理解和分析应用，如图35-6所示。

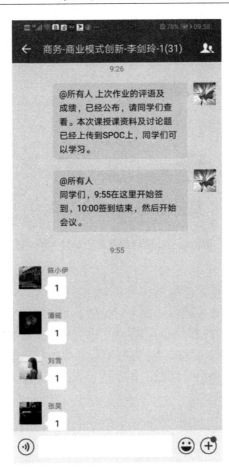

图 35-5 签到保证学生到课学习

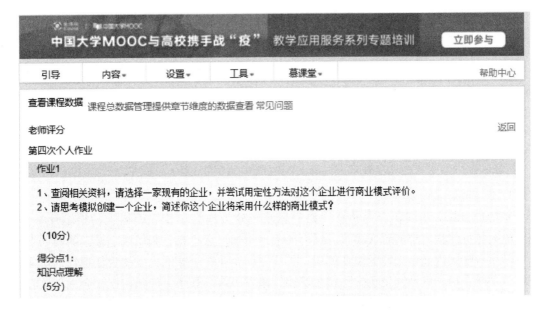

图 35-6 课后学生作业评阅及时了解学生学习效果

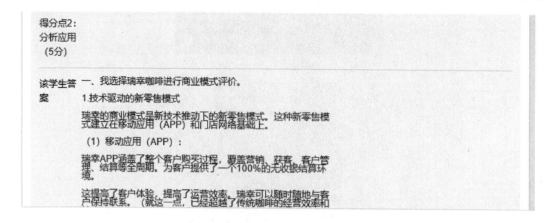

图 35 – 6　课后学生作业评阅及时了解学生学习效果（续）

3. 增加互动提高学习兴趣

为吸引学生主动学习，提高学生的学习兴趣，加强学生学习的主动性，在 SPOC 发布本次教学内容的同时，也发布了相应的思考讨论题，再挑选有代表性的回答邀请同学进行阐述和分享，或根据授课内容随时提问，在学生进行讨论时要求他们开启摄像头，部分还原面对面的授课环境。在 SPOC 发布讨论能够留存学生参与课堂讨论的痕迹，同时针对学生的回答进行点评，激发学生回答问题的积极性，如图 35 – 7 所示。

图 35 – 7　课上讨论互动加强学习效果

4. 课程思政的自然融入

坚持贯彻落实北京联合大学把"课程思政"建设作为学校立德树人的根本性举措，继续深入挖掘课程内部的育人要素，结合课程理论知识点，充分利用线上教学的便利手段引导学生分析国内知名企业的商业模式，关注中国企业在全球危机下的责任担当，增强学生们的文化自信，继承和发扬中华传统美德，激发民族自豪感，加强树立社会主义核心价值观，践行企业社会责任，理解中华民族伟大复兴的理想，激励学生为了祖国振兴而不断进取，如图 35 – 8 所示。

（2）在内容上，逻辑评价是对商业模式创新的宏观思考，而效应检验则从微观的角度直观、精确的表达商业模式的创新效果。逻辑评价是效应检验的前提，效应检验是逻辑评价与效应检验互相补充，共同构成商业模式创新评估的全部内容。

（3）在重要性方面，二者对于考量和评价商业模式创新效应起着同等重要的作用。

2、选取一家国内知名企业，进行商业模式九宫格（画布）分析。

同仁堂：

重要伙伴 1、医院 2、药店	关键业务 1、制药 2、销售	价值主张 同修仁德，济世养生	客户关系 以客户关系为主	客户细分 大众市场，根据不同的病理结构细分
	核心资源 1、老字号 2、企业文化 3、独家配方 4、稳定的客户群体		渠道通路 1、实体药店 2、网上药店 3、同仁堂店铺 4、各大医院	
成本结构 1、人力成本 2、研发成本 3、销售成本		收入来源 直接销售收入，通过销售药品和保健品		

3、假如你是餐饮企业老板、或者旅游企业老板、或者大型超市老板，等等（可以选择一种企业），疫情过后，你将采用什么样的商业模式来提高竞争能力？

如果我是餐饮企业老板，疫情过后我将采用O2O的商业模式。疫情过后人们居家隔离的状态会被打破，但是由于这段时间并不短，所以这一阶段的生活方式已经逐渐成为习惯，即使疫情结束人们还是会将这些习惯带入之后的生活中。而且，餐饮企业为适应疫情期间的顾客

图 35 – 8　课程思政元素的挖掘

5. 时事案例的结合分析

在国内同心协力战胜疫情期间，关注时政热点，关心国家大事和国际大事，激发社会责任感，激发爱国热情，充分利用网络资源，关注身边的餐饮企业、大型超市等生活服务业企业的发展，面对疫情，进行商业模式的分析、调整与设计、评价，践行商业伦理，激发创业创新精神，锻炼批判性思维，思考国内企业的现在及发展（见图 35 – 9）。

图 35 – 9　时事案例的结合分析

六、课后任务

本次课后任务是让学生完成中国大学 SPOC 相应的作业，因为之前提交作业即使明确

各项时间节点仍然存在错过截止日期的情况，本次作业设置的截止时间较长，到下次上课前一天的上午八点。结合提交数据来看，课程结束当天大部分同学都提交了作业，大部分同学掌握了知识要点，并能够进行实际案例的分析应用（见图35－10）。

图 35－10　课后学生作业的完成提交

七、教学反思

第一次完全通过网络实施在线教学，还需要不断的探索与逐步改进。为了解开学至今的教学效果，并进行持续改善，在课后常与同学们进行微信沟通，包括授课速度、授课方式、建议和意见等（见图35－11）。同时，通过学生每次的课后作业，及时了解学生对授课知识点的理解掌握程度及分析应用能力。

结合自己授课的感受，以及学生处收集的学生们普遍提出的问题，我认为以下四个方面值得关注：

（1）教学理念方面。课程需要由教师主导转为教师引导，激发学生学习的积极性和主动性，鼓励和促进学生自主学习与主动思考，所以在中国大学MOOC异步SPOC上每次课前发布教学内容的同时发布课上思考讨论题，引导学生们在课上带着思考题去主动思考学习探索，提高学生学习的自主学习和合作学习效果，同时在理解和掌握理论知识的基础上，注意相关知识的分析及应用，注意学生的分析设计评价能力、商务决策应用能力和解决实际问题能力的提升。

（2）教学内容方面。注意授课内容知识点的梳理、提炼与归纳，将重要知识点讲解分析透彻，并在实际典型案例分析评价的基础上，通过项目教学与模拟实践来引导学生理论联系实际，引导学生进行理论知识点的实际分析评价应用，加强学生的实际企业商业模式创新分析和模拟企业商业模式创新设计能力，通过讨论互动和作业评阅，引导学生在理解掌握课程理论知识点的同时，提高学生的逻辑思维能力、分析判断能力和商务决策应用能力。

图35-11 交流讨论了解学生学习情况

（3）教学方法方面。灵活使用各种电子工具和网络平台，发挥各个网络平台的优势，实现教学效果最优化。但多平台的使用，需要不断提醒同学们注意网络平台的顺畅使用和网络数据信息的时而滞后等。同时，引导学生们进行模拟项目设计学习，在商业模式及其创新和评价相关知识基础上，参考典型企业商业模式创新案例分析，引导学生进行模拟企业项目的商业模式创新分析与评价，使学生更好地理解、掌握和应用企业商业模式创新知识进行设计分析评价。

（4）教学效果方面。需要与学生们经常交流和互动沟通，及时了解同学们的学习感受及学习需求，并通过课上讨论、课堂提问和课后作业等，了解学生在学习中存在的问题，掌握同学们的学习情况，将课程主要知识点在课堂中反复进行讲解，并与同学们进行及时的讨论互动，并通过典型企业商业模式创新分析和模拟企业商业模式创新设计，加强知识点的理解与掌握，同时提高学生的实际设计应用和分析决策能力，以达到良好的教学效果。

第三十六章　国际市场营销课程网络教学案例报告

一、任课教师基本信息

任课教师：赵进
所在教学单位：商务学院国际商务系

二、课程基本信息

课程名称：国际市场营销
课程类型：专业必修课程
学时学分：48 学时/3 学分
面向学生：国际商务专业
网络教学方式：中国大学 MOOC＋蓝墨云班课＋企业微信会议

三、教学目标与教学内容

1. 教学目标

（1）知识。学生能够掌握国际市场营销调研部分的概念、程序、方法和调研范围。

（2）应用。学生能够比较熟练地运用国际市场营销调研分析具体问题，并得出较为合理的结论。

（3）情感。学生能够系统掌握国际市场营销调研方法，更好地理解消费者需求与行为，同时引导学生将方法应用于个人学习生活各项决策之中，明确学习目标，提升学习自主性。

（4）价值。学生能够结合所学国际市场营销相关知识与方法，对当前疫情条件下我国企业各种商业决策进行分析与思考，认识我国民族企业的竞争力和企业社会责任。

2. 教学内容

（1）国际市场调研的概念。
（2）国际市场调研的内容。
（3）国际市场调研的范围。
（4）国际市场调研的程序。
（5）国际市场调研的方法。

四、课前准备

1. 学情调查
在学生完成四周网络教学后，针对学生进行教学方式与教学效果调查分析，进而发现教学过程中的问题，不断优化教学方式与方法。

（1）课程难度。根据调研结果显示（见图 36 - 1），87% 的学生认为，学习难度一般；13% 的学生认为，有点难度，课程难度基本适中，但应加强对少部分学习有困难学生的辅导和鼓励，提升其学习积极性和自信心。

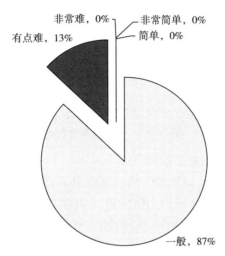

图 36 - 1　课程难度调研结果

（2）教学方式。调查显示（见图 36 - 2），在目前采取的四种教学方式中，54.17% 的学生认为，老师直播讲解教学效果最好；37.5% 的学生认为，MOOC 视频学习教学效果最好；8.33% 的学生认为，蓝墨云班课教学效果最好；普遍认为自学的教学效果不好。因此，本课程未来仍将主要采用 MOOC 视频学习和直播教学相结合的方式进行教学，同时仍将蓝墨云班课继续作为资源发布与学生讨论的平台，发挥蓝墨云班课记录各项教学活动的优势。

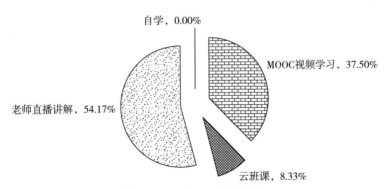

图 36 - 2　教学方式调查结果

（3）线上教学的困难。从调查情况来看（见图 36 - 3），16.67% 的学生认为，线上学习的困难是知识点无法理解；20.83% 的学生认为，线上学习的困难是小组合作效果差；62.5% 的学生认为，线上学习的困难是无法运用理论知识解决现实中的问题；29.17% 的学生认为，存在其他困难。因此，在线上教学过程中，考虑加大案例教学的比重，以弥补理论联系实际方面的不足，同时对学生进行进一步调研，明确线上教学对学生产生的各种困难，并努力逐一解决。

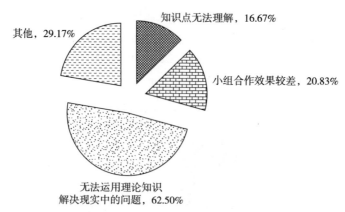

图36-3 线上教学的困难

（4）MOOC学习效果。调查显示（见图36-4），54.17%的学生认为，MOOC学习非常有帮助；45.83%的学生认为，MOOC学习有效果但是效果一般；没有学生认为MOOC学习无效。因而，未来仍将继续采用MOOC作为教学方式之一。但需要配合其他教学方式给学生补充学习重点、难点的指导和实际技能的训练。

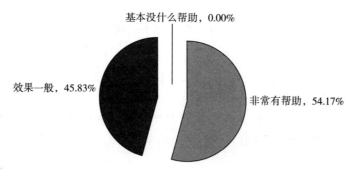

图36-4 MOOC学习效果调查

（5）直播教学效果。调查显示（见图36-5），在以往语音会议直播教学中，70.83%的学生认为，效果非常好；29.17%的学生认为，效果一般。因而将进一步调研如何提高教学效果并进行完善。

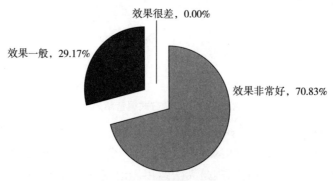

图36-5 直播教学效果调查

（6）课后学习时间。从调查情况来看（见图36-6），54.17%的学生课后学习时间为1~2个小时，学习时间明显不足。本课程教学时间为3学时，结合课程难度，较为合理的课后学习时间应为 3~4 小时，需要通过加强课后作业布置和小组分工情况检查等措施，督促学生适当增加课后学习时间。

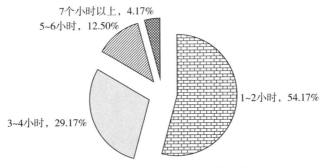

图 36-6　学生课后学习时间调查情况

2. 课程资料准备

（1）MOOC 配套教学 PPT。

（2）教学案例：Tiktok 与 BIGO 海外扩展。

（3）技能训练设计：根据各小组选定的研究企业对象，针对某一具体问题设计调研方案。

3. 教学安排发布

每节课前进行本次课程教学安排的发布，保证学生提前做好各项准备（见图 36-7）。

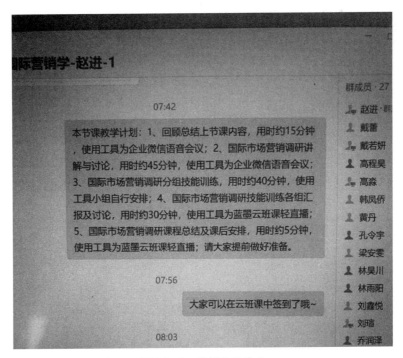

图 36-7　教学安排发布

五、课中活动

1. 签到 (7：55~8：05)

使用蓝墨云班课中的"限时签到"功能进行签到，凡是在限定时间范围外签到的，记为迟到，未填表的计入缺勤（见图36-8）。

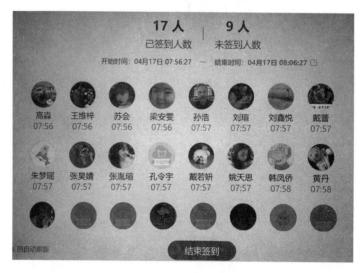

图36-8　学生签到

2. 教师直播讲解 (8：10~9：10)

（1）上节课知识点回顾。对上节课的知识点进行回顾与总结。

（2）本节课知识点梳理与讲解。结合 MOOC 教学视频和 PPT，给学生讲解知识点，同时补充教学内容，结合实际案例进行知识点的梳理和解释，引导学生交流和提问。发布实践训练内容，引导小组进行分组实践。

3. 分组调研实践 (9：10~10：10)

各小组进行分组调研实践，明确调研问题，进行调研方案的制定。

4. 小组汇报与教师点评 (10：10~10：45)

在蓝墨云班课发起轻直播活动，引导学生进行汇报，教师进行点评（见图36-9）。

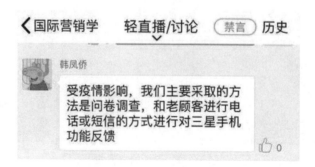

图36-9　小组汇报与教师点评

图 36 - 9　小组汇报与教师点评（续）

六、课后任务

各小组完善国际市场营销小组调研方案。

预习第九章国际市场营销战略与规划。

七、教学反思

疫情期间，教学方式发生了变化，在变化过程中如何持续提升教学效果是教学中面临最大的挑战和任务。通过一个半月的教学和对学生学情的了解发现，目前教学过程中主要面临的问题来源于两个方面：一是教学方式本身的变化，二是教学方式变化带来的学习心理的变化。

针对两方面的问题，计划采取以下两种措施：

（1）鼓励学生树立积极的学习心态，变被动学习为主动学习。因此，在教学过程中会更多地结合当前的形势，通过引导学生在疫情中对世界各国的应对措施进行对比，增强民族自信心，同时看到不足与差距，使学生明白未来社会的进步需要科学技术的推动，学习是永恒的主题和大学生的使命。在今后的教学过程中仍要不断加强对学生学习心态的调整和激励。

（2）不断优化教学方式。作为大学教师同样要以开放的心态拥抱变化，适应新的教学方式，遇到的新挑战要不断优化不断提高。教学方式是形式，教学本质没有发生变化，在今后的教学过程中要不断探求教学本质，围绕教学本质优化教学方式，提升教学效果。

第三十七章　国际商务沟通课程网络教学案例报告

一、任课教师基本信息

任课教师：田园

所在教学单位：商务学院

二、课程基本信息

课程名称：国际商务沟通

课程类型：国贸专业必修课程

学时学分：48 学时/3 学分

面向学生：大学三年级国际贸易专业

网络教学方式：中国大学 MOOC + ZOOM + 企业微信

三、教学目标与教学内容

1. 教学目标

教学目标如图 37 - 1 所示。

 知识目标　通过课堂讲授与实践操练，使学生掌握国际贸易实务中关于付款方面的知识和技能；了解付款的相关操作流程和业务范围；能够运用所学的知识进行付款的实际操作

 能力目标　能够结合国际贸易实务知识（包括贸易术语等），针对付款环节的具体问题撰写相关的英语信函进行沟通，培养学生跨文化意识及商务英语写作能力，以提高其商务英语应用能力

 德育目标　通过提出探索问题，建立目标任务，培养学生自我学习能力；让学生对本周所学的付款知识加以综合运用并达到融会贯通，同时在这个过程中，深刻体会到企业诚信经营、勇于承担社会责任的重要性和崇高性，以及这些与企业成功的内在必要联系

图 37 - 1　教学目标

2. 教学内容

《国际商务沟通》课程是继国际贸易理论与实务课程后的一门专业课程，其研究对象是有关国际商务信函的语言形式、体裁和写作技巧、规则等基本知识。在学习完函电谈判的整个过程后，本周将进入国际贸易中非常重要的环节——付款这一章节的学习。具体包含内容如下：Payment①介绍三种不同的付款方式，即信用证、托收以及汇付，它们的特点和功能。Payment②介绍信用证的主要流程、内容。通过实例分析，帮助大家掌握信用证的主要语言特点以及在国际贸易中的作用。Payment③介绍信用证的审核、修改和延期。

四、课前准备

1. 细节着手精准备

首次面对如此大规模、异地、互动、分散的在线教学，虽然以前也录制过视频课程，但除了授课以外，其他方面一直由专业人士负责，所以这次线上直播的准备工作几乎是从零开始。从技术准备、课程内容、互动方式等方面，都需要不断摸索、反复打磨。由于担心单一直播方式可能存在网络拥堵或崩溃问题，因此，建立了平台选择"三重保险"，我同时学习和模拟中国大学 MOOC、雨课堂、ZOOM 会议、腾讯会议以及企业微信等各种媒介，也了解了年轻人比较喜欢的 bilibili 直播平台，在这个过程中，学校为网上教学指导建立了平台，提供相关教学平台的咨询服务和技术支持（见图 37 - 2），并且在群内通过各位老师的交流、朋辈经验的传递，挖掘和学习到了更多有效经验，这是非常必要和关键的。学院负责教学的领导、系主任、教学办公室的老师也传送了很多教学和服务信息（见图 37 - 3）。

图 37 - 2　相关教学平台的咨询服务和技术支持

图 37 - 3　商务学院学术分享

另外，在本周课程准备上，由于本周已经进入第十周，为了继续给同学们提供良好的课堂体验，让同学们对线上课堂有所准备、有所预期，我会提前在微信群内给学生们发送电子版教材、教学课件、参考资料、配套作业等一系列学习资料，并再三叮嘱同学们提前阅读相关材料、利用好慕课资源，如图 37 - 4 所示。

本周开课前为学生开放测试时间，提前总结好本周知识要点，为在线课堂扫盲。测试中开放互动环节，让学生感受"时限内签到""选择题作答""举手连线"等新颖的课堂辅助功能；本周课程内容由于涉及比较多的英语运用，因此会通过举手连线让学生读一读外文课文，让同学们听一听自己真实参与的声音，教师也可更好测试语速及网速情况。

图 37-4　微信群提前推荐学习资料

2. 参加培训学技能

"对于不适合直播的课程，选择哪种教学方式比较好？""怎么给学生分组讨论？""上传手机课件后，学生能提前接收预习吗？""协同教师可以一起上课吗？"开课前我和每一位老师一样，都热切地想知道学生如何通过线上教学得到"学习"的真实感和获得感。而所有这些问题，都可以通过培训得到圆满解答。开课前我观看了各类慕课视频，参加了全国高校教师网络培训中心和清华大学举办的提升在线教学技能的培训，通过参与培训，体验和认知在线教学要领，寻找解决师生互动不足问题的方法，明确了在线教学是手段上的创新，以学生为中心、以质量为导向的内在要求是不变的，其目标是实现与线下教学实质等效。同时，培训师的线上示范，帮助我熟悉和掌握了线上教学的先进技术与方法，实现理念与技能的同步升级转型，培训证书及培训具体内容如图 37-5 所示。

3. 工具使用"小心思"

为了满足使用手机上课同学的需要，我对本周课程 PPT 进行再次更新，放大字体、减少文字、放大图片，在点滴细节上照顾同学们的上课感受；结合自己可能会大量书写板书的教学习惯，在网上购买了手写板和可以在屏幕中突出显示且支持放大的罗技 spotlight 无线演示器等先进教具以配合教学工作（见图 37-6、图 37-7）。

培训证书　　　　　　　　　　　　培训具体内容

图 37 - 5　培训证书及培训具体内容

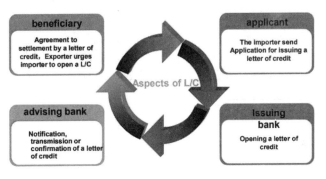

图 37 - 6　特意放大教学 PPT

图 37 - 7　电子化教具

4. 课程时间"切割化"

通过对学生学情进行网络问卷调查（见图 37 - 8），对学生特征和学习需要进行分析，了解到多数同学认为45分钟的课程容易导致精力不集中、学习效率低下，有必要对上课时间进行"切割"。

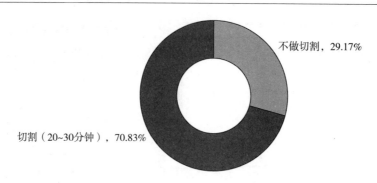

图 37 - 8 调查：你更倾向于对课程讲授时间进行"切割"还是不"切割"

依据教学规律，将每 20 ~ 30 分钟划分为一个学习间断符合网络学习的认知规律。因此，备课过程中以"目标引导→内容讲授→测试互动"为线索、根据教学内容"重塑"的需要分别按照 20 分钟或 30 分钟对教学时间做"切割"，从而在课内形成 2 ~ 3 个相对完整的教学"微模块"。

本周教学内容的"微板块"分为两部分：付款基础知识和相关信函写作，以第一节课的时间切割分配为例，导入视频 5 分钟，知识点讲解 15 分钟，互动连麦 5 分钟，案例介绍 10 分钟，小组讨论 5 分钟，总结 + 写作练习布置 5 分钟。另外，在两个微板块内建立相对微观的教学目标，即相对完整的知识点讲授体系和相对简洁的师生双向互动，给学生构建充分交互的环境，实现接近甚至还原课堂教学的效果。

5. 授课内容"重塑化"

由于线上教学的"互动"缺少真实课堂环境的约束，学生的听课积极性容易下降，因此基于学生视角思考授课内容的获取度，我以"精细化"为标准对课程内容进行"重塑"。这需要教师从以"讲课"为中心，更多转入以"解惑"引导学生学习积极性为中心，对学习目标设置、知识点逻辑布局、文献阅读、网络分组讨论、作业反馈等环节进行精心设计，让 PPT 绝不仅是"一晃而过"的教学载体，也是知识点分解、文献脉络梳理、师生互动、要点总结的"慢动作"。

本周付款知识的教学内容重塑体现在以下环节：首先通过播放引导视频，引发学生"有感"——到底能否追回货款？再通过付款基础知识讲解，使学生自己解惑，再继续引发学生讨论：追回后又该谁负责？最后落实到学生实际应用，给予学生付款模板，要求学生写相应的函电。

五、课中活动

1. 课前小测来热身

上课前我提前 15 分钟进入课堂，通过互动交流、签到打卡、课前小测等"热身"活动与同学们进行交流，既能了解到学生的上课签到情况，又可以通过问题回答了解学生上节课的学习效果，也有助于学生们快速进入到上课状态。本周的课前小测（见图 37 - 9）主要是关于信用证的基本知识，通过测试发现，尽管同学们对于基本知识点已经有了一定的掌握，但需要加强实际操作的练习，因此，根据测试的结果，本周的学习内容重点增加了案例分析和写作互评（见图 37 - 10）的内容。

1 单选 (5分) If a letter of credit is "irrevocable", this means that____

　A. an importer may not change his method of payment at any time

　B. an importer may cancel a bank's authority to make payment

　C. an exporter will grant only the most favorable terms of credit

　D. an importer may change credit terms by giving notice

2 单选 (5分) It is a written, dated and signed instrument that contains unconditional order from the drawer that directs the drawee to pay a definite sum of money to a payee on demand or at specified future date. So it's ____.

`倒计时：29.45`

　A. note

　B. T/T

　C. check

　D. draft

3 单选 (5分) Which kind of collection is very risky for the seller?

　A. D/P at sight

　B. D/P after sight

图 37 - 9　课前 3 道测试题

这是一个写作练习，请你们在规定的时间内上传信函，并随后根据要求进行互评。

☑ 依据学术诚信条款，我保证此回答为本人原创，所有回答中引用的外部材料已经做了出处标记。

1 （10分）

1. Please read the enclosed sample email about a quotation and then write an email of counter offer based on it.

请阅读附件中关于报价的电子邮件，然后依据报价内容撰写还盘邮件。

评分标准：

9-10分：邮件的结构、格式和内容都很完美。整体语言表达真实、流畅而且没有错误，复合商务情境。

7-8分：邮件的结构、格式和内容有少量错误。整体语言表达较为符合商务情境，有少量语法错误。

5-6分：邮件的结构、格式和内容错误较多。整体语言表达符合一定的商务情境，语法错误较多。

3-4分：邮件的结构、格式和内容错误非常多。整体语言表达不太符合商务情境，语法错误非常多。

0-2分：邮件的结构、格式和内容基本全错。语言表达不流畅，语法错误太多，完全不符合商务情境。

图 37 - 10　写作互评练习

2. 课中连麦促互动

通过之前的不断尝试，反复比较后发现，每间隔 10 分钟开展一次师生互动可以有效地保证同学们的注意力集中于课堂，提高其反应速度。因此，本周的课程分别设置了"Why use letter of credit?""What is L/C?"" Who set forth the terms and conditions in the letter of credit ?""How to write a correction letter?"这些互动环节。对于一些比较腼腆、不常在聊天区回答的同学，我会在连麦回答环节时邀请他们参与，努力让更多的同学融入课堂互动中（见图 37 - 11）。

线上教学的难点之一在于不易掌握学生上课状态，因此，更需要增加师生互动，提升教学效果。在课上，我会经常问大家"大家能不能听到？""这个知识点能不能听懂？""有问题随时在讨论区发消息"。根据和学生们的互动情况，不断观察和感受他们的情绪状态，随时调整课堂进行方式。当发现同学们互动积极性下降时，需要立刻适时地调节气

图 37 - 11　学生参与连麦讨论

氛，让大家的注意力重新回到课堂教学。线上反馈出的高互动率、学生的专注度、课程的质量都超乎最初的想象，一开始的顾虑不见了，我认为自己越来越进入"主播"的角色（见图 37 - 12）。

图 37 - 12　学生上课状态

3. 课程思政育人心

本周课程中也根据付款的教学内容融入了德育元素。

（1）观看视频：《承袭历史，创新不已——访中国银行国际结算部王国胜总经理》，体现拼搏自强的企业家精神和创新中求发展的德育元素。王总说起中国银行的国际结算，有一种发自内心的自豪，一串串的数据，如数家珍。而数据往往是最好的证明。在采访中，王总多次强调，中国银行国际结算业务所取得的成绩不是一个人的贡献，是中国银行历史因素天然禀赋的优势、团队杰出的专业素养、银行领导者先进的经营理念、不断创新的进取精神等多种因素共同作用的结果。

（2）案例讨论，同时融入体现诚信精神和培养学生正确的三观的德育元素：《信用证欺诈案例：盗用第三家银行密押诈骗案》。某银行收到一份由加拿大 B 银行多伦多分行电开信用证，金额 50 万美元，受益人为我国 A 公司，指定中国银行为通知行。中国银行审证时发现六个问题：一是该证没有加押，仅在来证中注明"本证将由××银行来电证实"；二是该证装运期与有效期为同一天，且为开证后 1 星期到期；三是该证为见票后 60 天付款，且规定受益人可按年利率收取 11% 的利息；四是来证要求受益人发货后 2 天内将一份正本提单、发票等用特快寄给开证申请人；五是来证电传号不合理；六是申请人在加拿大，收货人却在尼日利亚。因此，中国银行在通知信用证时加注"印押未核"，并请受益人注意以上不符点，暂缓装运。同时，经北京总行查询后发现加拿大并没有该 B 银行存在。几天后，中国银行收到署名"××银行"的确认电，但电文没有加押证实。中国银行再向"××银行"发出确认电，得到答复是"我行从未发出该确认电，本行与开证行无任何往来"。因此，证实这是一起盗用第三家银行密押的诈骗案。

（3）新闻热点分析，培养学生感受祖国繁荣、富强、昌盛的自豪感，通过不懈努力实现中国梦的情怀：新闻视频《特大喜讯：2017年10月1日开始，人民币正式成为国际通用货币！（中国崛起！）》。2017年10月1日正是我们伟大的祖国68岁的生日，此时，国际货币基金组织带来一份分量沉重的礼物。身穿中国传统服饰的国际货币基金组织总裁拉加德宣布：2017年10月1日开始，人民币正式成为国际通用货币！这无疑将成为最近几年最大的历史事件！这意味着中国外汇市场将进一步打开，政府为中国经济融入国际外汇市场奠定坚实的基础，更多人会参与到外汇市场。汇率的本质有两点组成，军事能力（代表着该国的硬实力）和金融能力（代表着该国的软实力）。近年来，正是由于中国这两方面的飞速发展，不得不让西方世界改变了对人民币的态度。有句话说得好，没有比人更高的山，没有比脚更长的路。再高的山、再长的路，只要我们锲而不舍前进，就有达到目的的那一天。再次祝祖国繁荣、富强、昌盛！

（4）课后报纸选读，通过历史追忆，体会和培养学生不怕困难、勇于奉献、不断进取、传承使命的德育精神，增加学生使命感、责任心：《中行国际结算——追梦百年》。百年历史赋予中国银行弥足珍贵的百年老店的品牌价值。在世界金融历史中，能历经数百年而保持其产权、机构、名称完整的银行可谓凤毛麟角。国际结算作为中国银行的核心业务和拳头产品，是中国银行的"金字招牌"，也是中国连接世界经济的重要桥梁。要探寻中国国际结算业务发展历史，不如回顾一下中国银行国际结算业务的百年历史（见图37－13）。

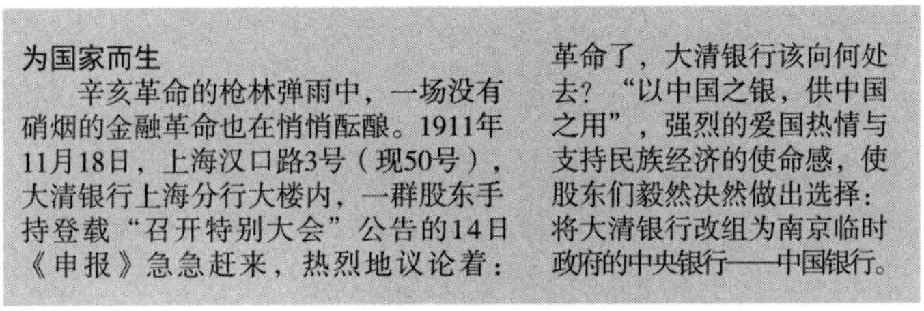

为国家而生

辛亥革命的枪林弹雨中，一场没有硝烟的金融革命也在悄悄酝酿。1911年11月18日，上海汉口路3号（现50号）大清银行上海分行大楼内，一群股东手持登载"召开特别大会"公告的14日《申报》急急赶来，热烈地议论着：

革命了，大清银行该向何处去？"以中国之银，供中国之用"，强烈的爱国热情与支持民族经济的使命感，使股东们毅然决然做出决定：将大清银行改组为南京临时政府的中央银行——中国银行。

图37－13 报纸选读

作为高校教师职责，远远不止是落实"停课不停学""停课不停教"的教学任务，更重要的是要做到"停课不停育"，更好承担起学生健康成长指导者和引路人的责任。让学生们无形中铭记肩上的使命与担当，引导他们将所学知识服务于国家需要和民族振兴。

六、课后任务

1. 课后沟通要感性

个别同学因为网络卡顿而短暂中断课堂学习，需要细心记录这些同学的姓名，课后及时发送课程的音频资料并给予单独辅导。除了在微信群内为同学们答疑解惑、共享资料之外，还应化被动为主动，随机与学生进行一对一交流，收获意想不到的结果，我发现学生的交流欲望是非常强烈的，只不过可能因为性格害羞等原因不敢主动找老师交流。而由老师主动发起的一对一交流减轻了学生心理负担，帮助师生间增进了解信任。许多同学后来就课程疑问主动询问我，还会把自己遇到的各类生活问题与我进行分享，真正实现教师的教书育人使命。线上教学是挑战，更是机遇。云课堂上的互动关怀让老师和同学们的距离更加贴近，交流更加密切。虽然疫情拉开了我们的物理距离，但跨越千山万水的"云授课"，让师生之间的"云互动"不止。

2. 课后联系促改进

课程结束后，还要继续反思线上教学中存在的问题，主动询问学生们的上课感想，和同事们共享授课体验，探讨授课方法，积极改进线上教学方法。不同的学生接受新知识的快慢存在差异，对课程深度和难度的要求也不一样，例如，有同学反映一问一答讲解知识点的方式比较耽误教学进度，但这种方式能更好地提高学生关注度，给学生适当的思考时间，让学生参与到理论推演逻辑之中。在上述不同的需求之间，应不断思考如何寻找平衡点，让学生能更好地深入掌握理论知识。除了专业课程的辅导之外，还主动了解同学们近期的学习生活状况，鼓励同学们调整放松心态，创造条件进行居家运动锻炼，积极普及疫情防控科学知识，做同学们健康成长的指导者和引路人。虽然线上教学让师生间的空间距离更远了，但是心灵间的距离却更近了。

七、教学反思

1. 寻找在线教学最优解

由于本周付款知识点涉及的大量授课内容比较前沿，学生理解起来有一定的难度，因此，我从"注重交互""实时监督""多重空间"三个关键词出发，对师生互动环节进行提前设计，制定合理有效的监督机制，并利用互联网平台建立"多空间"教学模式，打破传统课堂教学容易人为割裂课前、课中和课后有机联系的窘境。

2. 做好在线教学路径图

课前根据课程性质和学生特点，做好在线教学三步走的路径图（见图 37 - 14）。即课前根据线上教学需要调整课件内容，并要求学生提前自习课件和资料，汇总学生们反馈的自学难点，在课堂教学中就疑难问题进行重点教学，提升线上教学效率。课堂教学以老师讲授为主，同学们可以在 ZOOM 会议讨论区进行回馈，并在课程中间开放语音功能，师生直接交流互动。课后授课老师及时上传学习补充材料，学生通过电子邮件提交作业。学生如有问题或老师如有需要说明的，可以通过邮件、微信私信、微信群进行交流。

3. 在线教学保持"原味"

考虑到部分在线教学平台使用人数较多、容易出现服务器卡顿的情况，要进行多种教学平台的组合选择，尽量使用技术门槛低、在线教学功能（视频、板书、弹幕、语音、文字）齐备，并且占用空间小，在电脑端和手机端使用均比较流畅，能够有效满足学生在不同使用终端条件、不同网络条件下的学习需要。在平台使用过程中，老师全程开启视频，保持对于学生的课堂形象感染力，并要求学生全程开启音频，尽可能模拟线下课堂教学场景。同时，为了有效配合本门课程的教学技能养成，要求学生上课的过程中采用"幕布"免费平台做好"云笔记"。关于课堂气氛及仪式感的营造，老师也需要提前设计。在课程开始前半小时暖场并实现平台系统稳定的做法，配以清新舒缓的背景音乐，快速建立师生之间的信任与共鸣，使大家都能以最佳的状态进入授课阶段，平滑实现前后课时之间的转换。

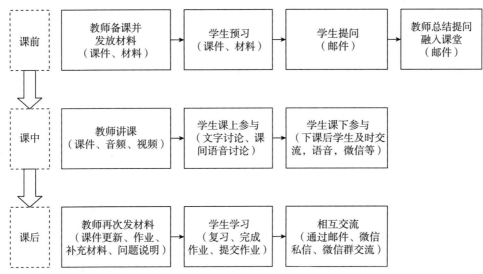

图 37 – 14　课程整体准备路径

4. 云端资源更加丰富

教学资源是激发学生活力的保障。疫情期间学生在家不停学、不停课，不仅要让学生学习专业课程，同时要引导学生多阅读与专业、课程相关的经典文献，为学生提供电子版教材和拓展材料（见图 37 – 15），按照每篇文章的特点，指导学生分类阅读，并撰写读书笔记，分享收获和心得体会等。引导学生多利用情境、协作、案例等学习环境要素，充分发挥学生的主动性、积极性和首创精神，最终达到使学生有效地实现对当前所学知识建构的目的。

图 37 – 15　云资源

莫道浮云终蔽日，严冬过尽春蓓蕾。在这趟和学生们在线上相伴而行的特殊旅程中，我将继续努力进一步打通线上师生沟通壁垒，拉近师生心灵距离，努力保障同学们学有所得、学有所思，真正做到知识传授和教书育人的有机统一，无愧"教师"身份。期待着和同学们的相会。

第三十八章　国际贸易英文契约课程
网络教学案例报告

一、任课教师基本信息

任课教师：任靓
所在教学单位：商务学院国际商务系

二、课程基本信息

课程名称：国际贸易英文契约
课程类型：专业任选课
学时/学分：48 学时/3 学分
网络教学方式：BB、企业微信

三、教学目标与教学内容

1. 教学目标

（1）知识。

1）学生能够掌握《中华人民共和国外商投资法》的基本框架、内容及特点。

2）学生能够了解《中华人民共和国外商投资法》与"外资三法"的不同。

（2）应用。

1）学生能够结合我国改革开放取得的成绩以及国际经贸领域的最新进展，了解《中华人民共和国外商投资法》的出台背景。

2）学生能够结合我国外资的发展历程，正确认识《中华人民共和国外商投资法》在我国扩大对外开放中的作用。

（3）价值。学生能够在从事与外商投资有关的经济活动中，遵守《中华人民共和国外商投资法》和《中华人民共和国外商投资法实施条例》，能够树立强大的责任意识，具有良好的职业道德和契约精神。

（4）思政。学生能够切实了解我国改革开放 40 余年取得的巨大成就，能够清晰懂得我国维护经济全球化和多边主义的立场，能够深刻体会《中华人民共和国外商投资法》中的理性和包容，建立强大的道路自信、理论自信、制度自信和文化自信，增强民族自豪感和自信心。

2. 教学内容
基本内容：

（1）《中华人民共和国外商投资法》的出台背景。

（2）《中华人民共和国外商投资法》和《中华人民共和国外商投资法实施条例》的基本概况。

（3）《中华人民共和国外商投资法》的地位和作用。

（4）《中华人民共和国外商投资法》的主要内容。

课程教学重难点：

（1）重点。

1）《中华人民共和国外商投资法》的基本概况和主要内容。

2）《中华人民共和国外商投资法》的地位和作用。

3）准入前国民待遇加负面清单管理制度。

（2）难点。

1）准入前国民待遇加负面清单管理制度。

2）我国在外商投资准入方面的政策演变。

四、课前准备

1. 了解学生的知识背景和学习需求

本课程的教学对象主要为国际经济与贸易专业的高年级学生，经过三年的学习，学生具有了一定的专业知识背景，并储备了一定的专业知识。本部分教学内容反映的是国际经贸领域的最新发展动态，为了避免授课内容的重复，能够更有针对性地满足学生的需求，更精准地完成知识内容的传授和教学目标的实现，十分有必要在课前与学生互动，准确了解学生对本次教学内容的知晓程度，见图 38-1、图 38-2。

图 38-1　学生对拟学习内容的了解情况及期望的教学内容（1）

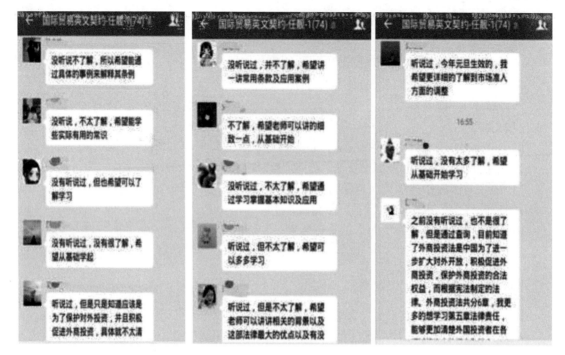

图 38 - 2   学生对拟学习内容的了解情况及期望的教学内容（2）

从学生反馈的情况来看，主要集中在以下三点：

（1）大多数学生对《中华人民共和国外商投资法》并不了解，甚至有些同学没有听说过《中华人民共和国外商投资法》；

（2）多数学生希望能够从基础知识开始学习《中华人民共和国外商投资法》；

（3）有些学生的学习主动性比较强，在老师布置调查任务后，尽管自己并不十分了解，但能积极通过网络资源，主动预习与《中华人民共和国外商投资法》有关的内容。

通过了解学生的实际情况，进一步明确了教学中的重点和难点问题，真正做到"因材施教"。

2. 积极学习课程思政的教学经验

我校在课程思政的建设方面成绩显著，成为诸多院校学习的对象和榜样，我校对思政课程的出色建设不仅带给我荣誉感，更带给我方向性，让我更加重视课程教学中的思政元素，努力提高思政教学能力。对于思政教学能力的提升途径，一方面，与老师们积极交流心得；另一方面，积极参加网络平台中关于思政教学能力提升的学习，如优学院的"2020春季学期教师教学能力提升"和"北京联合大学课程思政"系列讲座等，见图 38 - 3。

3. 发布课前预习资源

本次课程的教学内容以《中华人民共和国外商投资法》为核心，但涉及的内容比较广泛，包括我国外资准入的系列政策、我国自由贸易试验区的发展、我国外资三法等，学生只有在课前熟悉这些内容，才能在教学过程中，实现对知识内容的"无缝接收"。任课教师在课前将上述内容的相关资料（包括网络资源）通过 BB 发布，以期通过让学生预热知识背景来获得更好的学习效果，见图 38 - 4、图 38 - 5。

图 38 - 3 通过网络学习思政课程建设

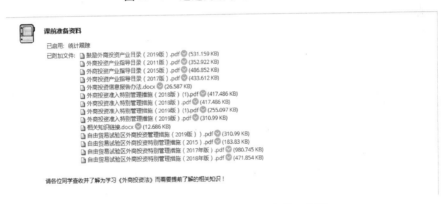

图 38 - 4 在 BB 上发布的课前学习资源

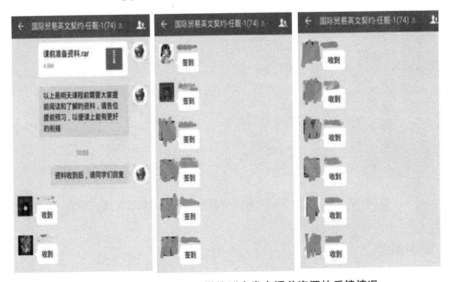

图 38 - 5 学生对在企业微信群中发布课前资源的反馈情况

4. 发布课前思考题

从多年的教学经验来看，问题导向型的教学方式取得的教学效果要好于直接输入式的教学，即在课程开始前，针对学生的实际情况及课程内容的重难点等内容，提出启发式、能够引起学生兴趣甚至是探索性的问题（见图 38 - 6），让学生经过课前的自主预习和充分的思考，带着问题走进课堂，见图 38 - 7。一方面，问题导向的方式能够锁定目标，让教学重难点凸显；另一方面，能够提升和巩固学习效果，学生能够在课前预习一次，课上学习一次，课后复习一次，如此下来，这些重难点内容就会由难变易，直至完全掌握。

课前思考题

已启用: 统计跟踪

1、什么是准入前国民待遇？我国目前实施的是准入前国民待遇还是准入后国民待遇？

2、什么是负面清单？我国目前实施的是正面清单还是负面清单？

3、我国目前设立了多少个自由贸易试验区？你的家乡所在的省份（直辖市）已经设立了自由贸易试验区吗？

图 38 - 6　在 BB 上发布的课前思考题

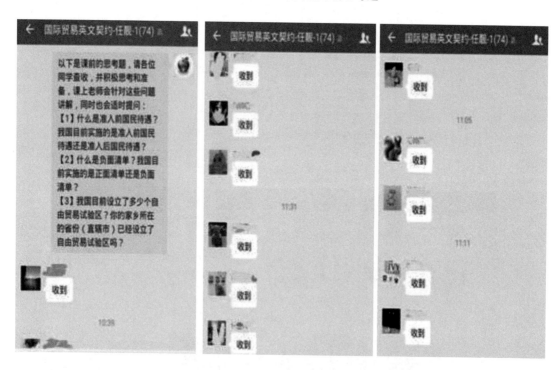

图 38 - 7　学生对教师在企业微信群中发布的课前思考题的反馈

五、课中活动

1. 出勤考核

课程采取企业微信在线会议的方式进行授课，相比线下授课，网络授课对学生出勤情况的考察难度会增加。由于课程涉及内容较多，为了增加有效授课时间，不采用课堂"点名"的方式考核出勤情况；同时，为了保证师生能够共同做好课前准备工作，包括网络连接、硬件调试等，要求师生均至少提前 10 分钟进入在线授课室准备上课；随后，教师在企业微信群中发起签到，通过学生上线后的及时"签到"督促学生做好课前准备，并以此作为出勤情况的考核依据之一，见图 38 - 8。

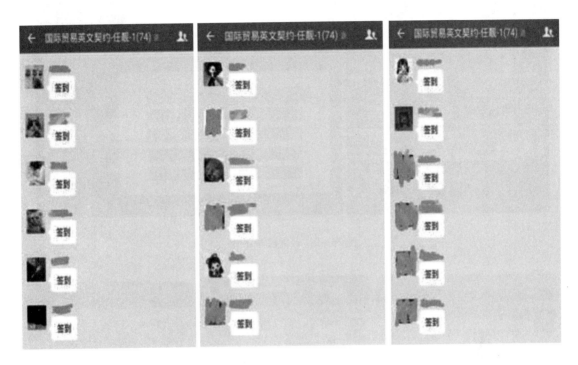

图 38 - 8　学生签到情况

2. 引导入课

在课程开始后，以课前预留的思考题为思路，通过问题导向带领学生进入课程的学习；在正式学习前，通过提问的方式检查学生的预习情况，一是了解学生的学习态度，二是掌握学生在预习过程中遇到的困难和问题，并针对这些难题进行针对性的指导，以提高学生的自主学习能力，见图 38 - 9。

3. 课堂互动

为了保证学生听课过程中能够集中精力且与教师授课同步，十分有必要在讲课的过程中就重点内容以问答的方式让学生加深理解和进行课堂管理，学生回答问题可以采取多种方式，如在课堂上公开回答，这种方式与线下教学类似，主要通过语音完成，该方式能够加强学生对回答问题的重视，提升课堂的严肃性，但比较占用时间，为了能让更多同学参与进来，可以采用让同学们通过在教学群里留言的方式进行交流。学生回答问题情况全部计入平时考核，通过对主动回答问题的学生给予一定分数鼓励的方式调动同学们参与的积极性；对很少参与互动的学生，一是在适当时间采取"点名"的参与方式，二是重点关注其课后作业的完成情况，见图 38 - 10、图 38 - 11。

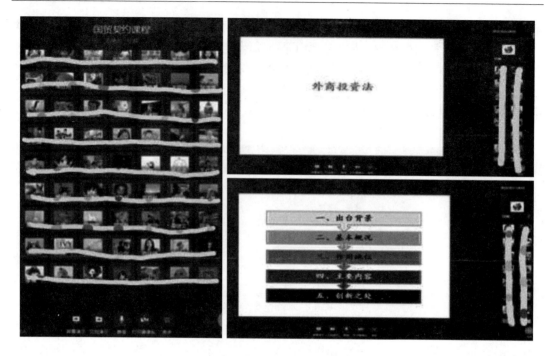

图 38 - 9　课堂教学场景

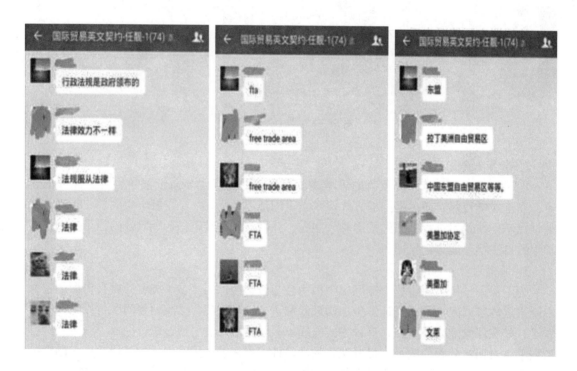

图 38 - 10　课堂互动情况（1）

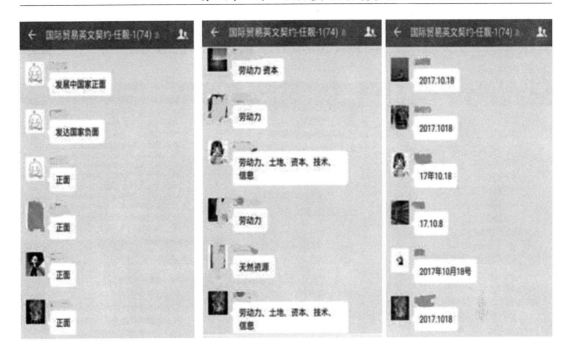

图 38 –11　课堂互动情况（2）

从授课实际情况来看，本次授课中，学生对老师提出问题的回复准确、及时，反映出学生的课前准备比较充分，学生的基础知识比较扎实，同时，课堂上能够紧跟老师的思路，注意力比较集中。

六、课后任务

本次的课程内容既涉及微观层面的法律约束，又涉及宏观层面的经济改革。微观层面的学习情况会通过后续课程对其进行检查和强化，具体地，本周的课后作业是让学生自由分组，准备下次课程的课堂展示，展示内容要针对本次的学习内容，选取具有代表性的条款设计外资合同，展示的方式是将学生分组，每个小组再分成甲乙双方，分别表示两个不同的公司，通过谈判的方式分析磋商中有分歧的条款，并形成最终结果。对宏观层面的理解和运用，通过课后开放式讨论的形式检查和推动，可以在 BB 中的讨论区和企业微信中的教学群同步进行，让学生根据自己对课程的理解情况回答老师布置的讨论问题，鼓励同学之间针对不同观点进行讨论，在讨论过程中，任课教师根据学生的讨论情况，适时地进行引导和评论，当多数同学发表自己的观点后，任课教师对同学们的讨论情况进行总结。

本次课后任务的设计是围绕课程内容开展讨论，虽然讨论问题的内容在课堂上都已讲授，但对讨论主题的提问方式发生了变更，主要考查学生对内容的理解、归纳、概括以及表达能力。从作答情况来看，学生对课上讲授的内容接受较好，能准确地理解教学内容，并能对讲授内容较好地概括和运用，见图 38 –12。

七、考核方案设计

本课程为考试课，线下教学的考核方式是闭卷考试。本课程要求学生能够了解国际经贸活动中主要类型的合同条款，并能用中英文准确地表达重点条款，重点考查学生的英文基础知识及专业知识。据此，在线考试的相关设计可从以下两个方面着手：

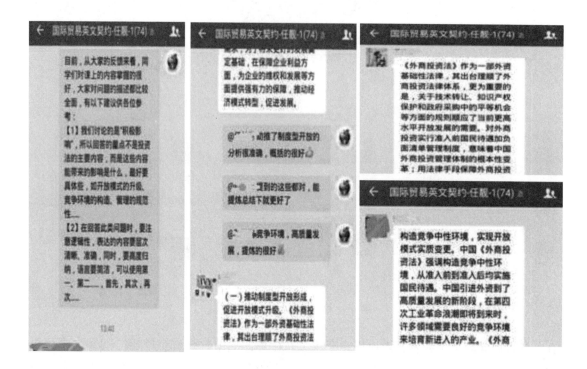

图 38 - 12   课后讨论情况

1. 题型设计及比例构成

线上考核分成两部分：

第一部分主要考察学生对知识内容的学习情况，通过在线答卷的形式完成，占总成绩的 20%，共包括四个题型，即填空题（15%）、选择题（15%）、英译汉（35%）和汉译英（35%），答题时间为 45 分钟。

第二部分主要考察学生对知识内容的应用能力，通过提交课程设计进行考核，占总成绩的 80%，考核时间为 90 分钟，在指定的时间段内完成考核，考试开始时将考试题目通过网络发布（包括考核要求和评分标准），在网络上设置考试时段，学生务必在要求时间内提交课程设计；可以采取开卷方式。

2. 采用的工具或软件

本课程的线上考核采用 BB 中的"测验"功能（两部分内容的答题和提交都可在 BB 中完成），如遇网络问题，在提交考核结果时，可适当结合企业微信群提交。

八、教学反思

1. 培养学生主动关注本专业热点及前沿问题的意识

我国关于外资立法发生了重大变化，可以说，在从事与外资有关的经济活动时，不仅使我们面临的法律及相应的行政法规依据发生了变化，而且更重要的是这种变化传递了我国经贸领域大背景的转变、我国在经贸领域发展方向的调整以及我国对全球经济问题的立场和应对方案等信息。而学生对这些情况知之甚少，一方面，反映学生对这些热点问题的关注不够；另一方面，也暴露学生应用专业知识的意识不强。在以往的日常学习中，学生更多地聚焦书本本身，因而出现拓展能力不足、知识面狭窄等问题。针对这种现象，从任课教师的角度要给学生灌输"学以致用、知行合一"的理念，提高学生对现实问题的敏感性及认知能力。

2. 线上线下相结合能取得较好的教学效果

在正常的线下教学中，对于线上功能的使用多集中在为学生提供学习资源等。此次疫情让线上教学真正地走进了课堂，这种变化让我更加充分地认识到线上和线下的各自优势，认识到将线上和线下有效融合能大幅提高教学效果。

线上教学能快速且大量地传递信息，拉近与学生的距离，降低交流的时间成本；此外，线上的诸多功能让师生的"对话"变得更加灵活，例如，通过作业和测验了解学生对基础知识的掌握情况，通过讨论区的讨论能够培养学生的发散思维和认知能力等。因此，在线下教学中要深入地引入线上功能，让教学内容更好地渗透到日常。相比于线上的网课而言，线下教学的现场互动优势十分明显，教师可以通过学生的神态、肢体语言、现场问答等"随机应变"的方式实时掌握学生的学习情况；师生在教学活动中对教学效果的有效信息传递和交流非常重要，教师可以通过学生的"满脸困惑"或"异常轻松"随时调整课程的进度和宽度，这种灵活性对取得良好的教学效果有着重要作用。而线上网课在这些方面受到了很大限制，所以，在线上授课时，需要教师通过增加"问答"来了解学生的"动向"及对讲授知识的掌握情况，从而更好地控制教学进度。

第三十九章 国际贸易学课程网络
教学案例报告

一、任课教师基本信息

任课教师：邓晓虹

所在教学单位：商务学院国际商务系

二、课程基本信息

课程名称：国际贸易学

课程类型：专业必修课程

学时学分：48 学时/3 学分

面向学生：2018 级国贸专业

网络教学方式：BB，企业微信，MOOC

三、教学目标与教学内容

1. 教学目标

（1）知识。学生能够了解跨国公司概念、发展历程、经营特点等基本状况；学生能够总结全球外国直接投资的特点及发展现状；能够掌握外国直接投资对世界经济、东道国经济、母国经济的影响等理论内容。

（2）应用。学生能够结合我国实际情况，分析我国利用外资状况及其对我国经济发展的作用；能够了解《中华人民共和国外商投资法》的出台背景，分析其对完善我国外资管理体系、建立高水平开放型新体制等的重要意义。

（3）价值。在国际贸易实践中，学生能够理解并遵守《中华人民共和国对外贸易法》《中华人民共和国外商投资法》，树立道德意识，履行责任。

（4）学习。学生能利用丰富的线上学习资源，开展自主学习，提升专业能力，并学以致用。

（5）融入课程思政。结合当前热点问题，例如，中美贸易摩擦、美国参议院一致通过的《外国公司承担责任法案》等，一方面，学生能切身感受我国对外开放取得的成就，增强民族自信心和自豪感，另一方面，学生能认识到国际贸易环境、对外投资过程的复杂和风险性。

2. 教学内容

主要介绍外国直接投资的要领，跨国公司概念、发展历程、经营特点等基本状况；讲述外国直接投资理论；跨国公司的内部贸易、外国直接投资对世界经济、东道国经济、母国经济的影响等理论内容。

（1）教学重点。外国直接投资、跨国公司概念，全球外国直接投资的特点及发展现状，外国直接投资理论，外国直接投资对世界经济的影响，跨国公司的内部贸易。

（2）教学难点。外国直接投资特点及发展现状，外国直接投资理论。外国直接投资对世界经济的影响，外资与贸易的关系，外资对东道国经济发展的影响、跨国公司的内部贸易。

四、课前准备

1. 准备教学资源

从中国大学 MOOC 平台，针对性选取对外经济贸易大学张玮的《国际贸易》，作为本次网络授课的补充内容。该课程是教育部国家级精品资源共享课，课程体系完整，与教学大纲指定教材框架一致，并融入国际贸易热点问题，例如，中美第一阶段经贸协议解读、全球价值链与中国等内容。

在 BB 平台，上传课程电子版教材、阅读材料、课程课件、作业等内容，供学生预习、练习和复习（见图 39 - 1）。BB 平台分主题上传阅读材料，包含"中美贸易摩擦""技术性贸易壁垒 TBT""防护产品出口"板块。

图 39 - 1　教学资源展示

2. 学情调查和分析

"外国直接投资与跨国公司"模块的学习安排在第 13~14 周，在第 13 周上课前，围绕本次授课内容做了课前小调查。统计结果显示，学生们对于全球跨国公司、跨国公司进行国际投资的目的、国际投资的影响因素内容有了一定的认识（见图 39 - 2）。

但对于《中华人民共和国外商投资法》内容，有 32% 的同学不了解，44% 的同学了解一点，24% 的同学有一定的了解。对于美国参议院一致通过的《外国公司承担责任法案》内容，有 68% 的同学没有听说过，15% 的同学听说过，17% 的同学有一定的了解

请列举自己知道的五家跨国公司名字。	跨国公司进行国际投资的目的有哪些？请至少举3点	国际投资需要考量哪些因素呢？请至少列举5点
华为 阿里巴巴 三星 联想 西门子	提高生产效率 开辟新市场 提高利润	自然环境 政治环境 经济因素 法律制度 文化风俗
华为，阿里巴巴，联想，海尔，比亚迪，身着求高利润	实现利润最大化，获取国外的生产资源，	海外投资的目标及战略考量；海外投资主体；税务影响与税收协定；政
联合利华【荷三】百胜餐饮【美国】可口	寻求市场，寻求成本更低的原材料和劳动力，盈利	政局稳定，市场宽阔，政策有利；消费能力强；劳动力成本低；原材料
中国石油天然气集团有限公司、中国石化集	1、扩展公司的市场 2、降低产品生产成本 3、实现利	1、对外投资环境 2、对外投资风险 3、对外投资成本 4、对外投资的盈
华为 中国电网、联想、沃尔玛 拓宽国外市场，实现企业战略，实现利润最大化，降低成本	对外投资的盈利和增值水平 对外投资风险。对外投资成本投资管理和经
中国中化集团公司、广东省航运集团有限公跨国企业继续加快投资中国石化	对外投资的盈利与增值水平对外投资风险。对外投资成本投资管理和
中石油、中石化、腾讯、华为、万达	扩大市场、赚取更高的利润、获取更先进的技术	财产安全、地理环境、国家之间的政治因素、经营能力、汇率变动风险
华为，阿里巴巴，联想，海尔，比亚迪，	寻求廉价劳动力，寻找新市场	政治、经济、基础建设、语言、文化、自然环境
海尔 联想 奇瑞 西门子 英特尔亮碟	扩大和开展全球业务，降低成本，实现资本增值	宏观经济；汇率；投资风险；收益情况；投资成本
华为	寻求劳动力需求 原材料	对外投资的盈利与增值水平。对外投资风险。对外投资成本、投资管理
阿里巴巴、华为、联想、海尔、比亚迪	获取更多的可用资源、学习更先进的技术、开拓世界	投资中潜在的风险与成本、对外投资环境、投资收益、筹资能力
海尔集团，奇瑞，百事可乐，联想，西门获取投资收入或资本利得，而进行国际直接投资的核心	海外投资的目标及战略考量，海外投资主体，税务影响与税收协定，
阿里巴巴，华为，联想，	获取国外的生产资源，增强企业竞争力	投资回报率，投资周期，投资环境，投资国政策
华为 腾讯 阿里巴巴 微软 沃尔玛	对资源进行投资对对口项目投资对高科技产品技术	短期内具有效益和长期投资价值地位法律社会文化经济基础
中国工商银行，苹果，亚马逊，吉利集团，扩大市场规模，加强合作，实现资本增值，利用廉	政治因素，战争因素，汇率风险，国家政策，当地的消费习惯，税务应
苹果，微软，沃尔玛，大众，耐克	技术研发，零件组装，开分公司	投资风险，投资成本，投资国政策
华为 阿里巴巴 联想 海尔 大疆	扩大市场 减少劳动力投入 追求高效率	投资风险投资成本 管控能力 盈和水平 筹资能力
梅溪本材、沃特斯公司、宝马、宝洁、戴尔1.追求高利润，实现利润最大。2.获取国外的生产资东道国的1.社会体制和政治制度2.执政者治理国家的能力3.政局稳定性
可口可乐公司Adidas公司 Nike公司苹果公司 苹果大品牌效应开拓国际市场节约生产成本	资本市场劳动力政府政策地区
雀巢公司、联合利华公司、三星、沃尔玛、追求高利润、获取国外的生产资源、开拓新市场	投资对象的收益与风险、企业经营目标、投资的目标、税务影响、
三星集团、丰田汽车公司、寻求廉价劳动力、寻找新的市场，寻找原材料	税务影响、投资风险、政治因素
华为、海尔、中信、中化、联想	打开市场。寻找劳动力。寻找原材料。	看对外投资的收益。看对外投资的风险。看对外投资的成本。是否符合
谷歌 微软 可口可乐 苹果公司 大众汽车 产业结构升级 给公司带来利益 可以使自己公司与其他投资公司的发展 投资公司的经营情况 投资公司的商业信用 投资公司
中石油、中石化、沃尔玛、华为、联想	扩大市场、寻求低廉劳动力、寻求原料和技术	政治、经济、基础设施、法律、自然环境
华为 联想 阿里 中兴 小米	避税，规避风险，降低成本	社会制度，区域安全，经济发达性，文化差异，法律体系

图39-2　课前调查结果1

（见图39-3）。针对这些具体情况，进一步明确本次教学重点，重新设计教学安排，融入国际贸易领域的新动态，做到与时俱进。

知道《外国公司承担责任法案》吗？	了解《中华人民共和国外商投资法》吗？
不知道	仅仅了解 不够深入
不知道	了解一点
前几天通过的针对中国在美企业的美国法案	2019年通过的法律，吸引外商，保护其投资啥的，略知一二
不知道	听说过，但不太了解
知道	不了解
知道	知道
不知道	不了解
该法案是通过美国参议院一致通过的法案，旨在要求特定	《外商投资法》由总则，投资促进，投资保护，投资管理，法律责任和附则6部
不清楚	不太了解
大概了解	不太了解
旨在要求特定证券发行人证明其不受外国政府拥有或控制	是为了进一步扩大对外开放，积极促进外商投资，保护外商投资合法权益，规范
不知道	知道，但了解较少
不知道	一点
不太了解	不太了解
不太清楚	不太了解
不知道	了解
不太了解	了解
不知道	不知道
听说过	知道一点
不太了解	了解
不知道	不太了解

图39-3　课前调查结果2

3. 发布课前预习资源

在网络学堂上传本周课件，参考资料库里有国际投资学习模块，供学生下载预习。课前在企业微信群里发布本周任务、教学课件、阅读文档，学生能事先预习，了解学习内容，做课前准备工作（见图39-4）。

五、课中活动

1. 出勤考核

授课采用企业微信的会议方式，发起会议后，查看学生进入教室情况，对没有进入会议的学生，再次发出邀请。由于系统有统计，没有点名打卡，节省了时间。在下课后，通报出勤情况，并联系学生，了解原因。

图 39 - 4　课前上传资料、布置学习任务

2. 课程安排

第一节课，首先安排 5～10 分钟的时间，总结上节课的知识点，唤醒同学们的记忆，并通常采用提问和客观题打卡的方式，了解学生上次课的掌握情况，进行查漏补缺。

在课堂中融入国际贸易热点问题，设立讨论环节，给出具体安排。例如，在学生听讲后，讨论对外投资环境和转移价格，自己上网查找资料，分小组讨论汇报，激励小组自主学习、团队学习。

最后进行课堂总结、点评提交作业。通报作业完成情况，大部分同学都能按时提交作业，作业质量良好。总结同学们作业的优点，提出不足，以便他们更好地提升自己。

3. 课堂互动

因为不能和学生面对面交流，不能现场掌握学生的学习程度，为了加强课堂学生的参与度，安排了提问、打卡、小组汇报等方式。通过这些互动，教师不仅能准确了解学生对知识的掌握，也能强化学生课堂真实地、认真听课，提高学生参与的积极性。

六、课后任务

1. 延展阅读——读书笔记

给学生《一件 T 恤的全球经济之旅》《贸易的真相：如何构建理性的世界经济》《贸易的冲突：美国贸易政策 200 年》《全球贸易和国家利益冲突》四本电子版书籍，请学生选取自己最感兴趣的一本，写读书笔记（见图 39 - 5）。

2. 课程总结——思维导图

国际分工理论是国际贸易学的重点和难点内容，学生通过画思维导图的方式，总结知识点，对比理论间的异同，分析理论产生的时代背景、政策意义等，对理论进行梳理，加深认识和理解（见图 39 - 6）。

图 39 - 5　读书笔记

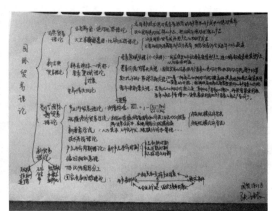

图 39 - 6　思维导图

3. 测验评估

在网络学堂安排了两次测试和一次 AOL 检测，通过检测，可以检测学生对知识的掌握情况，准确把握出错点，能及时跟进。

4. 作业反馈

在作业完成批改后，及时给同学们反馈。在测试后，给同学们讲授答案、易错点和易混淆点。

思维导图和论文作业，细化打分点，给学生们点评。首先肯定大家的努力；其次在认可学生工作的同时，给学生们一些具体意见，例如，建议同学们增加对比、加入背景分析等。思维导图作业建议学生将大篇幅内容进行拆分，找到从属关系，缩减文字数量，便于理解与记忆（见图 39 - 7）。

七、考核方案设计

本课程为考试课，考核形式为平时成绩（50%）和期末闭卷笔试（50%）。

1按时提交10	2文字10	3图表10	4来源5	5论证45	6数据20	总分100
10	9	9	5	37	16	86
10	8	7	5	39	12	81
10	9	9	5	37	16	86
10	9	10	5	37	15	86
6	6	7	0	29	12	60
10	8	8	5	37	15	83
10	8	8	0	41	16	83
10	8	8	5	37	16	83
10	8	8	5	29	19	80
7	8	6	0	28	12	61
10	8	8	0	38	16	80
10	8	8	0	32	16	74
10	8	9	5	34	15	81
10	9	10	5	45	20	99

图 39 – 7　作业反馈

平时成绩为过程性评价，一方面，可以加强对学生平时自主学习过程的指导、监督和检测；另一方面，可以推进对学生综合素质的训练和提高。平时成绩构成与成绩评定方式如下：

（1）考勤占平时成绩的10%。包含企业微信会议统计的课堂出勤，每人至少3次在线回答问题、随堂练习的打卡情况。

（2）平时的其他考核。包括小组非关税壁垒展示，思维导图（国际分工理论部分）、二次网络学堂测试，一次 AOL 检测、大作业论文和读书笔记，所占比例为平时成绩的90%。和原来的成绩构成相比，增加了思维导图和读书笔记打分项。

（3）期末考试采用 ZOOM 闭卷笔试方式考试。考试主要考核学生对国际贸易实务的基本知识、基本概念、基本技能的理解与把握。考试题型主要采用名词解释题、选择题、问答题、计算题、案例分析题等。

八、教学反思

1. 引导学生自主学习

线上教学和线下教学有很大的不同，学生和老师都面临很大的挑战。在刚开始上课时，发现学生们出勤很好，但提问时发现有个别同学没应答或所答非所问。排除有网络原因，个别同学是"假装"上课，手机在线，注意力不在线。

针对这种情况，首先1对1私下联系同学，询问原因，强调纪律。另外，增加筛选后MOOC 内容，加入读书环节，推送国际贸易热点时事，让学生可以根据自己的时间，自主选择学习的内容，激发学习的兴趣。

2. 结合专业，融入课程思政

通过学习学校和学院的课程思政系列讲座和培训，深受启发。将思想价值引领贯穿课程中，将《中华人民共和国对外贸易法》《中华人民共和国外商投资法》等融入课堂，树立学生职业道德意识。

结合专业热点问题，例如，2020 年 5 月美国参议院一致通过的《外国公司承担责任法案》、中美贸易摩擦和中美第一阶段经贸协议等，给学生传递我国经贸领域的新问题，让学生体会到我们所面临复杂国际经济环境，遇到的新问题和挑战，理解我国对全球经济问题的立场和主张，培养勇于担当的爱国情怀。

第四十章　国际贸易实务（全英）课程网络教学案例报告

一、任课教师基本信息

任课教师：张宇馨

所在教学单位：商务学院国际商务系

二、课程基本信息

课程名称：国际贸易实务（全英）

课程类型：专业必修课

学时学分：48 学时/3 学分

面向学生：2018 级国际贸易专业

网络教学方式：蓝墨云班课和企业微信

三、教学目标与教学内容

1. 教学目标

学生掌握贸易术语的主要内容，并可以利用其进行案例分析。

2. 教学内容

（1）复习上周所有内容，对上周作业进行简单点评。

（2）完成贸易术语章节的其他内容讲解。

（3）学生进行案例讨论。

四、课前准备

（1）要求学生完成上节课布置的头脑风暴和作业（见图 40 -1），教师在上课前完成作业批注和点评，发现问题并在课上讲解。并随时在微信上答疑（见图 40 -2）。

（2）上传这周课程所需内容，包括 PPT、辅导视频和教师的讲义，准备好课上互动所需的头脑风暴和课上练习等活动（见图 40 -3）。

（3）学生已按时提交作业，教师在课前完成评分工作（见图 40 -4）。

五、课中活动

（1）企业微信群里按照上课时间，准时召开语音会议，要求学生加入会议，同时蓝墨云课堂开启签到功能，要求学生签到。

图 40 - 1　学生完成作业

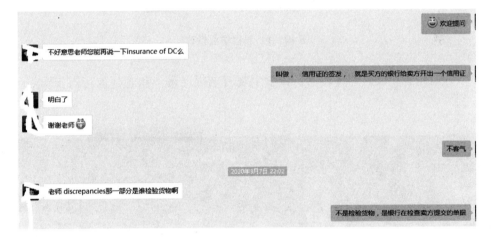

图 40 - 2　微信答疑

图 40 - 3　云班课上传资料

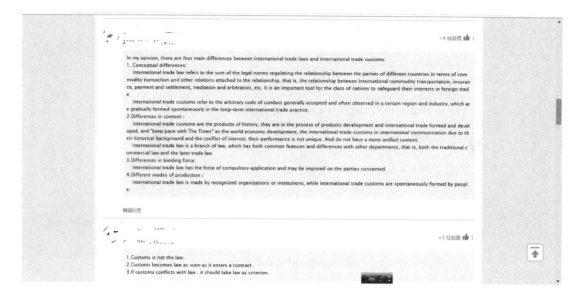

图 40 - 4　课程作业批改

（2）开启语音会议的屏幕转播，让学生观看老师屏幕，和老师进行同步学习（见图 40 - 5）。

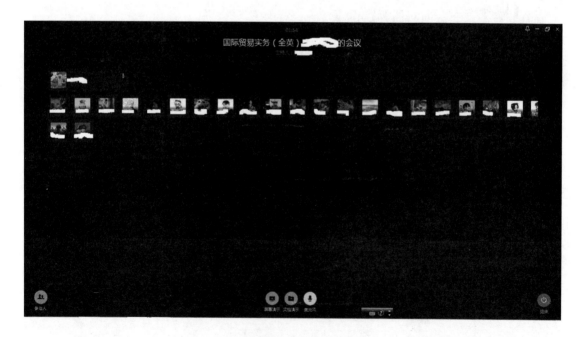

图 40 - 5　企业微信语音会议直播课程内容

（3）点评学生作业，对于一些共同错误，进行中英文讲解，并在企业微信群中以文字方式写下重点内容（见图 40 - 6）。

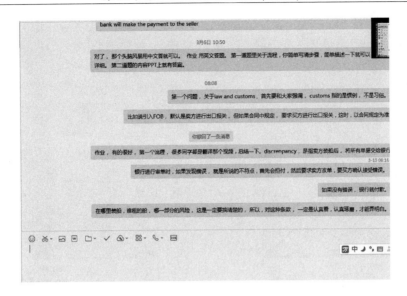

图 40 - 6　企业微信讲解作业和课程重点

（4）要求学生打开下载好的 PPT，继续利用语音会议的屏幕转播进行课程讲解，讲解过程中，学生可以随时提问，老师每讲解一个知识点，就征求学生意见是否听懂，然后开始提问。提问采取两种方式：一种是直接从语音会议提问，要求学生回答；另一种是开启蓝墨云班课的课堂随机选人提问活动，选机选择学生，这样保证所有学生都把注意力集中在课堂，能看到屏幕上是否有他们的名字和头像，并根据学生回答给予评分（见图 40 - 7）。

图 40 - 7　云班课　课堂表现及提问结果

（5）在课程讲解中，引入多种内容，如动画短视频、图片、部分慕课内容等（见图

40 - 8 ~ 图 40 - 10），大部分内容发给学生，要求学生提前下载观看，课上再进行讲解，提高学习兴趣和学习质量。

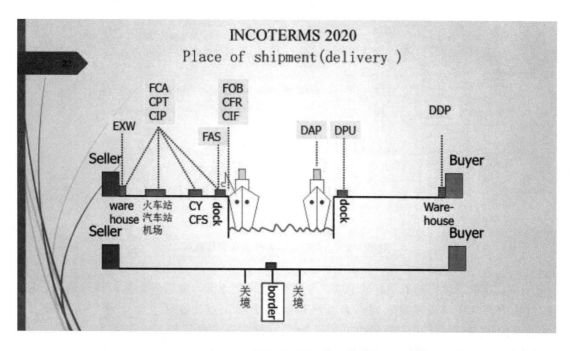

图 40 - 8　贸易术语风险划分示意图

图 40 - 9　国外动画视频讲解贸易流程

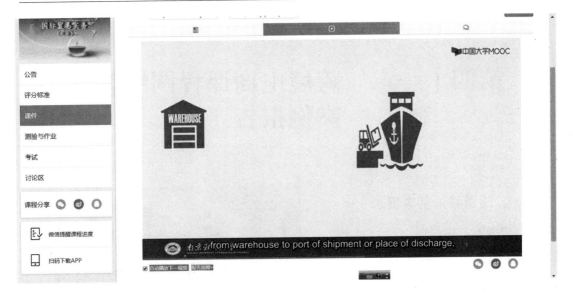

图 40－10　要求学生观看的大学慕课

六、课后任务

（1）课程结束后，要求学生阅读讲义，复习课程内容。

（2）在云班课上给学生留作业，要求学生在规定期限内提交内容。因为有的学生网络不好，课堂上作业无法及时完成，所以部分作业可以在课后提交。

七、教学反思

（1）网络授课，借助企业微信语音会议的屏幕分享，可以实现类似课堂讲授的效果，唯一担心的是，学生是否在集中注意力听，所以，在讲课中，要不断和学生实时互动，不断提问要求学生回答，给学生留下思考的空间和时间，要求学生提问题给老师；要给学生一些活动，要他们去做，要让学生在课程中有参与感，要在课堂中动起来。要在讲授中插入图片、视频、动画等一些色彩鲜艳、容易吸引人注意力的内容，将学生吸引在课堂中。

（2）可以将微信群当黑板、当留言板，说不清楚的事、重要的事情，都可以在微信群中留言，加强学生印象。

（3）课后一定要留作业，并规定提交时间，要求学生去做，以检测学生的学习成果。

（4）微信群和个人微信，24 小时为学生答疑，保证学生学习质量。

第四十一章 跨境电商课程网络教学案例报告

一、任课教师基本信息

任课教师：郑春芳

所在教学单位：商务学院

二、课程基本信息

课程名称：跨境电商

课程类型：专业任选课

学时学分：48 学时 3 学分

网络教学方式：中国大学慕课 SPOC

课＋企业微信

时间：第三周第三次课（2020 年 3 月 16 日，周一第 6、第 7、第 8 节）

教材：郑春芳主编，王婷、张翠波副主编《跨境电商：理论、政策与实操》，经济科学出版社，2019 年 12 月

教学进度：教学日历上安排的第三次课 跨境电商的海关职能

三、教学目标与教学内容

1. 教学目标

（1）使学生能够了解当前跨境电商统计存在的问题及原因。

（2）中国海关跨境电商零售进口税收征管难点。

（3）跨境电商零售出口"征三退三"税收征管实践。

（4）熟悉并绘制跨境电商保税进口模式的相关业务流程。

（5）掌握中国海关的四种跨境电商进出境监管模式。

2. 教学内容

跨境电商商品进出口通关流程；海关对跨境电商企业管理的变迁；跨境电商的四种创新监管模式；跨境电商的海关统计现状与难点；中国跨境电商零售进口税收征管难点；跨境电商零售出口"征三退三"税收征管实践；欧盟、英国、美国、德国、俄罗斯等国跨境电商零售进口税收征管实践；引入行业专家进课堂讲解中国跨境电商海关监管流程及风险防范实践。

四、课前准备

1. 学情分析

本课程为专业任选课，有 69 名大三学生选择本课，其中，有 9 名会计学专业的学生，36 名国际经济与贸易专业中文班学生，24 名国际经济与贸易专业全英班学生。通过课前沟通得知，尽管同学们之前没有上过《电子商务》课程，但很多同学有过跨境线上购物的经历，对该课程比较感兴趣。

2. 课前技术保障

同学们第一次课前就都已经登录中国大学慕课跨境电商 SPOC 课程，加入跨境电商企业微信群，实现了顺畅的线上沟通。

由于本周课程是第三次课程，课程除了讲授外，最主要的是邀请一位行业专家进课堂，做中国跨境电商海关监管流程及风险防范实践讲座。因此，课前的技术保障工作主要是平台的问题，提前两周联系行业专家，选择合适的平台调试，确保平台会议室运行顺畅。

3. 课前内容准备

课前内容准备主要包括三个方面：

（1）教师自己要提前做好的工作。在第一轮中国大学慕课跨境电商课程录制的授课视频的基础上，补充一些更新的资料，补充上传在 SPOC 课平台，课前手动发布。申请腾讯会议室。

（2）与行业专家沟通讲座事宜。与行业专家多次详细沟通讲座题目，见图 41-1。

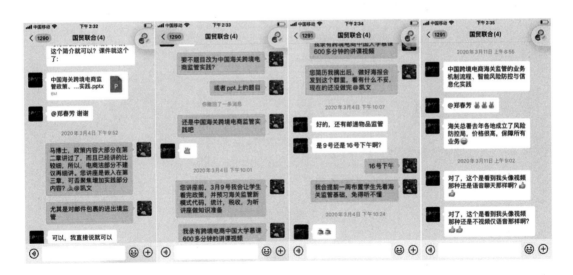

图 41-1　课前与专家沟通讲座题目

与行业专家沟通讲座时间、讲座平台、制作讲座海报，并在课前与行业专家进入会议室试运行腾讯会议（见图 41-2）。

（3）与学生沟通，第二周第二次课后，提前发布第三周第三次授课视频，布置学生提前观看，并通知学生第三次课有行业专家进课堂，通知同学们做好跨境电商海关监管的基础知识预习和腾讯会议 APP 下载，为讲座做好准备（见图41－3）。

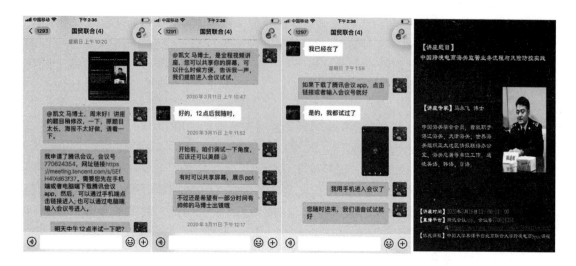

图41－2　课前与专家测试会议效果

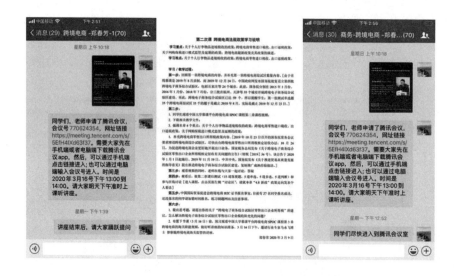

图41－3　通知学生做好课前准备工作

五、课中活动

第一阶段（13：00～14：30）：12：40，我和马博士就提前进入腾讯会议室，13：00准时开始上课。首先，我向同学们介绍马博士的学术和工作履历及讲座题目以及由于跨境电商实践变化特别快，行业专家进课堂的必要性。其次，马博士开始讲座，见图41－4。由于腾讯会议参加人数已达25人，平台为我们免费开通了300人不限时会议功能。马博士用其在海关多年的工作经验及研究成果，给同学们介绍了跨境电商中国海关监管的实践情况，同学们踊跃提问，原计划1小时的讲座实际上进行了一个半小时（见图41-5）。

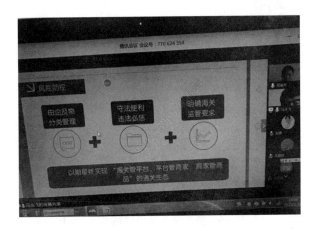

图41-4　专家在线讲座

图41-5　同学们向老师提问

第二阶段（14：45~15：00）：讲座完后，指导学生完成中国国际贸易促进会跨境电商B2C岗位资格证书报名、登录题库方法、题型和题量等事宜，以期通过本课程的学习，同学们能考取跨境电商从业执业资格证书，获得1分创新学分的同时，增强国际贸易业务实践能力（见图41-6）。

第三阶段（15：05~16：35）：同学们登录中国大学慕课跨境电商SPOC课程观看授课视频，老师在线答疑。

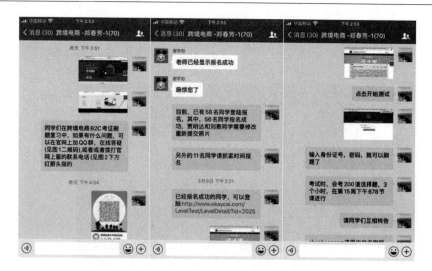

图 41-6　指导学生跨境电商 B2C 考证

六、教学反思

1. 通过线上方式可以达到线下行业专家进课堂的讲座效果

本次行业专家进课堂，69 名同学都按时进入会议室，虽然同学们都关闭了摄像头，但从互动群里的反馈和随后的提问环节来看，同学们听得很认真，效果不错。由于行业专家的时间很难与学校上课时间一致，以往与行业专家确定进入实体课堂的时间很难。所以，疫情结束后，也可以借鉴这种线上会议室的方式进行行业专家进课堂举办讲座。

2. 通过线上完全可以进行跨境电商 B2C 岗位资格证书的报名和习题练习

由于跨境电商线下课程是全程在实训室上课，给每名同学配备一台电脑。疫情期间，69 名学生在家都能保证电脑和网络硬件，因此，中国国际贸易促进会跨境电商证书的课程内容丝毫没有受疫情影响，正常进行。通过企业微信群的通知、多次线上催促，同学们完成了报名信息录入、2 寸免冠证件照片的上传工作，并成功进入题库刷题。可以说，此项工作完全没有受到疫情线上授课影响。

3. 线上讲座时要注意禁止听众麦克风发声

在本次讲座时，有同学马虎没有关麦克风，进入一些课堂内容以外的声音，这也与老师不熟悉平台操作有关系。在以后线上讲座时要注意禁止听众麦克风发声，到了讨论和提问环节时，再允许同学们发声。

4. 保证跨境电商的教学需要

跨境电商是实操性很强的课程，前半部分理论与政策部分还好，后半部分实操部分还要联系软件企业，给每位同学建立线上账号，保证在家也能登录学校实验室的软件，保证跨境电商实操部分的教学需要。

5. 跨境电商线上授课讨论效果逊于线下实训室

以往跨境电商在实训室上课时，同学们每人一台电脑，5～6 人一组围成"岛"，便于交流讨论，尤其是课程后期的实操部分，几名同学一组，选品、信息数字化、发布、定价、策划等工作还是线下当面交流效率更高。

第四十二章　国际贸易实务课程
网络教学案例报告

一、任课教师基本信息

任课教师：崔玮

所在教学单位：商务学院国际商务系

二、课程基本信息

课程名称：国际贸易实务

课程类型：专业必修课

学时学分：48 学时/3 学分

面向学生：国际经济与贸易专业 2018 级

网络教学方式：企业微信 + 云班课 + 大学 MOOC

三、教学目标与教学内容

1. 教学目标

（1）了解主要运输方式下运输单据的种类。

（2）熟练掌握海运提单的性质、作用、种类和内容。

（3）掌握合同中装运条款的内容和订立方法。

2. 教学内容

（1）运输单据的概念与种类；

（2）海运提单的性质、作用与签发；

（3）海运提单的种类与内容；

（4）买卖合同中的装运条款。

四、课前准备

1. 确定网络授课方式

国际贸易实务不仅是国际经济与贸易专业的必修课，也是后续一系列实务类专业课的基础。它是一门具有涉外商务活动特点、实践性很强的综合性应用学科。通过本课程的学习，学生应初步掌握有关国际货物贸易的基本理论、基本知识和基本技能。基于本课程的特点，一方面，应充分利用大学 MOOC 优质的网络资源，但考虑到课程地位及重要性、对于学生的难度，仍需授课教师进行有针对性的课堂讲授。因此，本课程确定将 MOOC 作为辅助的教学资源，而仍以教师运用企业微信会议进行讲授为主。另一方面，因为本课程除了要求学生掌握基础知识之外，还应培养其运用知识分析解决进出口业务问题的能力，所以，本课程选择云班课作为重要的教学平台，除上传各种教学资源外，更重要的是充分利用其活动功能，通过组织线上测试、轻直播/讨论、作业活动、头脑风暴等丰富多彩的活动，调动学生参与的积极性，培养学生分析解决实际问题的能力。

2. 选择适合的网络学习资源

在进行网络教学方案设计时，授课教师提前在大学 MOOC 平台上浏览并试学了多门国际贸易实务课程，根据教学内容与本专业大纲的相似度、所用教材、授课教师团队等，最终选定了对外经济贸易大学的国际贸易实务作为 MOOC 学习资源。

此外，由于许多学生都没有将教材带回家，因此，请图书馆老师帮助找到了电子版教材，并及时发送给学生，方便学生的学习。

3. 在云班课中建立课程并上传相关课程资料

开学前在云班课平台建立课程，并提前至少 1～2 周上传各种课程资料（包括教学 PPT、视频资料、拓展知识的案例与论文等），建设试题库，此外，充分运用平台的活动功能设计了小测试、轻直播/讨论、作业活动、投票问卷等多种形式的活动。尽管疫情期间师生不能见面，但还是希望在学习过程中学生之间仍能有所交流，因此，依然划分了学习小组，并适当布置一些小组作业，要求学生通过网络进行充分的交流与讨论，合作完成任务。

在本周的课前准备中，教师针对网络授课的需要对第三章国际货物运输的教学 PPT 进行了修改完善，并提前上传至云班课资源中。此外，为了更好地培养学生的实践能力，整理并上传两个运输业务案例，供学生分析与研讨；还为了培养学生的专业素养，精心选择了几篇深化课程内容的学术论文供学生课外学习，使学生对海运提单的性质、实务中的提单欺诈及防范有更深入的理解。见图 42 - 1。

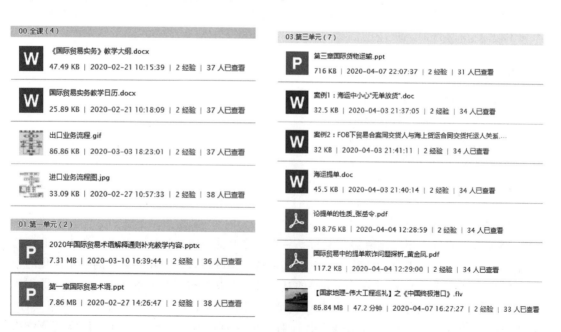

图 42 - 1　云班课课程资源

4. 提前布置好每一周的自学任务

在每一次网络授课结束前，布置下周的自学任务，例如，本周的学习任务是大学MOOC中第四章的第二节与第三节，同时，在周末时通过企业微信群再发一次群公告，提醒大家提前做好自主学习。

五、课中活动

1. 准点签到

每周二晚上通过企业微信群提醒学生周三7：55签到，并告知学生课程的大致安排，以免学生因为平台多、课程多而记混。周三早晨则提前做好上课的准备，7点55分之前准时在云班课上开始签到。本周学生出勤情况较好，出勤率为100%，但有2位同学晚签到。

2. 每周小测试

每次课程在签到之后，利用云班课的测试功能，针对上周所学内容进行为时20分钟左右的小测试，考查学生对于知识的掌握情况，发现存在的知识漏洞，同时也为了督促学生及时进行课后复习。测试题目采取单选和多选的方式，并力争覆盖上周学习的主要知识点。测试结束后，利用企业微信语音会议功能，采用屏幕演示的方式，总结测试总体情况，并对测试题目进行讲解，特别是对错误率较高的题目，针对所包含的知识点进行重点讲解。之后进行5分钟的答疑。本周测试内容是国际货物运输中的主要运输方式，重点是各种运输方式的特点、种类及适用情况。学生答题情况一般，优良率仅为25.6%，因此，针对错误率较大的题目进行了重点讲解。

3. 课堂讲授

本周课程的讲授采取企业微信语音会议的方式。主要讲授国际货物运输中的运输单据以及买卖合同中的装运条款。运输单据部分的重点是海运提单的性质、作用与种类。由于学生已自学MOOC内容，具有一定的基础，因此，采取提问与讲解相结合的方式，回顾提单性质，之后利用企业微信投票功能，全体同学参与分析了小案例，帮助学生加深理解。对于提单的种类这一重点内容，除了教师的讲解以外，采用云班课头脑风暴、企业微信投票功能及提问等多种方式相结合，引导学生们一同分析了几个小案例，使学生更好地理解不同种类的提单。买卖中的装运条款内容较多，课上重点讲解"交货时间"与"装运时间"的概念及区别、装运条款规定方法、UCP600对分批装运和转运的规定，采用的教学方法包括讲授、示例及案例讲解。对于具体装运条款的翻译则由学生课下进行练习。

4. 课程思政元素的融入

为了进一步拓展学生的视野并使学生感受中国交通运输业及对外贸易的快速发展，培养学生的爱国主义情怀，在课程资料中上传了关于我国上海洋山港建设成果的视频（英文），安排学生课下观看，课堂上进行简单的介绍，使学生充分认识我国港口及运输业的飞速发展及取得的世界瞩目的成果。

六、课后任务

1. 课后开展案例分析、练习及小组研讨

见图42-2，通过云班课的轻直播/讨论、头脑风暴等功能，组织学生课后开展案例的分析与讨论，教师根据每位学生的完成情况给予一定的附加经验值，学生讨论完成后，教师通过语音留言方式进行总结及案例讲解，并要求学生听取留言并点赞，教师根据点赞情况了解学生是否及时听取了案例讲解。本周的课后作业包括案例讨论和头脑风暴各一个。另外，安排以小组讨论并形成案例报告的形式进行综合性案例的分析。本周安排了一个案例分析小组作业，要求每个小组提交网上讨论的截图，并在云班课中提交案例分析报告。

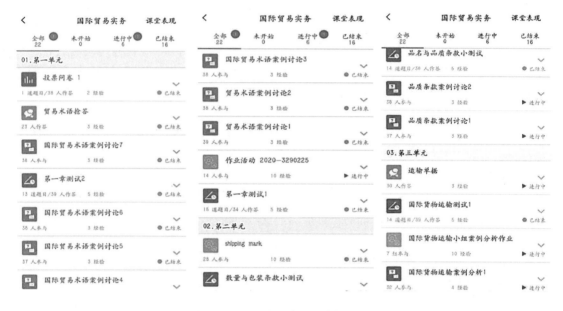

图 42-2 云班课多种形式的活动

本周还布置学生练习一些装运条款的英文写作。同时，提前布置在大学 MOOC 中学习第四章的部分内容。

2. 参加网上专业讲座

疫情期间一些部门、协会或高校利用 ZOOM 等网络平台，组织了许多专家、名师的免费讲座，这对学生来说是非常好的学习机会。我选择了一些关于我国外贸应对新冠疫情的对策、数字经济与贸易发展等与本课程相关、又紧密结合当下形势的讲座推荐给学生，学生可根据自己的兴趣自主参加。希望以此拓展学生的专业视野，使其关注我国对外贸易的发展趋势与方向。

七、教学反思

1. 网络授课总体出勤及参与情况良好

从出勤情况来看，虽然仍存在个别晚签到现象，但绝大多数同学能够提前做好上课准备并准时签到。班级中有一名新疆的同学，新疆和北京有 2 小时的时差，早晨 8 点钟的课对于他来说就是 6 点钟，但该学生基本能够准时签到。在以会议方式授课过程中，教师经常采取随机提问的方式，从来没有出现学生离开课堂的情况，每一位被提问的同学都能够及时做出反应，较好地回答问题。

此外，同学们能够积极参加案例讨论，目前本课程已在云班课上以轻直播/讨论、作业活动、头脑风暴、投票等方式开展 15 次案例讨论，绝大多数学生都能积极参与，发表自己的见解。与线下教学相比，参与率有所提高。作为教师应对学生的良好表现给予积极的肯定和及时的表扬。见图 42 - 3。

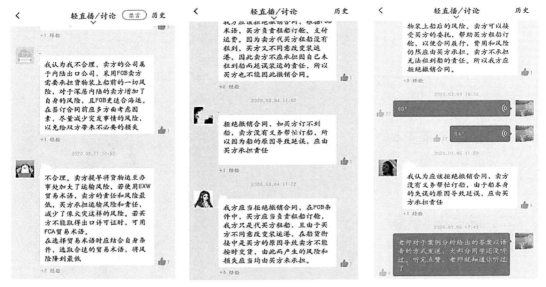

图 42 - 3　学生参与网上案例分析讨论

2. 应随时关注学生学习情况

学生的学习表现差距较大，从学生在云班课的经验值来看，目前最高值为 129，而最低值仅为 34 分；小测试中有些同学考满分，有的同学却经常不及格，甚至有时只有十几分；有些同学很少查看云班课上的课程资源。因为不能面对面授课，对这部分同学具体的学习状态掌握起来有一定的难度。目前采取的措施有两点：一是先在微信群中统一进行提醒；二是给存在明显问题的同学发私信，了解情况，提醒该生加强学习。今后希望能够探索更好的办法，调动所有同学网络学习的积极性，争取不让一位同学掉队。

3. 网上答疑应及时

本课程没有安排固定的答疑时间，一般是课程结束后十分钟进行答疑，但学生这时很少提出问题，考虑网络授课学生自学的时间比较多，可能随时遇到问题，因此，学生可以随时通过微信提问，而教师需要随时关注学生的疑问，及时给学生答疑讲解。特别是对于一些求知欲较强的同学，在答疑中可以适当地进行知识的拓展。

4. 进一步将"以生为本"落到实处

突如其来的疫情使我们在没有充分的线上教学能力与技巧储备及前期实践积累的情况下，被动地开始了网络教学。相信无论对于学生还是教师都是一个不小的挑战，随时面临很多新的困难和问题。虽然经过前 5 周的网上授课，也积累了一定的经验，但对于如何提高学生线上学习的积极性、如何运用多种方法激发学生的学习兴趣提升学习的效果仍有待进行深入的思考和探索，要学习更好地开展线上线下混合教学的方法与技巧。同时，应多了解学生在网上学习中所面临的困难，多换位思考，真正从学生的需求及学习特点出发设计课程。希望当疫情结束、师生重聚校园时，每一位学生都感觉没有虚度这一段艰难的时光，不仅在知识上有所收获，也通过线上学习提升了自主学习和终身学习的能力。

第四十三章 国际结算课程网络教学案例报告

一、任课教师基本信息

任课教师：梁瑞

所在教学单位：国际商务系

二、课程基本信息

课程名称：国际结算

课程类型：跨专业任选课

学时学分：48学时/3学分

网络教学方式：蓝墨云班课＋企业微信

三、教学目标与教学内容

教学时间：周一（8：40～11：30）。

教学章节：信用证结算方式（第二讲）。

1. 教学目标

（1）学生能够概括并解释信用证的当事人及其权利义务、操作流程。

（2）学生能够在案例和情景讨论中分析并研判信用证在国际贸易支付中的风险及防范。

（3）学生能在"韩进事件对信用证独立抽象原则的冲击"案例的讨论和分析中，提升对UCP600国际规则以及企业与银行守法守信经营的理解和认识。

2. 教学内容

（1）信用证的当事人及其权利义务。

（2）信用证业务流程。

（3）信用证在国际贸易支付中的风险及防范。

四、课前准备

1. 前期教学效果与学生学习状况调研

本学期这门课程为跨专业任选课，选课的学生涉及三个专业，共73名同学。针对如此大且多专业背景的班型，为了更好地了解前几周课程的教学与学习效果，我通过问卷星对全体学生进行了问卷调查，有效答卷70份。从调查结果来看，有97.14%的学生认为课程教学目标清晰，教学重点突出，对线上教学的效果总体持满意态度（包含非常满意、满意和基本满意，其中，前两者所占比例达90%）；有94.29%的学生认为课堂教学进度合理和95.71%的学生认为教学形式满足教学需求；98.58%的学生认为本课程的教学资源可以满足线下自学需求；97.14%的学生认为与课程匹配的作业或者课后学习任务量适中。同时，同学们对上课所采用的教学形式的偏好进行了选择，有助于后期利用学生们更喜欢的教学形式来开展教学活动，提高教学效率和效果（见图43-1）。

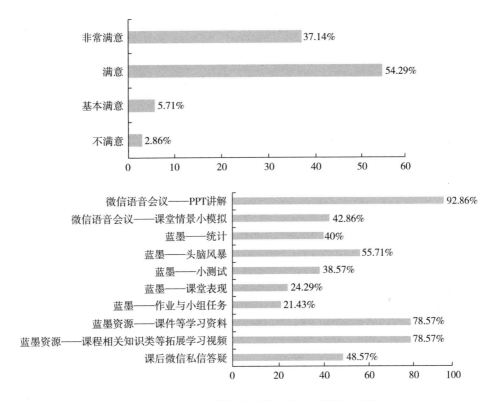

图43-1　国际结算课程教学与学习效果调查结果

2. 线上教学设计与技能学习

这次新冠肺炎疫情特殊时期的线上教学模式将线上教学设计与技能的学习由原来的被动学习变为刚需。为了尽快满足线上教学对特殊"教学工具"的需求，更重要的是为了充分利用线上教学手段来更好地进行教学设计，除了参加学校组织的蓝墨云班课培训之外，我还主动地寻找资源来学习线上教学设计及其相关技能。每次上课都记下讲课需要但不知道如何实现的"教学工具"的需求，课下在网上查找资源或请教专业人士来学习相关技能。除了进行线上教学技能的学习之外，我还十分关注线上教学模式下如何把握学生心理以更好地达到教学预期。如何缩小教与学之间的距离在线下教学就是一个难题，在看不见学生的线上教学更是难上加难。在研读专业心理专家的指导意见的同时，我还经常与学生进行小范围聊天来"打探"学生在云那端的学习状态与心理（见图43-2）。

3. 课前教学内容准备

首先，评阅上次课后云班课布置的复习巩固任务，了解学生参与课后学习的情况和学习效果。同时，针对学生掌握薄弱的环节布置课前复习小测试。其次，明确本周的主要教学目标和教学内容，并据此在云班课布置课前引导题目、课中要使用的相关教学活动资源和课后需要学生复习巩固以及进行课外拓展学习的资源。提前将本次课的教学内容与教学活动安排在企业微信课程群通知学生（见图43－3）。

图43－2　线上教学设计与技能学习资源

进行中　测试活动2020-6330919

共 3 道题目 | 共 68 人作答 | 2020-04-20 | 5 经验

 进行中　作业活动 2020-6338963

共 10 组参与 | 2020-04-20 | 10 经验

 信用证主要程序相关业务操作介绍
2020-04-19 20:21:31 | 8 经验 | 45 人已查看

 信用证交单日之规定及在单证实务中的应用_姚文宽.pdf
146.34 KB | 2020-03-30 00:26:47 | 2 经验 | 54 人已查看

 进行中　作业活动 2020-6320423

共 10 组参与 | 2020-04-19 | 10 经验

 大宗商品贸易项下进口信用证业务的风险与控制_基于进口地银行的视野_陈寰.pdf
392.44 KB | 2020-03-30 00:26:47 | 2 经验 | 54 人已查看

 第5章 信用证结算方式.ppt
1.33 MB | 2020-03-29 00:51:26 | 10 经验 | 60 人已查看

 进行中　作业活动 2020-6317225

共 10 组参与 | 2020-04-19 | 10 经验

 UCP600中英文对照版.pdf.pdf
250.31 KB | 2020-03-29 00:46:34 | 10 经验 | 56 人已查看

@all 大家好 😊 今天我们继续学习信用证，在案例和情景讨论中了解和掌握信用证的概念、性质与特点、使用流程、当事人的权责、分类以及使用中常见问题的讨论🙋

图 43 - 3　课前云班课布置相关教学活动与内容

五、课中活动

根据学生线上教学模式意愿调查结果和网络条件，本课程采用企业微信语音会议模式。按照教学目标和教学内容设计，本次课的教学活动形式包括课前小测验和引导小案例、讲授、课中小调查、案例分组讨论与点评、线上银行调研、总结与答疑等环节。

1. 课前小测验与签到同步进行

提前 10 分钟在蓝墨云班课发起签到。为了减少个别同学因网络或软件原因签到失败而产生一定的焦虑，一方面，将签到时间适当延长几分钟，同时提前告诉同学们课后我会手动处理签到失败的同学。虽然本班学生有 73 人，但出勤情况一直很好，每次课最迟都可以在上课 3 ~ 5 分钟内全部完成签到（见图 43 - 4）。另一方面，为了同时兼顾提前签到的学生和签到稍迟的学生，我通常会把签到和课前小测验与新课小案例引导同步进行。

2. 课前检测与新课导入的多功能充分挖掘

课堂检测与新课导入这两个教学环节具有承上启下的作用，在线下课堂也经常使用（见图 43 - 5）。但相比线下课堂，蓝墨云班课较为丰富而直观的活动形式如小测验、头脑风暴、投票问卷（企业微信也有此同类功能）和作业/小组任务等可以提高课前检测和新课导入的效率和效果。课前检测环节不仅可以用来检测上节课的重要知识点，而且还可以根据需要任意组合题库的题目以实现重要知识点反复测试，并根据测试结果实时精准反馈学生的掌握情况。这在一定程度上可以弥补线下教学模式下学生边学边忘以及老师不能精准了解学生对所学知识掌握情况的缺点。另外，相对线下新课导入时提问对象的局限性，通过头脑风暴、投票问卷（企业微信也有此同类功能）和作业/小组任务等形式进行新课的问题导入，学生参与活动结果的实时反馈可以使老师全面而清楚地掌握学生对新内容的了解情况。考虑到部分学生使用手机上课，在企业微信和蓝墨云班课切换不够便利，在上课时尽量在一段时间内让学生只操作一个平台。老师使用电脑端可以根据需要在两个平台间进行切换使用。

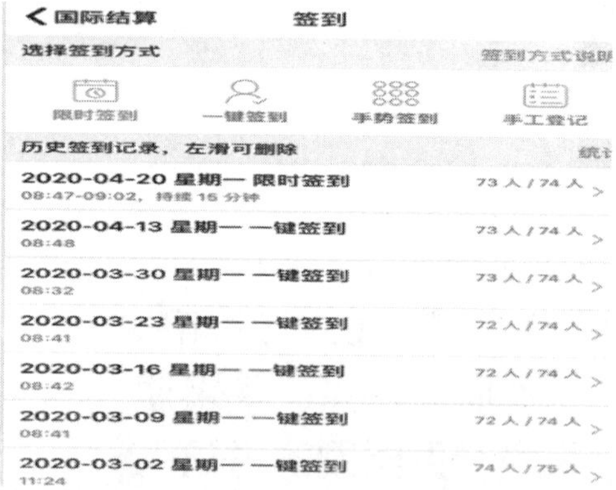

图 43 - 4　蓝墨云班课签到结果

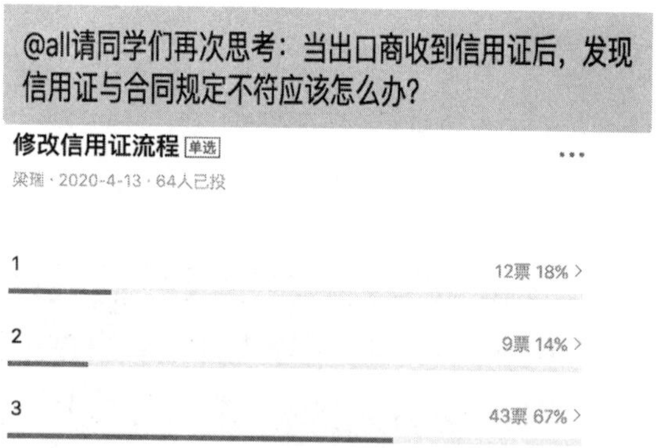

图 43 - 5　课前测试与新课导入活动结果

3. 充分利用分组讨论提高学生课堂活动参与的广度与深度

通过前期调研，我发现同学们还是过于依赖老师讲授。为了充分调动更多的学生主动参与课堂活动，我将本次课的主要教学目标和教学内容融入三个案例中，要求同学们按预先分好的小组进行讨论，记录小组讨论结果并上传云班课。各小组通过建立微信群的方式进行线上讨论，在讨论结束后，我会随机选取几个小组在企业微信群进行汇报，并进行点评总结（见图 43 - 6）。为了让同学们能在课后对上课讨论的案例进行复习，我会把同样的案例在云班课轻直播中再发布一遍，同时在轻直播中用语音进行案例点评和总结，便于同学们回放学习。通过与部分同学课下聊天的反馈，同学们在微信群的分组讨论还是比较充分的。由此，通过分组讨论，不仅充分调动了全员主动参与课题活动，同时老师也可以根据云班课反馈的讨论结果和抽点的小组汇报结果较为全面地掌握学生对教学目标的达成度。此外，有时我还会运用云班课中课堂表现中的各种功能临时组建小组进行情景剧表演，以考查学生对重要教学内容的灵活掌握和运用，但这种教学活动形式的一个弊端是在同一时间内参与活动的学生有限。在前期的课程调查中，有同学对此提出了建议。

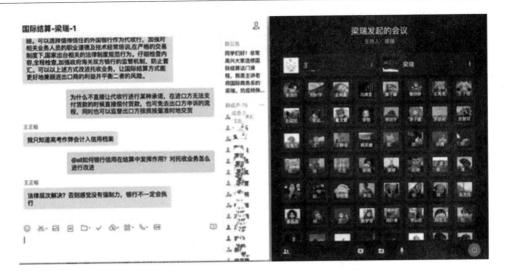

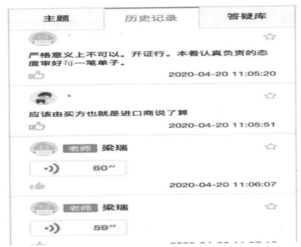

图 43-6　企业微信群和云班课轻直播同步点评分组讨论结果

4. 利用线上便利将教材搬到银行官网，实现理论与实践在云端的统一

国际结算是一门实践操作性较强的课程。为了提升同学们理论联系实践的能力，在课程的平时考核方案中我制定了一项银行国际贸易结算与融资业务调研的作业。原来在线下教学中，由于受课时和学生上课使用电脑的限制，因此，这部分内容基本是靠学生依照调研任务要求课下自己完成，有问题找老师答疑。在这次特殊时期的线上教学中，大部分学生都反映电子教材查阅不方便而影响对教材内容的深入学习。于是，我就引导同学如何利用银行官网来学习教材中关于结算与融资方式的相关内容。这样一方面解决了学生不愿看电子教材的问题，另一方面查阅银行官网的相关内容也是同学们将教材上的理论与银行国际贸易结算与融资业务的实践紧密结合的一种便捷而实用的手段。同学们在学习相关内容的同时，也可以完成平时考核中的调研报告。同时，有些外资银行官网还提供各种单证样本的下载，这也是同学们训练和检测自己单证填制操作能力的重要资料。真可谓一举多得（见图 43-7）。

图 43 - 7　中国银行和德意志银行官网与课程考核内容比较

四、实践调研（10 分）

调研目的：了解银行国际结算业务的发展状况

调研对象：任选一家中资或外资银行

调研结果形式：提交纸质版，简要罗列各项调研任务的结果

调研任务及评分标准如下

以公司客户的身份，通过电话或网络客服咨询所选银行的某项结算业务（2 分）

所选银行负责国际结算业务的部门名称（1 分）

银行所开展的主要国际结算业务，按业务类别列出（2 分）

银行的国际结算业务发展规模：①查询财务报表中结算业务收入情况（各行财务报表科目不同，有的银行具体列出结算业务收入，有的银行没有明确列出，但可以列出结算业务收入所属大项即可）（3 分）②从网络或学术文献搜索与所选银行结算业务发展规模有关的数据（2 分）

图 43 – 7 中国银行和德意志银行官网与课程考核内容比较（续）

5. 精心设计案例教学方案，实现思政教育与专业教育的有机融合

信用证的性质和有关当事人的权责是本讲的重难点，为了帮助同学们更好地理解开证行的第一性付款责任和信用证独立抽象原则，同时提升同学们守法守则守信的意识和责任担当，本课精选了韩进事件对信用证独立抽象原则影响的几个相关案例，提前发布在云班课课程资源。在课堂上，让同学们分组讨论并分析案例中韩进破产这一突发事件对信用证各当事方带来的不利影响，及如何评价各方在维护自身信誉和自身利益之间的行为选择。从分组讨论的汇报结果来看，同学们对信用证的性质和独立抽象原则都有了更直观和深刻的认识。更为重要的是，通过典型案例的讨论，同学们更加深入理解了守法守则守信不仅对银行和企业国际化经营非常重要，也对整个国家和世界治理非常重要，更对同学们日后的个人成长和工作具有非常重要的指导意义。由此可见，深刻把握教学内容和教学目标的精髓，精心选择经典案例并巧妙设计案例教学方案，有助于实现思政教育与专业教育的有机融合。

六、课后任务

（1）根据课上案例点评，请同学们修改完善小组案例讨论结果。

（2）阅读云班课中上传的拓展性学习资源。

（3）根据各组的时间安排参加老师组织的在线主题辅导答疑，见图 43 – 8。

特殊时期，为了更好地了解和督促同学们的线下学习，充分利用线上教学的便利，我分不同的主题（汇票填制、汇票时间计算、融资方式、课程调研作业、课程案例作业以及课程重要知识点和要求相关的主题）为同学们提供更加有针对性的课下学习和作业指导，也希望能在一定程度上减轻同学们对考试的担忧。在与小组讨论的过程中，顺便可以对课堂教学的效果进行实时了解和反馈沟通。要求同学们按小组或主题根据时间和需求选择参加。

@all本周国际结算辅导主题：课程考核方案中调研报告资料检索与写作指导。时间段一17:00-17:30；时间段二：20:10-20:40。时间不方便的同学我随后还会再安排。参加准备：1.请选定一家你打算作为调研对象的银行。2.最好准备电脑（其他上网设备也可）我们会随时登陆相关网站查阅资料。打算参加的同学请在我稍后发的表中登记。今天时间不方便的同学请不要担心，后期还会有。

你撤回了一条消息

第8周国际结算课程辅导主题：
课程考核方案中调研报告资料…

17:00-17:30	
20:10-20:40	
拟调研银行	

填表

图 43 – 8　课后在线主题辅导答疑

七、教学反思

1. 线上教学设计和技能需要进一步深入学习与提高

以前对于线上教学的研究和实践投入较少，对线上教学的理念认识不够深入，对线上教学设计缺乏系统的学习，目前能够运用的线上教学方法和技能比较有限，这在一定程度上影响教学效果和教学进度。针对70多人的大班型，今后在设计分组汇报或其他回答问题环节时，应充分挖掘并利用线上教学平台的功能优势，多花工夫做好教学设计，既能充分调动学生的主动发言意识，又能有效控制课堂教学进度。

2. 学习兴趣和自主学习意识的激发同样是线上教学的难点和重点

考虑学生线上学习的诸多焦虑和负担，为学生开放了所有可能的答疑渠道，但主动问问题的学生相对较少。无论是70多人的大班上课还是8个人的小组辅导，学生主动提问的意识相对较弱。如何更好地激发学生的学习兴趣，充分地调动学生自主学习尤其是进行拓展性学习的积极性，提升学生自主学习能力和创新能力是线上和线下教学所要解决的共同问题。

3. 以更加积极的心态拥抱数字技术下新的教育理念和方法

特殊时期的被动体验，让我领略了线上教学的诸多优势，例如，大数据技术带来的签到、测试、评价、课堂提问的精准化与高效率；同时也感受到了线上教学的一些不足，例如，不能精准地了解数据背后的真实学习状态以及讨论互动的及时反馈等。这些体验为今后进行线上线下混合教学模式的研究和实践提供了动力和一手资料。今后应针对线上和线下教学模式特有的优势和不足，以更加积极的心态去学习和运用新的教学理念、教学方法与教育技术，同时更加主动地进行线上线下混合教学模式的教学研究和实践探索。

第四十四章　国际服务贸易（全英）课程网络教学案例报告

一、任课教师基本信息

任课教师：修媛媛

所在教学单位：商务学院国际商务系

二、课程基本信息

课程名称：国际服务贸易

课程类型：专业必修课程

学时学分：32 学时/2 学分

面向学生：2017 级国贸全英班

网络教学方式：蓝墨云班课，企业微信，MOOC

三、教学目标与教学内容

1. 教学目标

（1）知识：学生可以阐述国际服务贸易的基本概念，包括服务、服务业和服务贸易；掌握国际服务贸易的定义和特点；了解国际服务贸易的分类和特点。初步了解国际服务贸易的统计方法。了解服务、服务业和服务贸易理论。了解国际服务贸易政策。了解外商直接投资的理论和应用。学生可以陈述服贸总协定的简史、特点、主要内容、关键限制和后续谈判及其他区域性服务贸易协定。掌握传统贸易和新兴国际服务贸易的概念、特点和发展趋势。

（2）应用：学生可以运用服务贸易相关理论和知识，分析国际服务贸易各方面临的风险。

（3）整合：能够将国际服务贸易的基本知识和理论与其他专业知识相结合应用，分析和评价国际服务贸易、外商直接投资和服务业跨国公司的行为。

（4）情感：能够参与合作学习，具有团队合作意识，能够撰写跨国公司在服务业的经营管理报告，包括传统服务贸易和新兴的国际服务贸易，展示成果，有效沟通。

（5）价值：运用国际服务贸易的理论和政策，分析判断我国服务贸易的现状、挑战和特色，并提出相应的对策和建议。

（6）学习：学生可以利用 MOOC、微课程等在线学习课程和资源，发展自主学习能力，增强自主学习能力。

2. 本节课的教学目标和内容

［教学目标］

了解国际服务贸易政策的演变、政策从自由化到保护主义的应用和不同特点。掌握服务贸易壁垒和类型。了解服务贸易保护水平的衡量和服务贸易保护政策的比较与选择。

［教学内容］

服务贸易政策的演变、服务贸易自由化政策、服务贸易保护政策、服务贸易壁垒和类型、服务贸易保护水平的衡量、服务贸易保护政策的比较与选择。

［教学重点］

服务贸易壁垒和类型。

［教学难点］

难点：服务贸易保护政策的比较与选择。

3. 融入课程思政

通过案例教学讲解"服务经济与国家竞争优势"，使同学们了解我国有竞争力的产业和相关产业、企业战略、结构与同业竞争。使同学们深入了解服务经济时代，我国的国家竞争优势，学生能切身感受我国对外开放取得的成就，激发同学们的民族自信心和自豪感。

四、课前准备

1. 准备教学资源（见图44-1）

（1）通过查阅文献，整理撰写教学案例"服务经济与国家竞争优势"。

（2）从中国大学MOOC平台，针对性选取北京第二外国语学院王海文老师的《国际服务贸易》，作为本次网络授课的补充内容。该课程是教育部国家级精品资源共享课，课程体系完整，与教学大纲指定教材框架一致，作为学生全英文学习的补充材料。

图44-1　教学资源展示

（3）在蓝墨云班课平台，上传课程电子版教材、阅读材料、课程课件、作业等内容，供学生预习、练习和复习。

2. 学情调查和分析

通过头脑风暴的形式，在课前给同学们发布问题，请同学们回答，见图44-2、图44-3。

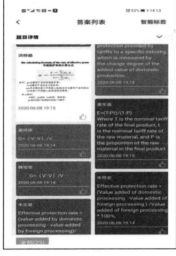

图44-2　课前调查结果1

图44-3　课前调查结果2

3. 发布课前预习资源

在网络学堂上传本周课件，在参考资料库里，发布预习资料和预习视频（国外大学网站上的全英文课程资源，以及个人录制的预习视频），供学生下载预习。课前在企业微信群里发布本周任务、教学课件、阅读文档，以便学生事先预习，了解学习内容，做课前准备工作（见图 44 - 4）。

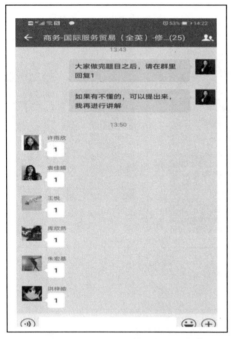

图 44 - 4　课前上传资料、布置学习任务

五、课中活动

1. 出勤考核

授课采用蓝墨云班课的"一键签到"功能，课前 10 分钟开始打卡，不占用课上时间。在下课后，通报出勤情况，并联系学生，了解原因（见图 44 - 5）。

2. 课程安排

第一节课，首先，安排 5 ~ 10 分钟的时间，总结上节课的知识点，唤醒同学们的记忆，并通常采用提问和头脑风暴的方式，了解学生上次课的掌握情况，进行查漏补缺（见图 44 - 6）。

其次，在课堂中融入国际服务贸易相关案例和热点问题，设立讨论环节，给出具体安排（见图 44 - 7）。对于较难的计算题，需要面对面讲解才能让学生更好地获取知识的部分内容，采取腾讯视频会议的形式进行。

最后，进行课堂总结、点评提交作业（见图 44 - 8）。通报作业完成情况，大部分同学都能按时提交作业，作业质量良好。总结同学们作业的优点，提出不足，以便其更好地提升自己。

图 44-5　考勤情况

图 44-6　课堂提问环节

图 44-7　课堂讨论环节

图 44-8　课堂总结环节

3. 课堂互动

因为不能和学生面对面交流，不能现场掌握学生的学习程度，另外，为了加强课堂学生的参与度，安排了腾讯会议、提问、打卡、小组汇报等方式。通过这些互动，教师能准确了解学生对知识的掌握，也能强化学生课堂真实地、认真听课，提高学生参与的积极性（见图 44-9）。

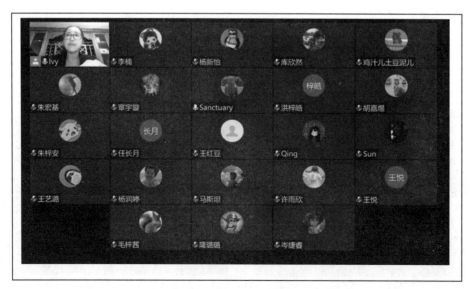

图 44-9　课堂互动情况

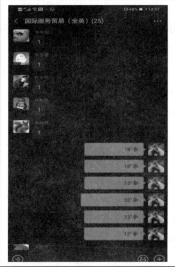

图 44 - 9　课堂互动情况（续）

六、课后任务

1. 延展阅读——读书笔记

给学生《服务经济与国际竞争优势》《国际服务贸易政策的历史演进》两篇文章进行阅读，在下一节课进行讨论。

2. 测验评估

在蓝墨云班课安排了 2 次测试，通过检测，可以检验学生对知识的掌握情况，准确把握出错点，能及时跟进。

3. 作业反馈

在作业完成批改后，及时给同学们反馈。在测试后，给同学们讲授答案、易错点和易混淆点。

七、考核方案设计

本课程为考试课，考核形式为平时成绩（50%）和期末闭卷笔试（50%）。

平时成绩为过程性评价，一方面，可以加强对学生平时自主学习过程的指导、监督和检测；另一方面，可以推进对学生综合素质的训练和提高。平时成绩构成与成绩评定方式如下：

考勤占平时成绩的 10%：包含企业微信会议统计的课堂出勤、每人至少 3 次在线回答问题、随堂练习的打卡情况。

平时的其他考核，包括小组展示、书面作业、课堂讨论、二次网络学堂测试，占比例为平时成绩的 90%。

期末考试采用 ZOOM 闭卷笔试方式考试。考试主要考核学生对国际服务贸易的基本知识、基本概念、基本技能的理解与把握。考试主要采用以下题型：英译汉、汉译英、名词解释题、选择题、问答题、计算题、案例分析题等。

This is an exam course based on usual performance（50%）and final open – book exam（50%）.

Usual performance is the process – based evaluation result which can strengthen the guidance, supervision and inspection of independent study of students at usual time on one hand and promote the training and enhancement of students' comprehensive quality on the other hand. The composition and way of evaluation of usual performance are as below：

Attendance：10 points in full, usual homework：20 points in full, course homework report and discussion：20 points in full.

Final exam will be given in open – book way. Through exam, students are evaluated for their ability to apply basic theories, basic knowledge, basic concepts and trade policy for comprehensive analysis of specific trade in service problems.

A summary of the assessment methods, contents, weights and the course objectives is given in the table below：

A Summay of ... Objectives

Assessment methods		Assessment contents	Chapter (Unit)	Weights (%)	Weights (%)	Course Objectives			
						4	5	6	7
Process Assessment	Attendance	Examine if the students can master basic theories, policies, rules, practices and industries of international trade in services	2, 3, 4, 5, 6, 7, 8, 9	20	50	√	√	√	√
	Homework	Examine if the students are familiar with the development of world international and China's trade in services. Have business integrity awareness, compliance with relevant business ethics and laws and regulations	3, 4, 5, 6, 7	40		√	√	√	
	course assignment report and discussion	Make in – depth discussion for topics in major service trade sectors or fields based on the combination of theories and the practice in service trade. Examine if the students are familiar with the development of world international and China's trade in services	8, 9	40		√	√	√	√
Sub – Total				100					

续表

Assessment methods		Assessment contents	Chapter (Unit)	Weights (%)	Weights (%)	Course Objectives			
						4	5	6	7
Final Exam	Final closed – book exam	Examine if the students master basic theories, policies, rules, practices and industries of international trade in services Examine if the students are familiar with the development of world international and China's trade in services. Examine if the students have business integrity awareness, compliance with relevant business ethics and laws and regulations. Make in – depth discussion for topics in major service trade sectors or fields based on the combination of theories and the practice in service trade	100	50		√	√	√	
Total					100				

八、教学反思

1. 引导学生自主学习

线上教学和线下教学有很大的不同，学生和老师都面临很大的挑战。在刚开始上课时，发现学生们出勤很好，但提问时发现总有个别同学没应答或所答非所问。排除有网络原因，个别同学是"假装"上课，手机在线，注意力不在线。

针对这种情况，首先1对1私下联系同学，询问原因，强调纪律。另外，增加筛选后MOOC内容，并且录制一些课程预习、复习小视频，加入读书环节，推送国际服务贸易热点时事，让学生可以根据自己的时间，自主选择学习的内容，激发学习的兴趣。

2. 结合专业，融入课程思政

结合专业热点问题以及国际服务贸易相关具体案例，让学生体会我国所面临复杂国际经济环境遇到的新问题和挑战，理解我国在服务经济时代的国家竞争优势以及我国对全球经济问题的立场和主张，培养勇于担当的爱国情怀。尤其是在疫情期间，让同学们充分看到祖国所展现出来的大国情怀，让同学们的爱国热情得到进一步的升华。

第四十五章　品牌营销课程网络教学案例报告

一、任课教师基本信息

任课教师：汪蓉
所在教学单位：商务学院

二、课程基本信息

课程名称：品牌营销
课程类型：专业限选课程
学时学分：48 学时/3 学分
面向学生：2018 级市场营销专业
网络教学方式：中国大学 MOOC 异步 SPOC + 企业微信群

三、教学目标与教学内容

1. 教学目标
（1）国内品牌管理的实践误区。
（2）学生能够清晰阐述品牌权益的内涵。
（3）学生能够理解品牌权益为什么要以顾客为本。

2. 教学内容
（1）国内品牌管理的实践误区。
（2）顾客视角的品牌权益。
（3）顾客心智的品牌知识。

四、课前准备

1. 在线资源的精心选择

本学期商务学院市场营销专业限选课程品牌营销选择中国大学 MOOC 平台上福州大学肖阳教授的《品牌管理》建设 SPOC 异步课程。中国大学 MOOC 平台上有近十门品牌管理/品牌营销领域相关课程，肖阳老师的这门课程是国家级精品在线开放课程，目前已经面向全国开设六个学期，课程实践性强，课程资源丰富，能够为在线授课提供必要的支撑（如图 45 - 1 所示）。

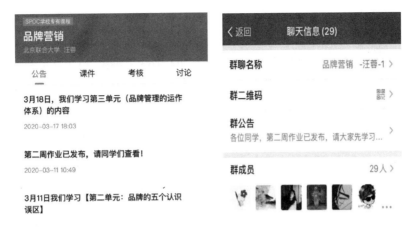

图 45 – 1　SPOC 课程和微信平台准备

2. 教学技能的深入学习

此次疫情的暴发为在线教育特别是实时交互在线教学带来了机遇，也提出了挑战。如何熟练使用在线平台的各类资源，如何确保知识能够被顺畅地传递与有效接收成为摆在我们教师面前的难题。为迅速掌握中国大学慕课等平台工具的使用技巧，尽可能提高学生在线学习的效果，我深入学习了学校和学院教务处推荐的多项培训课程。其中，南京邮电大学于淑娟老师讲授的《MOOC 加慕课堂，顺畅实现停课不停学》、山东大学王震亚老师分享的《我真不是主播——简单易行的在线教学方案》以及清华大学于歆杰教授讲授的《如何以高质量教学应对高校疫情防控大考》对我启发良多，令我获益匪浅（如图 45 – 2 所示）。

图 45 – 2　平台使用与教学技能的学习

3. 教学资料的必要补充

为提供给学生更为优质学习资源,《品牌营销》课程选择的 MOOC 为《品牌管理》, 授课内容与体系需要有一定的调整和补充, 需要上传必要的课件和补充资料 (如图 45 – 3 所示), 并在中国大学慕课及企业微信平台通知学生及时关注。此外, 还通过学校 worldlib 文献查找群找到本课程电子版教材, 解决学生没有教材的问题。

图 45 – 3　课前资料上传

4. 教学效果的充分调研

本周已经进入在线教学的第三周, 为了掌握学生在线学习的基本状况、保证在线授课的教学效果, 我设计了两份问卷了解学情, 第一份用以了解学生第二周知识点掌握情况, 第二份调研学生对于课堂教学手段和内容的评价 (如图 45 – 4 所示)。

图 45 – 4　学情调研

五、课中活动

为营造面对面效果，加强课堂教学的互动性，《品牌营销》课程教学使用企业微信视频会议模式，在课中我全程使用摄像头，互动时也要求学生开启摄像头。按照教学任务安排，本次课中活动包括知识回顾、作业讲解、讲授、交流回答、案例分析、答疑等环节。具体细节如下：

1. 多种手段保证到课

考虑慕课堂签到能够留存并实时查阅考勤记录，本课程选择以慕课堂签到为主、随机点名和微信会议人数关注为辅的签到方式，确保学生准时、全程听课。上课前我首先通过企业微信通知大家在慕课堂进行签到，签到时间持续10分钟，到8点截止，督促学生准时上线。由于网络问题签到受影响的同学提供截图后我会在慕课堂的签到系统中进行修正，而且，授课过程中也能够通过会议实时在线人数了解学生在线情况。随机点名模式能够确保学生全程听课，第二周就曾出现一名学生随机点名不在、后续再次提问仍然不在的情况，记一次旷课。

本次课堂应到28人，实到28人，0人旷课，1人迟到。图45-5显示缺课4人是因为有4位学生一开始未使用与中国大学慕课一致的微信登录出现重复。

图45-5 慕课堂点名签到

2. 课前测试查漏补缺

因为缺乏学习氛围，大部分学生在家学习的效果可能不如在学校时的面授课程，为巩固学生对知识点的掌握，课前会进行一个简短的有关上周核心内容的测试，了解学生的掌握情况。根据测试结果，有针对性地讲解大部分学生易错的内容，加深记忆和理解。

通过测试我们了解学生对品牌知识误区和适用范围的掌握情况，第一题答案为第三个选项，第二题正确答案为全部选项，结果表明，大部分学生掌握了知识要点（如图45-6所示）。通过对错误选项的分析，进一步加强学生对教学内容的理解。

〈　　　　　慕课堂　　　　·•• ◉

第二周知识掌握调查 已结束

27	27	100.0%
收集问卷	有效问卷	有效率

1. 以下哪项不是品牌认识的误区?　　答题人数: 27

○ 品牌就是欧美国家的高档商品
11.1% ▬▬　　　　　　　　　　3

○ 品牌是产品之外的附加值
14.8% ▬▬▬　　　　　　　　4

○ 品牌不仅包括品牌形象和商标
74.1% ▬▬▬▬▬▬▬▬▬▬　　20

○ 品牌是广告和营销创造出来的
0.0%　　　　　　　　　　　　0

2. 品牌的适用范围包括　　答题人数: 27

☐ 个人
74.1% ▬▬▬▬▬▬▬▬▬　　20

☐ 消费品
85.2% ▬▬▬▬▬▬▬▬▬▬▬　23

☐ 服务
88.9% ▬▬▬▬▬▬▬▬▬▬▬▬　24

☐ 城市或地区
100.0% ▬▬▬▬▬▬▬▬▬▬▬▬▬　27

☐ 国家
88.9% ▬▬▬▬▬▬▬▬▬▬▬▬　24

图 45 - 6　课前测试结果

3. 作业点评加深理解

为加深学生对于品牌试用范围和品牌建设框架的理解,上周我布置了运用品牌建设的4Ps框架为喜爱或关注的我国某城市进行品牌策略规划,通过作业互评形式激发学生主动性,令他们能够关注到其他同学的学习状况形成同伴的正向引导效应,互评结果如图45-7所示。学生互评并不意味着老师不进行作业批改,我会根据每个学生实际的回答情况进行分数的调整,并选择几份有代表性的作业在课上进行点评,加深学生对于重要知识的理解和应用。

学生信息	作业得分 ↕	被互评记录
:018030348006	10分	10分 7分 10分
_2018030348005	10分	10分 10分 8分
3030348008	10分	10分 10分 8分
18030348025	10分	7分 10分 10分
30348004	10分	10分 10分 8分
:018030348002	10分	10分 10分 8分
030348022	10分	10分 10分 10分
18030348011	8分	7分 8分 8分
030348023	8分	5分 10分 8分
030348002	5分	10分 10分 10分
m　　≡_2018030348010	5分	10分 10分 6分

图 45 - 7　课后作业互评结果

4. 增加互动活跃气氛

在线教学不同于传统课堂的一个关键要素是老师无法实时掌握网络另一边学生的听课情况，长时间的教师独角戏不利于学生保持课堂专注力，可以通过进行课堂互动将学生的注意力拉回课堂。我会在慕课堂中发布讨论题目，再挑选有代表性的回答邀请同学进行阐述和分享，或根据授课内容随时提问，学生进行讨论时要求他们开启摄像头，部分还原面对面的授课环境。

在慕课堂发布讨论能够留存学生参与课堂讨论的痕迹，有效避免在线教学"无迹可寻"的弊端。教师为发言点赞还能显示为优秀发言（见图45-8深色线标注），激发学生回答问题的热情和促进学生主动、深入思考。

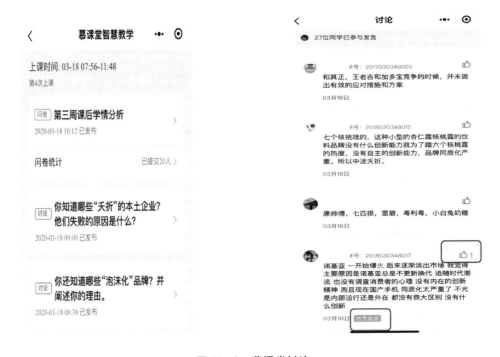

图45-8 慕课堂讨论

5. 课程思政不忘融入

在国内同心协力战胜疫情期间，坚持贯彻落实北京联合大学把"课程思政"建设作为学校立德树人的根本性举措，我继续深入挖掘课程内部的育人要素，关注时政热点，结合品牌理论，充分利用线上教学的便利手段引导学生关注中国品牌建设，关注中国品牌在全球危机下的责任担当，激发民族自豪感，理解中华民族伟大复兴的理想，以及启发学生思考现在和未来他们应当承担的责任（如图45-9所示）。

图 45-9　思政元素的挖掘

六、课后任务

本次课后任务在中国大学慕课平台让学生完成相应的案例分析，因为之前提交作业即使明确各项时间节点仍然存在错过截止日期的情况，本次作业设置的截止时间较长，到下次上课之前。结合提交数据来看，课程结束当天全部同学都提交了案例分析，大部分同学掌握了知识要点，并能够应用于案例分析中，部分学生提交的案例分析作业如图 45-10 所示。

新logo与之前方方正正的logo相比更加具有设计感与时尚感，更贴切年轻消费群体，颜色也做出了改变，使绿色更接近自然的绿，有利于在市场打造了"自然"的品牌形象，呼应了相宜本草以"本草养肤"的产品理念，为产品增添内涵性。

相宜本草产品定价适中，以大众护肤品为主要市场，准确地进行了市场定位，使品牌富有亲和力，从而在市场发挥了比较优势。贴合产品设计初衷，遵循产品设计理念，为产品贴上草本健康无添加等标签，稳固消费者信任度增强对本土品牌的信心。

mooc64247016...　3月18日　　　👍0 0 | 评论(0) | 举报 | ⚙管理

1、相宜本草曾经的logo塑造出的品牌形象就重强调它是以草本制成的中药草本护肤品，给消费者留下鲜明的品牌印象，即这是中国本土的中药草本护肤品牌，与其他宣称用了汉方成分的国际护肤品牌不同，他的产品是真正对皮肤无害的。新的logo仍然选用绿色为底色，但是选用的是成熟的草绿色，突出草本护肤品的品牌形象，花苞的设计也更凸显出年轻清新的元素。护肤品毕竟是时尚品牌，只注重产品不关注外在注定会被淘汰。

2、品牌塑造出的品牌形象如果能和消费者对他的认知相同，那这个品牌就更容易被大众记住和接受。相宜本草包装标识都进行了升级换代，较之前更加美观，但仍然以绿色为主，展示出一种拥抱自然的生活态度，吸引更多的消费者。而且相宜本草并没有为了吸引消费者进行虚假宣传，对其品牌形象的树立有正面的影响。

lr2018030348...　3月18日　　　👍0 0 | 评论(0) | 举报 | ⚙管理

图 45-10　部分学生提交的案例分析作业

48025

1.旧的LOGO花样设计过于复杂，而新LOGO的形象以草绿色为主色，添加了植物元素，整体标识呈现出花苞的形状，鲜明地表达了相宜是一个以"本草养肤"为概念的本草护肤品牌。对比新旧LOGO，我认为旧的LOGO给消费者的感觉可能不是很好，因为里面的花纹样式过于繁冗，没有草本类护肤品给人带来清新、轻松的感觉，而且外框是正方形，有种古板的感觉，不符合时代多元化发展的包容性思想，所以可能不会赢得很多消费者的青睐。而新的LOGO形状非常简洁，颜色也换成比较鲜艳的色调，虽然只是微调但是给人的感觉却大相径庭，而且繁冗的图案都不见了，这使得品牌形象更年轻、时尚，迎合了新时代消费者简洁、简单生活的思想观念。而且花苞的形象给人带来如沐春风、耳目一新的感觉，一下就让人联想到清新的花朵、草本植物。所以消费者一看到花苞就知道这是相宜本草品牌的产品，品牌形象非常鲜明。

2.我认为像相宜本草这样历史悠久的本土品牌，品牌年轻化、时尚化是必不可少的，除了对品牌标识进行升级创新，还需要开发新的产品线。开发新的产品技术并运用到新的产品中，做好产品定位，树立好产品形象至关重要，因为许多本土品牌的产品质量非常好，但由于产品形象过于老旧，许多年轻人不会去选择这样的品牌，想要打开市场通路，企业形象必须要满足多层次年龄段的消费者进行选择，因为年轻人是当今社会的消费主力军，如果一开始就把形象塑造成老旧、历史悠久的，是不会迎合当代消费潮流的大趋势的。所以对产品进行形象升级、包装升级，是非常好的选择。开发多元化的产品线不仅不可以满足消费者的个性化需求，还可以使消费者加深对产品的印象，像相宜本草在对产品形象进行升级后，不仅广告的形象年轻化，对产品的开发也并没有止步，红景天逸透幼白系列、百合高保湿系列、四倍多萃润泽系列、芯净自然系列等产品线的开发，才是企业形象转型升级成功的根本。相宜本草历经十五年的积累，传播中国女性生命力之美并根植于中华本草文化，在互联网时代下，相宜本草积极面对时代浪潮，对产品进行转型升级。此外，"以用户为中心"及品牌年轻化战略也使相宜本草成为本土护肤品的卓越领先品牌。

图 45-10 部分学生提交的案例分析作业（续）

七、教学反思

和大部分老师一样，本学期是我首次完全通过网络实施在线教学，教学理念尚不成熟、教学工具还需探索、教学方法亟待完善。为了解开学至今的教学效果，并进行持续改善，在课后向全班同学进行调研，调研内容包括学生们消化知识的情况、讲课速度、讲课方式、建议等，如图45-11所示。

<table>
<tr><td colspan="3" align="center">慕课堂　···　◉</td></tr>
<tr><td colspan="3">第三周课后学情分析 已结束</td></tr>
<tr><td align="center">20
收集问卷</td><td align="center">20
有效问卷</td><td align="center">100.0%
有效率</td></tr>
</table>

1. 通过这几周的在线学习，跟以往在学校面授课相比，大家感觉学习效果如何？　答题人数：20

○ 特别好　0.0% — 0
○ 比较好　65.0% —— 13
○ 一般　35.0% —— 7
○ 不太好　0.0% — 0
○ 特别不好　0.0% — 0

慕课堂　···　◉

2. 你认为当前在线学习的问题主要是哪些？选择对你影响最大的三项。　答题人数：20

□ 感受不到慈祥的老师　15.0% — 3
□ 很想念亲爱的同学们　55.0% —— 11
□ 学习动力不足求鞭策　15.0% — 3
□ 家里的空气让我变懒　20.0% — 4
□ 信号不好总卡顿　80.0% —— 16
□ 注意力容易分散　25.0% — 5
□ 缺乏互动与交流　0.0% — 0
□ 其他　20.0% — 4

慕课堂　···　◉

3. 这三周学的品牌营销课程内容，你觉得掌握了　答题人数：20

○ 80%-100%　35.0% —— 7
○ 60%-79%　60.0% —— 12
○ 60%以下　0.0% — 0
○ 完全没学明白　5.0% — 1

4. 对于使用过的在线平台，你认为使用体验最好的是哪些？　答题人数：20

○ 中国大学慕课　45.0% —— 9
○ 企业微信　25.0% — 5
○ 云班课　30.0% — 6

图 45-11 教学后调查

图 45 – 11　教学后调查（续）

　　该问卷通过慕课堂发布，由于慕课堂选择下课后学生无法继续填写，本次调查收集到了 20 份问卷，还有 8 份未能提交，但基本反映了该班的整体情况。调查结果显示，大部分同学认为，和在校授课相比，这几周的教学效果比较好。对在线学习影响最大的主要是信号原因以及见不到身边的同学们。授课内容至少能掌握 60% ~ 80%，达到预期目标，有一位同学选择完全没学明白，后续需要额外关注。针对本门课程，授课内容的数量、互动次数、作业数量都比较适中，但也有同学反映内容较多、作业较多和互动较多。在建议方面，有学生反映平台切换容易遗漏；在平台使用感受方面，首先中国大学慕课体验最好，其次是云班课。

　　结合授课的感受以及辅导员收集上来的学生们普遍提出的问题，我认为以下四个方面值得关注：

　　（1）在教学理念方面，课堂要由教师主导转向教师引导，激发学生学习的主动性，鼓励和促进学生自主学习与思考，但还没有找到特别有效的方法，需要多学习和探讨。

　　（2）在教学内容方面，正如清华大学的于歆杰教授所说，需要做减法。老师们对课堂的把控力不如线下课程，追求授课内容的大而全，不如将重要知识点讲深讲透，并通过讨论、作业，引入学生们感兴趣的素材和案例等加深理解。

　　（3）在教学手段方面，灵活使用各种工具和平台，发挥各平台的优势，扬长避短，实现教学效果最优化。但多平台的使用也会给学生造成困扰，需要教师明确指示、不断强调、同学间互相提醒。

　　（4）在教学效果方面，需要与学生多交流、多倾听、多观察、多思考，了解学生在学习中存在的问题，掌握学习动向，将教学重点和难点在课堂中反复进行讲授，夯实专业基础，争取实现与线下授课一致的教学效果。

　　随着社会和科技的发展，网络授课打破了时间和空间的壁垒，必然会成为未来教育的发展方向。我们不妨通过这次"迫不得已"的实践来加速拥抱时代和科技的进程。困难确有，未来可期，相信通过不断地思考、探索与努力，我们能够找到更为合适、更行之有效的教学之道。

第四十六章　网络营销课程网络教学案例报告

一、任课教师基本信息

任课教师：刘宇涵

所在教学单位：商务学院

二、课程基本信息

课程名称：网络营销

课程类型：市场营销专业任选课程

学时学分：48 学时/3 学分

面向学生：2017 级市场营销专业

网络教学方式：中国大学 MOOC + SPOC、企业微信群等

三、教学目标与教学内容

1. 教学目标

（1）学生能够深度掌握上一周学习要点、强化学习效果。

（2）学生能够明确和理解网络营销调研的内涵和程序。

（3）学生能够掌握和运用网络调研的方法。

（4）学生能够了解网络商务信息收集与整理。

2. 教学内容

（1）第一周知识要点回顾与强化。

（2）网络营销调研的概念、目标、内容和步骤。

（3）网络营销调研的基本方法。

（4）网上二手资料收集渠道、网上问卷发布渠道、网页浏览观察法的提纲。

四、课前准备

1. 精选教学素材、上传学习资源、发布思维导图

《网络营销》课程是一门立足市场营销专业强实践性特征的能力型课程，本学期利用中国大学 MOOC 平台课程作为 SPOC 课程，如图 46 - 1 所示。在第一周的实际网络教学基础上，对《网络营销》课程教学经验进一步总结、优化教学思路，同时通过跟踪学生的学习效果，开展课程教学反思，并完成课前的平台资源准备如下：

首页 > 北京联合大学学校云

图 46 - 1　《网络营销》SPOC 课程平台

（1）精选教学素材。结合教学大纲、慕课资源以及上周教学效果，从教学难度、数量、质量等方面对本周慕课教学资源进行解析，适当调整、精选更适合本班学情的教学素材。

（2）提前三天上传学习资源，如图 46 - 2 所示。从第一周上传学习资源的时间来看，提前上传资源时间过早，部分积极学生会第一时间完成自学任务，但又会出现与上课时间间隔太长导致知识点遗忘的现象。因此，本周适度调整了上传学习资源时间。

图 46 - 2　平台学习资源上传

（3）发布课程思维导图，如图 46 - 3 所示。从第一周的教学效果来看，由于学生第一次接触网络学习形式，还不习惯课程学习方式的转换，课程思维导图可以帮助学生更清晰地了解掌握学习脉络，加深对课程知识点的学习印象，提高学生的知识吸收效果。

2. 课前设备调试、及时跟进学习效果

（1）课前设备调试，如图 46 - 4 所示。为了保证学生对设备的熟悉以及第二周教学形式的微调，在上课前两天，与学生分别用电脑版和手机版企业微信群联通在线会议，调试话筒、听筒效果，测试屏幕演示等功能。

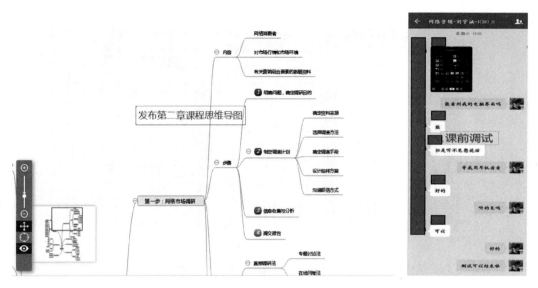

图 46 - 3　发布思维导图　　　　　　　　图 46 - 4　设备测试

（2）及时跟踪学习效果。通过企业微信群投票调查，了解学生是否满意自己第一周的学习效果，如图 46 - 5 所示。统计结果显示，23 名学生认为满意，占总数的 79%；6 名学生认为一般，占总数的 21%。通过进一步对这 6 名学生定向关注与沟通，了解到影响学习效果的原因是对平台、软件的使用尚不习惯以及对新型学习模型的不适应，如图 46 - 6 所示。

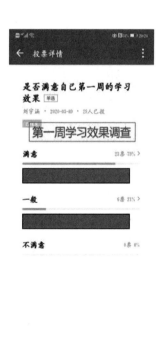

图 46 - 5　投票调查学习效果

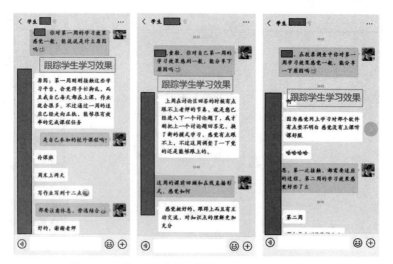

图 46 - 6 及时跟踪学习效果、定向关注特殊学生

3. 优化设计教学活动，拉近远程教学距离感

为了能够帮助学生尽快适应，同时保证课程的教学质量。在本周的网络授课中，对教学活动和教学节奏进行优化设计，新增以下 5 种教学活动与环节，提升学生的参与感和兴趣度。①课前回顾环节；②作业点评环节；③随机小测验强化训练环节；④课堂问答环节；⑤小组互动讨论环节。同时，适当调整教学节奏，灵活运用教学方式，以拉近远程教学中存在的距离感。

4. 发布第二周教学公告，企业微信辅助提醒与督促

根据教学日历在 SPOC 平台发布第二周教学公告，如图 46 - 7 所示，明确第二周的课程安排与要求，包括需要完成的学习资源、记录自学疑问、提醒签到时间、上课使用的软件、授课方式、教学流程等方面。同时，利用企业微信群，及时提醒和督促学生查看 SPOC 平台第二周教学公告。

图 46 - 7 教学公告

5. 课前摸底学生自学完成情况，把握授课节奏

为了解学生在课前的自学完成情况，以保证学生都能顺利跟上后续的网络授课节奏，

课前通过发起投票调查，摸底学生学情，如图46-8所示。调查结果显示，全班29名学生均已完成了课前资源的自学，实现了100%完成率。这在一定程度上也说明本班学生具有较强的主观能动性，能够较快地接受并适应网络学习。

五、课中活动

1. 签到环节，顺利完成

本课程的签到安排在上课前5分钟于企业微信群进行。签到形式不宜复杂，因此，仅要求学生回复数字"1"即表示签到成功，在一定程度上减轻了学生的心理负担。加之本周是网络教学第二周，学生已经熟悉了签到方式，因此，签到环节顺利进行。从本周签到的数据统计来看，全班29名学生均完成了按时出勤任务，如图46-9所示。

图46-8 课前学生学情调查

图46-9 签到环节

2. 前情回顾与作业点评，巩固学习效果

本周网络授课首先通过企业微信群在线会议对上一周知识要点进行概括与回顾讲解，巩固、加深学生对第一周知识点的学习印象。同时，通过作业点评的方式，帮助学生相互之间总结、借鉴有效的学习经验和做法，以抵消学生因第一周网络学习初体验带来的一定程度的学习干扰，加速学生适应过程，如图46-10所示。

3. 跟踪小测验，强化学习效果

课程将第一周的单元测验放在本周课程回顾之后进行，主要是考虑学生通过本周的回顾能够强化学习效果，在获得一定的学习效果后再进行单元小检测，更能有效地检验学生真正的学习水平以及教学效果。从单元测验的成绩来看，在满分10分的成绩中，学生的平均分达到8.9分，说明学生已顺利地通过了第一章的学习，很好地吸收了章节知识，达到了教学要求，如图46-11所示。

图 46-10　作业点评

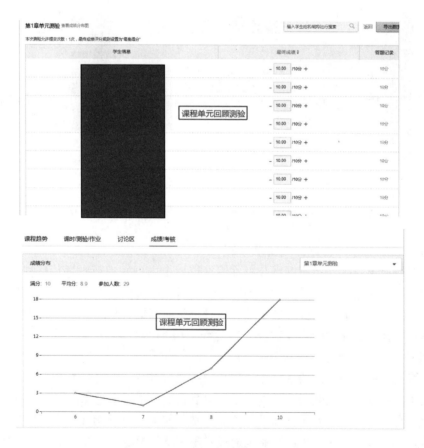

图 46-11　单元回顾测验与成绩分布

4. 在线教学和课堂互动问答，优化学习效果

课堂采取"企业微信在线会议＋SPOC平台"形式开展教学，如图46－12所示。

（1）通过在线会议的"屏幕演示"功能，将课件关联到视频中。学生可以边看课件演示，边听课堂讲解。从学生的课堂笔记来看，学生的听课态度非常认真，如图46－13所示。

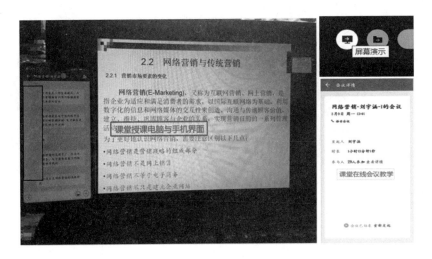

图46－12　课堂在线教学

图46－13　学生课堂笔记

（2）在课程讲授过程中，随机开展课堂即时问答，学生不仅可以通过企业微信群以文字或者语音的方式参与课堂回答，也可以连麦与老师互动交流。从学生的积极参与度来看，课堂气氛非常活跃。

（3）通过课堂即时互动，保证学生时刻在线，同时实时关注全体学生的学习动态，把握教学节奏，以保证学生的有效听课率。及时解答学生自学疑问，启发学生开展进一步课堂深入讨论。学生的讨论非常热烈。

5. 小组讨论与主题讨论，增强学生参与度，发扬团队合作精神

通过课前自学与课堂讲解，课堂进入下一个环节"小组讨论与主题讨论"。

（1）同步开展主题与小组讨论，实现相辅相成。教师发起主题讨论在SPOC平台进

行；小组讨论由学生自主选择在线工具开展互动交流，辅助完成 SPOC 平台的主题讨论。不仅能强化学生的参与度，同时还可以通过小组头脑风暴加强学生对讨论主题的深入思考，如图 46 - 14、图 46 - 15 所示。

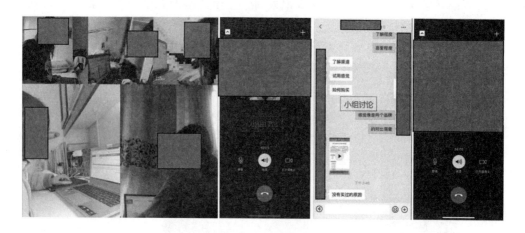

图 46 - 14　小组讨论

图 46 - 15　主题讨论

（2）团队讨论，完成网络营销问卷星实践拓展。通过小组的团队讨论完成本章教学实践要求，包括明确问卷星主题、设计问卷星题项、调查数据分析等内容，从而提升每位学生的课堂参与度，也在一定程度上体现了学生的团队合作精神，践行《网络营销》课程思政教育。

六、课后任务

本次课后任务是制作并发放一份网络营销问卷星并完成调查数据分析报告的实践操作。通过 SPOC 平台发布作业要求和提交作业时间，同时，在企业微信群辅助提醒学生完成本周作业的注意事项，并叮嘱学生在课后可以随时答疑与交流，安抚学生的远程学习焦虑，如图 46 - 16 所示。

图 46 – 16　课后作业安排与课后叮嘱

七、教学反思

1. 教学效果与学生学情调查，持续优化教学方案

通过发放投票调查以及与班级干部及时交流，了解学生本堂课的学习效果，如图 46 – 17 所示。

（1）本周增设的课前回顾环节，通过投票调查结果显示，收获了良好的学生反馈，学生对知识点的学习得以消化和巩固。

（2）通过与本班班长、支书等学生干部的及时交流，了解同学们对课程学习和知识接受度等方面的感受，对教学方案进行再设计，实现持续优化教学方案闭环。从学生的反馈来看，本周的教学方案收获了较高的评价。

图 46 – 17　学习效果与课堂学情调查

2. 科学合理设计第三周网络教学

根据本周的网络教学，我将总结提炼本周学生反馈效果良好的教学方式，继续在第三周强化教与学的互动，不仅为学生解决课堂知识问题，同时也注意关心学生的心理建设。科学合理设计网络教学方案，拉近远程教学的距离感，灵活应对动态变化的学情特点，及时定向跟踪学生的学习效果，帮助学生在知识体系、能力体系、思想体系全方面不断自我成长，从而达成学习目标。

第四十七章　市场调查与预测课程
网络教学案例报告

一、任课教师基本信息

任课教师：于苗

所在教学单位：商务学院

二、课程基本信息

课程名称：市场调查与预测

课程类型：任选课程

学时学分：48 学时/3 学分

面向学生：2017 级各专业

网络教学方式：中国大学 MOOC + SPOC、企业微信群等

三、教学目标与教学内容

1. 教学目标

（1）学生能够深度掌握第三单元学习要点、强化学习效果。

（2）学生能够理解和掌握各种市场调查方法的特点。

（3）学生能够掌握和运用各种市场调查方法。

2. 教学内容

（1）第三单元知识要点回顾与强化。

（2）调查方法的特点和操作步骤。

（3）选择调查方法的标准。

（4）撰写市场调查策划方案。

四、课前准备

　　《市场调查与预测》课程是一门商科专业学生都需要学习和了解的方法论课程，本学期利用中国大学 MOOC 平台课程作为 SPOC 课程。在前几周网络教学实践基础上，对《市场调查与预测》课程教学经验进一步总结，旨在优化教学思路，不断提高网络教学质量和学生学习效果，如图 47 - 1 所示。

　　课前平台资源准备主要有以下内容：

　　1. 精选教学素材，提前发布教学资源

　　结合教学大纲、慕课资源、原有线下教学资料，精选更适合本课程学情的教学素材。

提前三天上传学习资源，给学生留出足够的自学时间，大部分学生会在第一时间完成自学任务，但也会出现较难的知识点不理解、学不懂的问题，导致单元测验的成绩不是很高。

图 47 - 1 《市场调查与预测》SPOC 课程平台

2. 线上学习 + 线下大作业相结合的评分机制

虽然采取了慕课的网络教学方式，但为了达到理解、掌握、应用的教学目的，在考核方式上仍旧添加了线下大作业部分，并匹配设置了 10% 的域外成绩。要求学生不光要在线上学习理论知识，更要在线下实践，会使用调查方法，会分析数据并撰写调查报告。

3. 发布课程思维导图，全面了解学习内容

由于学生第一次接触网络学习形式，还不习惯课程学习方式的转换，课程思维导图可以帮助学生更清晰了解掌握学习脉络，加深对课程知识点的学习印象。

4. 及时发布课程公告，有情感有温度

每周末发布下一周的课程公告，告知学生下周学习内容和应该完成的作业任务，让学生提前准备，合理安排好时间。网络授课的方式，老师和学生的压力都很大，发布公告时会在后面加上一些鼓励的话语，让学生感受到老师的关怀，即使上网课也有情感有温度！

5. 课前设备调试

本课程采取手机慕课堂和企业微信两种软件进行授课，已在第一周提前帮学生调试了设备，保证了课程的顺利进行。经过几周的学习，老师与学生已比较熟悉这两个软件的使用方法及网络环境。

6. 及时跟踪学习效果

通过企业微信群在线询问，了解学生对当前的授课方式是否适应；通过慕课的学习情况统计数据，了解学生的学习进度和学习效果；通过慕课堂签到数据，了解学生的到课率。

五、课中活动

1. 自动签到 + 手工签到，顺利完成随堂签到

由于本课程学生人数有 63 人之多，因此，使用慕课堂手机客户端进行随堂签到。学生通过扫描课堂二维码提前进入慕课堂，注册成为慕课堂学员，每次签到非常简单方便。偶尔有签到不成功的学生，可以在企业微信群中@老师，老师可以手工帮助其完成签到。

因此，签到环节进行得非常顺利。从前几周上课签到的统计数据来看，全班 64 名学生都能按时出勤。

2. 课中互动，随时查看学生的听课率

课堂采取企业微信在线会议＋SPOC 平台的形式开展教学。通过在线会议的"屏幕演示"功能，将课件关联到视频中，学生可以边看课件演示，边听老师讲解。在课程讲授过程中，随机开展课堂即时问答，对于一些重要的知识点，在线调查，例如，回复 1 代表简单听得懂；回复 2 代表有点难，听不太懂；回复 3 代表很难，完全听不懂。既保证了随时了解学生是否学会听懂，又能随时查看学生的听课情况，如图 47 - 2 所示。

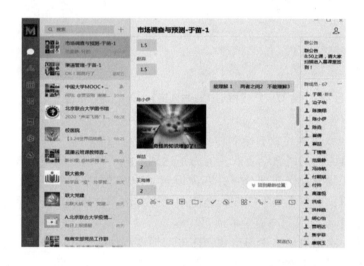

图 47 - 2　随堂了解学情

3. 专题讨论提升"教与学"效果好

由于学生已在慕课进行了自学，很多基础的知识点已经掌握，集中授课时只需要老师将重要的知识点过一遍，学生就能全面掌握，因此剩下的时间，可以开展专题讨论，在企业微信会议中，由老师发起讨论主题、学生发言的方式进行。通常老师会针对一些重要知识点设计讨论主题，通过启发、引导、发散的教学方式，让学生对知识点的理解更加深刻。

六、课后任务

1. 课后学习提醒与答疑

通过 SPOC 平台发布课程公告，提出作业要求和提交作业时间，同时在企业微信群提醒学生完成本周作业的注意事项，并叮嘱学生在课后可以随时答疑与交流，缓解学生远程学习的压力和焦虑，如图 47 - 3 所示。

2. 利用企业微信，在线表格实时收集信息

利用企业微信工作表收集学生分组名单和各小组大作业选题，这种在线表格支持在线修改，如果需要改动内容，学生可以直接在线上修改，不需要反复提交表格，非常方便，如图 47 - 4 所示。

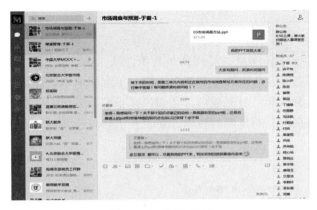

图 47 – 3 课后答疑

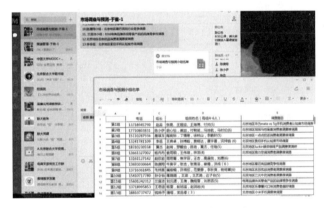

图 47 – 4 在线表格实时收集信息

3. 课堂笔记，课后随机抽查

为了解学生是否听得懂、学得会，是否适应当前的网络授课方式，在课后老师会随机抽查学生的学习笔记，并通过在线调查了解学生对网络授课情况的意见，如图 47 – 5 所示。

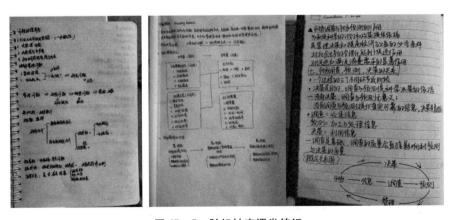

图 47 – 5 随机抽查课堂笔记

七、教学反思

1. 教学效果与学生学情调查，持续优化教学方案

通过发放投票调查以及与班级干部及时交流，了解学生本堂课的学习效果。通过与学生们的及时交流，了解同学们对课程学习和知识接受度等方面的感受，对教学方案进行再设计。从学生的反馈来看，前几周的教学方案收获了较高的评价，如图 47 –6 所示。

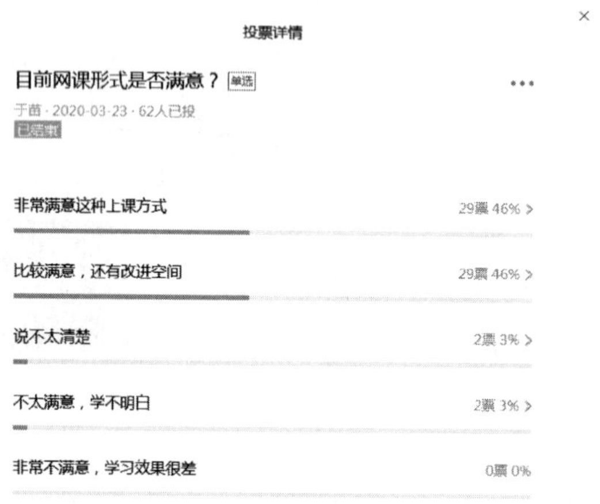

图 47 –6 课后学情调查

2. 科学合理设计后续网络教学

根据前几周的网络教学，持续改进后续教学，更科学合理地设计网络教学方案，课堂互动环节可以更加灵活多样，及时跟踪学情的动态变化，帮助学生在知识体系、能力体系、思想体系等全方面不断自我成长，从而达成学习目标。

第四十八章　市场营销学课程网络教学案例报告

一、任课教师基本信息

任课教师：陈小宇

所在教学单位：商务学院

二、课程基本信息

课程名称：市场营销学

课程类型：专业必修课程

学时学分：48 学时/3 学分

面向学生：2018 级市场营销专业学生

网络教学方式：中国大学 MOOC 异步 SPOC ＋企业微信群＋蓝墨云班课

三、教学目标与教学内容

本周为开课第六周，涉及章节内容为消费者市场。

1. 教学目标

（1）学生能够区分消费者市场与组织市场的不同。

（2）学生能够列示消费者市场的购买行为特点、购买对象及影响消费者购买的主要因素。

（3）学生能够区分不同的消费者购买行为类型。

（4）学生能够理解消费者的购买决策过程及这一过程中各阶段营销活动的作用。

2. 教学内容

（1）影响消费者购买行为的主要因素。

（2）消费者购买行为类型。

（3）消费者购买决策过程。

四、课前准备

1. 平台选择

本课程主要使用的平台有中国大学 MOOC、企业微信群、蓝墨云班课。本课程最初确定的平台是中国大学 MOOC，以弥补课程原有线上资源的缺乏；企业微信群主要用于线上直播授课与日常沟通；蓝墨云班课是基于对学生的调研及中国大学 MOOC 平台可持续使用的不确定性加入的，主要用于课程资源的分享及重要信息的发布。

2. 资源遴选

本课程选用中国大学 MOOC 平台的《生活中的市场营销学》开展异步 SPOC 教学，这一课程是教育部认定的 2018 年国家精品在线开放课程，目前已经第 5 次开课，其课程体系安排与学校课程相近，理论讲授和案例教学相结合，课程设计注重生活化与趣味性，课程讲授从生活中的市场营销案例或故事入手，让理论变得通俗易懂，更易引发学生兴趣。

3. 技术学习

平台使用技术的学习。在开课之前对相关平台的使用进行了学习，并在授课过程中持续学习。学习渠道主要有学习各种资料、从各种技术指导群获取信息、与其他老师沟通交流、学习其他老师的网络教学案例报告、各类直播平台的直播课程，并进行尝试。

线上教学课程设计的学习与预热。所选 MOOC 课程自己先学习，以便有选择地让学生进行学习。通过优学院、慕课、云班课等平台的系列直播课程学习线上课程教学设计。

4. 环境准备

本课程主要采用电脑和手机两种设备进行授课，电脑为主，主要用于直播授课，手机为辅，主要使用小程序进行签到、点名、测验等课堂活动。听完余建波老师的直播课程之后，专门购置了推荐的逻辑摄像头，以应对网络教学，保证直播效果，为以后视频课程制作做准备。在家中授课，保证相对安静的环境和干净的背景，并保证网络通畅，无线网络曾出现过卡顿情况，后改用手机热点得到了改善。

5. 了解学情

课前对学生进行了调研，对平台使用、授课方式、学习情况等进行了了解，并进行了相应的课堂内容设计。随着课程的进行也不断进行改善。

五、课中活动

本课程课堂中的活动主要包括签到、直播讲授、随机提问、测验调研等。

1. 签到

通过签到保证学生能够按时进入课堂进行学习。最初主要通过慕课堂进行签到，后来学习其他老师的经验办法，慢慢多样化，通过企业微信会议中未进入会议的记录，一目了然，且不用切换平台。通过截图的方式发到群里，同学之间自发会相互提醒。

2. 直播讲授

本课程主要使用企业微信会议进行直播教学。直播的方式更接近线下教学，有众多优点。首先，直播方式为教师和学生熟悉而容易接受；其次，师生能够即时沟通；再次，更容易解决不自律的问题。虽然经过调研发现，学生更喜欢轻直播或语音直播，但考虑课堂效率及沟通的问题而采用了会议直播形式，又考虑学生的回答在很大程度上是因为自己不想露面更随意，还有课堂的仪式感和动作语言沟通的优势而采用了视频会议直播。但在网络卡顿或其他特殊情况时采用语音会议直播或轻直播。

3. 随机提问

为了让学生更大程度地投入课程，在授课过程中进行两种类型的随机提问。一种是人的随机，通过小程序随机选择一个学生进行提问；另一种是问题的随机，在企业微信群中发布抢答问题。第一种方式更有针对性，方便即时对每位被提问的同学进行评价。第二种方式对调动整体的积极性效果更好，能让更多的学生参与，老师也能在同一时间处理更多的信息，提高课堂效率，课后需要重新按照问题回答情况对学生的平时成绩进行整理。

4. 测验调研

为了保证教学效果，了解学生的学习情况，每章结束之后专门设置测验和调研。针对学生的答题情况，进行复习和总结。

六、课后任务

1. 课后任务的布置

课后任务的布置会通过企业微信群和云班课两种方式公布，企业微信群解决即时问题，保证课堂完整性；云班课方便学生随时查询。

2. 课后任务的内容

本课程课后任务的内容主要包括中国大学 MOOC 课程资源的学习、课程的复习预习、课程相关的课后作业等。涉及本周课程的课后任务有两项，一是上次课的课后任务，针对本次课的内容进行头脑风暴，在云班课完成，完成情况较好；二是本次课后预习 PPT 内容，以备下次课讨论。

七、教学反思

1. 网络不佳怎么办

会议直播授课时难免遇到网络卡顿的情况，要做好多手准备。将视频直播转换为语音直播或轻直播，将家庭无线网络与手机热点进行转换是可行的选择。

2. 学生不积极怎么办

网络教学最大的问题恐怕就是很难了解网络对面学生的学习状态，有趣的课程内容设计、增加互动、平时成绩的激励能够起到一定作用。关于课程内容及形式的设计还需要继续学习。

3. 授课进度受影响怎么办

在线上教学的过程中融入了较多的互动环节，无法保证和线下教学一样的教学进度。于歆杰老师提出课堂内容浓缩的思路，但如何浓缩、哪些内容放在课外、哪些内容放在课内，应结合不同课程的性质和内容慎重选择。

4. 被平台、软件、程序绑架怎么办

在使用各种平台、软件、程序的过程中有很多不熟悉的地方和未开发的功能，在各个交流群中也发现很多老师有这个问题，纠结很多技术的细节。教师应尽可能熟悉平台操作，但平台毕竟是为课程服务，且目前来看不是所有平台都能持续使用，所以应先保证对课堂最为有用的关键功能的使用。另外，线下的考勤、平时成绩的记录更为一目了然，既方便不同老师不同课程的个性设计，又便于教学档案留存。

第四十九章　网站运营与管理课程网络教学案例报告

一、任课教师基本信息

任课教师：石彤
所在教学单位：商务学院电子商务系

二、课程基本信息

课程名称：网站运营与管理
课程类型：跨专业任选课
学时学分：48 学时/3 学分
面向学生：2017 级信息管理与信息系统专业
网络教学方式：网络学堂 BB、企业微信课程群、中国大学慕课

三、教学目标与教学内容

1. 教学目标
（1）明确学习任务。
（2）了解电子商务模式及互联网发展中网站的基础内容。
（3）明确不同电子商务模式的基本情况。
（4）理解网络的基本协议、页面发展的历史。
（5）理解网站、浏览器及网络基本协议的内容。
（6）掌握网站建设、运营管理基本构成。

2. 教学内容
引入"新冠肺炎疫情物资公益平台建设与运营案例"。
（1）电子商务促使商业变革。
（2）互联网发展。
（3）服务型网站建设案例。
（4）企业电子商务的状况。
（5）网站建设组成。
（6）运营与管理组成。

四、课前准备

老师课前准备：

课前投入很多时间和精力，主要包括资源准备、教学案例设计、准备课程活动素材、课程信息触达学生以及学习引导模块建立。

1. 充分资源准备

（1）网络学堂课程资源准备。提供课程所需的丰富的资源，网络学堂课程资源有125个，包括电子教案、实验素材、课程文档（教材辅助材料）、外部链接、课程参考资料，同时根据课程进程进行按周动态更新（如图49 -1 所示）。

（2）课程外部资源。该课程配合中国大学生慕课资源，为学生提供更丰富的学习和资源。

2. 精心结合时事设计案例和学习任务

基于疫情期间支持服务开展的实际项目，设计"疫情物资公益平台建设与运营案例"（见图49 -2），在案例的基础上设计第一周网站体验的任务和后期的竞品分析等任务。

图 49 -1　网络学堂资源

图 49 -2　疫情物资公益平台建设与运营案例

3. 提前准备网络课堂的课程活动环节的素材

网络教学与站在讲台讲述有很大不同，除了准备讲义、PPT之外，还需提前准备课程活动环节素材（见图49 -3）。因网络学堂没有签到功能，课堂活动中有些预设的问题，在课前准备好文档，便于群中实时互动时能快速提问及响应。在企业群签到、调研需要提前准备好，课程调研提前设计签到表、课程反馈调研表、网络环境问题帮助，帮助进行直播时和实时互动时及时完成相关课程活动。

图 49 -3　提前为课程互动和直播准备素材

4. 多渠道触达学生

引导学生充分做好课程预备，并按时间节点动态发布相关公告，渐进课程状态。

多渠道触达学生，主要包括通过网络学堂、微信、企业微信群引导学生做好课程预备。按照时间节点发布课前公告、相关教学资源介绍、群公告等，预设直播提前通知，提醒学生进入课堂及预知学习内容。在充分准备下，学生没有迟到，都按时到课。

在网络学堂中公告，直接链接到学习指导模块，方便学生预习和课堂学习。课程触达方式如图 49 – 4 ~ 图 49 – 8 所示。

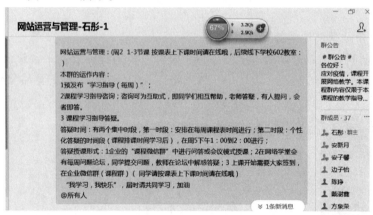

图 49 – 4　课前群公告

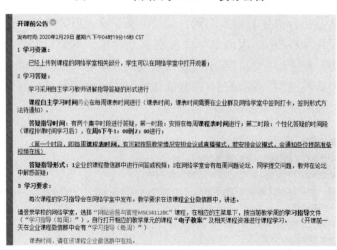

发帖者：商务学院 石彤

图 49 – 5　中国大学 MOOC 资源公告

图 49 – 6　开课公告

图 49 – 7 预设直播提醒

图 49 – 8 网络学堂中公告，直接链接到学习指导模块

5. 完成课程引导

网络学堂建立学习指导模块，方便学生一目了然地看到课程所需相关资源、课程活动互动准备，通过模块引导学生完成学习任务（包括内容前后逻辑关系，资源、课程活动内容、课后作业测试等）（见图 49 – 9、图 49 – 10）。同时，在网络学堂中公告，直接链接到学习指导模块，方便学生预习和课堂学习。

图 49 – 9 （每周）学习指导模块

图 49 – 10　教师端课程模块"学习指导"

学生课前准备：

（1）与个别学生提前沟通，进行直播网络情况反馈。

（2）搜集学生问题，提示学生关注帮助信息。

（3）阅读群公告，充分了解本周活动要求及规则。

学生对准备工作的完成情况：直播准时进入100%，签到100%（如图49–11所示）。

网站第一周周二签到

石彤 · 2020-03-03 · 已填写36人

成员	姓名	学号
方泉荣	方泉荣	2017030344027
卢菲	卢菲	2017030344005
孙宇栖	孙宇栖	2017030344009
杨天宇	杨天宇	2017030344025

图 49 – 11　签到情况

五、课中活动

（1）先签到（方式：企业微信群中实时填表）。

（2）课程说明（方式：企业微信会议模式）。

说明：课程要求、学习要求、网课互动要求、资源及上交作业要求等。

（3）讲解课程内容。案例 PPT、基础 PPT1（方式：直播，讲解提问时，学生可以键入答案响应）。

（4）案例讨论题目（方式：企业微信群中引导，讨论形式：在网络学堂讨论版中预设）。

（5）提问、答疑解惑（方式：企业微信群中）。

（6）测试时间［方式：网络学堂预设（小测验1），课程控制时间完成］。

（7）布置课后作业。告知自测链接和开放时间（方式：网络学堂小测验2）。

（8）最后，发放学生课堂反馈问卷（方式：企业微信群中，填表）。

课程活动全程网络支持包括签到、直播或会议、提问回答、互动指导、讨论等，网络课程活动记录如图 49－12 ~ 图 49－17 所示。

图 49－12　签到活动

图 49－13　直播＋会议

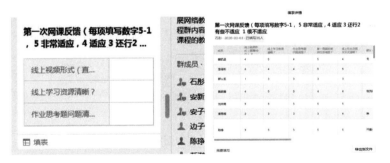

图 49－14　课堂反馈调查

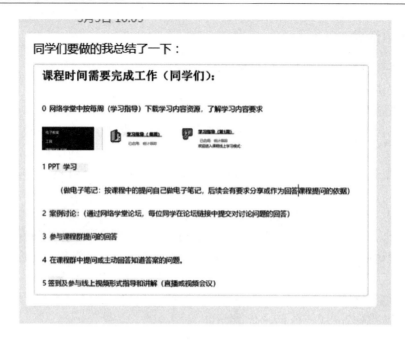

图 49 – 15　互动指导

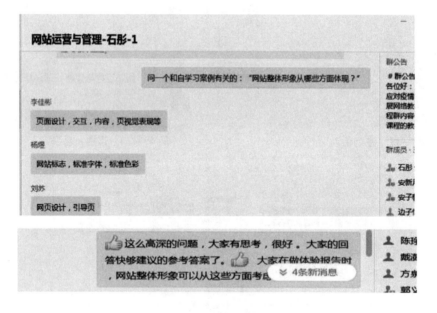

图 49 – 16　提问回答反馈

话题	作者	状态	未读帖子	对我的回复	帖子总数
电商网站的信用体系对于网站运营的帮助	商务学院 石彤	已发布	0	0	28
说明电商网站的信用体系	商务学院 石彤	已发布	0	0	31

图 49 – 17　课堂讨论发言

六、课后任务

课后任务，包括课后作业、课后预留任务、小测验总结等。如图 49 – 18 ～ 图 49 – 21 所示。

图 49 – 18　课后作业

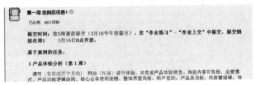

图 49 – 19　课后预留任务

测试总结

10.0	5	0	35	8.41
满分 ⓘ	问题数量 ⓘ	正在进行尝试 ⓘ	已完成尝试 ⓘ	平均分 ⓘ

图 49 – 20　测验 1 ～ 测验 2 参与及得分情况

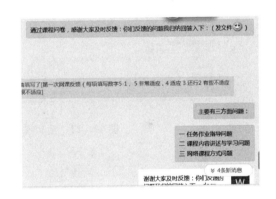

图 49 – 21　课后反馈课堂问题

七、教学反思

网络教学在很多细节处需考虑，包括进度控制、授课方式、网络工具使用、反馈等，通过网络进行教学，体会有以下五点：

1. 课前要精心贮备充分资源

由于网络教学是在没有教材的情况下进行的，因此，充分合理准备丰富的资源，帮助学生有"书"可读。

2. 学习引导页必须建好，明确学习任务，帮助学生完成学习模块

新教学形式下的教学需做好充分引导，挖掘学生自主学习能力，辅助网络测验，可以利用网络学堂的多种形式建立引导页，通过学习模块，帮助学生进行学习。

3. 进行课堂活动设计，要更加掌握网络工具，改变简单讲述形式

在课程活动设计中，适当增加互动，同时，对于网络会议、会议笔记等工具可以充分

利用，帮助学生学会网络学习形式。同时会议或直播形式的讲述，要转换为学习指导加讲述，互动形式要合理。进度要根据学生反馈进行合理调整。

4. 及时响应反馈学生建议

在对学生进行调研或指导时，在讨论版或课程群中发现学生的相关学习遇到的问题和建议时，一定要在课后整合建议，并汇总，有反馈。与学生一起能教学相长，更好完成网络教与学的过程。课程指导等问题汇总如图 49 – 22 所示。今后可以让学生轮流参与完成此总结过程。

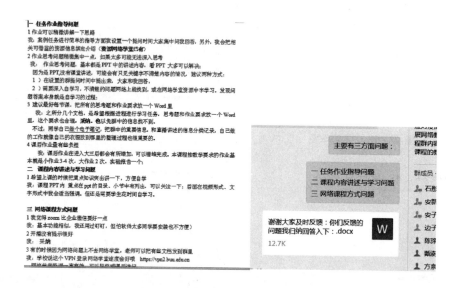

图 49 – 22　互动指导相关问题汇总并反馈

5. 授课前做好预案从容应对网络等问题

授课前做好预案从容应对网络等问题。例如，直播过程中的学生闪退等问题，要提前做好回应准备，避免直播过程中被多次打断而造成时间浪费。

第五十章 运筹学课程网络教学案例报告

一、任课教师基本信息

任课教师：刘静

所在教学单位：商务学院电子商务系

二、课程基本信息

课程名称：运筹学

课程类型：专业必修课程

学时学分：48学时/3学分

面向学生：2018级信息管理与信息系统专业

网络教学方式：中国大学慕课

三、教学目标与教学内容

1. 教学目标

掌握一般单纯形法的计算求解步骤。

2. 教学内容

在上一节课单纯形法求解原理的基础上学习使用单纯形表的计算过程，以及线性规划的四种解的形式的判别标准。

（1）重点。单纯形表的求解步骤。

（2）难点。单纯形表中检验数的计算和最小比值原则。

四、课前准备

1. 教师准备

由于上一次课讲解了单纯形法的求解原理和单纯形表的结构并布置了作业，通过批改作业发现学生的成绩不理想（见图50-1），因此，又在微信群进行了投票调查（见图50-2）。两相结合发现，尽管学生对于单纯形法的代数形式多数可以理解，但对于转变成单纯形表并不理解，因此，在此次课程的备课中重点将两部分内容的转换进行了准备。

2. 学生准备

复习并预习慕课上的相关章节的视频。

五、课中活动

（1）课前学生通过观看慕课视频进行预习，课堂通过企业微信会议形式进行直播讲解。

满分：10   平均分：8.2   参加人数：25

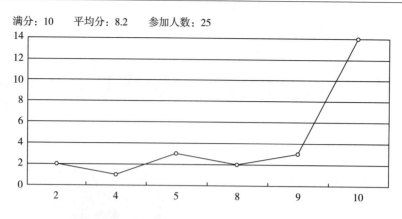

图 50 - 1   单纯形法的基本原理学生作业成绩分布

关于单纯形法，我现在的状态是：单选   ...

刘静 · 2020-03-24 · 25人已投

完全不懂   0票 0%

能照着做，中间会错   14票 56% ›

能做出来，但不明白   8票 32% ›

明白，会做   3票 12% ›

图 50 - 2   单纯形法基本原理学习效果投票结果分布

考虑到对前期学生的调查和往年的学习情况，对讲课形式进行了调整。往年是在教室进行板书讲解，此次由于疫情原因家里条件所限，将板书搬到了 Word 文件中，并将代数形式和表格形式进行一一对应，将课堂讲述的基本内容进行记录以备学生进行复习（见图 50 - 3）。

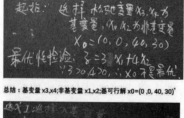

C(j)		3	4	0	0	
C_B	X_B	b	X1	X2	X3	X4	θ
0	X3	40	2	1	1	0	
0	X4	30	1	3/2	0	1	
	σj		3	4↑	0	0	

入基变量：大于 0 的检验数中最大的变量

图 50 - 3   单纯形表

（2）讲课过程中进行提问和练习，通过屏幕共享和微信群进行练习结果展示，及时发现学生的问题。

（3）利用慕课堂进行课堂测验（见图50－4）。

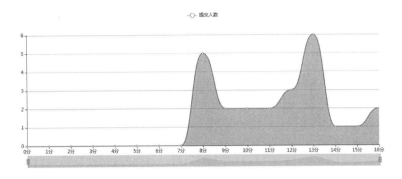

图 50－4　学生慕课堂测验成绩分布

六、课后任务

1. 要求学生将本次课的笔记在微信群进行展示（见图50－5）
2. 通过慕课平台布置作业（见图50－6）

图 50－5　学生课程笔记

图 50－6　慕课平台作业图

3. 学生作业完成情况（见图50－7）

七、考核方案设计

1. 考试形式分两部分

本课程在线考试采用试卷形式，所有学生在同一时间登录 ZOOM 会议，要求开启视频和音频，进行全程录像。

2. 考试内容分为客观题和主观题两部分

第一部分通过慕课堂的练习进行，第二部分采取学生线下作答然后拍照上传到慕课平台的形式。

满分：20　平均分：9.7　参加人数：25

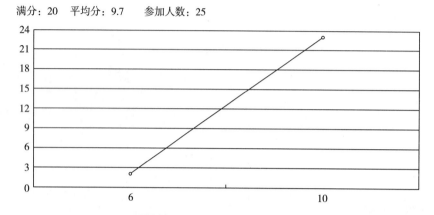

图 50 - 7　单纯形表作业成绩分布图

八、教学反思

（1）运筹学是一门非常依赖板书和课堂练习的课程，而这两者在网课的前提下如何进行并保证效果是在整个教学过程中必须重点解决的问题。最开始任课教师是试图通过将PPT 的动画进一步细化并进行备注的方式解决，但是发现效果并不好，学生对于抽象并且有非常强逻辑关系的内容很难通过观看掌握，后来又试图通过购买画图板的方式进行直接屏幕板书发现不容易操作，最后任课教师修改为通过 Word 进行板书，并要求学生同步记录板书并进行展示，通过教学内容中比较难的几章内容的讲解发现效果尚可。

（2）如何掌握学生的学习情况以及课堂的参与是网课的另一大难题。本门课程的视频会议出勤一直比较好，基本保持全勤或者 1～2 人缺勤的情况。但是在上课过程中发现有学生签到后并不真实在线，由于网络原因让所有学生视频出镜又不现实。任课教师采取课堂提问以及慕课堂测验的方式尽最大努力保证学生的课堂参与程度。

（3）由于网课是一个全新的领域，因此在教学过程中还是存在很多问题，比如无法获得及时反馈等，任课教师也一直努力通过与同事交流学习进行不断的改进，但是仍然存在一定的问题，期望在后续的课程中进一步提高。

第五十一章　信息资源管理课程网络教学案例报告

一、任课教师基本信息

任课教师：王宝花
所在教学单位：商务学院电子商务系

二、课程基本信息

课程名称：信息资源管理
课程类型：专业必修课程
学时学分：48 学时/3 学分
面向学生：信息管理与信息系统专业三年级
网络教学方式：中国大学慕课＋企业微信群

三、教学目标与教学内容

1. 教学目标
完成课程实验、企业规划、建立业务模型部分的教学。
2. 教学内容
请同学们在学习课件、做完课堂练习的基础上，以小组为单位，完成阶段实验内容，并整理成阶段实验报告，作为作业上交，最后进行阶段实验报告的互评，促进小组间学习。这 3 个课时的教学包括 1 课时理论教学和 2 课时的实验教学。

四、课前准备

为了做好网络 SPOC 课程教学，为学生自主学习提供全天候可用的、包含所有学习内容的教学资源，需要在课前进行充分的教学准备。本周的课前准备活动如下：

（1）在上一周布置课后调研作业。本周开始进行本课程的课程实验环节，所以在上一周布置了企业调研的小组作业（见图 51-1）。

图 51-1　上一周布置的课后调研作业

（2）在上一周的企业微信群中，以可回看直播的形式讲解了本周即将开始的实验安排，以及企业调研作业的要求（见图51-2）。

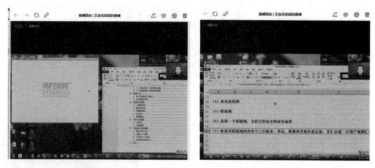

图51-2　上一周对本周实验的预告讲解直播

（3）制作调研作业提纲和实验报告模版，发到企业微信群。对于调研作业给定了调研提纲，对于小组课程实验给定了实验软件和详细的报告模板（见图51-3）。

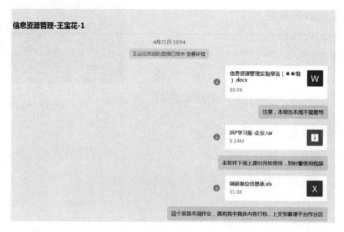

图51-3　上一周给定本周调研作业的提纲以及实验资料

（4）就上一周的学生调研作业在企业微信群进行沟通答疑（见图51-4）。

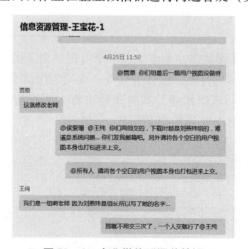

图51-4　企业微信群课前答疑

学生调研作业完成情况良好，为本周学习做好了充分的准备。例如第5小组的调研作业（见图51-5）。

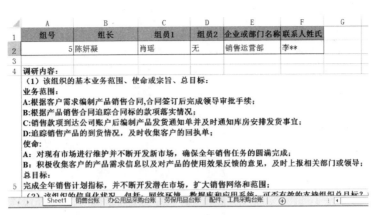

图51-5　上一周学生调研作业例子

（5）录制发布理论知识点教学视频。对于相关知识点录制了两个教学视频，上传到慕课平台（见图51-6）。

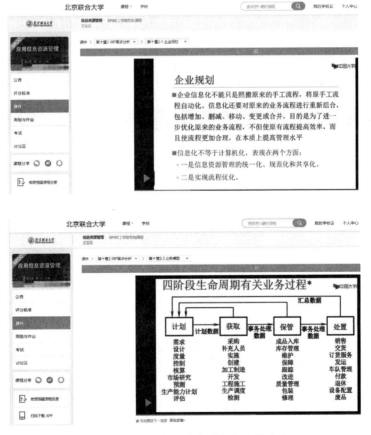

图51-6　课前将理论教学视频上传发布

（6）录制发布实验教学视频（见图51-7）。

图51-7　课前将实验教学视频录制发布

（7）建立本周的慕课堂备课，制作练习库。为了使学生掌握本周理论知识点，在慕课堂制作了相应的练习题库（见图51-8）。

图51-8　制作习题库

（8）发布作业。为了促进组间互学，为阶段实验报告作业设置了学生互评（见图51-9）。

图51-9　发布作业并设置学生互评

（9）在慕课平台发布本周学习公告（见图51-10）。

图51-10　本周学习公告发布

（10）在手机端慕课堂点击上课。发布练习题，打开签到，开启上课状态（见图51-11）。

图 51 – 11　发布签到和练习题任务

五、课中活动

1. 上课初始，在企业微信群发布学习指导（见图 51 – 12）

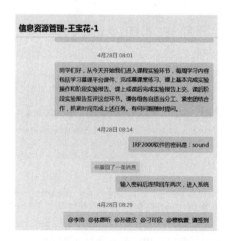

图 51 – 12　课初在企业微信群发布学习指导

2. 课中使用企业微信群指导和答疑（见图51-13）

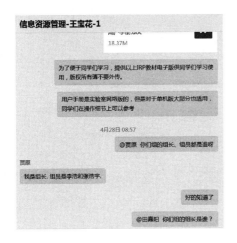

图51-13 课中在企业微信群指导和答疑

3. 课中通过慕课堂随时掌握每个学生的学习状况

（1）考勤（见图51-14）。

图51-14 慕课堂中显示的学生考勤状况

（2）课件学习（见图51-15）。

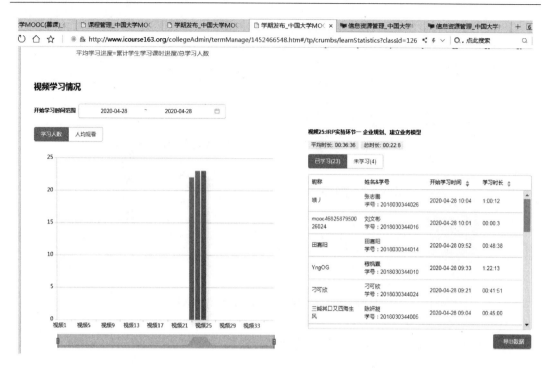

图51-15 慕课堂中显示的学生课件学习状况

（3）课堂练习（见图51-16、图51-17）。

图51-16 慕课堂中显示的学生课堂练习答题状况细目

图 51-17　慕课堂中显示的学生答题状况汇总

4. 课末根据学生课堂学习情况，进行视频直播答疑

内容包括本次课的重点难点、讲解易错题目、学习和作业等的答疑。这次直播没有设置回看（见图 51-18）。

图 51-18　课末企业微信群视频直播答疑

六、课后任务

该次课后，学生完成阶段实验报告作业，上交到慕课平台，并且进行作业互评，以促进学生间的互学。由于学生看不到其他同学交的作业附件，老师将作业打包下载后发到企业微信群，供学生互评时参考（见图 51-19）。

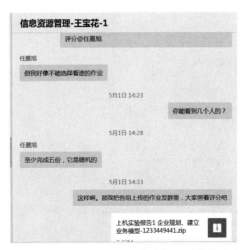

图 51-19　在企业微信群补充学生作业附件供学生互评

学生按时完成了作业上交和互评（见图51-20）。

图51-20 学生按时完成作业上交和互评

该次作业总分30分，作业得分中学生互评分与老师评分各占50%，学生自己和老师都给出了评语（见图51-21）。

图51-21 学生自评和教师评语

七、考核方案设计

本课程的考核方案见图 51 – 22。

图 51 – 22　本课程的考核方案

其中，考勤使用慕课堂签到，两次平时作业上交到慕课平台，平时测验为每单元均在慕课平台发布至少一次测验，取其总分进行折合（见图 51 – 23）。

图 51 – 23　慕课堂中发布的部分平时单元测验

慕课平台单元测验限上课当日一次性限时完成（见图 51 – 24）。

根据学校最新精神，期末考试将不采用闭卷方式考试，而是采用期末课程大报告的形式进行。基本要求是以一个企业案例为论据，论述信息资源管理在企业中的体现，要求涵盖本课程所有章节的主要知识点。

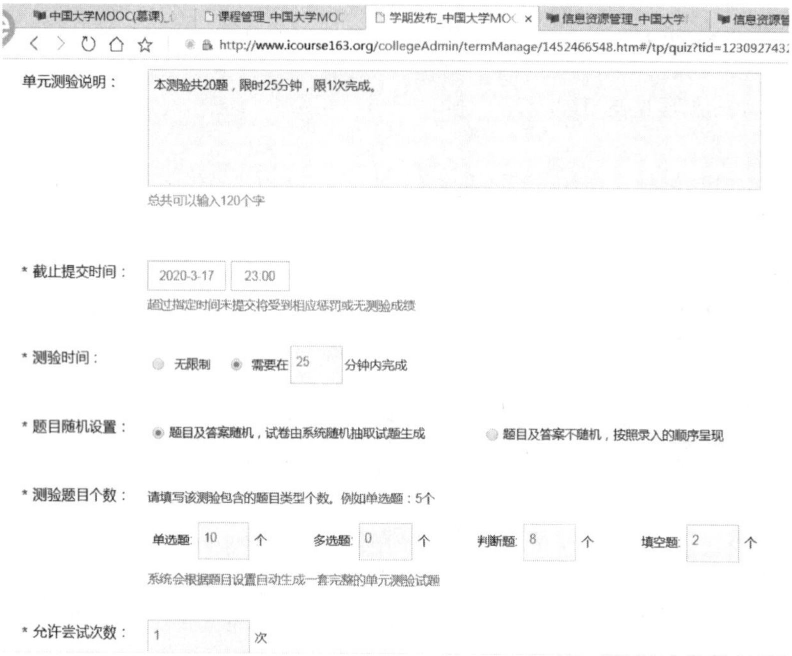

中国大学MOOC(慕课)
课程管理_中国大学MOOC
学期发布_中国大学MOOC
信息资源管理_中国大学
信息资源管
http://www.icourse163.org/collegeAdmin/termManage/1452466548.htm#/tp/quiz?tid=123092743
单元测验说明：
本测验共20题，限时25分钟，限1次完成。
总共可以输入120个字
* 截止提交时间：
2020-3-17
23:00
超过指定时间未提交将受到相应惩罚或无测验成绩
* 测验时间：
无限制
需要在
25
分钟内完成
* 题目随机设置：
题目及答案随机，试卷由系统随机抽取试题生成
题目及答案不随机，按照录入的顺序呈现
* 测验题目个数：
请填写该测验包含的题目类型个数。例如单选题：5个
单选题 10 个
多选题 0 个
判断题 8 个
填空题 2 个
系统会根据题目设置自动生成一套完整的单元测验试题
* 允许尝试次数：
1
次

图 51－24　单元测验的设置举例

八、教学反思

本课程第一次尝试使用慕课进行网络教学，最大的感受是教学进度可以保证与教学计划相同，并且教学质量得到了提高。由于是按周进行自主学习，学习资源已充分提供，因此，学生一定能够完成既定的练习、测验和作业，并且师生之间可以随时联络、答疑，学生作业可以进行多次修改，从而提高了学习质量。利用网络学习平台，教师课前准备好教学资源，课上掌握学生学习状态进行针对性辅导，基本实现了翻转课堂，正所谓无心插柳柳成荫。

然而，学生对课件的学习不足。这一点从视频学习时长记录上能够看得出来，少数学生甚至不看教学视频。问这些学生不看视频怎么答的题，有学生回答说他从百度上搜答案。可见少数学生的学习方法仍有待改正，另外，也反映出出题考核的重要性。比起看视频课件，学生更愿意做题，所以需要多出题、紧扣课件出题。

在与学生交流的方式上，本课程最初采用慕课平台的讨论区，那里是文字交流，效率较低，学生爱在企业微信群提问，于是改到了企业微信群。对于每次课课末的集中答疑，上半学期使用企业微信群视频直播方式，这种方式的好处是可以回看，但与学生的语音交流比较麻烦。又由于下半学期实验课以小组为单位来进行，因此，在课中多采用语音会议形式与各小组之间单独讨论和答疑，课末集中答疑也改成了语音会议形式。语音会议的缺点是不能录制回放，因此，对重点难点再行录制短视频供学生参考。

总而言之，这次特殊时期不得已而实行的网络教学，由于学校、教师、学生等各方面的合力付出，并没有降低课程教学质量，反而使教学效果更加提升了，这值得我们反思。这次网络教学实验说明，充分利用信息时代的特点，在传统的教学方式中融入网络教学，充分准备教学资源，实现学生自主学习和翻转课堂，是势在必行的。

第五十二章　专业综合课程设计课程
网络教学案例报告

一、任课教师基本信息

任课教师：李玉霞
所在教学单位：商务学院

二、课程基本信息

课程名称：专业综合课程设计
课程类型：专业必修课
学时学分：48 学时/3 学分
面向学生：2017 级信息管理与信息系统专业
网络教学方式：BB 网络学堂＋ZOOM 视频直播＋企业微信群

三、教学目标与教学内容

1. 教学目标

（1）使学生掌握综合设计平台的基本功能，完成专业综合课程设计开发环境的调试和基本应用。

（2）能够为进行下一步的软件综合设计做准备。

2. 教学内容

（1）服务器资源管理器的应用。

（2）数据源的设置。

（3）新建 Visual C#窗体应用程序项目。

（4）公共控件、容器控件、菜单控件的应用。

（5）数据控件的应用。

四、课前准备

本课程需要做系统的综合设计和开发，与在校教学机房情况最大的不同是学生自己的电脑软硬件配置差别较大，课前做三项调查，针对学习小组的调查，希望了解在线学习方式下，学生对同学间互相协作的想法，得到的结果有些意外，如图52－1所示。第一项，保留原小组。相对默契的小组愿意保留学习小组的情况，以便大家可以共同交流和共同进步；第二项，解散原小组，进行个人管理。自控能力较强的同学也愿意进行个人管理。第三项，重新分组。重新分组可以使学生自由度更大地完成在线学习任务。

开学初，在没有征求授课学生意见的情况下，任课教师评估后申报了课程正常进行在线教学的申请。第一周后有部分同学反馈课程难度较大，希望课程申请延期校内开设。针对这样的问题，我们进行了课前的第二项调查，征求全体学生的想法。这项调查的结果如图 52－2 所示。11% 的同学希望课程回到学校后再上，88% 的同学选择不延期，在自学基础上再进行相关课程学习。

图 52－1　关于学习小组的调查

图 52－2　关于课程延期的调查

在尊重大多数同学意见的基础上，课程继续按计划进行。但是，我及时分析了前期的主要问题集中在学生对家庭电脑的调试不顺利，部分同学的课前软件和系统调试有软件版本和操作系统差异等问题，影响了其通过在线直播同步学习的效果和进度。针对这个情况，课前的教学准备中将上课需要使用的项目和案例提前发给学生，请他们做好调试，把调试的问题放在课前提出来，逐一解决。课前软件的最终调试情况如图 52－3 所示。全班共 27 人，25 位同学填写了调试情况，一位同学没有进行调试，另一位同学没有参与调查。

经过私信沟通，其中，没有进行调试的同学正处在主要疫区，由于电脑配置问题暂时不能解决，选择手机观看直播，远程和同学共同完成设计；另一位同学的调试出现了问题，从操作系统版本的兼容、软件的版本和注册表的参数配置等各方面开始共同寻找问题，尝试解决。与调试异常同学的沟通如图 52－4 所示。

五、课中活动

开始课程正式内容前做五件事：

（1）提前 10 分钟再次发课程直播链接，提醒同学开机，准备上课。相当于打预备铃了。

图 52 - 3 课前软件的最终调试情况

图 52 - 4 与调试异常同学的沟通

（2）如果开课前 1~2 分钟还有未进入直播间的同学，在企业微信群再次催促一次，这次相当于打上课铃，要关门了。

（3）点名。本教学班全部住宿，分 4 个宿舍，为了节约时间，各宿舍长清点人数。上课提醒和宿舍点名，如图 52 - 5 所示。

（4）企业微信群签到，并准时导出数据。下课再导出一遍，两次比较可以了解哪些同学迟到或者旷课。

（5）提醒同学全体静音。避免学生家庭中不必要的音频打扰。

课程中，注意以下六个环节的调整：

（1）确认播放设备正常。确实也出现了我激情澎湃地讲完，看到学生在企业微信群回复"老师，您的麦静音了""老师，麦没了""老师您刚才闭麦了"的情况，尴尬也耽误时间。麦没了如图 52 - 6 所示。

图 52-5　上课提醒和宿舍点名

（2）将课程进行片段拆分，便于及时互动。根据本次课程任务，我将教学环节分成了 9 个片段，每个片段的结尾都要和学生做一次互动和交流，希望学生可以同步完成任务，也会请他们把完成的截图发到企业微信群中。企业微信群同步互动，如图 52-7 所示。

图 52-6　麦没了　　　　　　　图 52-7　企业微信群同步互动

（3）简化沟通模式。首先，利用的工具尽量简洁。在利用 ZOOM 平台直播的时候，为了便于学生及时回答问题，所有非图片的互动都在直播平台的聊天中进行，免去在多平台软件间反复切换的烦琐。另外，回复尽量简洁。例如，完成的请回复"1"，需要等待请回复"2"，需要重新强调一下重点请回复"3"。与平时的线下课堂交流相比较，学生在线对教师的互动回复更加踊跃，几乎每一个需要互动的环节，参与互动的同学都在 90% 以上。

（4）合理使用语音互动。互动中有需要复杂的讨论和交流环节，文字输入太慢时，我会请同学依次打开麦克风，表达自己的看法，进行及时的语音沟通。同时，也提醒同学在课程的中途不可以离开，因为随时需要进行语音的交流。

（5）设置课间休息。课程的中间，我会安排 10~15 分钟的课间休息，大家可以离开，也可以把刚才授课内容中需要交流的问题发出来，进行自由的沟通。课间休息，如图 52-8 所示。

图 52 - 8 课间休息

（6）课后稍等一下。课程中，我发现部分同学回复没有跟上课程的进度，但是，也不能停下课程去解决极个别的问题，所以，课程结束后，我会请没有问题的同学退出直播，有问题的同学单独留下依次解决问题，直到全部完成教学进度的要求后再结束本次课程。

六、课后任务

（1）课后的第一个任务是对课程的总结和知识点的拆分。在课程的 BB 网络学堂的讨论版中设置不同的话题。讨论版的知识点话题如图 52 - 9 所示。请同学自愿对重要知识点进行总结和短视频的录制，共同分享和学习。

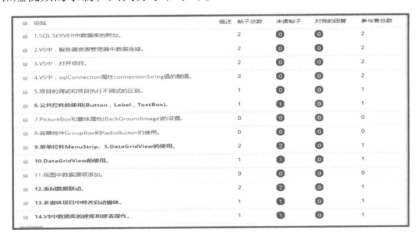

	论坛	描述	帖子总数	未读帖子	对我的回复	参与者总数
	1.SQL SERVER中数据库的附加。		2	0	0	2
	2.VS中，服务器资源管理器中数据连接。		2	0	0	2
	3.VS中，打开项目。		2	0	0	2
	4.VS中，sqlConnection属性connectionString值的赋值。		3	0	0	2
	5.项目的调试和项目执行不调试的区别。		1	0	0	1
	6.公共控件的使用(Button，Label，TextBox)。		1	1	0	1
	7.PictureBox和窗体属性(BackGroundImage)的设置。		0	0	0	0
	8.容器控件GroupBox和RadioButton的使用。		0	0	0	0
	9.菜单控件MenuStrip。5.DataGridView的使用。		2	2	0	2
	10.DataGridView的使用。		1	0	0	1
	11.视图中数据源项添加。		0	0	0	0
	12.表间数据联动。		2	0	0	2
	13.多窗体项目中修改启动窗体。		1	0	0	1
	14.VS中数据库的建库和建表操作。		1	1	0	1

图 52 - 9 讨论版的知识点话题

（2）课后的第二个任务是常规的作业。本环节是课程设计，为了便于学生和先修课的资料衔接，课程的相关资料以及作业都在 BB 网络学堂原课程"数据库原理与应用"中进行了单独的分割设计。本次课程的主要任务做了三次分解，分三个阶段提交任务，本周是按计划进行第一次任务的安排。作业安排如图 52 - 10 所示。

图 52 - 10　作业安排

七、教学反思

课程结束后，我进行了相关调查，发现了以下三方面问题：

（1）课程学习情况的调查中，22%的同学选择"70%可以听懂，完成了操作"，78%的同学选择"90%可以听懂，完成了操作"。整体效果比第一周有一定的改善。但是，依然有一部分同学不能较好地掌握教学内容，可能会影响到之后整体设计的顺利进行，需要了解具体情况，进行教学调整。课后学习情况调查如图 52 - 11 所示。

（2）用于授课的网络信号不稳定。尤其教学后半段，部分学生反馈中提到直播的音频质量影响听课效果，需要及时检测网络设备，确保教学需要。音频质量问题如图 52 - 12 所示。

（3）教学方案的设计需要逐步完善。课后进行了部分同学的课后建议反馈。典型的反馈情况如图 52 - 13 所示。

图 52 - 11　课后学习情况调查

图 52 - 12　音频质量问题

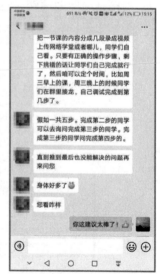

图 52 - 13　典型的反馈情况

部分同学的建议特别值得我思考。授课对象为大三的同学，他们自学能力较强，同学间的互相讨论和交流更能促进尽快解决设计中的问题。在下一阶段的课程设计和组织中，可以进行一些尝试性的调整。